KB093171

자유주의의 잃어버린 역사

THE LOST
HISTORY OF
LIBERALISM

헬레나 로젠블랫 지음
김승진 옮김

자유주의의 잃어버린 역사

공동체의 도덕, 개인의 윤리가 되다

니케북스

차례

일러두기

1. 저자의 주는 후주로, 옮긴이의 주는 각주로 처리했다.
2. 독자의 이해를 돕기 위해 옮긴이가 추가한 내용은 본문에서 [ ]로 묶어 표시했다.
3. 원서에서 강조된 부분은 고딕체로 표시했다.

감사의 글

오랫동안 자유주의를 연구하면서 수많은 학자들의 연구와 저술을 접했고 큰 도움을 받았다. 내 사고를 형성하는 데 영향을 미친 학자들을 다 나열하기는 불가능하겠지만, 이 자리를 빌려 특히 몇몇 분들께 감사를 전하고 싶다. 멜빈 리히터Melvin Richter는 오래전에 내게 개념사라는 분야를 알려주었고 헌터 칼리지 인근에서 여러 차례 즐거운 점심 식사를 함께 하면서 방대한 지식을 전해주었다. 또한 개념사 연구에 큰 족적을 남긴 마이클 프리든Michael Freeden, 요른 레온하르트Jörn Leonhard, 하비에르 페르난데스 세바스티안Javier Fernández Sebastián의 연구는 너무나 귀중한 영감의 원천이었다. 진심으로 감사드린다.

많은 분들이 원고의 전부 혹은 일부를 읽고 비판과 격려를 보내주었다. 덩컨 벨Duncan Bell, 아우렐리안 크러이우투Aurelian Crăiuțu, 마이클 프리든, 앨런 카한Alan Kahan, 제임스 밀James Mill, 새뮤얼 모인Samuel Moyn, 하비에르 페르난데스 세바스티안, 제럴드 시걸Jerrold Seigel, 대니얼 스타인메츠 젱킨스Daniel Steinmetz-Jenkins, 제시 프린츠Jesse Prinz, 그리고 K. 스티븐 빈센트K. Steven Vincent에게 감사를 전한다. 연구의 이른 결과물들을 발표할 수 있도록 세미나 자리에 초청해준 분들께도 감사드린다. 프린스턴 대학 필립 페팃Philip Pettit 과 멀리사 레인Melissa Lane의 세미나, 스페인 말라가 대학 제7회 콘셉타CONCEPTA 연구자 교육 세미나, 제프 혼Jeff Horn과 데이비드 트로얀스키David Troyansky가 이끄는 뉴욕 프랑스사연구회New York French History Group 등에서 소중한 발표 기회를 제공해준 덕분에 생각을 명료하게 다듬는 데 큰 도움을 얻을 수 있었다.

지난 9년 동안 영예롭게도 역사학과 박사과정 프로그램을 이끄는 일을 맡게 되었다. 이 책을 위해 연구하고 집필하던 시기이기도 했는데, 매릴린 웨버Marilyn Weber의 도움과 협조가 없었다면 두 가지 일을 동시에 해내지 못했을 것이다. 고마움을 이루 다 표현할 수 없을 정도다. 역사학과 대학원의 전현직 학장 윌리엄 켈리William Kelly 와 체이스 로빈슨Chase Robinson, 고등연구협력기관Advanced Research Collaborative 디렉터 도널드 로보탐Donald Robotham의 너그러운 지원에도 감사드린다. 역사학과의 동료 학자들, 특히 조슈아 프리먼Joshua Freeman, 다그마르 헤르조그Dagmar Herzog, 토머스 케스너Thomas Kessner, 데이비드 나소David Nasaw가 베풀어준 우정에도 깊은 고마움을 전한다. 또한 뛰어난 대학원생들이 비영어권 문헌의 번역을 도와주었다. 뉴욕 시립대학교 대학원의 다비드 콜라산토Davide Colasanto, 니콜 파르만Nicole Parman, 니컬러스 레비스Nicholas Levis, 스위스 로잔 대학의 마티외 나랑달Mathieu Narindal에게 감사를 전한다. 스테파노 델루카Stefano DeLuca는 이 연구 주제와 관련된 이탈리아 자료들을 알려주었다. 뉴욕 시립대학교 대학원 도서관의 뛰어난 직원들에게도 감사를 전한다. 그들의 전문성과 효율성은 모든 곳의 귀감이 될 것이다.

프린스턴 대학 출판부의 브리히타 반 레인베흐Brigitta van Rheinberg가 일찍이 이 프로젝트에 관심을 가져주어서 나로서는 너무나 행운이었다. 프로젝트 내내 나를 이끌면서 내가 내 목소리를 찾아내고 더 뚜렷하게 표현할 수 있도록 부드럽지만 단호하게 몰아붙여 준 데 대해 어떻게 감사를 표해도 모자랄 것이다. 브리히타의 예민한 감각, 인내심, 끈기에 깊은 고마움을 전한다. 브리히타의 보조 편집자 어맨다 피어리Amanda Peery와 제니 월코위키Jenny Wolkowicki의 전문성과 친절한 도움에도, 또 교정교열을 맡아준 조지프 댐Joseph Dahm에게도 고마움을 전한다.

끝으로, 짐 밀러Jim Miller의 도움과 지원, 우정에 깊은 감사를 전하고 싶다. 결정적인 순간에 결정적인 조언과 격려를 얻을 수 있었다. 짐과 브리히타가 이끌어주지 않았다면 덜 흥미로운 책이 되었을 것이다.

조금 더 개인적인 면에서, 이 프로젝트를 믿어주고 영감이 가득한 아이디어들을 제시해준 남편, 그리고 사랑으로 든든한 지지를 보내준 딸과 아들에게도 고마움을 전한다. 더불어, 이 책 작업을 하는 동안 귀여운 손녀 나탈리와 캐럴라인이 태어났다. 그들은 내게 무한한 기쁨의 원천이다.

서문

단어의 역사를 공부하는 것은 절대로 시간 낭비가 아니다.

—뤼시앵 페브르Lucien Febvre(1930)

자유주의liberalism는 오늘날 담론의 장에서 도처에 등장하는 기본적인 단어다.[1] 하지만 자유주의는 열띤 싸움을 촉발하는 대단히 논쟁적인 개념이기도 하다. 어떤 이는 자유주의가 서구 문명이 인류에게 준 선물이라고 하고 어떤 이는 문명을 퇴락하게 만드는 원인이라고 한다. 자유주의를 공격하거나 옹호하는 책이 끝도 없이 나오고 있으며 여기에 중립적인 입장이란 없는 것 같아 보인다. 자유주의를 비판하는 사람들은 기다란 죄악의 목록을 제시하며 자유주의를 원인으로 꼽는다. 이들에 따르면 자유주의는 종교, 가정, 공동체를 파괴하고, 도덕적으로 방종하며 쾌락 지향적이다. 때로 자유주의는 인종주의적이고 성차별적이고 제국주의적이라는 비난까지 받는다. 한편 자유주의를 옹호하는 사람들도 이에 못지않게 강한 주장을 편다. 이들에 따르면 우리가 가진 최고의 것들, 즉 공정, 정의, 자유, 평등과 같은 개념들이 모두 자유주의 덕분이다.

그런데 정작 자유주의가 무엇을 지칭하는지는 혼란스럽도록 뒤죽박죽이다. 우리는 부지불식간에, 또 때로는 의도적으로, 자유주의라는 단어를 온갖 다양한 방식으로 사용한다. 이렇게 서로 딴소리를 하는 바람에 합리적인 토론이 전개될 수 있는 가능성이 사전에 닫혀버린다. 그러니, 우리가 자유주의를 말할 때 정확히 무엇을 말하고 있는 것인지 안다면 훨씬 좋을 것이다.

하지만 자유주의의 역사에 대해 우리가 접할 수 있는 설명들은 여기에 그다지 도움이 되지 않는다. 우선, 내용이 왕왕 상충한다. 일례로, 최근의 한 저술에 따르면 자유주의는 그리스도교**에서** 유래했는데[2] 또 다른 저술에 따르면 자유주의는 그리스도교**에 맞서** 싸우는 과정에서 생겨났다.[3] 둘째, 자유주의의 계보학은 주요 사상가들을 중심으로 자유주의의 기원과 발달을 설명하는 방식이 일반적인데, 그 주요 사상가에 누구를 포함하는지가 제각각이다. 흔히 자유주의의 창시자로 존 로크John Locke가 거론되지만[4] 어떤 이는 토머스 홉스Thomas Hobbes나 니콜로 마키아벨리Niccoló Machiavelli를 꼽기도 하고 어떤 이는 플라톤, 심지어는 예수 그리스도를 들기도 한다. 또 애덤 스미스Adam Smith 등 일군의 경제학자를 자유주의의 주요 사상가에 넣는 사람도 있고 넣지 않는 사람도 있다. 여기에 언급된 옛 사상가 중 누구도 스스로를 '자유주의자'라고 생각하지 않았고 '자유주의'라고 불리는 무언가를 주창하지도 않았다는 점을 염두에 둘 필요가 있다. 자유주의라는 단어도 개념도 아직 존재하지 않았기 때문이다. 그리고 당연한 말이지만 누구를 자유주의의 주요 사상가에 넣느냐, 또 그들의 저술을 어떻게 해석하느냐에 따라 자유주의의 개넘 역시 다르게 이해될 것이다. 가령 마키아벨리나 홉스부터 시작하는 사람은 자유주의를 비판하는 사람일 가능성이 크고 예수 그리스도부터 시작하는 사람은 옹호하는 사람일 가능성이 크다.

이 책의 목적은 자유주의를 비판하거나 옹호하는 것이 아니라 자유주의가 무엇을 의미했는지 알아내고 그 의미가 어떻게 변천해왔는지 추적하는 것이다. 나는 'liberal'과 'liberalism'이라는 단어가 그것을 실제로 사용했던 사람들에게 어떤 의미였는지 알아내고자 했다.* 이 책은 자유주의자들이 스스로를 어떻게 규정했으며 그들이 자유주의를 언급했을 때 그것을 통해 무엇을 뜻하려 했는지에 대한 이야기를 담고 있다. 이것은 이제까지 거의 아무도 풀어내본 적이 없는 이야기다.

자유주의가 정의 내리기 매우 곤란한 용어라는 점은 대부분의 학자가 인정하는 바다. 학자들은 자유주의가 모호하고 명확히 소통하기 어려운 개념임을 밝혀두는 것으로 저술의 첫머리를 시작하곤 한다. 그런데 희한하게도, 그러고 나서는 어쨌거나 자유주의에 대

---

*   liberalism이라는 단어가 나오기 전에 liberal이라는 단어가 먼저 쓰였다. liberalism이라는 단어가 생기기 전 시기를 다루는 2장 2절까지는 liberal을 '리버럴'로 옮겼고 그 이후부터는 맥락에 따라 '자유주의적인'(형용사) 또는 '자유주의자'(사람을 지칭하는 명사)로 옮겼다. 자유주의liberalism라는 단어가 존재하지 않던 시기에 쓰이던 liberal을 '자유주의적'으로 옮기는 것은 적절치 않을뿐더러, 저자에 따르면 liberal이 본래 '개인의 자유'보다는 '사회와 타인을 위해 후하게 베푸는 것'을 의미했기 때문이다. 이러한 의미로 쓰인 liberal의 명사형 liberality는 그대로 음차해 '리버럴리티'로 표기했다.

해 자기 나름의 정의를 내리고서 그 정의를 뒷받침하는 방식으로 자유주의의 역사를 구성한다. 하지만 내게는 이것이 결론부터 정해 놓고 가는 방식으로 보인다. 이 책에서 나는 자유주의의 개념과 관련해 얽히고설킨 사고의 타래를 풀어 이야기의 가닥을 곧게 펴고자 노력했다. 별도의 설명이 없으면 비영어 문헌의 영어 번역은 모두 내가 한 것이다.

궁금증을 자아내는 부분이 몇 가지 더 있다. 오늘날 '리버럴'이라는 단어가 일상어로 쓰이는 경우를 보면, 프랑스 등에서는 작은 정부를 옹호한다는 의미로 주로 쓰이는 반면 미국에서는 큰 정부를 옹호한다는 의미로 주로 쓰인다.** 한편 [큰 정부에 반대하는] 미국의 자유 지상주의자libertarian들은 자신들이야말로 진정한 자유주의자라고 주장한다. 그런데 신기하게도 또 이들 모두가 동일한 자유주의 전통의 일부로 여겨진다. 어떻게 해서 이런 일이 가능했을까? 이 수수께끼도 이 책에서 풀어보고자 했다.

요컨대, 이 책에서 살펴보는 것은 자유주의라는 **단어의 역사**[5]다. 그 단어가 실제로 어떻게 사용되었는지에 관심을 기울이지 않으면 자유주의에 대해 우리가 이야기하는 역사는 저마다 다르고 심지어는 상충할 수밖에 없을 것이다. 또 그 역사는 역사적 사실에 거의 토대를 두지 않은 채로 구성될 것이고 어느 한 시기의 자유주의에 다른 시기의 의미가 잘못 투영되어 타당성이 훼손될 것이다.

** 　　미국에서 '리버럴'은 진보 성향을 의미하기도 한다.

내가 취한 접근 방식은 몇 가지 놀라운 사실을 드러내주었다. 하나는 자유주의의 역사에서 프랑스가 지극히 핵심적인 역할을 했다는 사실이다. 프랑스와 프랑스에서 일어났던 일련의 혁명을 빼놓고는 자유주의의 개념사를 논할 수 없다. 자유주의의 역사에서 가장 근본적이고 커다란 영향을 미친 몇몇 사상가들이 프랑스 사상가들이었다는 사실 또한 간과해선 안 된다. 내가 발견한 또 하나의 놀라운 사실은 독일의 중요성이다. 오늘날에는 자유주의의 발달에 독일이 기여한 바가 통째로 간과되거나 적어도 가치 절하되기 일쑤지만, 19세기 초에 자유주의라는 말이 생겨나고 발달한 곳이 프랑스였다면 반세기 뒤에 자유주의 개념이 중대하게 재구성된 곳은 독일이었다. [통념과 달리] 미국이 자유주의 개념사에서 지분을 갖게 되는 것은 20세기 초에 이르러서였고 자유주의가 미국의 정치 사조로 여겨진 것도 이때가 되어서였다.

오늘날에는 비교적 잘 알려져 있지 않은 수많은 사람들이 자유주의 사상의 발달에 중대한 기여를 했다는 점도 이 책에서 보게 될 것이다. 이를테면 독일 신학자 요한 잘로모 젬러Johann Salomo Semler는 종교적 자유주의를 발명했고, '자유주의적 민주주의liberal democracy'라는 표현은 프랑스 귀족 샤를 드 몽탈랑베르Charles de Montalembert가 만든 것으로 보인다. 또 다른 핵심 인물들은 미국 매체 『뉴 리퍼블릭New Republic』에 글을 게재하면서 자유주의 개념을 미국에 들여와 전파했다.

물론 존 로크, 존 스튜어트 밀John Stuart Mill 등 자유주의의 정전으로 꼽히는 저술을 집필한 학자들도 내가 풀어내는 자유주의의 역사에 중요하게 등장하지만, 이들도 당대에 수많은 사람들 사이에서 벌어지던 담론의 장에 깊이 속해 있었다. 로크와 밀은 프랑스·독일 사상가들과 논쟁을 주고받았고 그들에게서 많은 영향을 받았다. 또한 이들은 오늘날의 우리가 아니라 당대의 동시대인들에게 이야기했고 우리의 문제가 아니라 당대의 문제에 대해 이야기했다. 한편 이 책에는 자유주의의 역사에 **의도치 않게** 기여한 인물도 등장한다. 두 명의 나폴레옹, 오스트리아 제국의 재상 클레멘스 폰 메테르니히 Klemens von Metternich, 그 밖의 여러 반反혁명 인사들이 그런 사례다. 이들은 자유주의자를 맹비난했는데, 그럼으로써 자유주의자들이 자유주의 사상을 더 정교하게 갈고닦도록 추동하는 결과를 낳았다.

마지막으로, 나는 자유주의의 역사에서 간과되곤 하지만 매우 중요한 또 한 가지 사실을 이 책에서 분명히 드러내고자 했다. 대부분의 자유주의자들이 도덕적인 지향을 강하게 가지고 있었다는 사실이다. 그들이 생각했던 자유주의는 오늘날 자유주의라는 단어가 으레 연상시키는 원자화된 개인주의와는 관련이 없었다. 그들은 의무를 강조하지 않은 채로 권리만 이야기한 적이 없다. 대부분의 자유주의자들은 사람이 권리를 갖는 것은 **의무를 가지고 있기 때문**이라고 생각했고 사회 정의와 관련된 문제에 깊이 관심을 가지고 있었다. 자유주의자들은 활발히 잘 돌아가는 공동체가 이기심의 추구에만 기초해서 구성될 수 있다는 견해를 언제나 거부했고 이기주의의 위험에 대해서는 끝없이 경고했다. 또한 그들은 관대함, 도덕적 고결성, 시민적 가치를 그치지 않고 옹호했다. 물론 그들이 늘 자신이 설파하는 가치대로 실천했거나 그에 부합하게 살았다는 뜻은 아니지만 말이다.

자유주의가 개인의 권리와 이익을 보호하는 데 초점을 두는 앵글로-아메리칸 사조라는 통념은 자유주의의 역사에서 매우 최근에야 생긴 개념이다. 이 통념은 20세기에 발생한 전쟁의 산물이고, 특히 냉전 시기에 팽배했던 전체주의에 대한 두려움의 산물이다. 그 이전의 거의 2000년 동안에는 '리버럴한' 사람, 혹은 '자유주의자'가 된다는 것이 이와는 매우 다른 의미를 가졌다. 리버럴한 사람이 된다는 것은 베풂을 실천할 줄 알고 공민적 정신을 가진 시민이 되는 것, 그리고 자신이 다른 사람들과 연결된 존재임을 이해하고 공공선에 보탬이 되는 방식으로 행동하는 것을 뜻했다.

처음부터도 자유주의자들은 도덕적인 개혁의 필요성에 집착적이라 할 정도로 관심을 기울였다. 그들은 자신의 프로젝트가 윤리적인 프로젝트라고 생각했다. 자유주의자들이 도덕적인 개혁을 중요시했다는 점은 이들이 계속해서 종교에 관심을 가졌던 이유도 설명해준다. 이 중요한 사실이 들어설 자리가 생길 수 있도록 논의의 구도를 재조정하는 것이 이 책의 또 한 가지 목적이다. 매우 초기부터도 종교적 개념과 종교적 담론이 자유주의에 대한 논의를 추동했으며 그 과정에서 적대적인 진영들이 생겨났다. 자유주의에 대한 한 초창기 비판자는 자유주의를 '종교적-정치적 이단'이라고 부름으로써 이후 수 세기간 이어질 논쟁의 구도를 설정했다. 오늘날까지도 자유주의는 비종교적이고 부도덕하다고 몰아붙이는 비난에 맞서 스스로를 방어해야 하는 상황에 처하곤 한다.

자유주의자들이 자신을 도덕 개혁가라 생각했다고 해서 그들이 죄를 짓지 않았다는 말은 아니다. 최근에 자유주의의 어두운 면을 드러낸 저술이 많이 나왔다. 여러 연구자들이 많은 자유주의자가 가지고 있었던 엘리트주의, 성차별주의, 인종주의, 제국주의를 드러냈고, '동등한 권리'를 위해 헌신한다는 이데올로기가 어떻게 해서 이토록 끔찍한 일들을 지지할 수 있었는지 의문을 제기했다. 물론 나도 자유주의에 추악한 면이 있었다는 점은 부인하지 않지만, 자유주의 사상들을 그것들이 논의되고 개진되었던 당대의 역사적 맥락에 놓음으로써 더 복잡하고 섬세한 이야기를 풀어보고자 한다.

　내가 자유주의의 역사를 집대성했노라 자처할 수는 없다. 다른 나라들에서 자유주의가 어떻게 받아들여졌는지도 언급하긴 했지만 주로는 프랑스, 독일, 영국, 미국에만 초점을 맞추었다.* 너무 자의적이고 협소한 선택으로 보일 수도 있을 것이다. 당연히 이들 네 나라 외에도 자유주의의 역사에 기여한 나라는 많다. 하지만 나는 자유주의가 유럽에서 탄생했고 거기에서부터 다른 곳으로 퍼져나갔다고 본다. 더 구체적으로 말하면 자유주의의 기원은 프랑스 대혁명이며, 이후에 어디로 전파되었든 간에 자유주의 개념은 프랑스에서 펼쳐진 정치적 변화와 언제나 밀접하게 연결되어 있었고 프랑스의 정치 변화에서 계속 영향을 받았다.

＊　이 책에서 '영국'은 북아일랜드까지 포함하는 현재의 영국United Kingdom을 의미하지 않는다. 원서의 잉글랜드England와 브리튼Britain을 모두 '영국'으로 옮겼고, 원서의 스코틀랜드Scotland는 따로 구분해 '스코틀랜드'로 표기했다. '독일'도 현재의 독일 지역을 대체로 아우르는 의미로 사용했고('독일 사상가' 등), 당시 명칭을 특정해야 할 때는 '독일 제국,' '프로이센' 등으로 표기했다.

1장은 자유주의의 선사 시대 격에 해당한다. 로마 정치인 키케로Cicero부터 프랑스 귀족 라파예트 후작Marquis de Lafayette[본명은 Marie Joseph Paul Yves Roch Gilbert du Motier. 이하 라파예트로 표기]]까지를 다룬 1장에서는, '자유주의liberalism'라는 단어는 아직 없었고 '리버럴한 liberal'이라는 형용사에 대응되는 명사로 '리버럴리티liberality'가 쓰이던 시절에 리버럴한 사람이 된다는 것이 무엇을 의미했는지 알아본다. 이러한 시초의 역사를 알아보는 것은 매우 유용하다. 이후 거의 2000년 동안 스스로 리버럴하다고 자처한 사람들이 생각한 의미가 바로 이 고대의, **그리고 도덕적인** 이상이었기 때문이다. 또한 단어 사전과 백과사전도 '리버럴' 항목을 계속해서 이와 같은 전통적인 의미로 설명했다. 20세기 중반까지도 미국 철학자 존 듀이John Dewey는 자유주의가 "특히 정신과 성품 면에서의 리버럴리티[후함]와 너그러움"을 의미하며 "개인주의를 설파하는 것"과는 관련이 없다고 말했다. 1장은 로마 시민의 이상적인 특질을 규정하기 위해 쓰이던 단어가 어떻게 그리스도교화되고, 보편화되고, 사회 담론화되고, 정치 담론화되면서 18세기 말에는 미국의 헌법을 묘사하는 용어로까지 쓰이게 되었는지 살펴본다.

2장부터는 프랑스와 자유주의 사이의 복잡한 역사를 네 개의 핵심 사건, 즉 1789년, 1830년, 1848년, 1870년에 있었던 혁명을 중심으로 살펴보면서 이 혁명들이 유럽과 미국에서 촉발한 논쟁을 추적한다. 자유주의의 역사는 사실상 2장부터 시작한다고 볼 수 있다. 2장은 자유주의라는 단어가 어떻게 생겨났는지 알아보고 이 단어의 개념을 둘러싸고 벌어진 논쟁의 줄기들을 짚는다. 특히 자유주의가 공화주의, 식민주의, 자유방임주의, 페미니즘과 어떤 관계인 지를 두고 많은 논쟁이 벌어졌는데, 이 주제들은 이 책의 나머지 부분에도 계속해서 등장할 것이다. 자유주의 논쟁에서 가장 중요한 주제라면 아무래도 자유주의와 종교 사이의 관계일 텐데, 종교 관련 논의의 기원도 프랑스 대혁명 이후의 급진 정치 국면에서 찾아볼 수 있으며 이 부분도 2장에서 다룬다. 3장은 1830년부터 1848년 혁명 직전까지 자유주의의 변천을 살펴본다. 프랑스가 또 한 차례의 거대한 혁명을 향해 가던 시기에 어떻게 해서 한편에서는 사회주의, 다른 한편에서는 보수주의라는 정치 이데올로기가 등장해 자유주의 개념에 영향을 미쳤는지를 중점적으로 살펴볼 것이다. 4장은 1848년의 대격변 이후 '자유주의의 실패'라고 여겨진 문제들과 자유주의자들이 이 실패를 해결하기 위해 기울인 노력을 알아본다. 이들은 이러한 노력이 본질적으로 도덕을 함양하고 대중을 교화하는 프로젝트라고 생각했고, 이를 실현하기 위해 가정, 종교, 프리메이슨 같은 제도에 압도적으로 많은 관심을 쏟았다. 5장에서는 자유주의적 통치 체제라는 주제로 넘어가서, 나폴레옹 3세, 에이브러햄 링컨Abraham Lincoln, 윌리엄 글래드스턴William Gladstone, 오토 폰 비스마르크Otto von Bismarck의 통치 방식이 도덕성, 자유주의, 민주주의의 관계에 대해 어떻게 새로운 이론들을 촉발했는지 살펴본다. 이제 '자유주의적 민주주의'라는 개념이 탄생했다. 6장은 프랑스의 네 번째 혁명인 1870년 혁명과 그것의 파장을 다룬다. 당대의 공화주의자들이 '세상에서 가장 자유주의적인 교육 제도'라고 여긴 것을 일구려던 과정에서 프랑스 제3공화국이 가톨릭교회를 상대로 벌인 싸움이 여기에 주되게 등장한다. 7장은 19세기 말에 어떻게 사회주의에 우호적인 '새로운 자유주의'가 생겨났으며 이에 대한 대응으로 어떻게 '고전 자유주의' 혹은 '정통 자유주의'가 소환되었는지 알아본다. 이제 무엇이 '진정한' 자유주의인지를 두고 옛 자유주의와 새로운 자유주의 사이에 맹렬한 전투가 벌어진다.* 본론의 마지막 장인 8장은 20세기 초에 어떻게 해서 자유주의가 미국의 정치 어휘로 들어왔으며 '미국의 세계 패권'이라는 개념의 휘장을 두르고 미국 특유의 사조로 여겨지게 되었는지를 다룬다. 이제 정책 결정자들은 국내 및 외교 사안에서 미국의 자유주의가 의미하는 바가 정확히 무엇인지를 두고 논쟁을 벌이게 된다.

에필로그에서는 어떻게 해서 자유주의가 근본적으로 개인의 권리와 선택을 중심에 둔 사상이라는 믿음이 굳어지게 되었는지에 대해 몇 가지 생각을 풀어보았다. 20세기 중반 자유주의 개념이 미국화되는 과정에서 이 책에 담긴 자유주의의 역사가 많은 이들이 기억조차 못 할 만큼 대대적으로 사라지게 되었음을 짚어볼 것이다.

---

*   이 책에서 '새로운 자유주의new liberalism'는 1980년대 이후 세계화, 경제 자유화, 규제 완화 등이 맞물린 추세를 일컫는 신자유주의neoliberalism와 다른 개념이다.

1장

'리버럴한' 사람이 된다는 것의 의미

키케로부터 라파예트까지

liberal

1. 태생이 비천하거나 저열하지 않음.

2. 신사가 됨.

3. 후하고 너그럽고 풍성함.

　　　　　　　　—1768년 한 영어 사전에 실린 설명

오늘날 사람들에게 자유주의가 무엇이냐고 물어보면 매우 다양한 대답이 나올 것이다. 자유주의는 사상 사조의 하나이기도 하고, 정부 형태의 일종이기도 하며, 가치 체계이기도 하고, 태도나 성품을 일컫는 말이기도 하다. 하지만 자유주의가 핵심적으로 개인의 권리와 이익을 보호하는 데 관심을 가지며 그것이 정부의 주요 역할이라는 데는 모두가 동의할 것이다. 개개인이 삶의 선택들을 내리고 자신이 원하는 바대로 행동할 자유를 최대한 누릴 수 있어야 한다고 말이다.

　하지만 개인과 개인의 이익을 중심에 놓는 자유주의 개념은 매우 최근에 생겨난 것이다. 19세기 초까지는 '자유주의liberalism'라는 단어도 존재하지 않았고 그 이전 2000년 동안에는 '리버럴한liberal' 사람이 된다는 것이 이와 매우 다른 것을 의미했다. 리버럴하다는 것은 시민으로서의 덕성을 표출하고, 공공선에 대한 헌신을 드러내며, 나와 타인이 연결된 존재라는 사실의 중요성을 존중하는 것을 뜻했다.

공화주의적인 시작: 도덕적·공민적 이상

로마의 정치인이자 저술가 마르쿠스 툴리우스 키케로Marcus Tullius Cicero(기원전 106~기원전 43)를 우리 이야기의 출발점으로 삼을 수 있을 것이다. 키케로는 서양 사상사에서 가장 널리 읽히고 인용되는 저술가 중 한 명으로, 리버럴한 사람이 되는 것의 중요성에 대해 유려한 저술을 남겼다. 'liberal'의 어원으로는 두 개의 라틴어 단어를 들 수 있다. 하나는 리베르liber로, '자유로움'과 '후하고 너그러움' 둘 다를 의미했다. 다른 하나는 리베랄리스liberalis로, '자유로운 자로서 태어난 사람에게 걸맞음'이라는 뜻이 있었다. 이 두 단어의 명사형은 리베랄리타스liberalitas이고, 영어로는 리버럴리티liberality로 표기된다.

무엇보다, 고대 로마에서 '자유로운 존재'라 함은 노예가 아니라 시민의 지위를 가지고 있다는 의미였다. 주인의 자의적인 의지로부터도, 어떤 다른 이의 지배로부터도 자유로운 존재를 뜻했다. 로마 사람들은 이러한 자유의 상태가 법치에 기반한 공화정 정치체에서만 가능하다고 여겼다. 정부가 언제나 공공선, 즉 '레스 푸블리카res publica'에 초점을 두고 통치하게끔 확실히 해두려면 법적·정치적 제도가 마련되어야 했다. 그러한 조건에서만 개인이 자유로운 존재로 살아갈 가능성이 생길 수 있었다.

　하지만 공화정 정치체만으로는 충분하지 않았다. 자유로운 존재로 살아가는 데는 리베랄리타스를 실천하는 시민들도 필요했다. 리베랄리타스는 동료 시민을 향해 고귀하고 너그러운 방식으로 사고하고 행동하는 것을 의미했다. 반대말은 이기심이었는데, 로마 사람들은 이것을 '노예의 태도'라고 불렀다. 노예의 태도는 자기 자신, 자신의 이익, 자신의 쾌락만을 위해 사고하고 행동하는 것이었다. 가장 넓은 의미에서, 리베랄리타스는 고대 로마인들이 자유로운 사회가 응집을 이루고 원활히 작동하는 데 반드시 필요하다고 본 도덕적이고 후한 태도를 뜻했다.

　키케로가『의무론*De Officiis*』(기원전 44)에서 제시한 리베랄리타스 개념은 그 이후로 거의 2000년간 커다란 영향을 미치게 된다. 키케로는 리베랄리타스야말로 "인간 사회의 유대를 일구는 접착제"라고 보았다. 반면, 그에게 이기심은 도덕적으로 혐오스러울 뿐 아니라 사회를 파괴하는 것이기도 했다. 키케로는 "서로가 서로에게 도움이 되는 것"이 시민적 문명의 핵심이라고 보았다. 서로를 '리버럴한' 방식으로 대하는 것은 자유로운 존재인 사람에게 주어진 도덕적 의무였으며, 여기에서 리버럴한 방식이란 공공선에 기여하는 방향으로 "베풂을 주고받는 것"을 의미했다.

　키케로에 따르면, 사람은 자신만을 위해 태어나는 것이 아니라 다른 이들을 위해 이 세상에 나온다.

　우리는 우리 자신만을 위해 이 세상에 태어나는 것이 아니고, … 사람은 다른 사람들을 위해 이 세상에 오는 것이므로, 서로에게 이로운 일을 행할 능력을 가지고 있을 것이다. 따라서 우리는 모두를 위한 공공선에 자신의 몫을 기여해야 하며, 기술과 노동과 자원을 주고받음으로써, 또한 친절하고 유용한 행위들을 교환함으로써, 사람 사이의 사회적 유대를 강화해야 한다.[1]

키케로보다 한 세기 뒤에 후대에 많은 영향을 미친 또 다른 로마 철학자 루키우스 안나이우스 세네카Lucius Annaeus Seneca(기원전 4~기원후 65년경)도 책 분량의 논고 『이로움의 베풂에 관하여De Beneficiis』(63)에서 리베랄리타스의 원칙을 상세히 설명했다. 세네카는 어떻게 하면 도덕적인 방식으로, 따라서 사회적 유대를 일구는 방식으로 사람들이 선물과 호의와 도움을 베풀고 받고 되갚을 수 있을지 설명하고자 많은 노력을 기울였다. 키케로처럼 세네카도 상호 교환에 기초한 시스템이 제대로 작동하려면 주는 쪽과 받는 쪽 모두에게 리베랄리타스, 즉 사심 없고 너그럽고 감사할 줄 아는 태도가 필요하다고 보았다. 세네카는 그리스의 스토아학파 철학자 크리시포스Chrysippos(기원전 280~207년경)의 표현을 빌려 리베랄리타스를 베풀기, 받기, 되갚기라는 삼미신Three Graces(기품의 세 여신)이 돌고 돌면서 추는 순환적인 춤에 비유했다. 키케로와 세네카 같은 고대 사상가들에게 리베랄리타스는 말 그대로 세상이 '돌아가게' 만드는, 또 세상이 응집되게 만드는 필수 요소였다.

리버럴한 사람이 되는 것은 쉬운 일이 아니었다. 키케로와 세네카는 베풂을 주고받는 데 지침이 되어야 할 원칙들을 상세히 설명했다. 자유를 누리는 데도 그렇듯이 리베랄리타스를 실천하는 데도 정확한 논증의 역량, 도덕적 용기, 그리고 자기 규율과 자기 절제가 필요했다. 또한 리베랄리타스는 명백하게 귀족적인 정신이기도 했다. 리베랄리타스는 고대 로마에서 이로움을 주고받을 수 있는 위치에 있었던 사람들, 즉 자유민이고 재산이 있으며 인맥으로 잘 연결된 남성들을 위해, 또 그들에 의해 만들어진 윤리였다. 특히 리베랄리타스는 귀족층과 통치자들이 갖추어야 할 덕목이라고 여겨졌다. 이러한 개념은 당대의 수많은 경전, 봉헌물, 문서 등에서 찾아볼 수 있다.

리베랄리타스가 통치자와 귀족에게 적합한 덕목이었다면, '리버럴 아츠liberal arts'* 교육도 통치자와 귀족에게 적합한 교육이었다. 자유교양 교육은 리버럴리티를 훈련하는 교육이었고 이러한 공부를 하는 데는 상당한 부와 여유 시간이 필요했다. 자유교양 교육의 주된 목적은 부를 획득하는 방법이나 직업에 필요한 기술을 가르치는 것이 아니라 적극적이고 덕망 있는 사회 구성원이 되도록 준비시키는 것이었다. 즉 자유교양 교육은 장래에 사회 지도자가 될 사람들이 합당하게 사고하는 법과 대중 앞에서 명료하게 말하는 법을 익히게 함으로써 공민적 삶에 효과적으로 참여할 수 있는 역량을 키우기 위한 교육이었다. 시민은 저절로 타고나는 것이 아니라 만들어지는 것이었다. 키케로는 자유교양 교육이 '후마니타스

---

*   리버럴의 소양을 함양하는 기예라는 의미. 오늘날에는 '자유교양' 또는 '기본 교양'으로 흔히 옮긴다. 이 책에서도 이후부터는 '자유교양'으로 옮겼다.

humanitas'(인간으로서의 호의로 동료 시민을 대하는 태도)를 가르치는 것이어야 한다고 거듭 강조했다. 그리스 역사학자이자 로마 시민인 플루타르코스Plutarchos(46~120)도 리버럴한 교육이란 고귀한 정신에 양분을 주고 통치자들을 도덕적 향상, 사심 없는 마음, 공적인 정신으로 이끌어주는 교육이라고 설명했다.[2] 즉 이러한 교육은 리베랄리타스를 함양하는 데 꼭 필요했다.

중세에 나타난 새로운 의미: 리버럴리티, 그리스도교화되다

고대가 저물고 중세로 넘어가서도 리버럴리티에 대한 고대의 견해는 사라지지 않았다. 이에 더해 리버럴리티의 의미는 그리스도교화되었고 성 암브로시우스Ambrosius 같은 초기 교회의 사제들에 의해 더 확산되었다.[3] 성 암브로시우스는 키케로의 『의무론』을 명시적으로 모델로 삼은 논고에서 키케로의 주요 사상을 다시금 정식화했다. 그는 진정한 공동체라면 정의와 선한 의지에 토대를 둘 수밖에 없으며 리버럴리티와 친절함이 그러한 사회를 묶어주는 응집의 기능을 한다고 언급했다.[4]

중세의 리버럴리티에는 사랑, [고통에의] 공감, 특히 자선과 같은 그리스도교적 가치가 결합되었고 이러한 가치들은 공화정만이 아니라 군주정에도 필수적이라고 여겨졌다. 성 암브로시우스는, 신은 자비를 베푸실 때 '리버럴'하시며 예수도 사랑을 베푸실 때 '리버럴'하셨다고 설명했다. 따라서 그리스도교인들은 자신이 받은 것을 다시 베풀고 사랑을 나눔으로써 신을 본받아야 했다. 중세 이후에 유럽에서 발간된 사전들을 보면 프랑스어·독일어·영어 사전 모두가 "liberal"은 "베풀기를 좋아하는 사람"으로, "liberality"는 "후하게 베풀거나 지출하는 성품"으로 설명하고 있다. 토마스 아퀴나스Thomas Aquinas 등 중세의 위대한 신학자들이 쓴 저술도 이러한 개념을 전파했다.[5]

중세의 교회도 자유교양 교육이 사회 지도자들에게 이상적인 교육이라고 여겼다. 자유교양 교육은 [본인의 의지를 투영한다기보다 수요에 부응하는 기술을 뜻하는] '노예의 기술servile arts'이나 [실용 기술을 뜻하는] '기계적인 기술mechanical arts'을 가르치는 교육과 대비되곤 했다. 후자의 교육이 가령 재단공, 직조공, 대장장이 등이 되는 데 필요한 기술처럼 인간의 더 낮은 욕구에 맞추어진 교육이라면, 자유교양 교육은 지적·도덕적 탁월함을 발달시키는 교육이라고 여겨졌다. 자유교양 교육은 장래에 공적인 영역에서 적극적인 역할을 수행하고 국가를 위해 복무할 수 있도록 남아들을 준비시키는 교육이었다. 또한 고대 세계에서도 그랬듯이 자유교양 교육은 상류 계층을 나머지와 구별하는 지위 상징이기도 했다. 그리스도교도라면 부유하든 가난하든 누구나 리버럴한 사람이 되어야 한다고 독려되었지만, 그렇더라도 리버럴리티는 여전히 '우월한 사회적 지위에 있는' 사람들에게 특히 더 중요한 덕목으로 여겨졌다.

르네상스 시기의 자유교양 교육

르네상스 시기에도 리버럴리티는 여전히 귀족적이고 '군주적인' 덕목이었다. 르네상스 시기의 한 문헌에는, 탐욕은 "비열하고 악랄한 영혼을 가졌음을 드러내는 확실한 징후"이고 리버럴리티는 귀족이 갖추어야 할 적절한 미덕이라고 나온다.[6] 이 밖에도 많은 문헌에서 이러한 설명을 볼 수 있다. 자유교양 교육은 이제 범위도 한층 더 넓어졌고 권위도 한층 더 높아졌다. 키케로를 존경했던 이탈리아 인문주의자 피에트로 파올로 베르게리오Pietro Paolo Vergerio (1370~1445)는 『고귀한 성품과 자유교양 교육에 관하여De ingenuis moribus ac liberalibus studiis』에서 교육에 대한 여러 고전 사상을 재정식화했다. 이 책은 1402년에 처음 나온 이후 1600년까지 무려 40판이나 출간되었으며, 아마도 르네상스 시기에 나온 교육 관련 저술 중 가장 많이 필사되고 재출간된 저술일 것이다. 베르게리오에 따르면 자유교양 교육을 받은 사람은 "생각하지 않는 다수의 무리"보다 더 높은 차원으로 고양될 수 있었다.[7] 자유교양 교육은 학생들이 지도자의 위치에 걸맞은 소양을 갖추도록 준비시키는 교육이었고, 따라서 그들이 지도자 자리에 오르는 것에 정당성을 부여했다. 책을 가까이하면 탐욕이 들어설 자리가 없을 터이고 소년들은 자유교양 교육을 통해 미덕, 지혜, 공민적 의무들을 배우게 될 터였다.

베르게리오의 교육론이 **남성에게** 초점을 둔 것은 명백히 우연이 아니었다. 처음부터 리버럴 교육은 젊은 남성을 위한 것이었지 젊은 여성을 위한 것은 아니었다. 리버럴 교육이 독립성, 공적인 연설 능력, 리더십 등과 관련 있다고 여겨졌으므로 이러한 교육이 여성에게도 필요하고 가치 있으리라는 생각 자체가 떠오르기 어려웠을 것이다. 스페인의 인문주의자 후안 루이스 비베스Juan Luis Vives(1493~1540)가 쓴 『그리스도교 여인의 교육에 관하여De institutione feminae christianae』(1524)는 르네상스 시기 여성 교육론 중 가장 유명한 저술이었고 영어, 네덜란드어, 프랑스어, 독일어, 스페인어, 이탈리아어로 번역되었는데, 여성의 교육은 여성들이 가정에서 수행하는 기능과 관련된 내용에, 그리고 가장 중요하게는 여성들이 정조를 지키도록 하는 데 초점을 두어야 한다고 설명했다. 남성에게라면 "자신과 국가에 이득이 될 다양한 주제를 잘 알 수 있게 교육하는 것"이 합리적인 일이겠지만 여성은 "순결, 침묵, 복종"만 배우면 충분히 교육받았다고 볼 수 있다는 것이었다.[8] 그는 이러한 목적에 종교 문헌이 특히 효과적이라고 보았다.

르네상스 시기에 자유교양 교육을 받은 여성이 없었다는 말은 아니다. 드물게나마 매우 높은 수준의 교육을 받은 귀족 여성들이 있었음을 역사 자료에서 확인할 수 있다.[9] 자유교양 교육을 옹호하는 글을 직접 집필한 여성도 있었다. 하지만 이들의 자유교양 교육은 그 여성 본인보다는 **아버지**의 리버럴리티를 드러내는 것으로 이야기되었고, 이는 '리버럴한 여성'에 대한 편견과도 관련이 있었다. 이러한 내러티브는 영예를 가장pater familias*에게 돌리는 것이었는데,

---

*   가정을 통솔할 절대적인 권력을 갖는 사람.

과도하게 교육받은 딸을 어떻게 시집보낼지 걱정할 필요가 없고 딸에게도 자유교양 교육을 시키는 사치를 감당할 수 있을 정도로 자산가라는 뜻이었기 때문이다. 반면 교육받은 여성 본인은 종종 조롱과 비난을 샀다. 여성이 교육을 많이 받으면 남성화된다는 우려는 흔한 이야기였다. 이러한 교육이 여성을 성적으로 방종하게 만든다는 경고도 마찬가지였다. 리버럴이라는 단어 자체도 여성을 묘사할 때 쓰이면 성적으로 방탕하다는 뉘앙스가 실려서 문제적 의미를 가진 단어가 되었다. 1500년경에 지어진 어느 시는, 솔직하지 못하고 죄악에 빠지기 쉽고 문란하다는 등 여성의 본성이라고 오래도록 이야기되어온 편견을 드러내면서, 여성들이 종종 "은밀하게 … 리버럴하다"고 경종을 울리기도 했다.[10]

소녀들과 달리 소년들, 특히 장차 권력과 영향력을 행사하는 자리에 오를 소년들에게는 리버럴리티와 이것을 갖추게 해주는 자유교양 교육 모두 필수적이라고 여겨졌다. 네덜란드의 인문주의자이자 사제이고 신학자였던 에라스뮈스^{Desiderius Erasmus (1466~1536)}는 자유교양 교육을 잘 받은 소년들을 일컬어 "의원, 재상, 의사, 수도원장, 주교, 교황, 황제를 산출할 묘판"이라고 표현했다.[11] 그는 두 권의 교육론 저술『그리스도교 군주의 교육*Institutio principis Christiani*』(1516)과『아동 교육론*De pueris statim ac liberaliter instituendis*』(1529)[12]에서 (부유한 남성) 개인의 인성을 형성하는 데 미치는 중요성 면에서 자유교양 교육이 그리스도교 신앙에 이어 두 번째 자리를 차지한다고 언급했다. 그는 여기에서 리버럴리티란 단순히 "선물을 후하게 베푼다"는 의미가 아니라 "내가 행사할 수 있는 권력을 선함을 위해 사용하는 것"을 의미한다고 강조했다.[13] 르네상스 시기에도 리버럴리티를 설명할 때 삼미신에 대한 고대의 비유가 널리 사용되었다. 다양한 학문에 능했던 인문주의자 레온 바티스타 알베르티Leon Battista Alberti(1404~1472)는 세네카를 연상시키면서 "한 명은 호의를 베풀고, 한 명은 받고, 나머지 한 명은 되돌려주는 것, 완벽한 리버럴리티의 행동에는 이 모두가 포함되어야 한다"고 언급했다.[14] 알베르티는 모든 자유롭고 너그러운 사회에는 리버럴리티라는 미덕이 꼭 필요하다고 보았고, 알베르티 외에도 르네상스 시기의 많은 사상가들이 그렇게 생각했다.[15]

베풂의 정치

르네상스 시기 문헌에는 엘리트 계층에게 어떻게 부를 획득하고 지출할지에 대해 신중히 숙고하라고 훈계하는 내용이 많다. 행실과 범절에 대한 책들은 리버럴리티가 "돈에 대한 욕망과 탐욕"을 누그러뜨려주는 도덕적 미덕이라고 설명했다. 리버럴리티는 돈을 "유용하게, 그리고 과도하지 않게" 지출하는 것과도 관련이 있었다.[16] 리버럴한 사람은 가족, 친구, 친척을 돕기 위해, 또 자기 잘못이 아닌 이유로 가난한 처지에 떨어진 사람들을 돕기 위해 자신의 재산을 사용해야 하지만, 돈을 과시하기 위해 지출해서는 안 되었다.[17] 잘 지출하는 법을 아는 것은 그 사람이 가치 있는 사람인지를 말해주는 표식이었다.[18]

합당하게 지출할 줄 아는 역량은 통치자의 자질로서 특히 중요하다고 여겨졌다. 발다사레 카스틸리오네Baldassare Castiglione는 귀족의 가치를 논한 저명한 소책자『궁정론Il Libro del Cortegiano』(1528)에서 "지혜롭고 좋은 군주는 … 리버럴리티로 가득해야 한다"며, 그러면 신께서 그에게 보상을 하실 것이라고 언급했다.[19] 하지만 마구잡이로 후하게 지출을 해서는 안 되었다. 에라스뮈스는 군주가 지출을 할 때는 분별과 중용을 실천해야 한다고 조언했고, 특히 자격 있는 사람의 것을 자격 없는 사람에게 주어서는 절대로 안 된다고 언급했다.[20] 현실주의와 이상주의의 독특한 혼합으로 훗날 유명해지는 니콜로 마키아벨리(1469~1527)도 리버럴한 군주라면 자신이 쓸 수 있는 범위 이상으로 써서는 안 된다고 경고했다. 그 범위를 초과해서 쓰면 자원만 낭비되어 세금을 올려야 할 것이고, 그러면 백성을 억압하게 되므로 백성의 증오를 촉발하게 되리라는 것이었다.[21] 마찬가지로, 근대 회의주의의 아버지로 불리는 프랑스 저술가 미셸 몽테뉴Michel Montaigne(1533~1592)도 통치자들이 "자루에서 마구잡이로 씨를 꺼내 뿌려대지 않으려면"[22] 리버럴리티를 발휘할 때 신중한 숙고와 합당한 판단력을 사용해야 한다고 경고했다.

17, 18세기까지도, 상류층과 통치자들은 마땅히 리버럴해야 하지만 무차별적으로 베풀어서는 안 된다는 가르침이 계속 이어졌다. 프랑스 정치인이자 저술가 니콜라 파레Nicholas Faret(1596~1646)는 리버럴리티를 실천하는 것과 방종하게 지출하는 것은 다르다고 구별했다. 군주의 너그러움은 언제나 이성, 신중함, 중용의 지침에 따라 발휘되어야 한다는 것이었다. 군주가 너그러움을 베푸는 대상

은 "존중받을 만한 사람들"에게만 질서 있는 방식으로 확장되어야
하며 여기에는 지위, 태생, 나이, 재산, 평판이 적절하게 고려되어
야 했다. 가장 중요하게, 군주는 "파괴적으로 리버럴"해져서는 절대
로 안 되었다. 즉 자신의 자금을 고갈시킬 수도 있는 방식으로 베풀
어서는 안 되었다.[23] 벼락부자의 마구잡이 지출과 오랜 미덕인 리버
럴리티를 구별해야 한다고 강조하는 저술을 이 밖에도 많이 찾아볼
수 있다. 『프랑스 아카데미 사전*Dictionnaire de l'Académie française*』(1694) 초판
은 "리버럴"을 "자격 있는 사람에게 … 베풀기를 좋아하는 사람"이
라고 설명하고 있으며, 4판에는 "마구잡이로 지출하는 사람과 리버
럴한 사람 사이에는 큰 차이가 있다"는 설명이 덧붙어 있다.

개신교의 등장과 리버럴리티의 의미 변화

가톨릭화된 리버럴리티 개념은 종교개혁으로 개신교가 등장하면서
달라졌지만, 적어도 처음에는 미세하게만 달라졌다. 개신교 성경들
은 리버럴리티가 군주와 귀족만의 가치가 아니라 모든 그리스도교
인이 따라야 할 보편 덕목이라는 개념을 전파하는 데 일조했다. 성
경의 초기 번역본들에는 "고귀한noble"이나 "군주에게 걸맞은 가
치가 있는worthy to a prince"과 같은 의미를 담아 "너그러운generous"이
라는 표현이 사용되었지만, 새 영어 성경과 청교도 성경에서는 높
은 사회적 지위와의 연관이 사라졌고 "리버럴한liberal"이라는 표현
이 사용되었다. 『킹 제임스 성경King James Bible』(1604~1611)을 보면 "리

버럴"이라는 단어가 여러 차례 등장하는데, 모두 "특히 가난한 사람에게 너그럽게 베푸는 것"을 의미한다.[24] 이에 더해 「잠언」 11장 25절은 신께서 리버럴한 행동에 보상을 내리실 것이라고 다음과 같이 암시한다. "구제를 좋아하는 자[리버럴한 자the liberal soul]는 풍족해질 것이오, 남을 윤택하게 하는 자는 자신도 윤택해지리라."

1628년 4월 15일 화이트홀에서 찰스 1세가 참석한 가운데 존 던 John Donne(1582~1631)이 진행한 설교도 강조점이 약간 이동했음을 보여준다. 시인이자 변호사이며 성직자인 던은 리버럴리티가 왕, 군주, 혹은 "위대한 사람"에게 꼭 필요한 덕목이라는 오랜 개념도 이야기했지만, 여기에서 그치지 않고 다수 대중도 리버럴해져야 한다고 덧붙였다. 그는 "그리스도는 리버럴한 신이셨다"며 그리스도교도라면 **누구나** 후하게 베풀 줄 알아야 한다고 강조했다. 또한 리버럴하다는 것은 단지 자신의 부를 나누어 준다는 의미만이 아니었다. "리버럴함을 실천할 수 있는 새로운 방법들"을 계속해서 찾아 나가는 것 역시 중요했다. 던에 따르면, 「이사야서」 32장의 가르침에 따라 "고명한* 자는 늘 고명한 것들을 도모"하고 "늘 고명한 일의 편에 서야" 했다. 또한 "고명한 목적들을 믿고," "고명한 원칙들을 받아들이며," 그 원칙들을 "고명하게 실천해야" 했다. 던은 타인에 대해 생겨나는 병폐적인 감정들을 모두 없앰으로써 자신의 리버럴리티를 드러내야 한다고 촉구했고, 여기에서 리버럴하다는 것은

---

*　　이 문장과 다음 문장의 "고명한"의 영어 단어는 모두 liberal이다.

단지 재화만이 아니라 지식과 지혜를 나누는 것도 함께 의미했다. 던은 이런 것들을 [귀족이 아닌] 일반 대중도 포함해서 타인에게 전해야 한다고 강조했다. 하지만 그는 매우 중요한 단서를 달았다. 리버럴하게 대해야 할 대상은 그리스도교도로만 한정되어야 하며, 그렇지 않으면 "영적인 방종"의 죄를 저지르는 것이 된다고 말이다.[25]

　도덕에 대한 수많은 저술과 설교가 그토록 독려하고 칭송한 리버럴리티는 재산의 중대한 재분배라든가 종교 질서나 정치 질서의 교란을 목적으로 삼고 있지 않았다. 개신교와 가톨릭 공히, 대부분의 그리스도교 설교자들은 각자의 사회적 위치에 걸맞은 방식으로 베풀어야 하며 그 위치를 뒤흔들지 모를 방식으로 베풀어서는 안 된다고 가르쳤다. 「마태복음」 26장 11절은 "가난한 자들은 항상 너희와 함께 있거니와"라고 언급하고 있는데, 통상 이 구절은 빈곤이 사회·정치 질서의 불가피한 일부임을 뜻한다고 해석되었다. 영국의 한 예의범절서는 "신께서는 그분의 지혜를 통해 사람들의 여건이 평등하면 세상에 혼란이 불려 나온다는 것을 아시고서, 누군가는 가난하게 되고 누군가는 부유하게 되도록 신분에 질서를 지으셨다"고 설명했는데, 이는 당대에 매우 전형적인 서술이었다. 하지만 [신분이 나뉘어 있다 하더라도] 리버럴리티는 사람들에게 선한 의지, 자선, 그리스도교적 박애의 감수성을 갖게 함으로써 사회의 유지와 응집을 달성할 수 있었다.[26]

　요컨대, 몇몇 중요한 측면에서 근대 초기 유럽의 리버럴리티는 기성의 사회·정치·종교 질서의 보존을 위한 덕목이었다. 키케로와 세네카, 그리고 이들을 이어받은 수많은 사상가들이 이야기했듯이,

베풂은 사회적 응집을 가능케 하는 접착제였다. 세네카의 표현을 빌리면, 사회는 사람들이 "이로움"을 서로 베풀고 받음으로써, 즉 호의, 명예, 특전, 도움을 주고받음으로써 응집되고 잘 돌아갈 수 있었다. 또 그리스도교적 자선과 기부도 공동체 정신과 선한 의지에 대한 감수성을 전파했다. 끝으로, 리버럴리티의 표출은 그 사람의 고귀함과 사회적 지위를 드높여주는 것이기도 했다.

미국 예외주의와 리버럴 사상의 전통

그럼에도 그리스도교적 리버럴리티, 특히 청교도의 리버럴리티 개념은 잠재적으로 사회의 지위 체계를 교란할 수 있었고 실제로도 그랬다. 1630년에 유명한 청교도 정치인 존 윈스럽John Winthrop(1587~1649)이 매사추세츠베이 콜로니[매사추세츠만 식민지 정착촌]에 도착하면서 했던 「언덕 위의 도시City upon a Hill」 설교가 이를 잘 보여준다. 아라벨라호를 타고 매사추세츠베이 콜로니를 향해 가면서 윈스럽은 청교도인들이 살아가고 있는 현시대가 매우 일반적이지 않기 때문에 청교도인들에게 "범상치 않은 리버럴리티"가 요구된다고 말했다. 윈스럽은 현재 청교도인들이 직면한 지극히 힘겨운 상황에서는 **"과도하게 리버럴"**하다는 말은 성립할 수 없다고 강조했다. **"범상치 않은 리버럴리티"**의 실천은 그들이 생존할 수 있는 유일한 길이었다. 이렇게 해서, 리버럴리티는 **공동체 성원 전체**가 서로를 위해 행해야 하는 것이 되었다. 사람들은 자신보다 공공선을 먼저 생각해야 했다. 이후에 윈스럽의 이 설교는 미국 건국의 토대가 된 리버럴 원칙들이 전 세계의 등대 역할을 한다는 미국 예외주의 개념을 뒷받침하기 위해 숱하게 인용된다. 아무튼 윈스럽에 따르면, 식민지 정착민들은 "서로의 부담을 나눠 져야 하고" 스스로를 "사랑의 유대로 연결된 그리스도의 동반자"라고 여겨야 했다.[27]

　"범상치 않은 리버럴리티"를 촉구한 윈스럽의 주장은 17세기 당시로서는 흔치 않은 주장이었다. 더 일반적으로 독려된 것은 과도하지 않으며 대상을 구별하는 귀족적인 리버럴리티였고, 이러한 종류의 리버럴리티는 귀족적·군주적인 기존 질서를 위협하지 않았다. 네덜란드의 자연법 이론가 휘호 흐로티위스Hugo Grotius(1583~1645)는 인간은 본성상 합리적이고 사회성 있는 존재로, 서로에게 리버럴한 방식으로 행동할 수 있는 능력과 그렇게 행동해야 할 도덕적 의무 둘 다를 가진다고 설명했다. 1534년에서 1699년 사이에 키케로의 『의무론』은 영어판이 14종이나 출간되었고 라틴어판은 더 많이 출간되었다. 『의무론』은 웨스트민스터나 이튼 같은 명문 중등학교와 케임브리지 대학, 옥스퍼드 대학에서 기초 교재로 쓰였다. 1678년과 1700년 사이에 세네카의 『이로움의 베풂에 관하여』 축약본도 출간되었다.[28] 유럽 전역의 상류층 교육 기관에서 소년들은 사회의 존립이 그들의 리버럴리티에, 즉 그들의 너그러움, 도덕적 고결성, 공민적 가치들에 달려 있다고 배우며 자랐다.

　요약하자면, 17세기 중반까지 2000년 넘게 유럽인들은 리버럴리티를 사회에 필수적인 미덕으로 여겼다. "리버럴 사상의 전통"이라고 부를 만한 것이 있었다면, 바로 이것일 것이다.

리버럴리티에 대한 토머스 홉스와 존 로크의 견해

오늘날 토머스 홉스(1588~1679)와 존 로크(1632~1704)는 자유주의의 아버지로 흔히 여겨진다. 하지만 이러한 통념에는 의아한 면이 있다. 그들 본인은 자유주의liberalism라는 단어를 사용한 적이 없고 리버럴리티에 대해서라면 완전히 서로 다른 견해를 가지고 있었기 때문이다.

홉스는 앞에서 묘사된 리버럴함의 개념을 전면적으로 부정했다. 그는 인간이 본성상 폭력적이고 이기적이라고 보았다. 홉스에 따르면, 인간의 본성은 "빈곤하고 저열하고 야만적"이며 인간의 행동은 서로에 대한 두려움에서 추동된다. 전쟁은 인간이 처한 자연적인 조건이다. 따라서 "그들 모두를 계속해서 공포와 경외 속에 있게 하면서 그들의 행동을 공동의 이득 쪽으로 이끌 수 있는" 강력한 지도자가 없는 한, 인간은 스스로를 규율할 수도, 평화적으로 공존할 수도 없다. 홉스는 강력하고 분립되지 않은 정부 권력이 절대군주의 손에 집중되어야만 "만인의 만인에 대한 영속적인 전쟁 상태"를 피할 수 있다고 주장했다.[29] 그러므로 홉스의 논지에 따르면 리버럴리티는 사회에서 별다른 역할을 수행하지 않는다.

유럽 전역의 자연법 철학자, 도덕주의자, 종교 사상가 들이 홉스의 논지에 경악했고, 무신론자이고 극도로 비도덕적이라고 그를 비난했다. 그리고 인간에 대한 더 낙관적인 전망과 함께 리버럴리티의 실천이 가능하고 리버럴리티가 사회에서 핵심적인 역할을 수행한다고 다시금 주장하는 저술이 쏟아져 나왔다. 많은 글이 이 논지에 권위를 싣기 위해 키케로를 인용했다. 인간은 리버럴리티를 실천할 수 있는 능력이 있을 뿐 아니라 실천해야 할 의무도 가지고 있었다. 인간은 타인에게 선한 의지를 표출할 수 있는 역량을 신으로부터 부여받은 존재였다. 리버럴리티의 가능성에 전혀 여지를 주지 않는 홉스의 잔인한 분석에도 불구하고, 리버럴리티의 가능성과 그것이 발휘하는 효과에 대한 믿음은 사라지지 않았고 오히려 더 강화되었다.

하지만 프랑스에서는 얀센주의Jansénisme[30]의 영향을 강하게 받은 일군의 가톨릭 도덕주의자들이 홉스와 매우 비슷한 견해를 개진했다. 블레즈 파스칼Blaise Pascal, 프랑수아 드 라 로슈푸코François de La Rochfoucauld, 피에르 니콜Pierre Nicole, 자크 에스프리Jacques Esprit 등이 인간 본성에 대해 이와 같이 매우 염세적인 견해를 받아들인 학자들이다. 파스칼은 인간이 사악하고 비열한 존재이며, 다른 무엇보다 우선하는 충동은 언제나 자기애라고 보았다.[31] 얀센주의의 영향을 받은 또 다른 프랑스 도덕주의자 피에르 니콜은 인간이란 "절제와 제약 없이" 자기 자신을 사랑하는 존재이며 이 때문에 폭력적이되고 잔인해지고 불의해진다고 설명했다. 따라서 군주의 절대 권력으로 제약되지 않는다면 인간은 영구적으로 서로 전쟁 상태에 있게될 것이었다. 니콜은 사회를 하나로 응집시키는 것은 공포와 탐욕이라고 보았다.[32] 홉스처럼 프랑스의 얀센주의자들도 만약 인간이 다른 인간을 예의로 대하고 상호 간에 이로움을 주고받는다면, 그것은 리버럴리티를 실천할 내재적인 역량이 있어서가 아니라 이기적인 동기 때문이라고 설명했다.

흥미로운 점은, 얀선주의자들이 리버럴리티의 중요성을 부정하지는 않았다는 사실이다. 그들은 리버럴리티가 가짜이지만 그럼에도 꼭 필요한 미덕이라고 여겼다. 예의범절처럼 리버럴리티도 인간본성의 죄악성을 감출 수 있는 한 가지 방식이라는 것이다. 자크 에스프리는 1678년 저서 『인간 미덕의 허구성에 관하여*La Fausseté des vertus humaines*』에서 대부분의 인간이 할 수 있는 일이라곤 "리버럴한 사람**처럼 보이게 행동하는 것**"이라고 말했는데, 얀선주의적 견해에 대한 실로 적절한 요약이라 할 만하다.[33] 하지만 니콜을 포함해 많은 얀선주의 사상가들이 아무리 위선이라 할지라도 리버럴리티가 인간 사회의 작동에 필수적이라고 보았다는 데 주목할 필요가 있다. 사회의 응집을 위해 리버럴리티가 꼭 진실된 것일 필요는 없었다.

한편, 또 다른 많은 철학자, 신학자, 저술가 들은 인간 본성을 지나치게 죄악적인 동기와 위선 중심으로 설명하는 염세적인 견해를 거부하거나 아예 논의에서 배제했다. 존 로크가 대표적이다. 로크는 니콜의 저술 일부를 번역하기도 했는데, 번역 과정에서 인간 본성을 긍정적으로 본 면들을 두드러지게 강조했다. 가령 로크의 니콜 번역본은 "사랑과 존중은 사회에 유대를 가져다주고 사회의 보존을 위해 꼭 필요한 것"이며 사회는 "친절함이 유통되는 데" 달려 있고 그것이 없다면 사회의 "응집은 거의 불가능할 것"이라고 언급하고 있다.[34]

인간이 내재적으로 서로를 향해 리버럴하게 행동할 능력과 의무를 가지고 있다는 개념은 로크의 거의 모든 저술에 반복적으로 나타난다. 매우 영향력 있었던 『인간 오성론*Essay Concerning Human*

Understanding』(1689)에서 로크는 원죄에 대한 정통 견해와 당대에 지배적이던 인식론에 맞서면서 도덕 개념은 학습되는 것이지 타고나는 것이 아니라고 주장했다. 따라서 모든 인간은 자신의 삶에 지침이 될 도덕 원칙들을 배울 수 있고 또 배워야 했다.『그리스도교의 합리성*The Reasonableness of Christianity*』(1695)에서는 그리스도교인이 선한 일에 참여하는 것이 왜 중요한지 강조하면서, 예수께서 "너희의 적을 사랑하고, 너희를 미워하는 자에게 선행을 베풀고, 너희를 저주하는 자에게 축복을 빌고, 너희를 비열하게 이용하려는 자를 위해 기도하고, 고통과 용서와 리버럴리티와 공감으로 인내와 온유함을 가지라"고 가르치셨다고 언급했다.[35]

　　로크의『통치론*Two Treatises of Government*』(1690)에도 인간에게는 리버럴해질 수 있는 능력과 리버럴해져야 할 의무가 존재한다는 개념이 깔려 있다. 로크는 인간이 인류의 보존에 기여할 의무를 포함해 동료 인간들에 대한 의무를 가진다고 보았다. 그리고 인간은 윤리적으로 행동할 역량이 있으므로 절대군주의 통치를 필요로 하지 않는다고 홉스와 정반대 결론을 내렸다. 로크가 보기에 인간은 '자연 상태'에서도 도덕 법칙을 알 수 있고 그 법칙에 따라 행동할 수 있었다. 즉 인간은 리버럴리티를 실천할 역량이 있으므로 상당한 정도의 자기 통치를 허용하는 제한적이고 입헌적인 군주제하에서 얼마든지 잘 살아갈 수 있었다.

　　이 책에서 우리가 되짚어볼 자유주의의 역사에 로크는 또 다른 방식으로도 기여했다. 예를 들면 로크는 아이들에게 리버럴리티를 가르치는 것이 중요하다고 강조했다. 그는『교육론*Some Thougths*

Concerning Education』(1693)에서 아이들이 반드시 배워야 할 몇 가지 기본적인 도덕 원칙들을 열거했는데, 이에 따르면 아이들은 타인에게 "친절하고 리버럴하고 예의 바른" 태도를 갖도록 교육받아야 했다. 또한 이기심을 "솎아내고, 이기심과 반대되는 특질이 … (들어서게 할)" 필요가 있으며 "자신이 가진 것을 친구에게 수월하고 자유롭게 내어주는 법"을 배워야 했다.[36] 로크의 제자이자 동지인 섀프츠베리 3대 백작The Third Earl of Shaftesbury(1671~1731)은 그러한 교육이 아이들에게 "너그러운 기질과 품성, 잘 조절된 욕망과 가치 있는 성향"을 형성해줄 것이라고 설명했다.[37]

스코틀랜드 신학자 조지 턴불George Turnbull(1698~1748)은 널리 읽힌 저술『리버럴 교육의 모든 분야에 대한 관찰Observations on Liberal Education in All Its Branches』(1742)에서 이 개념을 한층 더 정교화했다. 그에 따르면 리버럴 교육의 목적은 소년들을 가치 있는 사회 구성원이 되도록 훈련하는 것이고 그렇게 되려면 "자신을 통제하는 법"과 "내적인 자유"를 배울 필요가 있었다. 여기에서 "내적인 자유"는 이기심과 악덕을 극복하는 것을 의미한다. 즉 소년들은 정의, 진리, 공공선과 같은 옳은 일을 사랑하도록 훈련받아야 했고, 이는 곧 "정신을 인간답게" 하는 것이자 "너그러운 성품을 일깨우는" 것이었다.[38]

계몽주의 시기의 리버럴리티

오늘날 어떤 학자들은 자유주의의 기원을 계몽주의에서 찾을 수 있다고 본다. 하지만 이번에도 18세기에는 자유주의liberalism에 대해 아무도 이야기하지 않았음을 염두에 두어야 한다. 자유주의라는 단어도 개념도 아직 존재하지 않았기 때문이다. 하지만 리버럴리티는 계속해서 강조되었고 새로운 통신 수단 덕분에 이 개념은 전례 없이 널리 확산될 수 있었다.

계몽주의 시기에도 리버럴리티는 주로 고귀한 태생인 귀족 계층에게 해당하는 덕목이라고 이야기되었다. 『존슨 박사의 영어 사전 Dr. Johnson's Dictionary of the English Language』은 "liberal"을 "1. 태생이 비천하거나 저열하지 않음 2. 신사가 됨"이라고 설명하고 있다. 또한 전과 마찬가지로 선택된 소수만 리버럴한 사람의 특징, 즉 "너그럽고 친절한 기질"을 함양하는 교육을 받을 수 있다고 여겨졌다.[39] 로크도 신사 계층의 자제를 염두에 두고 『교육론』을 썼고 그가 촉진하고자 한 도덕 정신은 귀족적인 정신이었다. 그는 신사 계층의 자제를 위한 도덕 강연을 했고 신사 계층을 위한 모임을 만들었으며 자신의 저술에 서명할 때도 "신사 존 로크John Locke, Gent."라고 적었다.[40] 섀프츠베리 백작에 따르면 신사들이 받아야 할 교육은 "저열한" 사람들이 아니라 자연히 사회의 지도자가 될 사람들에게 적합한 "고상하고 리버럴한 성품"을 함양하는 것이어야 했다.[41] 조지 턴불이 인기 저서 『리버럴 교육의 모든 분야에 대한 관찰』을 집필할 때 염두에 둔 대상도 "귀족과 신사 계층"의 젊은이들이었으며, 그에게 리버럴 교육의 목적은 "좋은 태생의" 소년들에게 "진정으로 리버럴하고 남자다운 기질"을 불어넣는 것이었다.[42]

리버럴 교육의 장점을 설명한 18세기 문헌에는 '신사'와 '남자다움'에 대한 언급이 자주 나온다. 여아의 정신을 키우는 것이 좋은 생각이라고 보는 사람은 당시에 거의 없었다. 프랑수아 페늘롱 François Fénelon의 『여아 교육론Traité de l'éducation des filles』(1687)은 당시에 일반적이던 생각을 잘 보여준다. 이 책은 딸을 아홉이나 두었던 보빌리에Beauvilliers 공작 부부의 의뢰로 집필되었는데, 곧 영어와 독일어로 번역되었고 19세기에 여러 차례 재발간되면서 당대에 가장 널리 읽힌 교육 지침서가 되었다. 페늘롱은 여아의 교육은 좁은 범위로만 한정되어야 한다고 보았다. 그에 따르면 "되도록이면 여아의 정신을 제약해서" 여성들이 가정에서의 의무, 즉 "가정을 잘 관리하고 남편을 행복하게 해주고 아이들을 잘 키우는" 역할에만 집중하게 하는 것이 중요했다. 인문학적 교육은 "여성을 오만하게 만들" 것이므로 여아에게는 명시적으로 금지되어야 했다.[43]

100년이 지나서도, 애덤 스미스(1723~1790)처럼 계몽된 개혁가조차 여아의 교육은 "오로지" 여아가 알아두면 **유용할** 내용으로만 한정되는 것이 좋다고 조언했다. 여아 교육의 모든 내용은 그들에게 정해져 있는 운명인 가정에서의 역할에 잘 준비될 수 있게 해주는 것이어야 했다. 즉 여아 교육은 여아들이 "자신의 자연적인 매력을 높이거나 온순함, 겸손함, 순결, 검소함 등의 정신을 익히도록" 하고 "가정의 안주인이 될 준비를 갖추게 하며 안주인이 되었을 때 적절하게 행동할 수 있게 하는 것"이어야 했다.[44] 이 무렵이면 여성의 "본성"에 대한 생의학적 이론들이 등장해 여성이 지속적으로 지적인 활동을 하면 건강에 해롭다는 통념을 퍼뜨리면서,[45] "여성에게 적합한 교육"에 대한 전통적인 견해가 한층 더 강화되었다.

그와 동시에, 남성들이 리버럴한 정신을 형성하게 하는 것은 계몽주의 시기에 전에 없이 높이 칭송되었다. 애덤 스미스 본인도 자유교양 교육의 혜택을 입은 사람이었다. 수준 높은 자유교양 교육을 받은 덕분에 대학에서 공부할 수 있었고 나중에는 글래스고 대학의 도덕철학 교수가 될 수 있었던 것이다. 젊은 스미스에게 도덕철학을 가르친 글래스고 대학의 프랜시스 허치슨Francis Hutcheson(1694~1746)은 리버럴리티, 즉 "다른 이들에게 친절하게 행동하는 것"의 중요성을 강조했다.[46] 허치슨은 글래스고 대학 취임 연설 「인간이 가진 동료애의 본성The Natural Fellowship of Mankind」에서 이기심을 중심에 놓는 홉스의 철학을 명시적으로 부정하면서, 도덕 감정을 부여받은 존재로서 인간은 공감, 너그러움, 자애의 덕목을 깨달을 수 있으며 그에 맞게 행동하도록 동기 부여될 수 있다고 주장했다. 그는 "인간 정신의 육성은 대개 인간의 의무에 대해 공정한 견해를 형성하는 것을 통해 이뤄진다"며, 특히 중요한 의무 중 하나로 언제나 공공의 이익을 염두에 두는 것을 꼽았다.[47] 그는 이러한 의무를 알려면 키케로, 로크, 섀프츠베리의 저술을 읽으라고 학생들에게 조언했다.

리버럴한 성품에 대한 칭송은 가난한 사람들에 대한 멸시, 심지어는 노골적인 경멸과 함께 가는 경우가 많았다. 프랑스에서는 명백하게 그랬다. 18세기까지도 프랑스에서는 리버럴리티가 귀족 지위와 긴밀하게 연관된 개념이라고 여겨졌다. 가톨릭 주교이자 설교가인 장바티스트 마시용Jean-Baptiste Massillon(1663~1742)은 한 유명한 설교에서 신분이 낮은 사람들은 리버럴리티를 실천할 능력이 부족하다고 말했다. 너그러움, 고상한 감수성, 불행에 대한 공감 능력은 귀족의 특징이었다.[48] 영국의 존 로크도 비슷한 견해를 가지고 있었다. 로크는 "대다수의 인류"에게는 자유교양 교육이 해당되지 않는다고 보았다. 자유교양 교육은 "비참한 여건의 노예가 되어 다른 모든 것을 포기하고 노동을 해야만 하는 대다수의 인류"를 위한 것이 아니었다. 로크는 가난한 아이들은 3세부터 일을 하러 내보내도 괜찮을 것이라고 언급했다.[49] 식민 행정에도 관여한 바 있는 로크는 노예제를 공식화하는 문서* 작성을 돕기도 했다.[50] 19세기에 접어들고서 한참 뒤까지도 수많은 저널, 논고, 사전이 자유교양 교육은 "신사와 학자에게 적합한 것"이며 "노예의 기술"을 업으로 삼게 될 "더 비천한 사람들"에게는 "실용 기술과 수공업 기술"에 대한 교육이 이뤄져야 한다는 개념을 전파했다.[51]

미국에서도 사회 지도층으로 자리 잡은 신사 계층은 나머지 사람들이 본성상 정신이 협소하고 편견에 휩싸여 있는 존재라고 생각했다. 조지 워싱턴George Washington의 장군 중 한 명인 너대니얼 그린 Nathanael Greene(1742~1786)은 "대다수의 민중"은 늘 "옹졸하고 이기적이고 리버럴하지 않다"며 그들을 천성이 더 고귀한 신사와 혼동해서는 절대로 안 된다고 언급했다.[52] 조지 워싱턴 본인도 "[땅에] 눌어붙어 있는 무리들"이라는 표현을 썼다고 알려져 있고,** 존 애덤스John

---

*   캐롤라이나 콜로니의 통치 형태를 규정한 문서였다.

**   전쟁에 나간 동안 자신의 땅을 무단 점유한 사람들과의 분쟁에서 그들을 일컬어 "여기 들어와 눌어붙어 있는 무리들this grazing multitude"이라고 말했다고 알려져 있다.

Adams도 "인류 중 평범한 무리들"이라는 표현을 사용한 바 있다. 애덤스는 "평범한 사람들"은 "배움, 우아함, 탁월함"에 대한 개념이 없으며 "저열하고 녹슨 상상" 때문에 쉽게 타락하곤 한다고 언급했다.

계몽주의 시기의 의미 전환

계몽주의 시기에 리버럴리티의 중요성이 한층 더 강조되는 한편으로, 이 단어를 새로운 의미로 사용하는 용례도 나타나기 시작했다. 우선, 리버럴리티가 지칭하는 바의 범위가 넓어졌다. 이제 리버럴한 사람뿐 아니라 **리버럴한 감수성, 리버럴한 사상, 리버럴한 사고방식**도 이야기되었다. 그리고 리버럴리티의 개념은 어느 면에서 보편화되기도 했다. 즉 리버럴한 감수성, 사상, 사고방식은 소수의 귀족만이 아니라 더 폭넓은 계층의 사람들이 발현할 수 있는 것으로 간주되기 시작했다. 저술가, 학자, 설교자, 공직자, 교육받은 대중, 심지어는 한 세대 전체가 리버럴한 면모들을 드러낼 수 있다고 여겨졌다.

　자유교양 교육은 여전히 지배층의 자제에게 리버럴리티를 함양해주는 중요한 방법이었지만, 계몽주의 사상가들은 리버럴한 사람이 되는 법을 다양한 환경에서 배울 수 있다고 보기 시작했다. 가령 신사들의 사교 클럽, 프리메이슨 로지lodge,*** 살롱, 예술 전시회 등 다

*** 　프리메이슨의 조직 단위, 혹은 프리메이슨의 지역 센터 기능을 하는 숙박 및 회합 시설을 의미한다.

양한 사회적 장에서도 리버럴리티를 배울 수 있다고 여겨졌다. 이 모두가 당대에 활발히 돌아가고 있었다.[53] 18세기 런던의 한 신사 클럽이 "리버럴한 소통과 합리적인 논쟁을 통해 서로를 향상시키는 것"이 자신들의 목적이라고 표방한 것도 이런 맥락에서였다. 이 클럽은 "리버럴리티의 정신"을 전국에 전파하는 역할을 한다고 자처했으며, 그러한 리버럴리티의 정신이 사회를 진보의 길로 이끌어 줄 것이라고 믿었다.[54] 다른 이들과 자유롭게 담론과 사고를 나눔으로써 리버럴해지는 것이 가능하다는 개념, 그리고 이렇게 함양된 리버럴리티가 전체 사회의 향상을 이끌어주리라는 개념이 이 무렵이면 명백히 성립되어 있었다고 볼 수 있을 것이다.

스코틀랜드의 역사학자 윌리엄 로버트슨William Robertson(1721~1793)은 역사를 거치면서 리버럴한 감수성이 높아지고 유럽 전역에 확산되면서 유럽인들이 더 신사적이 되고 더 교양 있어지고 더 예의 바르게 되는 데 기여했다며 리버럴리티가 확산되는 추세를 반겼다.[55] 18세기 독일의 한 사상가도 리버럴의 신조가 합리적이고 도덕적이고 진보적인 역사의 전개 요인들과 잘 부합한다고 언급했다.[56] 그 밖에도 많은 이들이 이러한 견해를 가지고 있었다. 조지 워싱턴도 "리버럴리티의 감수성이 증가하고 있는 것"을 반겼고 이것이 "인류를 온화하게 길들이는" 효과를 가져다줄 것이라고 확신했다.[57]

리버럴리티가 인류를 향상시키는 메커니즘으로는, 종교적 관용 정신의 함양이 인류의 향상을 가져오리라는 점이 주되게 언급되었다. 이것은 이 시기에 새로이 등장한 개념이었다. 4세기의 성 아우구스티누스Aurelius Augustinus(354~430)까지 거슬러 올라가는 그리스도교의 전통적인 가르침에 따르면 이단들은 그들을 벌하는 것이 곧 그들에게 자선을 베푸는 행동이었다. 그래야 이단들을 신의 품 안에서 구원할 수 있고 사회가 혼란의 나락에 떨어지는 것을 막을 수 있기 때문이라는 것이었다. 프랑스의 궁정 설교가 자크베니뉴 보쉬에Jacques-Bénigne Bossuet(1627~1704)는 국왕에게 "리버럴한" 군주가 되고 "인류에게 이로운 것"을 행하기 위해 "위대한 사상들을 생각하라"[58]고 조언하는 동시에 수십만 명의 개신교도가 개종을 강요당하거나 투옥되거나 망명길에 내몰릴 정도로 가혹해져만 가는 국왕의 개신교 박해 정책을 칭송하는 것이 전혀 모순이라고 생각하지 않았다. 그가 리버럴리티를 종교적 관용과 연결 지어 생각했다는 증거는 없으며, 당대의 많은 다른 사람들도 마찬가지였다.

처음으로 리버럴리티를 종교적 관용과 연결 지은 사람은 존 로크일 것이다. 프랑스에서 루이 14세Louis XIV가 점점 더 가혹하게 개신교도를 박해하는 것에 경악해서, 또 영국에서도 개신교도들 사이에 불화가 지속되는 것을 우려해서, 로크는 『관용에 관한 편지Letter Concerning Toleration』(1685)에서 리버럴리티를 관용과 연결 지어 논했다. 로크는 관용이 "예수 그리스도의 복음과 잘 부합할 뿐 아니라" "진정한 교회임을 보여주는 핵심 징표"라고 언급했다. 이렇게 해서, 로크의 논의에서 종교적 관용은 그리스도교인의 의무가 되었다. 하지만 단순히 서로의 존재를 용인해주는 것만으로는 충분하지 않았다. 그리스도교인은 서로에게 **리버럴한 태도를 가져야** 했다. 로크는 "벌거벗은 정의의 협소한 잣대로만 상대를 재단하려 해서는 안 되며 … 여기에 자선, 너그러움, **리버럴리티**가 반드시 추가되어야 한다"고 적었다. 그에 따르면, 이것이야말로 복음이 명령하는 바이고 이성이 지시하는 바이며 우리 모두가 타고난 자연적인 동료애가 우리에게 요구하는 바였다.[59] 적어도 당대의 기준에서 보면 로크는 리버럴한 사람이 되어야 한다는 당위가 행사되어야 할 대상의 범위를 획기적으로 확대했다. 모든 개신교 분파, 그리고 심지어는 이교도, 무슬림, 유대인까지도 리버럴리티의 태도로 대해야 한다고 주장한 것이다. 그렇긴 해도 로크의 리버럴리티는 여전히 제한적인 개념이었다. 리버럴리티의 태도로 대해야 할 대상에 가톨릭과 무신론자는 여전히 포함되지 않았다.[60] 리버럴리티의 대상은 로크 이후의 사상가들에 의해 앞으로 한층 더 넓어지게 된다.

실제로 18세기를 거치면서 종교적 관용은 리버럴 가치의 핵심으로 자리 잡았다. 비국교도Dissenters(영국 국교회에 속하지 않는 개신교도)들이 이 개념을 전파하는 데 특히 중요한 역할을 했다. 수많은 법적 장애물에 직면해 있던 비국교도들은 리버럴리티의 기치하에 이러한 법들의 철폐를 주장했다. 비국교도 목사 새뮤얼 라이트Samuel Wright(1683~1746)는 "리버럴함"에 대한 설교에서 리버럴한 사람이 된다는 것은 편견에 맞선다는 의미라고 주장했다. 그에 따르면, 리버럴리티는 "시민적 문제와 종교적 문제 모두에서" 모든 그리스도 교인이 마땅히 지지해야 하는 "자유의 원칙"이었다.[61] 이렇게 해서, 리버럴리티는 종교적 관용뿐 아니라 정치적·법적 개혁을 요구하는 입장과도 연결되었다.

비국교도의 지도자이자 벤저민 프랭클린Benjamin Franklin, 토머스 제퍼슨Thomas Jefferson 둘 다와 친구였던 리처드 프라이스Richard

Price(1723~1791)는 리버럴한 감수성을 다음과 같이 설명했다. "리버럴한 감수성은 서로가 서로를 피하게 만드는 끔찍한 편견을 제거해주며, 이웃, 친구, 지인이 그들의 뜻대로 자신의 신앙 체계와 숭배 양식을 따르는 것을 [우리의 것과 다를지라도] 우리가 동일한 만족과 기쁨으로 존중할 수 있게 해준다."[62] 1772년 판 『옥스퍼드 영어 사전Oxford English Dictionary』에는 "liberal"이 "편견, 고정 관념, 편협함으로부터의 자유; 열린 마음과 관용"을 의미한다고 설명되어 있다. 18세기 말이 되자 더 많은 리버럴 인사들이 점점 더 폭넓은 종교적 관용을 지지하면서 이것이 정부가 채택해야 할 가장 "공정하고 리버럴한" 정책이라고 주장했다.[63]

조지 워싱턴도 그 가운데 하나였다. 미국 대통령으로서 워싱턴은 리버럴한 종교 정책을 지지했는데, 이는 신앙의 자유를 개신교 분파들뿐 아니라 가톨릭과 유대인에게까지도 적용하는 너그럽고 관용적인 정책을 의미했다. 1790년 3월 15일에 유명한 「미국의 로마 가톨릭교도에게 보내는 편지Letter to the Roman Catholics in the United States of America」에서 워싱턴은 이렇게 언급했다. "인류가 더 리버럴해지면, 공동체의 가치 있는 구성원답게 행동하는 사람이라면 모두가 공민적 정부로부터 보호받을 권리를 동등하게 갖는다는 데 사람들이 동의하게 될 것입니다. 나는 미국이 정의와 리버럴리티의 구현에서 선도적인 모범 국가가 되는 것을 보고 싶습니다."[64] 몇 달 뒤에는 「뉴포트의 히브리 회중에게To the Hebrew Congregation in Newport」(1790)에서 "미합중국의 시민은 본받을 만한 폭넓고 리버럴한 정책에 대해 인류에게 모범을 제공했다는 점에서 자부심을 가져도 좋을 것"

이라며 "미합중국에서는 모든 사람이 동등하게 양심의 자유와 공민적 면책권을 가지고 있다"[65]고 선언했다. 곧 미국은 종교와 관련해 리버럴한 법들로 유명해지고 정교분리 역시 본질적으로 미국적인 원칙이라고 여겨졌다.

리버럴 신학과 리버럴 그리스도교

이제까지는 대체로 중요성이 간과되어왔지만, 리버럴리티 개념의 변천에서 계몽주의가 결정적인 공헌을 한 지점이 한 가지 더 있다. 리버럴 신학과 리버럴 그리스도교라는 개념을 만든 것이다. 리버럴 신학liberal theology은 요한 잘로모 젬러와 같은 독일 개신교 신학자들이 처음으로 주창했다. 젬러는 1774년에 이 표현을 처음 사용했는데,[66] 이를 통해 학술적이고 계몽된, 따라서 계몽된 세기의 리버럴한 사람들에게 잘 부합하는 성경 독해와 종교관을 이야기하고자 했다.[67] 그가 상정한 리버럴 신학은 도그마의 제약에서 자유롭고 비판적인 질문에 열려 있는 신학이었다. 젬러는 성경에 대한 리버럴한 접근을 통해 그리스도교의 본질이 도그마에 있는 것이 아니라 도덕에 있다는 결론에 도달했다.

　젬러의 사상은 자유주의적 종교와 정통파 종교의 관계에 대해 앞으로 오랫동안 맹렬하게 이어질 논쟁에 시동을 걸었다. 리버럴 신학은 독일에서 빠르게 토대를 구축했고 18세기 말에는 독일의 지배적인 신학 사조가 되었다. 또한 독일 이외의 지역에도 영향력을 미쳤다. 1812년에 미국 유니테리언 매체인『정보 모음과 리뷰*General Repository and Review*』는 젬러에 대해 열렬한 찬사를 보내면서 젬러를 "가장 학식 있고 가장 계몽된" 신학자라고 칭했다. "리버럴한 정신이 자유롭게 다닐 수 있도록 문을 열었고" "대담하고 리버럴한 개념들"[68]을 주장한 사람이기 때문이라는 것이었다.

리버럴 신학과 달리 리버럴 그리스도교liberal Christianity라는 용어는 미국에서 만들어진 것으로 보인다. 이것은 보스턴 지역에서 소수이지만 적극적으로 목소리를 냈던 일군의 성직자가 발달시킨 개념이다. 이들은 '리버럴 그리스도교' 또는 '리버럴파派'라고 불렸으며 나중에는 '유니테리언Unitarian'이라는 명칭을 갖게 된다. 가장 유명한 주창자로 윌리엄 엘러리 채닝William Ellery Channing(1780~1842)을 꼽을 수 있는데,[69] 그의 글은 미국을 넘어서까지 번역되어 널리 퍼졌다. 리버럴 그리스도교와 리버럴 신학 모두 자유주의 역사에 큰 영향을 미친, 혹은 보는 이에 따라서는 자유주의의 역사에 오점을 남긴, 길고 열띤 논쟁을 촉발했다.

리버럴 그리스도교도들은 부유하고 교육을 잘 받은 신사들이 많았다. 이들은 자신의 종교가 자유교양 교육을 받고 좋은 취향을 육성한 예의 바르고 교양 있는 사람에게 적합하다고 주장했고, 편견에 잘 빠지고 "열정"에 쉽게 휩쓸리는 못 배운 사람들의 "한탄할 만한 비非리버럴리티"를 혐오했다.[70] 리버럴한 신사의 종교는 "고요하고 합리적이며 사고와 숙고의 결과"이며,[71] "종교적 열광"이나 "통렬한 비명과 괴성, 발작적인 전율과 선동 같은 대중 부흥회의 형태를 띤 종교와는 정반대의" 것이었다.[72]

리버럴 그리스도교도들에게 이 종교는 그리스도교가 시대에 맞게 개선된 버전으로, 새로운 시대가 매우 필요로 하던 종교였다. 즉 그들이 살고 있는 시대의 계몽된 가치에 더 잘 부합하는 종교였다. 리버럴 그리스도교는 인간의 죄악이라는 우울한 교리에 기반하지 않았고 초자연적인 요소나 도그마를 강조하지도 않았다. 그보다, 도덕적 처신과 자기 자신을 향상해나갈 수 있는 인간의 역량에 대한 믿음을 강조했다. 리버럴 그리스도교도들은 자신이 합리적이고 사회적으로 활발하며 여타의 개신교 분파들을 관용으로 대한다는 점을 자랑스러워했다. 그들이 믿는 종교는, 로크가 가장 좋아한 저자 중 한 명의 표현을 빌리면 "자유롭고 리버럴한 성향"을 함양하는 종교였다.[73]

리버럴리티, 정치 담론화되다

모든 계몽주의 사상가가 리버럴리티의 영향으로 사회가 향상되고 있다고 믿은 것은 아니었다. 경제가 성장하고 변화하고 전례 없는 부를 창출하면서, 이 과정에 따라오는 것처럼 보이는 불평등과 허영, 이기심의 증가를 우려하는 목소리가 나오기 시작했다. 18세기 중반에 큰 논란과 화제를 일으킨 저술에서 제네바 출신 철학자 장자크 루소Jean-Jacques Rousseau(1712~1788)는 자유교양 교육이 사회를 순화하는 효과를 낸다는 개념을 전면적으로 부인했다. 앞 시대의 얀선주의자들을 연상시키면서, 루소는 자유교양 교육이 깊숙이 부패한 사회를 가리고 있을 뿐이라고 주장했다.[74] 사람들이 교양과 예의를 더 많이 갖추게 되긴 했지만 공민적 가치와 공공선에 대한 헌신은 없어졌다. 루소가 보기에 현대의 인간은 키케로 등이 묘사했던 이상, 즉 시민에 대한 고대 로마의 이상에 부응하고 있지 못했다.

특히 스코틀랜드 사상가들이 경제 변화가 가져온 영향을 깊이 우려했다. 키케로와 루소 모두의 저술을 열심히 연구한 애덤 퍼거슨Adam Ferguson(1723~1816)은 금전 가치에 치중하는 개념이 점점 더 확산되고 있다고 한탄했다. 그가 보기에, 이기심이 사회의 유대를 위협하고 있었고 스코틀랜드를 "노예들의 비굴한 나라"로 만들고 있었다.[75] 또한 사람들이 상업과 부에 집착해 공민적 의무들을 저버리면서, 더 유명한 동시대 스코틀랜드 사상가 애덤 스미스가 훗날 표현한 대로, 스코틀랜드를 "이방인들의 사회"로 만들고 있었다.

루소, 퍼거슨, 스미스 외에도 많은 계몽주의 사상가들이 어떻게 하면 사람들이 더 폭넓은 공공의 후생에 관심을 갖도록 독려할 수 있을지 고민했다. 당대의 자유교양 교육은 제대로 작동하고 있는 것 같아 보이지 않았다. 조지프 프리스틀리Joseph Priestley(1733~1804) 같은 과학자조차 자유교양 교육이 너무 기술적인 부분에 치우쳐 있고 진정으로 '리버럴한' 것은 찾아볼 수 없다고 지적했다. 그는 자유교양 교육이 유용하려면 공민적인 부분에 더 많이 관심을 기울여야 한다고 주장했다. 스코틀랜드의 한 개혁가는 학생들이 애국심을 배워야 한다고 언급했고, 또 다른 사상가는 소년들이 자유에 대한 사랑과 공적인 정신, 나아가 국가에 대한 열정을 배워야 한다고 주장했다. 애덤 퍼거슨은 리버럴리티가 단순히 세련됨이나 코즈모폴

리턴적인 사회성만 의미하는 것이 아니라 "우리를 우리가 사랑하는 공동체의 일부로 여기게 해주는 정신의 습관"을 의미하는 것이기도 하다고 주장했다. "우리가 속한 공동체의 일반적인 후생이 우리가 열정을 투사하는 가장 높은 대상이어야 하며 우리 행동의 가장 큰 규칙이 되어야 한다"는 것이었다. 진정으로 리버럴한 감수성을 가진 사람이라면 자유로운 정치체를 유지하는 데 관심을 기울여야 했다.[76] 즉 진정으로 리버럴한 감수성은 공민적 참여를 촉진해야 했다.

리버럴한 특허장에서 리버럴한 헌법으로

중세 이래로 왕과 황제 들은 도시, 조직체, 개인에게 권리와 특전을 부여하는 특허장을 하사하곤 했다. 그러한 특전을 부여하는 주권자나 특허장은 특허장에 명시된 특권이 쉽게 침해될 수 없고, 가령 너그러운 경제적 양보를 담고 있거나 상당한 자치를 허용하는 것일 경우, "리버럴하다"고 묘사되었다.[77] 영국을 떠나 신세계로 향한 사람들은 식민지 건설과 경영에 많은 자율성을 부여하는 상당히 리버럴한 특허장을 가지고 갔다.[78] 그러다 18세기 중반에 영국 본국과 아메리카 식민지 사이에 갈등이 고조되면서, 본국 정부가 특허장의 항목을 개정해 식민지에 조세나 규제를 새로이 부과할 권한이 있는지를 두고 많은 논쟁이 벌어졌다. 식민지 정착민들은 본국이 추가로 식민지에 규제나 조세를 부과하는 것이 특허장을 위배하는 것일 뿐 아니라 영국 헌법이 보호하는 식민지 정착민의 권리도 위배하는 것이라고 주장했다. 영국 정부가 특허장의 항목을 자의적으로 고치도록 허용된다면 그 특허장은 '후하지도' 않고 호혜의 원칙에 기반하지도 않아서 더 이상 '리버럴한' 특허장이라 부를 수 없게 될 터였다.

이렇게 식민지 사안이 정치적으로 첨예해진 맥락에서, 애덤 스미스의 유명한 저서 『국부의 원천과 속성에 관하여An Inquiry into the Nature and Causes of the Wealth of Nations』(1776)[이하 『국부론』으로 표기]가 나왔다. 오늘날에는 고전 자유주의를 창시한 저술로 흔히 여겨지는 『국부론』은 당대에 첨예한 쟁점이던 아메리카 식민지 문제를 직접적으로 다룬 책이며 스미스는 이 책이 "영국의 전체 상업 시스템에 대해 [내가 가하는] 매우 폭력적인 공격"이라고 표현했다.[79]

스미스는 당대 영국의 무역 정책을 신랄하게 비판하면서 "자유로운 수출입에 기초한 리버럴한 시스템"의 도입을 주장했을 뿐 아니라, 북미의 경제 시스템을 예로 들면서 그와 대조적인 영국 경제의 오류를 강조해 지적했다. 아메리카 식민지는 물자와 사람이 자연스럽게 흐르도록 보장하는 자유로운 경제 시스템의 장점을 잘 보여주는 사례였다. 스미스에 따르면, 아메리카 식민지에서는 농업에 제약 없이 자유롭게 투자가 이뤄져 부와 번영이 빠르게 높아지고 있었던 반면 영국에서는 복잡하고 부패한 관세, 특전, 독점, 그 밖의 법적 장치들이 부유한 사람만 더 부유해지게 하고 나머지 사람들은 가난 속에 방치하고 있었다.

스미스가 『국부론』에서 "리버럴"이라는 단어를 사용했을 때 이것은 이제까지 살펴본, 2000년간 이어져온 개념을 의미했다. 즉 여기에서 "리버럴"은 당대의 교육받은 신사들이라면 모두 잘 알고 있었을 도덕적인 의미를 담고 있었다. 이 책 4권 9장에서 스미스는 "모든 사람이 **평등, 자유, 정의의 리버럴한 계획에 따라** 자신의 이해관계를 자신의 방식대로 추구하도록 허용되어야 한다"고 주장했는데, 여기에서 "리버럴한 계획"은 자유만이 아니라 너그러움과 호혜성도 의미하는 것이었고 당대의 독자들도 당연히 그렇게 알고 있었을 것이다.[80]

많이들 잊곤 하지만 스미스의 첫 번째 주요 저술이자 아마도 가장 영향력 있었을 저술은 윤리에 대한 책이었다. 스미스는『도덕감정론Theory of Moral Sentiments』(1749)에서 "자신의 모든 역량을 동원해 동료 시민과 전체 사회의 후생을 증진하고자 하지 않는 사람은 분명히 시민이 아니다"라고 말했다. 또한 "현명하고 덕망 있는 사람은 언제나 자신의 사적인 이익이 자신이 속한 집단이나 사회의 이익을 위해 희생되는 것을 기꺼이 받아들일 것"이며 "자신이 속한 집단이나 사회의 이익이 그것이 속해 있는 국가나 주권자의 더 큰 이익에 의해 희생되는 것 또한 언제나 기꺼이 받아들일 것"이라고 언급했다.[81] 스미스는 "리버럴리티"를 매우 중요한 미덕으로 보았으며, 감사하는 마음과 자애에 대해서도 길게 설명했다.[82]

스미스는, 자신이『국부론』에서 주창한 리버럴한 경제 원칙은 "공공의 이해관계"에 부합하지만 중상주의 경제 원칙은 토지를 소유한 귀족 계급과 결탁해 공공선에 맞서는 방식으로 "비열한 약탈"을 저지르는 상인과 제조업자에게 더 유리하다고 설명했다.[83] 스미스가 자유무역을 지지한 이유는 자유무역이 "가장 낮은 계층"의 후

생을 증대시키고 "가난한 사람의 이득을 위해 작동하는" 체제라고 보았기 때문이었다.[84]

당연하게도 아메리카 정착민들은 『국부론』이 영국에서 독립하려는 그들의 목표를 지지하고 있다고 해석했다. 『국부론』이 출간되고 몇 달 뒤 [북미 13개 식민지 대표로 구성된] 대륙회의Continental Congress는 아메리카 식민지의 항구를 모든 외국 선박에 개방했다. 자유무역을 요구하는 아메리카 정착민들의 목소리는 점점 더 높아졌다. 새 국가의 생존이 여기에 달려 있었다. 이들은 리버럴한 경제 원칙에 의거해 세계 각국과 새로이 무역 협정을 맺으면서, 평화와 번영의 새 시대가 도래하기를 희망했다. 그리고 1776년 7월 4일에 대륙회의는 「독립선언문Declaration of Independence」을 채택함으로써 미합중국이 대영제국으로부터 독립했음과 그 이유를 선포했다.

미국인들은 정부의 권위가 피통치자의 동의에서 나온다고 주장했다. 정부는 사람들의 양도 불가능한 권리들을 보장하기 위해 존재하는 제도여야 했다. 정부가 이를 파괴한다면 사람들은 저항할 권리가 있었고 심지어는 정부를 전복할 권리도 있었다. 또한 모든 사람은 동등하게 창조되었고 생명권, 자유권, 행복추구권을 갖는 존재라고 선포되었다. 곧 13개 주 모두가 이와 동일한 원칙, 즉 정부라는 제도는 사람들의 양도 불가능한 권리를 보장하기 위해 존재한다는 원칙을 천명한 주 헌법을 제정했다.

물론 권리라든가 권리의 보호에 대한 관심이 1776년에 새로이 생겨난 것은 아니다. 영국 정부 자체도 특허장으로 식민지에 권리와 특전을 인정한 바 있었다. 「독립선언문」의 새로운 점은, 권리가 천부의 것이고, 모든 이가 동등하게 갖는 것이며, 침해 불가능한 것이 되었다는 데 있었다. 이제 권리는 더 이상 리버럴한 군주가 하사하는 특전이 아니었고, 따라서 군주가 임의로 철회할 수 있는 것도 아니었다.

권리 개념의 변화는 '리버럴'이라는 단어의 사용에도 변화를 가져왔다. 전에는 주권자가 신민에게 자유를 허용하는 너그러운 특전을 베푸는 것, 혹은 귀족 계층이 후하고 너그럽게 행동하는 것을 의미했다면, 이제는 입법을 통해 스스로를 통치하는 국민에게 자유롭고 너그러운 권리를 보장하는 헌법을 묘사하는 말이 되었다.

미국, 세상에서 제일 리버럴한 국가

이후 몇 년 동안, 그리고 유럽 사람들이 미국 헌법에 대해 알게 되면서, 영국과 미국 중 어디가 더 리버럴한 정부 형태를 가지고 있는지를 두고 논쟁이 벌어졌다. 미국인들은 자신의 헌법이 세상에서 제일 리버럴하다고 자랑하곤 했으며 애국심 충만한 설교들을 통해 이러한 메시지를 퍼뜨렸다. 미국의 목사들은 그리스도교, 공화주의, 그리고 리버럴 원칙의 언어를 모두 결합해서 이러한 주장을 펼쳤다.

1780년에 매사추세츠주 헌법 제정을 기념하는 연설에서 하버드 출신의 보스턴 회중교회파 목사 새뮤얼 쿠퍼Samuel Cooper(1725~1783)는 "가장 리버럴한 정부와 현명한 정치 제도"를 보고서 아주 먼 곳의 사람들까지도 미국으로 이주해 오게 될 것이라고 확언했다.[85] 예일 대학교 출신으로 훗날 예일 대학교 총장을 지내는 회중교회파 목사 에즈라 스타일스Ezra Stiles(1727~1795)도 미국의 공화정이 우리가 생각할 수 있는 한에서 "가장 평등하고 리버럴하며 완벽한" 정부 형태라고 말했다.[86] 조지프 라스럽Joseph Lathrop(1731~1820) 목사도 한때는 영국 헌법이 "대부분의 유럽 정부 형태보다… 리버럴했지만" 이제는 미국 헌법이 "그보다도 더 리버럴하다"고 언급했다.[87] 이러한 언급은 무수히 찾아볼 수 있다. 데이비드 램지David Ramsay는 『미국 혁명의 역사The History of the American Revolution』(1789)에서 미국 헌법이 유럽 국가들의 헌법보다 더 리버럴한 이유를 상세히 설파했다. "오늘날 유럽 국가에서는 자유가 특전을 통해 혹은 군주나 군사 지도자의 리버럴리티에 의해 얻어진다. 미국만이 이성과 자유가 헌법의 구성과 일치해 있다."[88]

미국과 영국 중 어디가 더 리버럴한 정부 형태인지를 두고 유럽에서도 논쟁이 벌어졌다. 리처드 프라이스는 미국이라고 결론 내렸다. 1784년에 출판되어 빠르게 프랑스어로 번역된 「미국 혁명의 중요성에 대한 관찰Observations on the Importance of the American Revolution」에서 그는 이제 미국이 "세상에 존재했던 어느 정부보다 리버럴한 정부를 가지고 있다"고 언급했다.[89] 그 밖에도 많은 유럽인들이 그렇게 생각했다.[90] 새 헌법 덕분에 미국이 자유의 땅이 되었고 세상에서 제일 리버럴한 나라가 되었다고 말이다.

'리버럴한' 정치체가 꼭 '민주적인' 정치체를 의미하는 것은 아니었다. 어느 모로 보나 18세기의 미국은 민주주의 국가가 아니었고, 당시에 대부분의 사람들은 '민주주의'를 [무질서한] 아나키 상태나 [비이성적인 군중에게 휩쓸리는] 폭민 정치와 같은 말이라고 여겼다. 하지만 다른 한편으로 미국은 세습되는 특권 또한 인정하지 않았다. 그래서 **시민 모두가** "진정으로 고귀한 리버럴리티의 감수성과 태도를" 보여야 하고 모든 시민이 "모두의 이익을 위해" 공민적인 실천을 해야 한다고 요구받았다.[91]

유럽인들이 미국 헌법을 높이 평가했다고 해서 미국 헌법의 모든 면을 인정했다는 말은 아니다. 많은 이들이 노예제를 한탄하고 비난했다. 1778년 이후 애덤 스미스의 제자이며 스코틀랜드의 법학 교수이던 존 밀러John Millar(1735~1801)는 여러 저술에서 다음과 같이 밝혔다. "같은 사람이 한편에서는 고상하게 정치적 자유를 이야기하고 스스로 과세를 결정할 수 있는 권한이 인간으로서 갖는 양도 불가능한 권리라고 말하면서, 동시에 다른 한편에서는 동료 인간 상당수를 재산의 강탈뿐 아니라 사실상 어떤 종류의 권리도 갖지 못하는 상태로 몰아넣는 것에 아무런 거리낌도 느끼지 못하는 모습은 참으로 신기한 장관이다. 리버럴 사상을 비웃기에 이보다 맞춤인 사례는 일부러 만들어내려 해도 만들기 어려울 것이다. 또 아주 밑바닥에서는 인간 행동 중 철학적 원칙(그게 무엇이건 간에)에 의해 지침을 받는 것이 얼마나 적은지 보여주는 데 이보다 더 맞춤인 사례도 없을 것이다."[92]

미국에서도 "리버럴한 감수성"을 노예제 지지와 결합하기가 점점 더 어려워졌다.[93] 1780년 3월 25일에 "어느 리버럴"이라는 필명을 쓴 한 저자(아마도 "리버럴"이라는 단어가 사람을 지칭하는 명사로 쓰인 최초의 사례일 것이다)는『펜실베이니아 패킷Pennsylvania Packet』에 실린 글에서 노예제 폐지를 주장했다.[94] "리베랄리스"라는 필명의 또 다른 저자는 1781년 『펜실베이니아 저널Pennsylvania Journal』에서 이렇게 언급했다. "훌륭한 휘그 사람이라면 유럽 사람들에게 미국 시민이 얼마나 일관성 없어 보일지 생각해야 한다. 미국 시민은 자신의 권리와 관련해서는 계몽되었지만 아프리카 출신인 가난한 사람들의 권리에는 눈을 감고 있다." 그는 "모든 인간"이 천부적으로 "똑같이 자유롭고 평등하다"고 주장했다.[95] 하지만 알다시피 미합중국 헌법은 노예제를 철폐하지 않았고 되레 노예제를 보호했다.

한술 더 떠 노예제 폐지에 반대하는 사람들은 노예제가 리버럴 원칙과 전혀 불일치하지 않는다고 주장했다. 한 저자는 리버럴한 건국 원칙이 노예제에 배치되지 않는다고 언급했다. 오늘날 보수주의의 창시자로 여겨지는 영국 정치인 에드먼드 버크Edmund Burke(1729~1797)도 미국 남부의 노예제가 "자유의 정신"을 훼손한다고 보지 않았고, 오히려 남부에서 자유가 "더 고귀하고 리버럴"하다고 언급했다.[96]

어떤 이들은 리버럴한 원칙이 여성에게도 적용되어야 한다고 주장했다. 존 애덤스가 필라델피아 대륙회의의 일원이었을 때 아내 애비게일 애덤스Abigail Adams(1744~1818)가 남편에게 쓴 다음의 편지는 유명하다. "당신이 만드셔야 할 새로운 법률에서 당신이 숙녀들을 기억하시기를 바라고 당신의 조상들보다 숙녀들에게 더 우호적이고 너그럽기를 바랍니다. 남편들의 손에 그렇게 무제한적인 권력을 주지 마십시오. 모든 남성은 가능하기만 하면 언제나 압제자가 된다는 것을 기억하십시오."[97] 남편 존 애덤스가 자신의 말을 묵

살하자 애비게일 애덤스는 정치 저술가 머시 오티스 워런Mercy Otis Warren(1728~1814)에게 보낸 편지에서 "자의적이고 전제적인 자들"이 "우리를 해치고도 아무런 곤란도 겪지 않는 것"을 불가능하게 만들어줄 "정의롭고 리버럴한 원칙에 기초한, 우리에게 우호적인 법들"이 아직 만들어지지 않았다고 분노를 토로했다.[98]

그래도 리버럴한 정부 체제가 구성되면서 리버럴 교육의 목적과 대상이 어떠해야 하는지를 두고 새로운 논의가 촉발되긴 했다. 단어 사전, 철자 교본, 독서 교본 등으로 유명한 노아 웹스터Noah Webster(1758~1843)는 미국이 공교육이라는 새로운 시스템을 통해 유럽과 차별화되기를 바랐다. 프랑스 철학자 몽테스키외Charles Louis de Secondat Montesquieu를 인용하면서, 웹스터는 한 나라의 교육 시스템은 "그 나라 정부가 구성된 원칙들에 부합해야 한다"고 주장했다. 압제적인 정부에서는 사람들이 교육을 받을 필요가 거의 없거나 전혀 없을 것이다. 군주제에서는 각 계급별로 그에 맞는 교육이 이뤄져야 할 것이다. 하지만 공화정은 "국민의 손에 정부가 있는 정치 형태이므로" 지식이 더 폭넓은 사람에게, 심지어는 "가난한 계층에도" 퍼져야 할 것이다. 그는 "여기에서 지식의 확산이란 단지 철자 교본과 신약성경의 지식만을 말하는 것이 아니며," 교육 또한 단지 과학 지식에 대한 것만 의미하는 것이 아니라고 덧붙였다. 웹스터는 "교육 제도가 … 미국 젊은이의 정신에 미덕과 자유의 원칙을 불어넣어 주고 정의롭고 리버럴한 정부라는 개념으로 고양되고 동기 부여되게 해야 한다"며 이것이 지극히 중요하다고 주장했다.[99]

미국 독립 혁명 직후 몇 년 동안 교육 기회가 상당히 확대되었다. 어떤 이들은 여성에게도 교육이 확대되어야 한다고 생각했다. 군 의무총감이자 「독립선언문」 서명자 중 한 명인 벤저민 러시Benjamin Rush(1746~1813)는 「여성의 교육에 대한 소고Thoughts upon Female Education」(1787)에서 많은 사람이 여성의 교육에 대해 너무나 "비非리버럴한" 사고를 하고 있다고 유감을 표했다. 러시는 많은 이들이 리버럴한 교육으로 인해 아내가 가정의 의무에 소홀해지고 남편이 아내를 지배하기 어려워질 것이라고 우려하지만 이는 모두 잘못된 우려라고 주장했다. 여성들이 더 나은 교육을 받으면 더 나은 아내, 더 나은 동반자가 될 수 있고 아이들에게 더 나은 교육을 할 수 있으리라는 것이었다. 또한 러시는 미국이 공화정이므로 여성이 적절하게 교육받아야 할 필요성이 더욱 커졌다고 보았다. 여성이 교육을 더 잘 받으면 정부의 구성 원칙에 맞게 그 정부의 시민이 될 자제들을 더 잘 교육할 수 있을 것이기 때문이었다.

*****

이제까지 살펴보았듯이 프랑스 대혁명 직전의 시기까지, 그리고 "자유주의liberalism"라는 말이 아직 만들어지기 전에, 유럽에서는 남성들에게 '리버럴한' 사람이 되어야 한다고 가르치는 사상적 전통이 거의 2000년간 이어져오고 있었다. 원래는 자유, 너그러움, 공민적 정신 등 로마 시민의 이상적인 특질을 일컫기 위해 사용되었던 단어가 차차 그리스도교화되고 보편화되고 정치 담론화되어서 18세기에는 미국의 헌법을 묘사하는 데도 쓰이는 단어가 되었다. 리버럴한 헌법으로 구성된 리버럴한 정치체에는 리버럴한 시민이 필요했다. 즉 자유를 사랑하고, 관대하고, 공민적인 정신을 가지고 있으며, 자신이 타인과 연결된 존재이고 자신에게 공공선을 위해 행동해야 할 의무가 있음을 알고 있는 사람들이 필요했다. 그러한 가치를 배울 수 있으려면 자유교양 교육이 필요했다. 그리고 어떤 이들은 여기에 관용적이고 합리적이며 자유로운 질문과 과학적 지식에 열려 있는 리버럴한 형태의 그리스도교 또한 필요하다고 보았다.

2장

프랑스 대혁명과 자유주의의 기원

1789~1830년

단어에 대한 논쟁은 언제나 실체에 대한 논쟁이다.

— 마담 드 스탈Madame de Staël(1810)

1787년 8월 3일, 라파예트는 절친한 지인 조지 워싱턴에게 편지를 보내 굉장한 소식을 알렸다. "자유의 정신이 이 나라에서 매우 빠르게 퍼지고 있습니다. 리버럴한 사상들이 이 나라의 한쪽 끝에서 다른 쪽 끝까지 질주하고 있습니다."[1] 미국 독립전쟁에 참전해 워싱턴 밑에서 복무한 바 있었고 미국의 헌법을 매우 높이 샀던 라파예트가 이토록 기뻐하며 알린 소식은, 수 세기 동안 억압적인 절대왕정 치하에 있던 프랑스가 마침내 미국과 비슷하게 리버럴한 정부 시스템을 갖출 준비가 되었다는 소식이었다.

이 편지를 썼을 무렵에 라파예트는 루이 16세가 당면한 위기에 조언을 구하기 위해 긴급 소집한 '명사회Assemblée des notables'의 일원이었다. 그의 국고는 바닥난 데다 그의 백성들은 거세게 개혁을 요구하고 있었다. 물론 라파예트는 혁명이 분출할 줄은 예상하지 못했고 그 혁명이 훗날 자유주의라고 불리게 될 일군의 사상들을 촉발하게 될 줄도 예상하지 못했다.

자유주의가 앵글로-아메리칸 사조라는 통념에 너무 익숙해진 오늘날의 우리에게는 자유주의의 기원이 프랑스 대혁명이라는 말이 놀랍게 들릴 것이다. 하지만 자유주의라는 단어는 1811년이 되어서야 만들어졌으며, 이 단어가 지칭하는 개념을 처음으로 정식화한 사람들은 라파예트와 그의 지인인 마담 드 스탈, 뱅자맹 콩스탕 Benjamin Constant 같은 사람들이었다.

*****

거의 2000년 동안 '리버럴'이라는 단어는 지배층이 갖춰야 할 고귀한 덕목을 묘사하는 말로 쓰였다. 로마 시대에는 공화국의 시민, 18세기 프랑스에서는 귀족의 특질을 지칭했다. 1771년에 파리에서 유통되던 한 프랑스어 사전도 여전히 일반적이던 이 개념을 담고 있었다. 이 사전에는 리버럴리티가 "고귀함에 본질적인" 속성이라고 설명되어 있다.[2] 프랑스 대혁명 직전의 시기에도 리버럴이라는 단어는 여전히 너그럽고 애국심 충만한 이상적인 인간상을 의미했고 이는 지배층의 특성과 관련 있다고 여겨졌다. 리버럴함을 갖추는 것은 노블리스 오블리주Noblesse oblige[귀족의 의무]의 일종이었고, 리버럴리티의 실천은 세습 신분제에 기반한 사회·정치 질서를 지탱하는 것이기도 했다. 많은 프랑스 귀족이 이와 같은 전통적인 의미에서 자신이 리버럴하다고 생각했을 것이다.

그러다가 라파예트 및 그와 교류하던 사람들을 통해 리버럴이라는 단어에 대해 기존의 의미와 경합하는 새로운 의미가 퍼지기 시작했다. 어떤 이들은 리버럴이라는 말을 고귀한 **이상, 감수성**, 심지어는 **헌법**을 묘사하는 말로 쓰기 시작했다. 라파예트는 미국의 "자유롭고 리버럴한" 헌법, 미국의 "리버럴한 시스템"과 같은 표현을 쓰면서 미국의 정치 체제를 매우 높이 평가했고,[3] 그럼으로써 '리버럴'이 새로이 갖게 된 정치적 의미를 확산시켰다.

프랑스 대혁명 직전까지의 몇 년 동안 미국 헌법은 프랑스에서 특히나 시의성 있는 주제였다. 프랑스에서도 정치 개혁의 필요성에 대해 열띤 논쟁이 벌어지고 있었기 때문이다. 1787년 11월에 미합중국 헌법의 내용이 프랑스에도 알려졌고 영국과 미국 중 어느 곳의 헌법이 더 좋은지를 두고 소위 '앙글로만anglomanes'[영국파]과 '아메리카니스트américanistes'[미국파] 사이에 논쟁이 붙었다. 1789년에 대혁명이 일어나고 국민의회Assemblée nationale가 개혁 조치들을 시행하기 시작하면서 논쟁은 한층 더 격화되었다. 라파예트는 혁명 이전에 명사회와 뒤이은 총신분회États Généraux[삼부회]에도 참여했고 혁명 이후에 국민의회에도 참여했는데, 여기에서 미국 헌법을 열렬히 지지했다. 라파예트의 지인이자 당시 파리 주재 미국 대사이던 토머스 제퍼슨도 이와 관련해 라파예트에게 정보와 조언을 제공했다. 이들과 교류하던 사람들을 중심으로 '리버럴한 헌법'이라는 개념이 확산되었다.

뭐니 뭐니 해도 국민의회가 실시한 초창기 개혁 중 가장 중요한 것은 「인간과 시민의 권리 선언Déclaration des droits de l'Homme et du citoyen」[이하 「프랑스 인권선언」이라고도 표기]의 선포일 텐데, 이 선언문의 초안을 잡는 데 라파예트와 제퍼슨이 크게 기여했다. 미국「독립선언문」을 연상시키는 어휘로,「프랑스 인권선언」의 첫 두 조항은 모든 인간이 자유롭고 평등한 권리를 가지고 태어나고 그러한 존재임이 변하지 않으며 정부의 목적은 이러한 권리를 보호하는 것이라고 천명했다. 이어서 모든 주권은 국민에게 속하고 정부의 권력은 모두의 이득을 위하는 방향으로 제도화되어야 한다고 선포했다. 또 다른 조항에서는 모든 프랑스 시민이 직접, 또는 대표자를 통해 입법에 참여할 권리를 갖는다고 천명했다. 이렇게 간단한 단어들로, 앙시앵 레짐ancien régime[구제도]이 철폐되었다. 프랑스는 라파예트 등이 바라 마지않던 리버럴한 체제를 향해 가고 있는 것 같았다.

비교적 평화적이던 초기 국면에는 대서양 세계의 거의 모든 나라가 대혁명에 대해 엄청나게 열렬한 환호를 보내왔다. 영국 휘그당 정치인 찰스 제임스 폭스Charles James Fox가 프랑스 대혁명을 일컬어 "세계 역사에서 일어났던 모든 일 중에서 가장 위대한 일"이라고 말한 것은 유명하다. 많은 리버럴 성향의 영국인들이 이에 동의했다. 이들에게는 마침내 프랑스가 절대왕정을 버리고 영국 못지않게 리버럴한 헌법을 채택하려는 것으로 보였다. 많은 이들이 프랑스 국민의회의 "리버럴한 원칙"들과 국민의회 의원들이 진행하고 있는 "리버럴한 입법"에 찬사를 보냈다. 이제 리버럴을 새로운 용례로, 즉 정치적인 의미로 사용하는 경우가 점점 더 많아지고 있었다. 미국에서도 대체로 프랑스 대혁명을 환영했고 독일·스페인·이탈리아 사람들도 프랑스 대혁명을 반기면서 자기네 나라에서도 리버럴한 정치 개혁이 이뤄지기를 기대했다.

물론 모두가 기뻐한 것은 아니었다. 국민의회가 통과시키고 있는 개혁 법안들이 정말로 리버럴한 법들이냐 아니냐를 두고 곧 맹렬한 논쟁이 벌어지기 시작했다. 이러한 논쟁의 맥락에서, 가장 위대한 정치 이론서 중 하나로 꼽히는 에드먼드 버크의 『프랑스 혁명에 관한 성찰*Reflections on the Revolution in France*』이 나왔다. 오늘날 이 책은 보수주의의 토대를 닦은 문헌으로 여겨진다.

　하지만 내가 이 책에서 택하고 있는 접근법의 관점에서 볼 때 버크의 저서에서 가장 흥미로운 점은 그가 "리버럴"이라는 단어를 프랑스 혁명가들에게 양보하고 싶어 하지 않았다는 사실이다. 버크는 프랑스 혁명가들을 "비非리버럴illiberal"한 사람들이라고 불렀다. 이러한 단어 싸움이 오늘날에는 사소해 보일지 모르지만, 이 싸움은 19세기 내내 맹렬하게 지속되었으며 이는 여기에 걸려 있는 것이 굉장히 컸음을 방증한다. 마담 드 스탈이 언급했듯이 "단어에 대한 논쟁은 언제나 실체에 대한 논쟁"인 법이며,[4] 리버럴이라는 단어를 둘러싸고 벌어진 전투는 단지 언어학에서의 의미론 논쟁이 아니었다.

　이 싸움은 1789년 11월 4일에 영국의 성직자이자 철학자 리처드 프라이스가 지극히 논쟁적인 연설을 하면서 점화되었다. 앞에서 언급했듯이 프라이스는 비국교도였고 영국에서 비국교도들이 겪어야 했던 법적 장애물들을 철폐하기 위해 맹렬히 노력했다. 또한 그는 벤저민 프랭클린의 친구였으며 미국 독립 혁명을 직접 지원하면서 이름을 알린 바 있었다. 그리고 지금, 1688~1689년에 있었던 명예혁명 100주년을 기념하는 연설에서, 그는 영국도 미국과 프랑스의 혁명에서 영감을 받아 국가의 토대가 되는 원칙을 "리버럴화化"

해야 한다고 주장했다. 'liberalize'[리버럴화하다/자유주의화하다]라는 단어가 이때 생겨난 것으로 보인다.[5]

영국 민중을 직접적으로 염두에 두고서, 프라이스는 영국인도 프랑스인처럼 지도자를 선택할 권리, 잘못된 행위를 하는 지도자를 물러나게 할 권리, 나아가 그들이 정부의 형태를 바꿀 의지가 있다면 그렇게 할 권리도 가진다고 주장했다. 그 연설이 있고서 얼마 뒤, 프라이스가 속해 있던 런던 혁명협회London Revolution Society는 프랑스 국민의회 의원들에게 그들의 "리버럴하고 계몽된 감수성"을 지지한다는 연대의 메시지를 보냈다.[6] 프라이스처럼 런던 혁명협회의 다른 사람들도 영국 헌법이 '리버럴화'되기를 원했다.

프라이스의 연설은 책자로 발간되어 널리 유통되었고 뜨거운 논쟁에 불을 댕겼다. 저명한 휘그당 의원이었던 에드먼드 버크는 경악했다. 버크도 군주의 권력을 헌법적으로 제한해야 한다고 생각했고 가톨릭 박해에 반대했으며 프라이스처럼 미국 혁명을 지지했다. 그는 전통적인 의미에서 본인이 리버럴한 사람이라고 생각했을 것이다. 하지만 버크가 보기에 프랑스에서 벌어지고 있는 일은 경우가 완전히 달랐다. 미국인들은 역사적으로 존재했던 권리를 위해 싸운 것이었지만 프랑스인들은 새로운 권리를 만들어내고 있었다. 또한 버크는 프랑스인들이 이야기하는 국민주권과 자연권 개념이 영국에 들어올까 봐 우려했다. 『프랑스 혁명에 관한 성찰』에서 버크는 귀족정의 정당성을 강하게 옹호했다. 또한 프랑스 입법가들의 "어마어마한 무지"와 "야만적인 태도"를 맹비난하면서 그들이 "리버럴하지 **않다**"고 주장했다. 버크가 보기에 프랑스의 운명은 "추잡한 대중의 손"에 떨어져 있었다.[7] 이 책은 곧바로 베스트셀러가 되어 첫 5주 사이에 1만 3000권이 팔렸고 첫해에 11판까지 출간되었으며 유럽 각국 언어로 번역되어 널리 유통되었다.

프랑스에서 정확히 무슨 일이 있었기에 버크가 그토록 경악했을까? 프라이스의 설교가 있은 후에 프랑스 국민의회는 귀족적, 종교적이던 기존 질서의 토대를 완전히 뒤엎는 일련의 개혁 조치를 통과시켰다. 1790년 6월 19일에는 세습 귀족 지위를 영구적으로 폐지한다고 선포했고 장자 상속제를 없앴으며 영주에게 봉납되던 각종 의무와 십일조를 없앴고 수도 서원이 법적 구속력을 갖지 않는다고 선포했다.

임박한 재정 위기를 해소하기 위해 취한 추가적인 조치도 막대한 결과를 낳았다. 1789년 11월에는 매각을 통해 국가 부채를 갚기 위해 교회 자산을 사실상 전부 몰수했다(성직자들에게는 그 대신 국가가 봉급을 지급하겠다고 했다). 이어서 아마도 가장 극단적이고 가장 큰 논쟁을 불러일으켰을 정책이 나오는데, 이른바 '성직자 시민기본법 Constitution civile du clergé'의 제정이었다. 1790년 7월에 통과된 이 법은 교황과도, 또 프랑스의 교회 지도층 중 누구와도 사전에 협의를 거친 바가 없었다. 교회 조직을 효율화하고 국가의 통제하에 두려는 목적에서 기존의 교구를 재구획하고 주교좌의 3분의 1을 없앴다. 또한 가장 놀랍게도, 사람들이 자기 교구의 성직자와 주교를 투표로 뽑을 수 있게 했다. 성직자들이 저항하자 개혁가들은 모든 성직자가 새 법을 따르겠다고 맹세하는 서약에 서명하도록 강요했고 서명하지 않으면 성직을 박탈했다. 결국 프랑스 성직자의 절반이 서명을 거부했고 많은 가톨릭 신자가 자신이 따르는 사제에게 공감해 혁명에 반감을 갖게 되었다.

버크는『프랑스 혁명에 관한 성찰』에서 이 모든 조치를 직설적으로 비판했다. 그가 보기에 프랑스 개혁가들은 광적인 무신론자였으며 종교를 파괴하고 있었다. 버크가 구사한 어휘에 그의 귀족적인 세계관이 잘 드러나 있다. 그는 국민의회 의원들이 저열하며 "더러운 야만인"처럼 행동하고 있다고 비난했다. 또 그들이 신사가 된다는 것의 의미를 알지 못하는 게 분명하며, 가장 중요하게는 그들이 결코 리버럴한 사람들일 수 없다고 주장했다. 요컨대, 버크는 오래전부터 전해 내려오던 귀족적인 의미를 고수하면서 리버럴이라는 단어를 프랑스 국민의회를 비판하는 데 사용했다. 그에게 프랑스 국민의회 의원들은 야만인이자 배신자였고 사적인 이득을 위해 앞뒤 안 가리고 혼란을 일으키고 있었다.[8] 그는 프랑스가 곧 재앙으로 치달을 것이라고 내다봤다.

프랑스 혁명에 공감하고 있던 영국인들은 버크가 제기한 주장과 모욕적인 언사를 비판했다. 추잡한 대중 운운한 표현은 거센 반응을 촉발했다.[9] 역사학자 캐서린 매콜리Catherine Macaulay는 버크가 자신이 옹호한다고 자처하는 바로 그 특질을 결여하고 있다고 비판했다. 버크야말로 리버럴하지 않다는 것이었다.[10] 훗날 여권 옹호자로 이름을 알리게 되는 메리 울스턴크래프트Mary Wollstonecraft도 버크가 귀족적 편향에 빠져 있고 리버럴한 가치를 거부하고 있다고 비판하면서, "리버럴한 가치"라는 말을 새로운[즉 정치적 의미를 담은] 방식으로 사용했다.[11] 하지만 뭐니 뭐니 해도 이 문제의 핵심을 가장 잘 찌른 사람은 정치철학자이자 활동가인 토머스 페인Thomas Paine일 것이다. 매우 널리 읽힌 저서 『인간의 권리The Rights of Man』 1부에서 페인은 버크가 귀족적 편향에 사로잡혀서 너무나 중요한 구분인 "사람persons" 과 "원칙principles"을 분간하지 못하고 있다고 지적했다.[12] 그는 핵심 쟁점은 더 이상 어떤 사람 또는 어떤 집단이 리버럴하냐 아니냐가 아니라 국가의 토대가 되는 원칙이 리버럴하냐 아니냐라고 주장했다.

페인의 소책자 2부가 나온 1792년 무렵이면 국민의회는 앞서 말한 것들에 더해 추가적인 개혁 조치까지 통과시킨 상태였다. 1791년에 새 헌법이 승인되어 단원제 의회의 통제를 받는 제한적 군주제가 수립되었고 사흘 치 임금에 해당하는 액수의 직접세를 낸 25세 이상의 성인 백인 남성 모두에게 투표권이 부여되었다. 여성에게는 투표권이 부여되지 않았지만 이혼이 합법화되었고 여성의 상속권이 확대되었으며 적자가 아닌 자녀에 대해서도 재정 지원을 받을 수 있게 되었다. 또한 국민의회는 조세 제도를 개혁했고 경제 영역에서 봉건적 장애물을 철폐했다. 길드를 없앴고 국내 관세를 폐지했으며 무역 독점권을 없앴고 수입 제한을 완화했다. 식민지인 생도맹그*에서 대대적인 저항이 있은 뒤에는, 식민지에서 노예 제도도 철폐했다. 프랑스 대혁명의 초기 국면을 돌아보면서 스위스의 저술가 마담 드 스탈은 국민의회가 모든 프랑스인에게 시민적 자유를 보장하기 위해 필요한 "리버럴한 제도들"을 도입했다고 높이 평

---

*   오늘날의 아이티.

2장   프랑스 대혁명과 자유주의의 기원: 1789~1830년

가했다.[13] 그럼으로써 스탈은 프랑스에서 이뤄지던 개혁만이 아니라 리버럴이라는 단어의 새로운 의미에도 확고하게 한 표를 던졌다.

하지만 리버럴한 제도에 반대하는 세력도 결코 약하지 않았고 그중 가장 강력한 적은 가톨릭교회와 부르봉 왕조였다. 1791년 봄에 교황 비오 6세Pius VI는 혁명을 통째로 비난하는 입장에 서는 결단을 내렸다. 교황 소칙서 「쿼드 알리콴툼Quod aliquantum」을 통해 「프랑스 인권선언」과 성직자 시민기본법을 직접적으로 공격하면서 모두 교회를 파괴하려는 사악한 시도라고 맹비난했다. 그리고 석 달 뒤, 프랑스 국왕 루이 16세가 이러한 입장과 맥을 같이하는, 그러나 훨씬 광범위한 파장을 몰고 오게 될 결정을 내린다. 오스트리아에서 반反혁명 반란을 기획 중이던 망명 귀족들에게 합류할 작정으로 프랑스 탈출을 시도한 것이다. 그는 최근에 진행된 모든 개혁을 비난하는 메모를 남기고 떠났는데, 국경을 넘기 직전에 붙잡혔고 파리로 호송되어 감옥에 갇혔다. 그리고 국외 탈출을 시도한 것 때문에 반역 혐의로 기소되어 1793년에 처형당했다.

현대의 역사학자들은 그 이후에 벌어진 일을 두고 혁명이 길을 잃고 탈선했다고 해석한다. 비교적 온건하고 평화롭던 초기 국면에서 급진적이고 폭력적인 두 번째 국면으로 이동했다는 것이다. 탈선의 원인이 무엇이었는지에 대해서는 다양한 견해가 있지만, 폭력의 수위가 높아지고 성난 군중의 압력에 영향을 받는 일이 반복적으로 이어지면서 혁명에 대한 신뢰가 크게 훼손되었다는 데는 학자들의 견해가 일치한다. 고작 몇 달 사이에, 군주제가 전복되고 공화정이 들어서고 왕과 왕비가 반역죄로 재판에 넘겨져 처형되었다.

전면전으로 비화한 싸움에서 수십만 명이 목숨을 잃었다. 서부 지역에서는 왕당파의 봉기가 유혈 사태로 번져 양편 모두에서 수많은 사상자를 냈다. 또 '민중의 적'을 처단한다는 공포정치로 수천 명이 단두대에서 목숨을 잃었다. 혁명을 비판하던 사람들은 이 국면이 혁명의 탈선이 아니라 논리적 귀결이라고 주장했다. '리버럴한 원칙들'은 혼란으로 가는 길일 수밖에 없었다고 말이다. 버크가 두려워하며 예견했던 바가 현실이 되고 있는 것 같았다.

반면에 급진 개혁주의자들은 가톨릭교회가 가장 강력한 적이라고 (틀리지 않게) 판단하고서 잔인한 탈그리스도교화 운동을 개시했다. 수천 명의 사제가 사제직을 박탈당하고 투옥되거나 살해되었고, 아니면 숨거나 망명해야 했다. 공개적인 미사도 금지되었고 그리스도교의 가시적인 상징물도 모두 제거되었다. 교회, 종교 기념물, 종교화 등도 훼손되거나 파괴되었다. 도시와 거리, 광장의 이름은 성인, 왕, 여왕, 귀족을 언급하지 않는 것으로 바뀌었다. 기존의 그레고리력은 열흘을 한 주로 삼고 그리스도교식 주일이 없으며 그리스도의 탄생이 아니라 프랑스 공화정의 선포를 기점으로 하는 혁명력으로 대체되었다. 그리스도교 의례를 공민적인 의례로 대체하려는 시도도 착착 이뤄졌다. 파리에서는 노트르담 성당의 이름이 '이성의 전당Temple de la Raison'으로 바뀌었다. 혁명의 리버럴한 국면과 급진적인 국면 사이에 사실은 차이가 없다고 본 반혁명주의 이론가 조제프 드 메스트르Joseph de Maistre는 이후 한 세기간의 논쟁에 메아리를 일으킬 평가를 내렸다. 한 마디로 이 혁명은 "사탄의 작업"이라고 말이다.[14]

뱅자맹 콩스탕과 마담 드 스탈이 주창한 리버럴의 원칙

공포정치는 1794년 여름에 막시밀리앙 로베스피에르Maximilien Robes-pierre가 실각하고 처형되면서 종말을 고했다. 1년 뒤, 뱅자맹 콩스탕과 마담 드 스탈이 스위스에서 파리로 건너와 이후 17년간 이어지며 막대한 영향을 남길 막강한 콤비가 된다. 두 사람은 혁명이 불러온 절박한 상황에 대응하는 과정에서 통칭 '자유주의'라 불리는 일군의 개념을 공식화한다.

본명이 안느루이즈제르맨 네케르Anne-Louise-Germaine Necker인 마담 드 스탈은 스위스 제네바 출신의 유명한 은행가이자 프랑스 군주정이 무너지기 직전에 루이 16세의 재무상을 지냈던 자크 네케르Jacques Necker의 딸이다. 조숙하고 재능 많은 소녀였던 안느루이즈제르맨은 어머니가 운영하던 파리의 살롱에서 계몽주의 사상을 접했다. 이 살롱은 파리의 지식인과 정치 엘리트 들이 모이는 곳이었다. 콩스탕을 처음 만난 1794년에는 프랑스 주재 스위스 대사 에릭 마그누스 드 스탈 홀스타인Eric Magnus de Staël-Holstein과 결혼한 상태였으며 자신의 살롱을 열어 파리의 지식인과 정치 엘리트 들이 모이는 장을 제공하고 있었다. 어려서부터 알고 지낸 라파예트, 미국에서 온 토머스 제퍼슨 등이 이곳을 자주 찾았다. 이미 저서를 출간한 작가이자 유명인이었던 마담 드 스탈은 당대의 정치 논쟁을 잘 알고 있었고 적극적으로 참여하려 했다.

반면 뱅자맹 콩스탕은 아직 거의 알려지지 않은 사람이었다. 네덜란드 연합공화국에서 복무하던 스위스 육군 장교의 아들로 로잔에서 태어난 콩스탕은 뛰어난 지적 재목이 될 자질을 보였고 처음에는 바이에른의 에를랑겐 대학에서, 그다음에는 에든버러 대학에서 공부했다. 이곳에서 스코틀랜드 계몽주의를 접했고 종교학에 깊은 관심을 갖게 되었다. 혁명이 일어났을 때는 브라운슈바이크 볼펜뷔텔 대공Duke of Braunschweig-Wolfenbüttel의 궁에서 집사부로 일하고 있었고 여기에서 멀리 프랑스 소식을 접했다. 훗날 콩스탕은 혁명 초기의 흥분되던 시기에 자신이 스스로를 민주주의자라고 여겼으며 로베스피에르를 지지했지만 곧 이 생각이 달라지게 되었다고 회상했다. 어쨌든 스탈처럼 콩스탕도 파리에서 전개되고 있는 극적인 사건 현장에 있고 싶어서 안달이 났다.

1794년 가을에 스탈을 만난 콩스탕은 곧바로 사랑에 빠졌다. 맹렬한 구애에 스탈도 마음을 열었고 두 사람의 길고 격동적인 연애가 시작되었다. 연애는 격동적이었지만 거의 20년 동안 이들은 매우 긴밀한 학문적·정치적 파트너 관계를 유지했다. 때로는 어느 저술을 누가 쓴 것인지 구분하기가 어려울 정도로 둘의 관계는 가까웠다.

마담 드 스탈에게 푹 빠져서, 그리고 명성을 얻고 싶은 야망에서, 콩스탕은 1795년에 스탈이 파리에 갈 때 동행했다. 로베스피에르가 처형되고 두 달밖에 되지 않은 시점이었다. 파리의 정치 분위기는 긴장이 팽배해 있었고 심하게 양극화되어서 정부가 좌와 우의 극단주의자들 사이에서 옴짝달싹 못 하고 있었다. 좌파 쪽에는 공포정치가 종말을 고한 것에 실망한, 어떤 타협도 거부하는 신자코뱅이 있었고, 여기에 더해 사유재산 철폐를 주장하는 바뵈프주의자들이 있었다. 우파 쪽에는 골수 왕당파와 맹렬한 분노에 사로잡힌 망명 귀족들이 체제 전복을 획책하고 있었다. 콩스탕은 경력에 일대 도약을 가져오게 될 일련의 뛰어난 소책자에서 혁명이 이룩한 본질적인 성취와 "리버럴의 원칙들"(그는 프랑스에서 이 표현을 처음 사용한 사람 중 한 명일 것이다)을 옹호했다.[15]

경력 초기이던 이 시기에 콩스탕은 자신이 말하는 "리버럴의 원칙들"이 정확히 어떤 정치사상과 정치 제도를 뜻하는지 명확히 규정하지는 않았다. 또한 콩스탕과 스탈 모두 '자유주의'라는 단어를 사용하지 않았다. 이 단어는 아직 존재하지 않았고, 이들이 '자유주의'라고 통칭되는 일군의 개념을 정식화한 것은 상당한 기간에 걸쳐 이뤄진 일이었다. 하지만 이때부터도 분명했던 것이 몇 가지 있다. 우선, 콩스탕과 스탈 모두 반혁명 반란과 공포정치의 귀환 둘 다를 막음으로써 혁명이 이룩한 주요 성과들을 지켜내고 강화하고자 했다. 가장 절실하게 필요한 일은 프랑스가 평화와 안정을 회복하는 것이었다. 이렇게 해서, 자유주의의 탄생으로 이어지게 될 사고의 흐름이 시작되었다.

자유주의는 프랑스 대혁명의 성과들을 지켜내고 이를 좌우와 위아래의 극단주의 세력으로부터 보호하기 위한 노력에서 생겨났다. "리버럴의 원칙들"은 반혁명 세력으로부터 공화정을 지키는 것, 법치와 공민적 평등을 지지하는 것, 입헌 정부와 대의제 정부를 지지하는 것, 언론의 자유와 종교의 자유를 포함한 제반 권리들을 지지하는 것을 의미했다. 이 정도를 제외하면, "리버럴이 원칙들"의 의미는 모호했고 논란의 여지도 있었다.

이 시기에 또 한 가지 분명했던 점은, 리버럴한 사람이 된다는 것이 민주주의자가 된다는 것을 의미하지는 않았다는 사실이다. 우리는 '자유주의적 민주주의'라는 말에 워낙 익숙해져서 자유주의와 민주주의를 하나로 뭉뚱그리곤 하지만 자유주의 개념이 생겨나던 초창기에 자유주의 원칙[리버럴의 원칙]과 민주주의 원칙은 종종 반대되는 것을 의미했다. 콩스탕과 스탈 모두 오늘날 우리가 생각하는 의미의 민주주의자가 아니었다. 혁명의 두 번째 국면에서 공포정치를 목격한지라 이들은 프랑스 사람 대다수가 정치적 권리의 주체가 되기에는 아직 준비가 되지 않았다는 생각을 다시금 확신하게 되었다. 정치 세력화된 군중은 불합리하고 규율 없고 폭력으로 빠지기 쉽다는 것을 반복해서 보여주고 있었다. 1791년의 헌법도 그랬듯이 콩스탕과 스탈이 지지한 1795년 헌법도 공직에 나설 권리와 투표할 권리 모두에 재산을 기준으로 엄격한 자격 조건이 붙었다. 마담 드 스탈은 자신이 "가장 뛰어난 사람들의 정부"를 지지한다고 언급했는데, 이것은 민주주의를 의미하지 않았다.[16]

이 시기의 자유주의자들이 국가 체제의 개혁에만 관심을 둔 것은 아니었다. 리버럴이라는 단어의 주된 의미는 여전히 도덕적·공민적 가치와 연결되어 있었다. 그런데 너그러움, 관대함, 열린 마음, 관용 등 이러한 가치들은 혁명의 급진 국면에서 사실상 사라졌다. 처음에 몇몇 혁명가들은 구체제를 전복하고 나면 자생적으로 도덕성이 회복되리라고 간단히 생각했다.[17] 군주, 귀족, 가톨릭교회의 족쇄를 벗어버리고 나면 인류가 자연적인 선함을 회복할 수 있으리라는 것이었다. 하지만 절망스럽게도 정반대의 일이 벌어진 듯했다. 혁명이 대중의 끔찍한 열정에 고삐를 풀어놓으면서 대중의 도덕성이 향상되기는커녕 심각하게 악화된 것 같았다.

가난한 대중이 정치 세력화한 것만이 문제가 아니었다. 마담 드 스탈은 도처에 보이는 것이라곤 상류층의 부패와 이기심뿐이라고 한탄했다.[18] "우리에게는 이기심을 제어할 장치가 필요하다. 모든 이의 도덕적 역량이 자신의 이기심에만 초점을 맞추고 있다."[19] 겨울에 맹추위가 닥치고 식품 가격이 치솟으면서 가난한 사람들이 상상할 수 없는 고통을 겪는 동안, 혁명군에 물자를 대는 장사를 하거나 교회 몰수 자산이 매각될 때 투기를 해서 막대한 부를 획득한 사람들은 어마어마한 지출과 과시적 소비를 일삼았다. 1795년 겨울에 아이들 먹일 것을 마련할 수 없는 엄마들은 센강에 뛰어들어 자살하는데 신흥 부자들은 화려한 파티를 열며 부를 과시했다. 스탈에게 "리버럴의 원칙"을 견지한다는 것은 친절함, 너그러움, 공감을 보인다는 것을 의미했고 이런 것이 없다면 프랑스는 영원히 폐허가 될 것이었다.

스탈의 소설들은 바로 이러한 필수적인 덕목을 함양하고 전파하기 위한 목적을 가지고 있었다. 훗날 콩스탕이 설명했듯이, 마담 드 스탈의 저술은 "신사답고 고귀하고 너그러운 감수성"을 육성하려는 의도를 담고 있었다.[20] 멀리 미국에서도 초월주의자 마거릿 풀러 Margaret Fuller는 스탈의 소설이 도덕을 함양하는 긍정적인 효과를 낸다고 평했다.

도덕의 함양에는 종교가 필요했다. 누구도 여기에는 이견이 없었다. 하지만 '자유의 친구들'은 한 가지 심각한 문제에 봉착했다. 전통적으로 프랑스에서 도덕성 함양의 역할을 맡았던 종교는 가톨릭이었다. 그런데 스탈과 콩스탕 같은 리버럴들이 보기에 오랫동안 위계와 특권에 기반한 억압적인 체제와 절대왕정을 지지해온 가톨릭교회는 도덕을 함양하는 역할을 맡을 자격이 없었다. 공화정의 시민을 도덕적으로 갱생시키는 역할을 가톨릭교회가 잘 담당할 수 있으리라고 신뢰할 수 없었다. 이러한 인식은 왜 [공포정치 이후에 들어선] 총재정부Directoire 시대에도 탈그리스도교화 운동이 계속되었는지, 그리고 프랑스에서 대중의 도덕을 함양하는 기능을 가톨릭교회 대신 무엇이 맡아야 하는가를 두고 왜 그렇게 열띤 논쟁이 벌어졌는지를 설명해준다.

이러한 논쟁에 마담 드 스탈과 뱅자맹 콩스탕도 적극 참여했다. 둘 다 계몽주의적 개신교도라는 배경을 가지고 있었다. 콩스탕은 독일에서 리버럴 신학도 공부한 바 있었고 그 영향으로 종교와 관련된 굵직한 저술을 막 집필하기 시작한 참이었다.[21] 두 사람 모두 가톨릭이 낡은 종교이고 그들이 지지하는 정치적 원칙에 방해가 된다고 생각했다. 가톨릭의 미신적인 도그마와 인간의 죄악에 대한 강조는 사람들의 도덕적인 향상을 결코 촉진할 수 없어 보였다. 오히려 콩스탕이 표현한 대로 "도덕적 위축"과 "무감각화"만 촉진할 터였다.[22] 이들이 보기에 가톨릭교회는 프랑스 사람들이 미신에 빠지고 나약해지고 수동적이 되게끔 만들었다. 1798년에 쓴 글에서 스탈은 종교가 변화하지 않는다면 새 공화정은 생존하지 못할 것이라고 언급했다.[23]

이러한 개념은 당연히 분노를 촉발했다. 군주정 옹호자들은 콩스탕과 스탈이 혁명을 옹호하고 총재정부를 지지하면서 자신의 원칙을 리버럴하다고 부를 수 있다는 사실을 도저히 용납할 수 없었다. 전통적으로 그리스도교 및 귀족의 가치와 관련 있던 용어를 가져다가 그러한 가치에 맞서는 용도로 사용하고 있으니 말이다. 콩스탕과 스탈이 옹호하는 혁명은 합법적인 왕을 재판에 올려 처형했고 유구히 내려오던 귀족의 특권을 박탈했으며 가톨릭교회의 재산을 몰수했다. 게다가 그들이 지지하는 정부는 계속해서 잔인한 탈그리스도교화 운동을 벌였고 군사력을 동원해 왕당파의 평화로운 집회를 억압했다.[24] 반혁명 세력과 보수주의자들이 보기에 이러한 행동은 리버럴하다고 말할 수 없었다.

하지만 모든 가톨릭 신자가 가톨릭이 리버럴 정치 원칙과 근본적으로 불합치한다고 본 것은 아니었다. 앙리 그레구아르Henri Grégoire 사제와 같은 소수의 가톨릭 인사들은 그와 정반대 주장을 펼쳤다.[25] 로렌 출신의 헌신적인 공화주의자이던 그레구아르는 성직자 시민기본법에 맹세하는 서명을 했고 투표를 통해 주교로 선출되었으며 혁명의 원칙에 우호적인 새로운 입헌적 가톨릭교회를 구성하기 위해 노력했다. 1792년에는 국민공회Convention nationale 의원으로 선출되었고 공포정치 시기도 무사히 살아남았으며 그 이후의 총재정부하에서는 500인회Conseil des Cinq-Cents의 일원이 되었다. 자신이 발간하던 『종교 연보Annales de la religion』에서 그레구아르는 혁명으로 탄생한 정치 체제를 찬양했고 가톨릭의 가르침이 "리버럴의 원칙들과 완벽하게 조화를 이룬다"고 주장했다.[26]

하지만 현실은 그의 주장이 틀렸음을 입증하는 듯 보였다. 그레구아르가 주장한 새롭고 입헌적인 교회를 지지하는 사람은 거의 없었던 반면, 반혁명 가톨릭 세력이 지하에서 극적으로 성장했다. 어쨌든 그레구아르는 가톨릭 교리와 리버럴 원칙의 관계에 대해 매우 길고 열띤 논쟁을 촉발했다. 많은 이들이 다음과 같은 질문을 두고 앞으로 내내 씨름하게 된다. 가톨릭 신자이면서 동시에 리버럴이 되는 것이 가능한가? 종교와 자유주의의 관계는 무엇인가?

나폴레옹의 등장

그 모든 노력이 무상하게도 스탈과 콩스탕의 희망은 실현되지 않았다. 총재정부는 프랑스에 안정을 가져오지 못했다. 이 시기에 시도된 노력들은 1799년에 나폴레옹 보나파르트Napoléon Bonaparte의 쿠데타로 멈춰버렸다. 반혁명과 내전 가능성을 우려해서 이제 스탈과 콩스탕을 포함해 많은 사람이 나폴레옹을 지지했다. 나폴레옹이 리버럴의 원칙들을 보호하고 강화해 혁명을 평화로운 최종 국면으로 이끌어주리라고 기대한 것이다.

처음에는 정말로 그렇게 되는 듯했다. 쿠데타를 시작한 다음 날, 유명한 '브뤼메르 19일'* 연설에서 보나파르트는 "보수적이고 보호적이며 리버럴한 개념들"을 수호하는 방식으로 국정을 운영하겠다고 약속했다.[27] 많은 이들이 이 선언을 평화를 회복하고 반혁명에

---

* 　나폴레옹의 쿠데타는 혁명력으로 브뤼메르 18일과 19일에 일어났다.

맞서 혁명의 성과들을 수호하기 위해 노력하겠다는 의미로 받아들였다. 왕당파도 그렇게 해석했다. 『법의 친구들_L'Ami des Lois_』은 "보나파르트의 입이 말하는 리버럴은 귀족들의 입이 말할 때와 다른 것을 의미한다"고 언급했다.[28]

스탈과 콩스탕 같은 리버럴들은 나폴레옹을 지지하면서도 자신이 리버럴의 원칙을 저버리고 있다고는 생각하지 않았다. 이 시점에 마담 드 스탈은 나폴레옹이 "프랑스의 가장 훌륭한 공화주의자이고 … 가장 리버럴한 프랑스인"이라고 말하기까지 했다.[29] 하지만 이들은 곧 크게 실망하게 된다. 이미 1801년에도 라파예트는 낙담해서 토머스 제퍼슨에게 혁명 초기에 뿌려졌던 "자유주의의 씨앗"이 다 짓밟혔다며 프랑스 상황이 급격히 안 좋은 쪽으로 선회했다고 서신을 전했다.[30] 1799년에 나폴레옹에 의해 호민원에 임명된 뱅자맹 콩스탕은 호민원 일원의 자격으로 나폴레옹이 취하려는 조치들을 단호히 비판했다가 바로 면직되었다. 이 시점이면 마담 드 스탈도 나폴레옹의 통치가 "악마적인 독재"임을 드러내는 것이 자신의 임무라고 생각하게 되었고[31] 프랑스를 떠나 망명했다. 콩스탕도 스탈과 함께 프랑스를 떠났다.

나폴레옹은 온갖 방식으로 리버럴의 원칙들을 짓밟았다. 헌법을 개정해서 실질적인 모든 권력을 자신에게 집중시켰고, 그에게 직보하는 지방 제도를 통해 정부를 한층 더 중앙 집중화했다. 또한 권력을 잡자마자 가톨릭이 "좋은 정부의 토대를 강화하는 데" 필수적이라고 선포했고[32] 교회 권력을 회복시키기 위해 교황과 협상을 시작했다. 이 협상은 1801년에 가톨릭교회와의 콩코르다트_Concordat_[정교

협약] 체결로 이어진다. 이를 통해 점점 더 권위주의 체제로 변해가는 나폴레옹의 통치에 가톨릭교회가 지지 세력이자 사실상의 연합 세력이 되었다.

새 헌법은 모든 남성에게 투표권을 부여했지만 선거 자체가 면밀하게 관리되고 조작되었다. 나폴레옹은 파리의 신문 73개 중 69개를 폐간했고 나머지는 모두 관변 매체로 바꾸었다. 정치 모임도 금지되었고 첩자와 정보원을 풀어 반대 세력을 위축시켰다. 나폴레옹의 지시로 비밀 첩보원이 콩스탕과 스탈을 감시하기도 했다. 1802년에는 식민지에서 노예제를 되살렸고 1803~1804년에는 특히 여성을 크게 제약하는 방식으로 이혼법을 개정했다. 물론 이에 더해 대외적으로 정복 전쟁과 약탈을 추진했다.

나폴레옹 지지자들은 나폴레옹에 대해 '리버럴 사상의 영웅'이라는 이미지를 퍼뜨리고자 했다. 그래서 나폴레옹의 군대가 가는 곳마다 리버럴이라는 단어가 퍼졌다. 이탈리아 매체들의 보도에 따르면, 처음에는 이탈리아의 '리버럴들'이 이탈리아가 정치적·종교적 예속 상태에서 해방되는 데 도움을 얻을 수 있기를 기대하며 프랑스 군인들을 열렬히 환영했다. 하지만 유럽의 소위 '해방된liberated' 곳들에서 나폴레옹 군대가 약탈을 시작하고 나폴레옹이 앉혀놓은 지도자들이 점점 더 억압적인 정책을 펴면서, 사람들은 마음을 바꾸기 시작했다. 유럽 전역에서 '가짜' 리버럴이 아닌 '진정한' 리버럴은 어떤 사람인가를 두고 논쟁이 벌어졌다. 리버럴이면서 동시에 나폴레옹 지지자인 것이 가능한가? 한 이탈리아 사전은 '리버럴'의 의미를 너그러움, 자선, 그리고 자유를 사랑하는 마음을 표출하는 것이라고 설명하면서, 정치 영역에서 쓰일 때는 입헌 정부를 지지한다는 것을 의미한다고 언급했다. 이 설명에 따르면 보나파르트와 그의 군대는 "리버럴하지 않았다."[33]

리버럴의 원칙들에 대한 나폴레옹의 배신은 계속되었다. 1804년에는 교황과 프랑스 주교들이 모인 자리에서 스스로 황제의 자리에 올랐다. 한두 해 뒤에는 중앙 집중화된 국가의 통제하에 제국 대학을 세웠다. 이때부터 교육은 황제 나폴레옹과 그의 제국에 대한 충성을 촉진하는 방향으로 이뤄지게 되었다. 제국 대학 설립 취지문은 그렇게 하는 것만이 "헌법이 천명한 리버럴의 개념들"을 지킬 수 있는 길이라고 언급했다.[34]

하지만 나폴레옹이 만든 것은 새로운 종류의 권위주의 체제였고 콩스탕과 스탈이 믿고 달성하고자 싸워온 모든 것에 대한 조롱이었다. 나폴레옹이 만들어가고 있는 독재 체제에 전에 없던 새로운 점이 있음을 깨달은 비판자들은 이를 일컫기 위해 새로운 어휘를 만들었다. 콩스탕은 나폴레옹 체제를 "찬탈"이라고 불렀고[35] 어떤 이들은 "보나파르트주의"라고 불렀으며[36] 나중에는 "카이사르주의"라는 말도 생겼다.[37] 비판자들이 보기에 나폴레옹 체제는 명백히 리버럴한 체제가 아니었다. 그래서 콩스탕은 리버럴한 체제란 무엇을 의미하며 그러한 체제가 수호해야 하는 가치들은 무엇인지에 대해 더 명료하게 정식화해야 할 필요성을 느끼게 되었다.

많은 이들이 나폴레옹의 경제 정책도 리버럴의 원칙에 위배된다고 보았다. 나폴레옹이 독점과 교역 제한을 다시 도입하고 관세와 세금을 올릴 것이라는 소문이 돌았다. 이러한 상황에서, 프랑스에

서 가장 저명한 애덤 스미스 제자인 장바티스트 세Jean-Baptiste Say가
『정치경제학*Traité d'économie politique*』을 집필해 애덤 스미스의 사상으로
나폴레옹의 정책을 공격했다. 그는 관세 인상과 교역 제한을 맹렬
히 비판하고 모든 국가를 친구로서 우호적으로 대하는 체제의 장점
을 강조하면서 그의 표현으로 "리버럴한 무역 정책"을 옹호했다.[38]
나아가 스미스처럼 그도 식민지 체제가 교역 제한과 관세에 기반
하고 있을 뿐 아니라 "폭력적인 착취 수단"인 노예제에도 기반하
고 있다며 강하게 반대했다.[39] 세는 이것이 도덕적으로 혐오스러운
제도이며 주인과 노예를 모두 부패시키는 제도라고 보았다. 식민지
시스템은 아무에게도 실질적인 경제적 이득을 가져다주지 않으면
서 불공정한 부담을 부과하는 시스템이었다. 1803년에 출간된 『정
치경제학』은 판매 면에서 매우 큰 성공을 거두었고 곧 영어로 번역
되어 영국과 미국에서 널리 읽히면서 자유주의 정치경제학의 초창
기 개념들을 전파하는 데 일조했다.

　나폴레옹은 세의 책에 격노해서 내용을 수정하거나 검열을 받으
라고 요구했다. 세가 거부하자 나폴레옹은 세의 호민원 직책을 박
탈했다(세는 1799년에 콩스탕과 함께 호민원에 임명된 바 있었다). 또한 세는
나폴레옹 통치 기간 내내 저술 출판이 금지되었다. 세의 이론을 반
박하기 위해 나폴레옹은 관세와 식민지 제도를 옹호하는 저술의 출
판을 독려했다. 그중 하나가 프랑수아 페리에François Ferrier의 『상업
과의 관계를 중심으로 본 정부론*Du Gouvernement considéré dans ses rapports avec le
commerce*』(1805)인데, 출간 후에 페리에는 나폴레옹 정부의 세관 책임
자가 된다. 이 책에서 페리에는 스미스와 세의 사상을 대놓고 조롱

하면서 그들이 순진한 환상을 좇고 있다고 언급했다.[40] 또한 혁명을 끔찍한 재앙이라고 표현하며 맹비난했다.[41] 지인에게 보낸 서신에서 그는 혁명 때문에 프랑스 사람들이 어린애처럼 버릇이 없어졌다며 그들은 엄격한 고삐를 씌워 통치해야 한다고 언급했다.[42] 페리에의 책은 여러 차례 재출간되었는데, 이는 사람들의 머릿속에서 관세, 식민지 시스템, 권위주의 정부가 더더욱 함께 연상되게 만들고 말았다. 자유주의적 무역 정책은 [권위주의가 아닌] 자유주의적 정치체제와 함께 가는 것이라는 생각이 사람들 사이에서 한층 더 굳어졌다.

나폴레옹은 대중의 심리를 조작해 대중을 미혹시키는 데서도 리버럴의 정치 원칙을 배반했다. 나폴레옹의 대중적 인기가 이런 식으로 '만들어지는' 것을 본 자유주의자들은, 이것이 대중이란 미성숙하고 불합리하며 속아 넘어가기 쉬운 존재라는 사실을 입증해주는 또 하나의 증거라고 생각하게 되었다. 이는 프랑스 대중이 도덕적으로 타락했다는 증거였고, 대중의 도덕적 타락에서 나폴레옹이 이득을 얻고 있었으며, 다시 나폴레옹은 대중의 도덕적 타락을 한층 더 강화하고 있었다. 콩스탕은 나폴레옹이 "도덕을 파괴했다"고 맹비난했다. 나폴레옹은 명예, 특전, 물질적 보상 등을 하사해 사람들을 자기 편으로 만드는 한편, 국외에서의 군사적 승리를 통해 사람들의 관심사를 다른 곳으로 돌려놓았다. 콩스탕은 나폴레옹 체제 같은 독재 정권에서는 사람들이 "이기주의로 빠져들게 된다"고 지적했다. 사람들은 자기 자신만 바라보게 되었고 자신의 이익과 쾌락에만 집중하게 되었다. 그 결과 도덕과 정치에 무관심해졌고, 너

그러움을 설파하는 개념들은 "말라버리게" 되었다.[43]

특히 좌절스러운 일은 나폴레옹이 자신의 권력을 강화하기 위해 종교를 동원했다는 점이었다. 프랑스의 주교 거의 모두가 나폴레옹의 대관식에 참석해 그의 체제에 지지를 밝혔다. 가톨릭교회와 나폴레옹 정부의 연합은 1806년에 반포된 「프랑스 제국 교리 문답서 Catéchisme à l'usage de toutes les Églises de l'Empire français」에서 정점에 올랐다. 여기에서 황제는 "성수를 받은 군주"라고 규정되었고 "신께서 직접 세우신" 정치 질서에 반대하는 사람은 "영원한 비참함에 처해져야 마땅하다"고 언급되었다.[44]

리버럴들은 가톨릭을 다른 종교로 대체할 수 있으리라는 희망을 포기하지 않았다. 어느 면에서 그러한 열망은 더 커졌다. 혁명으로 프랑스의 가톨릭교회가 크게 약화되었으므로 이를 기회로 본 사람들도 있었다. 이들은 프랑스에 필요한 것은 가톨릭이 아니라 좋은 시민이 되는 데 필요한 정신과 성품을 육성할 수 있는 계몽된 종교라고 생각했다. 하지만 어떤 종교가 그러한 종교인가? 콩스탕과 마담 드 스탈은 리버럴한 형태의 개신교를 지지했다. 이들만 이렇게 주장한 것이 아니었다. 1803년에 저명한 학술 기관 프랑스학사원 Institut de France은 종교개혁이 남긴 장기적인 영향에 대한 논문 공모전을 열었다. 나폴레옹과 가톨릭교회가 콩코르다트를 체결한 지 얼마 지나지 않은 시점이었던지라, 이 공모전은 참가자들이 콩코르다트를 평가할 수 있는 좋은 기회였다. 가톨릭의 해로운 영향을 경고하고 리버럴한 형태의 개신교를 옹호한 논문이 1등을 한 것은 우연이 아니었다.

이 글을 쓴 사람은 샤를 드 빌러Charles de Villers였다. 마담 드 스탈의 친구이기도 한 그는 프랑스에서 태어나 가톨릭으로 자랐다. 그러다가 혁명 기간에 독일로 이주해 성경학으로 명성이 높던 괴팅겐 대학에서 독일의 최신 종교 이론들을 접했고, 이제는 그것을 프랑스 독자에게 전하려 하고 있었다. 이 이론 중 일부는 요한 잘로모 젬러에게로까지 기원이 거슬러 올라가는데, 앞 장에서 언급했듯이 젬러는 1774년에 리버럴 신학이라는 용어를 만든 사람이다.

빌러의 글은 근본적인 질문 하나를 던졌다. 자유주의적 정치 원칙이 자유주의적 종교 원칙의 뒷받침 없이도 생존할 수 있는가? 그의 대답은 '아니오'였다. 그는 가톨릭교회가 국가와 결합해서 일으키고 있는 위험을 경고하면서, 프랑스에 필요한 것은 미신과 지적 무관심과 권위에의 맹종을 촉진하는 반동적인 종교가 아니라 "개신교의 리버럴한 사상들"이라고 주장했다. 개신교만이 시민 정신에 필요한 비판적 사고와 자유에 대한 사랑을 촉진할 수 있다는 것이었다. 그에 따르면 리버럴한 개신교는 리버럴한 도덕 원칙 및 정치 원칙을 지원하고 그쪽으로 사람들을 이끌어주는 가치들을 독려할 수 있었다.[45] 빌러의 글은 1804년에 책으로 출간되었고 이후 세 번이나 재출간되었다. 존 스튜어트 밀의 아버지 제임스 밀James Mill은 이 글을 굉장히 높이 평가해서 1805년에 영어판을 출간하고 찬사로 가득한 서문을 썼다.

프랑스가 자유주의적인 개신교로 개종될 수 있다고 믿은 사람이 얼마나 많았는지는 확실히 알 수 없다. 그리고 많았든 적었든 간에, 그런 일은 일어나지 않았다. 리버럴한 형태의 개신교를 프랑스의 국교로 만들자는 개념이 나폴레옹에게 제안된 적은 있지만 나폴레옹은 거부했다. 많은 리버럴들을 큰 좌절에 빠뜨리면서, 반혁명 프로파간다를 퍼뜨리는 데 열심이었던 루이 드 보날Louis de Bonald과 조제프 드 메스트르 같은 사람들에 힘입어 가톨릭이 도리어 부흥했다. 이들은 수많은 저술을 펴내면서, 리버럴의 원칙을 옹호하는 사람들을 비방하고 중상하는 일에 대대적으로, 또 조직적으로 나섰고, 기성 질서에 대한 복종을 설파했다. 이런 상황에서, 앙리 그레구아르 사제처럼 가톨릭이 리버럴의 원칙과 부합할 수 있다고 본 가톨릭 인사들은 매우 어려운 입지에 처하게 되었다. 많은 사람이 가톨릭 교리와 리버럴한 정부 원칙이 근본적으로 합치 불가능하다는 인식을 갖게 되었기 때문이다.

자유주의 정당과 자유주의의 탄생

나폴레옹의 비자유주의적인 국내 정책으로 프랑스 자유주의자들이 자신의 사상을 더 면밀히 갈고닦게 되었다면, 나폴레옹의 대외 전쟁은 최초의 자유주의 정당들을 탄생시켰다.[46] 1805년, 확고한 절대 왕정주의자로 프랑스 혁명을 강하게 비판하던 스웨덴 국왕 구스타브 4세 아돌프Gustav IV Adolph가 프랑스와 전쟁을 벌이게 되었다. 전투에서는 이겼지만 프랑스와 연합한 러시아, 덴마크와 연달아 전쟁을 치르게 되었고 많은 영토를 잃었다. 국왕의 리더십에 불만을 갖게 된 일부 고위층이 궁정 쿠데타를 일으켰고 1809년에 아돌프는 폐위되었다. 이 무렵 스스로를 '리버럴 당파'[자유주의 정당]라고 칭하는 사람들이 생겨나기 시작했다. 구성원이 정확히 누구였는지는 알려져 있지 않지만 프랑스 대혁명의 사상에서 영향을 받았고 법 앞의 평등, 입헌 정부와 대의제 정부, 언론과 양심과 교역의 자유를 지지했다는 것은 분명하다. 그들은 '리버럴 진영' 혹은 간단하게 '리버럴'이라고도 불렸다.

한편 스페인에서는 1808년 나폴레옹 군대가 침공해 페르난도 7세Fernando VII를 몰아내고 나폴레옹의 형 조제프를 국왕 자리에 앉히자 자유주의 정당이 생겨났다. 스페인 사람들은 나폴레옹과 조제프의 통치에 곧바로 저항했고 카디스에 별도의 정부를 세웠다. 1810년에 카디스의 코르테스[의회] 의원 중 일부가 스스로를 '리베랄레스Liberales'[자유주의자]라고 부르면서 상대 진영을 '세르빌레스Serviles'라고 부르기 시작했다. 이 말은 라틴어 '세르비servi'에서 나온 것으로, 노예라는 뜻이다. 스페인 리베랄레스는 스웨덴 리버럴과 마찬가지로 법 앞의 평등, 입헌 정부와 대의제 정부 등을 지지했다. 마담 드 스탈은 이러한 움직임을 반기면서 "리버럴의 욕동이 서부 유럽을 휩쓸고 있다"고 기록했다.[47]

스페인의 새 헌법은 유럽뿐 아니라 스페인령 아메리카에서도 엄청난 논의를 불러일으켰고, 리버럴 원칙이 현실에서 의미하는 바에 대한 나름의 해석에 따라 현지 사람들의 독립 운동을 추동하는 결과를 낳았다.[48] 스페인 헌법을 둘러싼 논쟁은 멀리 인도와 필리핀에서까지 벌어졌다.[49] 많은 면에서 당대 기준으로 스페인 새 헌법은 매우 급진적이었다. "학식이나 자산 조건을 요구하지 않고 아프리카 후손이 아닌 모든 남성에게" 투표권을 부여함으로써 영국, 미국, 프랑스보다 더 민주적인 시스템을 수립했다.[50] 하지만 흥미롭게도, 다른 곳의 리버럴들과 달리 스페인 리버럴들은 종교의 자유를 주장하지 않았다. 스페인의 새 헌법 12조는 명시적으로 "스페인 국가의 종교는 현재도 앞으로도 영원히 하나뿐이며, 그것은 진정한 로마 교황의 가톨릭 종교"라고 선포했다. 또한 "국가가 현명하고 정당한 법률을 통해 로마 가톨릭 종교를 보호할 것이며 다른 모든 종교의 수행을 금지할 것"이라고 천명했다.

스페인 리버럴들이 품었던 희망은 나폴레옹과의 협상을 통해 국왕이 복귀하면서 금세 산산조각 났다. 복귀한 국왕은 보수 진영과 가톨릭교회 당국의 촉구에 따라 코르테스의 심의를 불법화했고 코르테스에서 통과시킨 법률을 무효로 선언했다. 또한 주권이 전적으로 국왕에게 있다고 주장하면서 절대왕정을 복원했고 종교재판도 되살렸다. 많게는 1만 2000명에 달하는 리버럴들이 투옥되거나 망명길에 올라야 했다.[51] 리버럴들을 표적으로 삼은 비방 작전도 대대적으로 전개되었는데, '자유주의'라는 단어가 사용되기 시작한 것이 바로 이 무렵이다.

최초의 용례들을 보면, 자유주의라는 단어가 상대를 비방할 용도로 생겨났음을 알 수 있다. 19세기 초에는 이러저러한 '이즘ism'이 이례적으로 많이 등장했다. 아나뱁티즘[재세례파], 루터이즘[루터파], 칼뱅이즘[칼뱅파] 등 이러한 새 용어는 '이단'을 비난하기 위해 쓰이는 경우가 많았다.[52] '리버럴리즘'[자유주의]도 마찬가지였다. 자유주의라는 단어가 인쇄 매체에 등장한 초창기 사례 중 하나를 스페인 자유주의 정당이 출현한 직후인 1813년의 한 스페인 신문에서 볼 수 있다. 이 신문은 "자유주의는 무엇을 의미하는가"라고 질문을 던지고는 "무지하고 불합리하고 반사회적이고 반군주적이고 반가톨릭적인 [사상들에] 기반한" 체제라고 설명했다.[53] 이 신문은 장세니즘[얀선주의], 루터이즘, 칼뱅이즘 등 이단적인 분파를 죽 나열하고는 리버럴리즘[자유주의] 역시 또 하나의 이단에 불과하다는 결론으로 글을 맺었다. 이 글은 시민적 평등 개념과 왕, 귀족, 교회가 아니라 국민에 대해 책임을 지는 입헌 정부 개념이 자유주의가 주창하는 이단적인 원칙 중에서도 특히 핵심이라고 주장했다.

스페인에서 자유주의가 좌절되는 것을 보았으니만큼, 1814년에 나폴레옹이 패배하고 부르봉 왕조의 루이 18세가 유배지에서 돌아와 '자유주의적 헌법'을 약속했을 때 프랑스 자유주의자들이 이를 미심쩍게 여긴 것은 당연했다.[54] 루이 18세와 참모들이 내놓은 헌법은 곧 맹렬한 논쟁의 대상이 되었다. '헌장'이라고도 불린 이 헌법은 대의제 정부를 천명했고 법 앞의 평등, 언론과 종교의 자유 등 몇 가지 핵심적인 리버럴의 원칙들을 담고 있긴 했다. 하지만 모호한 표현으로 작성되어 있어서 많은 사안이 여전히 명쾌하게 정리되지 않은 상태였다. 국왕이 행사하는 권한의 한계가 어디까지인지도, 대의제 의회의 역할이 무엇인지도, 헌법이 보장하는 개인의 자유가 어디까지인지도 모두 모호했다. 또한 헌장에는 상호 모순되는 점도 다수 포함되어 있었다. 종교의 자유를 언급하면서 동시에 가톨릭이 국교라고 선언하는가 하면, 언론의 자유를 천명하면서 동시에 언론을 제약하기 위한 법률이 만들어질 수 있다고 언급했다. 또 리버럴들은 새 헌법이 국왕과 국민 사이의 사회계약으로 간주되어야 마땅하다고 보았지만, 헌장의 문구는 왕이 백성에게 헌장을 '하사'한다는 식으로 작성되어 있었다. 그렇다면 왕이 임의로 헌장을 철회하는 것도 합법적이라는 이야기가 될 터였다. 이러한 점들 때문에 '자유주의적인 헌법'이란 정확히 무엇을 의미하는가를 둘러싼 논쟁이 점화되고 확대되고 격화되었다. 광범위한 곳에서 아주 많은 사람이 이 논쟁에 참여했다.

자유주의적인 헌법은 무엇인가에 대한 논쟁은 나폴레옹이 유배지를 탈출해 파리로 돌아온 이후 소위 '100일 천하'(1815년 3월 29일~7월 8일) 기간에 한층 더 격화되었다. 황제의 자리에 올랐다가 엘바섬에 유배되었던 나폴레옹은 1815년 2월 26일 유배지를 탈출해 프랑스 남부 칸 근처에 약 1000명의 군인을 집결시키고 파리로 진격했다. 파리 귀환을 앞두고 나폴레옹은 강하게 반종교적인 화법으로 다음과 같이 선포했다. "나는 사제와 귀족 들이 프랑스 사람들을 몰아넣고 싶어 하는 노예 상태에서 사람들을 구하기 위해 왔다. … 그들은 조심하는 게 좋을 것이다. 나는 그들을 가로등에 목매달 것이다." 사람들은 "사제를 몰아내자! 귀족을 몰아내자! 부르봉 왕조를 교수대로! 자유여 영원하라!"와 같은 구호를 외치며 화답했다. 많은 군인이 나폴레옹에게 합류했고 파리에 거의 다 왔을 무렵에는 마치 프랑스군 전체가 나폴레옹을 따르고 있는 것처럼 보였다. 루이 18세는 도망갔고 나폴레옹은 다시 권좌에 올랐다.

나폴레옹의 극적인 귀환에 이어 놀라운 일이 하나 더 일어났다. 나폴레옹이 이제 헌법에 입각해 통치하겠다고 약속하면서 전에 그를 가장 소리 높여 비판했던 사람 중 하나인 콩스탕을 기용해 새 헌법 초안 작성을 맡긴 것이다. 콩스탕은 불과 얼마 전까지는 나폴레옹을 맹렬히 비난했지만 나폴레옹에게 협력하기로 했다. 그 결과로 나온 문서가 「제국 헌법 추가 조항Acte Additionnel aux Constitutions de l'Empire」이며, 작성자의 이름을 따서 '뱅자맹 헌법'이라고도 불린다. 나폴레옹에 대한 콩스탕의 입장이 오락가락했던 것을 두고 "콩스탕하지 않은 콩스탕"*이라는 별명이 생겼고 이 별명은 평생 그를 따라다녔다.

자유주의, 이론화되다

하지만 콩스탕은 리버럴의 원칙들을 저버린 것이 아니었다. 뱅자맹 헌법은 참정권의 범위를 넓히고 자유권을 확대하겠다고 약속했고, 결정적으로 가톨릭을 국교로 명시하지 않았다. 라파예트에게 새 헌법을 설명하면서 콩스탕은 "이보다 더 리버럴한 헌법은 없다"고 뿌듯해했다.[55] 그는 새 헌법의 부록 격인 설명서 『모든 정부에 적용 가능한 정치의 원칙들Principes de politique applicables à tous les gouvernements représentatifs』도 펴냈는데, 오늘날 이 책은 자유주의를 탄생시킨 문서로 여겨지며 충분히 그렇게 평가될 만하다.

---

*　　　inconstant Constant. "줏대 없는 콩스탕"이라는 뜻.

이 책은 콩스탕의 견해가 브라운슈바이크 볼펜뷔텔 대공의 궁에서 집사부로 일하던 시절 이래 얼마나 많이 발전했고 정교해졌는지 보여준다. 그때만 해도 콩스탕은 로베스피에르를 존경했고 스스로를 민주주의자라고 불렀다. 하지만 그는 공포정치와 나폴레옹의 권위주의 통치에서 교훈을 얻었고 국민주권이 얼마나 쉽게 독재와 결합할 수 있는지 똑똑히 보았다. 따라서 콩스탕의 주된 목표 중 하나는 국민주권에 토대를 둔 독재 체제가 리버럴한 체제의 가면을 쓰고 나타나지 못하게 막는 것이었다.

『모든 정부에 적용 가능한 정치의 원칙들』은 첫머리에서 새 헌법이 국민주권을 공식적으로 인정한다고 명료하게 밝히고 있지만, 곧이어 국민주권이 제약될 필요가 있다는 언급이 나온다. 콩스탕은 제약 없는 권력은 민중의 이름으로 행사되건 군주의 이름으로 행사되건 의회의 이름으로 행사되건 간에 위험하다고 주장했다. 주권에 제약이 없으면 "개인을 정부로부터 보호해줄 수 있는 수단이 아무것도 없기" 때문이었다. 콩스탕은 권력이 누구의 손에 있든 상관없이 정부의 권한이 제약될 수 있도록 보장할 일련의 중개적 제도와 권리를 언급했다. 특히 앞으로 자유주의 체제에서 본질적인 자유로 여겨지게 될 사상의 자유, 언론의 자유, 종교의 자유를 중요한 권리로 꼽았다.

콩스탕은 중요한 것은 정부의 **형태**라기보다 **양**이라고 보았다. 군주정과 공화정은 똑같이 억압적일 수 있었다. 정치적 권위를 **누구에게** 부여하는가가 중요한 게 아니라 **얼마나 많은** 권위를 부여하는가가 중요했다. 정치권력은 위험하고 부패하기 쉬워서 "[제약 없는 권위를] 한 사람에게, 몇몇 사람에게, 혹은 모든 사람에게 맡기면" 어느 경우든 "동일하게 해악적인 결과를 보이게 될 것"이었다. 그는 "프랑스 혁명의 모든 병폐"가 혁명가들이 이 근본적인 진실을 알지 못해서 생겼다고 설명했다.[56] 이러한 이론들을 개진하면서, 콩스탕은 자유주의 사상의 정전에서 독보적인 반열에 오르게 된다. 콩스탕을 최초의 자유주의 이론가라고도 부를 수 있을 것이다.

늘 그랬듯이 콩스탕의 사상에는 도덕적·윤리적 우려가 짙게 깔려 있었고, 이 점에서도 그의 사상은 '리버럴'했다. 『모든 정부에 적용 가능한 정치의 원칙들』에는 사람들이 이기심, 허영, 사치에 빠지는 것에 대해 그가 지속적으로 가지고 있었던 우려가 잘 드러나 있다. 콩스탕은 용기, 너그러운 사상, 공공선에의 헌신이 반드시 있어야 한다고 강조했다. 자기희생은 리버럴한 체제를 지탱하는 데 꼭 필요했고, 콩스탕은 이것을 끊임없이 되풀이해서 이야기했다.

콩스탕은 종교에 대해서도 유려하게 논지를 전개했다. 특히 그는 앞으로 평생에 걸쳐 강조하게 될 중요한 개념 하나를 이 책에서 정교화했는데, 바로 종교 없이는 리버럴한 정부가 생존할 수 없다는 개념이었다. 그는 도덕을 함양하는 기제로서 종교가 반드시 필요하다고 보았다. 종교는 이타심, 고결성, 도덕적 가치를 독려하는데, 이 모두가 리버럴한 사회에 꼭 필요했다. 하지만 **어떤** 종교인지, 그리고 종교와 국가의 관계가 어떠한지도 매우 중요했다. 결국 문제는 종교 자체가 아니라 그것이 권력과 결탁하는 데 있었다. 종교적 권위자이든 정치적 권위자이든 간에 권위자의 손에서 종교는 쉽게 억압적인 정치 도구가 될 수 있었다. 이 문제를 염두에 두고서 콩스탕은 훗날 자유주의의 기초 원칙으로 여겨지는 정교분리 개념을 제시했다. 그는 종교와 국가는 별개이며 리버럴한 헌법이라면 모두에게 종교의 자유를 보장해야 한다고 주장했다.

자유주의, 반동에 부닥치다

콩스탕 헌법이 실행될 기회가 미처 생기기 전에 프로이센 장군 블뤼허Gebhard Leberecht von Blücher와 영국의 웰링턴 공작 아서 웰즐리Arthur Wellesley Wellington가 워털루 전투에서 나폴레옹을 무찔렀다. 연합군은 1815년 7월 7일에 파리에 입성했고 루이 18세가 옛 헌장에 의거해 왕위를 회복했다. 이는 가톨릭이 다시 프랑스의 국교가 되었다는 뜻이었다. 이어진 보복 조치에서 '100일 천하' 동안 나폴레옹 정부에 복무했던 사람들이 대거 숙청되었다. 콩스탕은 영국으로 피신했고 보복 조치에 직면하지 않으리라는 답을 듣고 나서야 프랑스에 돌아올 수 있었다.

왕정복고 후 3개월이 지나서, 러시아, 오스트리아, 프로이센이 이른바 신성동맹을 결성했고, 이로써 자유주의 원칙에 재앙적인 영향을 미치는 반동의 시기가 시작되었다. 프랑스에서는 극우 왕당파가 가톨릭교회와 연합해 '헌장'의 중요성과 범위를 축소하는 일에 나섰다.[57] 이에 리버럴들은 헌장의 중요성을 수호하고 헌장이 더 폭넓게 적용되게 하고자 맞섰다. 선거에 나서면서 콩스탕은(그는 자신이 속한 분파를 '자유주의 정당'이라고 불렀다[58]) 헌장을 "완전한 범위로" 확장

하기 위해 싸우겠다고 공언했다.[59]

유럽의 정치에 그리스도교적 가치를 불어넣는다는 것이 신성동맹이 겉으로 표방한 목적이었다. 정교회의 러시아, 가톨릭의 오스트리아, 개신교의 프로이센의 군주들이 국내외 정책에 '정의, 사랑, 평화'의 원칙을 도입하기 위해 협력하겠다는 것이다. 하지만 오스트리아의 외무상 클레멘스 폰 메테르니히는 신성동맹을 자유주의적인 모든 개혁을 족족 저지하는 무기로 사용했다. 이를 위해 메테르니히는 정통파 종교 지도자들과 협력을 촉진했다.

유럽 전역의 왕당파는 자유주의자들과의 싸움에서 가톨릭교회로부터 결정적인 지원을 받았다. 프랑스의 가톨릭 선교사들은 그리스도교인들이 계몽주의 시기에 죄악을 저질렀지만 혁명으로 벌을 받았으니 이제 교회와 국왕에게 충성만 맹세하면 구원의 기회를 얻을 수 있다며 종교적이면서도 정치적인 메시지를 전파했다. 1815년부터 1830년 사이에 프랑스에서만 1500건이 넘는 선교 활동이 벌어졌다. 선교 사제들은 거대한 십자가를 세우고 가톨릭 교리를 가르치는 대중 집회를 열었으며 혁명을 가차 없이 공격했다. 지옥 불에 대해 설교하면서 "저항하는 자에게는 영원한 고통이 있을 것"이라고도 언급했다. 종종 이러한 집회에는 유명한 철학 저술들을 거대한 모닥불에 던져 넣어 태우는 순서가 포함되었다. 1816년에 되살아난 스페인 종교재판은 콩스탕의 저서 『모든 정부에 적용 가능한 정치의 원칙들』이 국가와 종교를 전복하고자 하는 "도착적인 원칙들"을 담고 있다고 규정했는데,[60] 이는 국가와 교회가 결탁할 때 생길 수 있는 위험성에 대해 콩스탕이 경고했던 바가 옳았음을 입증하는 격이 되었다.

반동적인 기사와 소책자가 무수히 쏟아져 나와서 자유주의 개념을 퍼뜨리는 모든 이에게 맹공격을 퍼부었다. 모든 곳에서 자유주의자들은 종교, 군주제, 가정을 파괴하려 한다고 비난받았다. 그들은 단지 잘못된 생각만 가지고 있는 것이 아니라 사악하고 죄악을 저지르는 자들이라고 여겨졌다. 이러한 비판에 따르면, 자유주의자들은 이단을 퍼뜨리는 자로서, 의무도 믿지 않았고 전통과 공동체도 존중하지 않았다. 반혁명주의자들의 저술에서 자유주의는 무신론, 폭력, 아나키의 상징이나 마찬가지였다.

"단어의 남용에 관하여"와 같은 제목의 저술이 쏟아지기 시작했고, 자유주의자들이 '리버럴'의 의미를 왜곡해서 사람들을 속이려 한다는 비난이 끝도 없이 계속해서 제기되었다. 반혁명주의 이론가 루이 드 보날은, 한때는 '리버럴'이 자신의 재산을 고귀하게 사용하는 사람을 의미했는데 이제는 사악한 자들이 대중을 속이려고 이 단어를 잘못 사용하고 있다고 비난했다.[61] 왕정복고 직후에 창간된 반동주의 신문 『라 코티디엔*La Quotidienne*』은 자유주의자들이 언뜻 고상하게 들리는 말로 사람들을 오도하고 있다며 다음과 같이 비난했다. "한동안 리버럴한 사상 운운하는 이야기가 아주 많이 나왔다. 그 단어로 사람들이 생각하는 바는 무엇인가? 학계는 아직 그 어휘를 사전에 올릴 만큼 인정하지 않았다. 이 어휘는 매우 최근에 나온 것이고 명백하게 혁명기에 생겨난 것이다. 등장한 시기를 생각해볼 때, 이 단어가 어떤 의미로 사용되고 있는지에 대해 의심해보아야 마땅하다."[62]

자유주의자들은 이러한 비난에 맞서 스스로를 방어해야 했고, 그렇게 하는 과정에서 자신이 주장하고자 하는 원칙의 논지를 갈고 닦아 점점 더 폭넓은 사람들에게 전파했다. 이들은 자유주의자들이 '모든 이에게 좋은 것'을 위해 싸우고 있다고 주장했다. 자유주의자들은 법 앞의 평등, 입헌 정부, 대의제 정부 등을 지지했다. 반면 자유주의의 반대쪽 세력은 압제를 선호하는 자들이었다. 사제들은 절대왕정과 결탁해 대중을 유순하게 묶어두기 위해 미신을 퍼뜨리고 있었다. 자유주의자들은 리버럴이라는 단어의 라틴어 어원이 원칙 있고, 도덕적이고, 공동체 지향적인 의미를 가지고 있었음을 강조하며 도덕적 우위를 주장했다. 한 소책자는 "특정한 개인이나 집단의 이익을 향하지 않고 모두의 이익과 공공선을 향하는" 정치사상이라면, 또한 "너그럽고 고귀하고 애국적인 감수성을 옹호하고 허영과 욕심과 나약함을 옹호하지 않는" 정치사상이라면 자유주의적인 사상이라고 부를 수 있다고 언급했는데,[63] 당시 자유주의자들에게서 볼 수 있는 전형적인 설명이었다.

자유주의의 역사 서술에서 너무나 자주 간과되곤 하지만, 독일의 자유주의자들도 이 논쟁에 매우 적극적으로 참여했다. 많은 독일 지식인들이 프랑스 대혁명의 초기 국면에 혁명을 지지했고 개혁의 물결이 독일에도 닿기를 기대했다. 하지만 공포정치, 1792~1815년 사이에 벌어진 나폴레옹의 전쟁들, 나폴레옹의 독일 지배 등을 거치면서 거의 모두가, 아니면 적어도 상당수가 초창기의 희망과 열정을 잃었다. 1793년에 에드먼드 버크의 『프랑스 혁명에 관한 성찰』 독일어판이 나온 것도 이러한 변화에 영향을 미쳤다.

1806년에 프랑스와의 전투에서 프로이센이 패하고서 몇 가지 중대한 개혁을 했는데 상당 부분, 특히 경제 영역에서의 개혁이 1789~1791년에 프랑스에서 이뤄졌던 개혁과 비슷했다.[64] 길드와 특전을 부여받아 설립된 독점 사업체가 해산되고 농민이 해방되었으며 몇몇 국내 관세와 통행료가 폐지되었고 더 일괄적인 과세 체계가 도입되었다. 또한 행정 구조가 효율화되었고 제한적이나마 지방 정부의 자치가 허용되었다. 하지만 프랑스에서와 달리 프로이센에서의 개혁은 위로부터의 개혁이었다. 바로 이 이유에서, 개혁을 원하는 독일인들은 정부와 협력을 해서 더 많은 개혁을 이루면서도 혁명이나 폭력은 피하는 것이 가능할 수도 있겠다는 희망을 갖게 되었다. 나폴레옹이 패배하고 프랑스에서 '헌장'이 채택되자 독일 인들은 독일에도 "자유주의적인 헌법"이 도입될 수 있으리라고 기대했다.[65]

하지만 나폴레옹이 패배하고 신성동맹이 결성되자 유럽의 다른 곳에서 벌어진 일이 독일에서도 벌어졌다. 즉 정치적 반동이 시작되었다. 오랫동안 독일은 리버럴 신학의 산실이자 해외로 그것이 퍼져나가는 진원지였지만, 이제 독일 지배층은 자신의 권력을 강화하기 위해 신정통파 신학을 지지하기 시작했다. 신정통파 신학 자체도 프랑스 혁명에 대한 반동으로 대두된 측면이 있었다. 이러한 신학은 인간이 가진 죄악적인 속성과 신이 내리신 질서에 복종해야 할 종교적인 의무를 강조했다. 신정통파 신학 운동을 이끄는 사람들은 "리버럴한 풍조"에 맞서 싸우는 데 온 힘을 기울이겠노라고 공언했다. 프랑스의 반동주의 사상가 메스트르와 보날의 저술이 독일어로 번역되어 널리 유통되었다.

이에 맞서기 위해 독일의 자유주의자들은 프랑스의 선례를 늘 예의 주시하면서 자유주의 원칙들을 수호하고자 노력했다. 프랑스 자유주의자들도 그랬듯이 독일 자유주의자들도 매우 적대적인 환경에 처해 있었다. 더구나 독일 자유주의자들은 상당수가 공무원이라 생계가 국가에 달려 있었기 때문에 더욱 취약한 측면이 있었다. 이러한 상황에서 독일 자유주의자들은 체제 내부에서 점진적인 변화를 추구하는 노선을 택했다. 이들은 자신이 원하는 것은 혁명이 아니라 평화적인 개혁과 진보라고 주장했다. 이들은 법 앞의 평등, 입헌 정부, 사상과 종교의 자유와 같은 원칙을 옹호했고 프랑스 자유주의자들도 그랬듯이 종종 자신이 지지하는 바를 다소 모호하게 표현했다. 이를테면 한 독일 자유주의자는 "모든 불법적인 탐욕에 맞서 시민의 권리를 보호하고자 하고" "대중의 자유"를 보장하고자 하며 "모든 이를 위해 가장 좋은 것"을 촉진하고자 하는 것이 자유주의 신조라고 말했다.[66]

여느 곳에서와 마찬가지로 독일에서도 자유주의자들은 방종, 죄악, 폭동을 부추긴다고 비난받았다. "마법의 주문" 같은 것으로 속임수를 써서 사람들의 눈을 가리고 주의를 흩뜨린다는 것이었다.[67] 어디에서든 자유주의자들은 이단을 설교한다는 비난에 계속해서 직면했다. 그들은 방종, 죄악, 폭동을 부추기고 신을 증오하는 사람들이라고 비난받았다.

영국의 보수주의자들은 자유주의 사상을 외래의 위험한 사상이라고 규정해 폄훼하려 했다. 1816년에 토리당 외무장관 로버트 스튜어트 캐슬레이 자작Viscount Robert Stewart Castlereagh은 의회 연설에서 "스페인의 리베랄레스"를 일컬어 "프랑스의 당파가 최악의 형태로 드러난 것"이라고 묘사했다. 그에게 스페인 리베랄레스들은 국민 주권을 주장한다는 점에서 자코뱅 정당이었다.[68] 또한 1816년에 나온 토리당 저널 『쿼털리 리뷰Quarterly Review』는 개혁 성향인 휘그당을 "영국판 리베랄레스"라고 부르면서 명예를 떨어뜨리려 했다.[69]

하지만 프랑스산 자유주의 사상을 지지하는 영국인도 있었다. 1817년경에 『쿼털리 리뷰』의 최고 라이벌 매체 『에든버러 리뷰 Edinburgh Review』는 프랑스에서 자유주의 정당이 부상한 것을 매우 호의적으로 소개했다.[70] 1802년에 젊은 스코틀랜드 지식인들이 "리버럴하고 애국적이며 계몽된 정책들"을 수호한다는 목적을 표방하며 창간한 『에든버러 리뷰』는 특히 뱅자맹 콩스탕을 호의적으로 묘사했다. 이 저널에 따르면 콩스탕은 영국에까지 사상이 알려질 정도로 매우 학식이 뛰어난 사람이었다.[71]

요컨대, 이 시기에는 모든 곳에서 자유주의 정치사상이 본질적으로 프랑스 사상으로 여겨졌다. 미국에서도 '리버럴'이라는 단어가 정치적인 의미로 쓰일 때는 주로 프랑스에서 벌어지고 있는 사건을 보도하는 맥락에서 쓰였다. 영국 매체들처럼 미국 매체들도 [프랑스어식으로] e를 덧붙여 "liberale"이라고 표기하거나 새로운 외래어임을 나타내기 위해 이탤릭으로 표시하기도 했다. 또 [생소한 표현임을 의식해서] "이른바 리버럴들"이라는 표현도 쓰였다. 어떻든 간에, 일반적으로 미국 언론은 자유주의자들과 자유주의 사상에 지지를 표하는 경우가 많았다. 1817년이면 미국의 신문들은 미국의 위대한 영웅이기도 한 라파예트, 그리고 뱅자맹 콩스탕이라고 불리는 사람을 "자유주의자들의 지도자"라고 일컫기 시작한다. 이러한 글에서 라파예트와 콩스탕은 반동의 세력에 맞서 고귀한 전투를 벌이고 있는 사람이라고 묘사되었다.[72]

자유주의적 봉기

정치적 동기에서 발생한 일련의 암살 또는 암살 시도가 있은 뒤, 유럽 보수주의 세력의 반동적 움직임이 추동력을 얻었다. 1819년 3월 23일 독일 만하임에서 한 학생 활동가가 보수주의적인 시인이자 저널리스트 아우구스트 폰 코체부August von Kotzebue를 살해했다. 몇 주 뒤 나사우의 총통 권한대행 카를 폰 이벨Karl von Ibell에 대한 암살 시도가 있었다. 보수주의자들은 자유주의자들이 혁명의 전초 작업으로 암살을 선동하고 있다며 비방 공작을 한층 더 강화했다. 메테르니히는 "자유주의가 세를 키우면서" "살인자들을 수없이 내놓고 있다"고 격노했다.[73] 1819년 9월 20일에 메테르니히는 독일 내 38개 제후국의 대학과 신문에서 전복적인 사상을 일소하도록 요구한 카를스바트 칙령Karlsbader Beschlüsse을 발동했다. 이에 따라 학생회가 금지되었고 자유주의 성향의 교수들이 쫓겨났으며 검열이 확대되었다. 또한 첩자와 정보원을 상시적으로 고용해 자유주의 성향의 조직을 종류 불문 적발해 처벌했다.

몇 달 뒤 정신적으로 불안정한 상태이던 피에르 루벨Pierre Louvel

이라는 남성이 프랑스 왕위 계승자로 유력하던 극우 왕당파 베리 공작Duc de Berry을 암살했다. 이에 대해 자유주의자들의 소행이라는 비난이 쏟아졌고 맹렬한 반동의 물결이 닥쳤다. 한 극우 왕당파는 "루벨의 단도를 보았다"며 "그 단도는 바로 자유주의 사상이었다"고 말했다.[74]

1820년에 스페인에서 혁명이 일어나 1812년 헌법을 부활시키고 코르테스를 다시 열라고 페르난도 7세 국왕을 압박하면서, 사안은 한층 더 막중해졌다. 스페인 혁명에 고무된 자유주의자들은 각자의 나라에서 헌법을 요구하고 나섰다. 나폴리에서는 국왕에 맞서는 군사 봉기가 일어났고 국왕은 스페인 모델을 본뜬 입헌 군주제 수립을 약속했다. 피에몬테에서도 비슷한 봉기가 일어나 비토리오 에마누엘레 1세Vittorio Emanuele I가 물러났다. 섭정을 하게 된 카를로 알베르토Carlo Alberto 대공은 혁명 세력이 요구한 1812년 스페인 헌법을 받아들였고 종교재판이 다시 한번 폐지되었다. 같은 해에 사르데냐에서도 혁명 세력의 봉기가 일어나 입헌 군주제가 수립되었고 포르투갈, 시칠리아, 그리스, 러시아에서도 유사한 봉기가 일어났다. 경악한 어느 논평가는 "이 사건들 모두가 유럽 자유주의자들의 거대한 연맹이 계속해서 희망과 기대를 갖도록 불을 때는 역할을 하고 있다"고 한탄했다.[75] 게다가 유럽에 영향을 미치는 데서만 그치지도 않았다. 스페인령 아메리카에서도 자유주의자들이 입헌 정부를 요구했고 그와 함께 독립과 자치권도 요구했다. 비슷한 운동이 인도의 고아와 캘커타, 그리고 필리핀 등 아시아 지역에서도 일어났다.[76] 요컨대 자유주의가 글로벌화되고 있었다.

자유주의 혁명이 곳곳에서 터져 나오면서 이와 밀접하게 얽힌 정치적·종교적 문제들을 논한 서적, 소책자, 기사 또한 쏟아져 나왔다. 전 세계적으로 스페인 헌법의 인기가 높아지면서 '자유주의자 대 절대왕정 지지자'의 구도만이 아니라 자유주의자들 내부에서도 논쟁이 촉발되었다.[77]『모든 곳에 적용 가능한 정치의 원칙들』도 포함해 뱅자맹 콩스탕의 이론을 종합한 여러 권의 방대한 저서『입헌 정치학 강의Cours de politique constitutionnelle』도 번역되어 널리 퍼졌다.[78] 정치적 망명자들이 자금을 지원하고 스페인·이탈리아·영국의 저술가들을 고용한 자유주의 성향 신문들이 활발히 유통되면서 자유주의 개념은 한층 더 널리 전파되었다. 이에 맞서 반대 진영에서는 자유주의자들이 모든 곳의 정당한 주권자를 전복시키려 하는 국제 비밀 공작 세력이라고 비난했다.

물론 '국경을 초월해 조직적으로 음모를 실행'할 수 있는 자유주의자들의 능력을 비판자들이 엄청나게 과장해서 말하기는 했지만, 실제로 자유주의자들이 합법적·불법적 행동을 기획하는 국제 네트워크를 구성하기는 했다.[79] 프리메이슨Freemason과 여기에서 나온 카르보나리Carbonari 같은 비밀 조직이 1820~1821년에 벌어진 일련의 봉기를 조직하는 데 상당한 역할을 했다. 카르보나리는 서부 유럽 전역에 비밀 세포 조직을 결성하고 억압적인 정권들을 전복하기 위한 작전을 기획했다. 훗날 스페인의 저명한 자유주의자 에바리스토 산미겔Evaristo San Miguel은 프리메이슨 로지들이 "자유주의적 모의를 기획하는 정부"가 되었다고 회상했다.[80] 계몽사상가, 자코뱅, 프리메이슨, 카르보나리 등과 함께 통째로 뭉뚱그려져서, **모든** 자유주의자가 위험한 체제 전복 세력이고 혁명을 선동하며 아나키 상태를 일으키기 위해 음모를 꾸미는 무신론자라고 비난받았다.[81] 물론 국제적으로 봉기를 기획한 사람들이 있긴 했어도 모든 자유주의자가 그런 것은 **아니었다.**

파리는 자유주의자들의 국제 네트워크에서 중심지 중 하나였고 라파예트가 가장 중요한 지도자 중 한 명이었다. 카르보나리 비밀 조직과 관련이 있었던 그는, 곳곳에서 터져 나오고 있는 봉기가 미국 독립 혁명으로부터 시작된 방대하고 점점 확산되어가는 자유주의 운동의 일부이며 이제 이 운동을 선도하는 역할이 미국에서 프랑스로 넘어왔다고 보았다. 그가 흥분을 담아 토머스 제퍼슨에게 다음과 같은 서신을 보낸 것도 이러한 맥락에서였다. "프랑스는 자유주의자들의 정치 본부 격이 되는 영예를 갖게 되었습니다. 마치 프랑스의 해방에 유럽의 대의를 진전시키는 다른 모든 성공이 달려 있음을 모두가 본능적으로 느끼고 있는 것처럼, 프랑스에서 벌어지고 있는 논쟁에 세계의 관심이 쏠리고 있습니다."[82]

하지만 참여자들의 갖은 노력에도 불구하고 국제 자유주의 운동은 오래가지 못했다. 1820년 11월에 러시아, 오스트리아, 프로이센은 세 나라 중 어디에서라도 봉기가 발생하면 나머지 나라가 군사적으로 개입할 권리가 있다는 조약에 서명했다. 얼마 뒤 오스트리아 군대가 나폴리와 피에몬테에서 일어난 혁명을 진압했고 또다시 많은 이탈리아인들이 망명해야 했다. 2년 뒤 자유주의 성향 의원들의 거센 반발에도 불구하고 극우 왕당파가 주도하던 프랑스 정부는 스페인에 군대를 보내 페르난도 7세를 절대군주로 복귀시켰다.[83] 페르난도 7세는 또다시 코르테스를 해산하고 코르테스에서 통과된 법을 무효화했으며 많은 자유주의자를 투옥하고 종교재판을 재개했다. 프랑스가 스페인에 군대를 보냈다는 소식이 전해지자, 리스본에서는 [왕당파의] 쿠데타가 일어나 절대왕정 체제가 복고되었다.

그렇더라도 반혁명 세력이 자유주의 운동을 완전히 밟아 없애지는 못했다. 정치적 망명자들의 주요 목적지가 되면서 영국이 범유럽 리버럴 네트워크의 중심지가 되었다. 스페인의 저명한 자유주의 인사들도 1823년에 봉기가 진압되자 대부분 영국으로 피신했다. 한편, 망명자가 밀려 들어오자 영국 보수주의자들은 혁명의 흐름이 대륙을 넘어 영국까지 들어올지 모른다는 두려움을 전에 없이 강하게 갖게 되었다. 1822년에는『모닝 크로니클Morning Chronicle』의 한 기사가 "자유주의라는 바이러스"가 유럽을 덮쳐 "도덕에 역병을 일으키고 있다"고 주장했다.[84] 또『자유주의에 관한 소고Essay on Liberalism』는 "보편 자유주의"가 모든 곳에 혼란과 동요를 퍼뜨리고 있다고 비난했다. 이 글은 프랑스가 "자유주의의 본산"이라며, 프랑스 대혁명이 사악하고 위험한 사상을 만들어냈고 이제 그 사상이 유럽의 다른 곳으로 퍼져나가고 있다고 비판했다. 또한 이 글은 프랑스 때문에 "리버럴"이라는 단어가 더 이상 "너그러운 감수성과 열린 마음"을 가진 사람을 의미하지 않고 "기존의 유럽 정부 대부분에 적대적인 정치 원칙을 지지하는 사람을 의미하게 되었다"고 개탄했다.[85]

영국 보수주의자들은 자유주의가 혁명 세력이 만든 외래 사상임을 드러내기 위해 프랑스식 철자 표기인 "liberale"을 계속 사용했다. 그들은 이 용어가 대륙의 은어라고 조롱하면서 자유주의자들이 얼핏 고귀하게 들리는 단어로 사람들을 현혹하고 있다고 비난했다.[86] 자유주의자들이 이렇게 표리부동하게 굴면서 "혼란의 바벨탑"을 세우는 통에 사람들이 더 이상 옳고 그른 것을 구분하지 못하게 되었다는 것이다. 보수주의자들은, 실상 리버럴들은 고귀하지도, 너그럽지도 않으며, 오만하고 이기적이고 방종을 일삼는 자들이고 "고삐 풀린 자신의 열정에 탐닉하는" 데만 관심이 있을 뿐 어떤 종류든 절제라고는 알려고 하지 않는 자들이라고 경종을 울렸다. 한 영국 저술가에 따르면, 이러한 자유주의는 "리버럴리티"와 정반대였다.[87] 그는 자유주의가 자코뱅주의 또 다른 이름일 뿐이며 자유주의자들이 의도적으로 새 이름을 붙여서 혼란과 무질서의 씨앗을 뿌리려 하고 있다고 주장했다. 또 다른 저자는 자유주의야말로 "사탄의 원칙"이라고 언급했다.[88]

이토록 독기 서린 비난은 자유주의자들이 실은 정치, 경제, 종교 모두에서 상당히 넓은 사상적 스펙트럼에 걸쳐 있었다는 점을 가리고 있었다. 참정권이 얼마나 폭넓게 보장되어야 하는지, 입헌 군주제와 공화제 중에 무엇을 지지해야 하는지, 봉기를 기획해야 할지 말아야 할지 등 여러 이슈에 대해 자유주의자들은 서로 의견이 달랐다. 자유주의자들을 비판하는 사람들은 [잡탕처럼 섞여 있다는] 경멸의 의미에서 이들을 "리버럴 칵테일"이라고 부르기도 했다.[89] 이 무렵인 1820년대에 막 이름을 알리기 시작한 존 스튜어트 밀은 "리베로liberaux"에는 온건파부터 급진파까지 "스펙트럼상 모든 단계의 정치적 견해를 가진 사람들이 다 포함되어 있다"고 언급했다.[90]

뱅자맹 콩스탕의 저술 활동은 유럽의 다종다양한 자유주의자들을 평화롭고 입헌적인 원칙으로 통합하고 교육하려는 노력의 일환이었다고 볼 수 있다. 그는 자유주의 사상을 전파하고 자유주의자들이 선출직에 진출하도록 하기 위해 끝없이 노력했다. 그는 수많은 서적, 소책자, 기사를 집필했고 의회 안팎에서 연설도 수없이 했다. 1818~1820년에 출간된 비중 있는 저서의 제목이 이것을 잘 말해준다. "입헌 정치학 강의." 이 책은 곧 스페인어와 이탈리어로 번역되었고 여러 판이 더 인쇄되었으며 멀리 멕시코와 아르헨티나에서까지 유통되었다.[91] 콩스탕은 자유주의자들이 선거에서 승리하는 데 필요한 네트워크를 구축하는 일에도 열심이었다.[92] 이 때문에 그는 의원 활동을 하던 내내 경찰의 감시하에 놓이기도 했다. 반혁명 프로파간다 저술가인 루이 드 보날은 콩스탕을 자유주의 정당의 "성가대 지휘자"라고 불렀다.[93] 하지만 자유주의자들을 몇 가지 합의된 이론적 원칙과 법적 전술로 통합하려는 콩스탕의 노력은 그리 성공적이지 못했다. 말년에 그는 동료 자유주의자들이 자신의 말을 듣지 않는다며 이제는 반복해서 이야기하기도 지쳤다고 토로했다. 자유주의자들은 앙시앵 레짐에 대한 혐오로 뭉쳤을 뿐 많은 사안에서 의견이 일치하지 않았다. 즉 초창기의 자유주의는 단일한 것을 의미하지도 않았고 변화 없이 안정적이지도 않았다.

1824년 무렵이면 자유주의 혁명들이 패배하면서 유럽 전역에서 자유주의자들이 수세에 몰리게 되었다. 프랑스에서는 1820년 이래로 우파가 의회의 다수를 차지했고 1824년 2월 선거에서는 430석 중 19석 빼고 모든 의석을 차지했다. 몇몇 저명한 자유주의자들은 저널을 폐간하고 망명해야 했다. 상당수는 지하로 들어가서 비밀 조직에 가담했다. 라파예트는 비밀 조직에 들어갔고 뱅자맹 콩스탕은 그러지 않았다.

얼마 후 라파예트는 매체에 보도가 된다면 프랑스에서 자유주의자들의 대의를 확장하는 데 도움이 되리라고 생각해 미국을 방문했다. 그 후로 라파예트를 "두 세계의 영웅"으로, 미국을 "진정으로 위대하고 리버럴한 제도의 땅"으로 묘사하는 책이 쏟아져 나왔다.[94] 하지만 상대 세력은 내내 읊던 가락을 계속해서 읊었다. 자유주의자들은 무신론자이고 아나키스트이며 모든 곳에서 혼란을 일으키려 하는 자들이라고 말이다. 교황은 칙서 「예수 그리스도로부터의 교회Ecclesiam a Jesu Christo」를 발표해 이러한 비난에 힘을 실었다. 여기에서 교황은 "사악한 대중이 … 신과 그리스도에 맞서 연합하고 있다"고 비난했다.

독일의 자유주의자들은 가톨릭만 적이라고 생각하지 않았다. 정통파 개신교 역시 거대한 적이었다. 1820년대에 곳곳에서 벌어진 봉기 이후 반동적인 정치 세력은 스스로를 정통파라고 부르는 개신교 분파들과의 협력을 강화해 종교와 정치 모두에서 자유주의 원칙들의 확산을 막으려 했다. 베를린 대학의 신학 교수이며 『복음주의 교회 신문Evangelische Kirchen-Zeitung』의 편집자였던 에른스트 빌헬름 헹스텐베르크Ernst Wilhelm Hengstenberg가 그러한 정통파 개신교도 중 한 명이었다.

그는 프로이센에서 재활성화된 '왕좌와 제단의 동맹'[정교 동맹]에서 주요 전략가가 되었다. 그의 목적은 개신교 교회에서 리버럴 신학을 솎아내고 국왕에게 대항해 벌어질 가능성이 있는 모든 반대를 뿌리 뽑는 것이었다. 그는 "우리의 정치는 … 신이 주신 질서에 조건 없이 복종하는 것으로 구성된다"고 밝혔다. 독일의 다른 매체들과 마찬가지로 그가 발간한 신문도 자유주의가 외래 사상이며 그것이 확산되게 둔다면 무신론과 아나키를 불러오게 될 것이라는 비난을 끝없이 반복했다. 여기에서 신에게 복종한다는 것은 "지상의 주인"에게 복종한다는 뜻이기도 했다. 이러한 논지에 경악하고 분노한 독일 자유주의자들은 "어둠의 아들이 종교를 파렴치한 방식으로 사용하고 있다"고 반격했다.[95]

이렇게 양극화된 상황에서, 1823년에 최초의 자유주의 역사서라 부를 만한 저술이 출간되었다. 저자는 프로이센의 철학 교수 빌헬름 트라우고트 크루크Wilhelm Traugott Krug였다. 프로이센의 라디스 출생으로, 쾨니히스베르크 대학에서 이마누엘 칸트Immanuel Kant에 이어 논리 및 형이상학과의 학장이 되었다가 라이프치히로 옮겨 철학을 가르쳤고 저술가로서도 명성을 날렸다.

『과거와 현재의 자유주의에 대한 역사적 서술Geschichtliche Darstellung des Liberalismus alter und neuer Zeit』에서 그는 반박 불가한 그리스도교 정신과 독일의 전통을 자유주의에 부여함으로써 반동 세력의 비난에 정면으로 맞섰다. 크루크는 바로 신께서 모든 인간에게 자유를 향한 열망을 불어넣으심으로써 자유주의를 만드셨다고 주장했다. 그리고 신께서 자유를 향한 열망을 불어넣으신 이유는 인간이 자신의 향상을 위해 스스로를 계발해나가고 교회를 포함해 제반 제도들을 그에 맞춰 개혁해나가도록 독려하기 위함이었다고 설명했다.

크루크에 따르면 사상의 자유가 가장 중요한 자유였다. 크루크가 서술한 자유주의의 역사는 어떻게 사상의 자유에 대한 사랑이 신으로부터 고대 그리스인에게로, 다시 초기 그리스도교 사제들에게로 넘어왔는지 설명하면서, 전반적인 지향의 면에서 볼 때 이들 모두가 "리버럴"했다고 주장했다. 하지만 이들이 비판적인 사고를 했기 때문에 기득권 권력자들의 맹렬한 반발에 직면했다고 설명했다.

크루크가 기술한 자유주의의 역사에서 독일은 매우 중요한 자리를 차지했다. 그에 따르면 "종교적 자유주의"를 만든 사람이 독일의 개신교 개혁가 마르틴 루터Martin Luther였고 종교적 자유주의는 신께서 원하시는 인간 제도의 향상에 꼭 필요했다. 크루크는 개신교가 그리스도교인을 "맹목적인 신앙"의 예속에서 해방시켰고 진보에 필수적인 비판적인 사고를 갖도록 독려했다고 보았다. 그러면서 그는 안타깝게도 종교개혁이 리버럴한 원칙들과 비리버럴한 원칙들 사이에 전투를 일으켰고 어떤 이들은 낡아빠진 종교적 도그마를 여전히 고수하고 있다고 지적했다.

이어서 크루크는 정치적 자유주의의 역사를 설명했다. 그에 따르면 정치적 자유주의는 영국의 휘그당에서 생겨났다. 토리당이 왕권신수설을 믿은 반면 휘그당은 주권재민을 믿었다는 것이다. 그리고 정치적 자유주의는 영국에서 북미 식민지로 건너가 비옥한 토양을 찾았고 다시 프랑스로 넘어가서 급진화되었다. 크루크는 이제 유럽 전역에서 자유주의와 반자유주의 사이에 끔찍한 전투가 벌어지고 있지만 자유주의의 진전은 신께서 원하시는 것이므로 멈출 수 없는 추세라고 결론 내렸다.

크루크가 이러한 자유주의 역사를 서술한 것이 소위 신성동맹의

가식에 대한 비판이었다는 점은 꽤 명백해 보인다. 그가 보기에는 반동이 신성한 게 아니라 자유주의야말로 신성한 것이었다. 하지만 크루크는 자유주의자들이 급진주의의 유혹에 빠지거나 혁명을 선동하는 쪽으로 가지 말아야 한다고도 경고했다. 그는 "소수의 멍청이만이 극단적인 자유주의Ultraliberalismus를 옹호하고" "과장된 활동들"에 관여한다고 말했다. 크루크는 그렇게 극단적인 행동은 할 필요가 전혀 없으며 미래는 점진적이고 "사려 깊은" 자유주의에 놓여 있다고 주장했다.[96]

자유주의적 경제 원칙

1820년대 중반에 프랑스 의회를 장악한 극우 왕당파는 경제 영역에서도 역행적인 정책들을 밀어붙였다. 대토지 소유자, 제조업자, 식민지 플랜테이션 소유자가 연합해 보호주의 정책을 위해 강력한 로비를 전개했다. 그들은 관세를 되살려야 한다고 목소리를 높이면서 특히 밀과 설탕에 관세 부과를 주장했다. 또한 식민지와 노예 무역을 공식적으로 부활시켜야 한다고 요구했다. 부르봉 왕조는 1815년에 노예제 폐지를 약속했지만 은밀히 노예 무역을 촉진했고 노예제 폐지를 주장하는 출판물을 억압했다. 보수 연합 세력은 장자 상속제의 부활도 주장했다.

이미 1819년에 프랑스 정부는 수입 곡물에 관세를 부과한 상태였는데, 2년 뒤 새로이 다수당이 된 극우 왕당파가 특정 가격 아래로는 곡물 수입을 아예 못 하도록 금지하는 법을 도입했다. 이듬해에는 외국산 설탕, 철, 소에 관세를 급격히 올리는 법을 통과시켰다. 과거 나폴레옹 시기에 있었던 프랑수아 페리에와 장바티스트 세 사이의 이론적 논쟁이 그 어느 때보다도 시의성이 커졌다. 페리에는 교역에 대한 자유주의적 경제 원칙을 조롱하는 논지를 편 바 있는데, 그 저술이 1821년과 1822년에 재출간되었다.

반대 입장에서 관세, 보호주의, 식민지 시스템, 노예제 등을 비판한 세의『정치경제학』도 재출간되었다. 뱅자맹 콩스탕은 새 의회가 쏟아내는 법들이 잔인하고 정의롭지 못하며 자신들의 이익을 위해 갖다 붙인 법들이라고 비난했다. 그는 부자들이 정부 제도를 이용해 부를 더 키우려 하면서 (노예는 물론이고) 가난한 노동자 대중을 희생시키고 있다고 지적했다. 자유주의적 정치경제 원칙을 전파하고 의회에 압력을 가하기 위한 대대적인 저술과 홍보 캠페인이 조직되었다. 콩스탕도 '자유방임, 자유통행laissez-faire, laissez-passer'의 기치 아래 자유주의자들을 결집시키기 위해 글을 작성했다. 하지만 모든 자유주의자들을 설득하지는 못했다. 관세를 둘러싸고 자유주의자들의 견해는 단일한 입장으로 통합되어 있지 않았다.

콩스탕은 여러 연설에서 노예 무역을 비판하면서 노예 무역 금지를 철저히 시행해야 한다고 주장했는데, 이에 대해 우파 의원들은 계속해서 야유를 퍼부었다.[97] 콩스탕을 포함한 자유주의자들은 아메리카 지역 최초로 흑인 독립 국가가 된 아이티의 사례를 자주 예로 들었다. 콩스탕은 아이티의 흑인 시민들이 만든 헌법에 찬사를 보냈고,[98] 그의 지인인 장 샤를 레오나르 드 시스몽디Jean Charles

Léonard de Sismondi도 "아프리카의 아들들"이 그들에게 자유로운 존재가 될 자격이 있으며 모든 아프리카인이 "문명화"될 잠재력을 가지고 있음을 입증했다고 언급했다.[99]

콩스탕은 왕정복고 시기에 마련된 선거법 때문에 프랑스 의회의 권력이 대토지 소유자와 부유한 대상인의 손에 넘어가 있다는 것을 잘 알고 있었다. "대토지 소유자와 부유한 대상인"이라는 조합은 애덤 스미스가 『국부론』에서 비판했던 바로 그 계층이었다. 스미스는 대토지 소유 귀족의 지지를 등에 업은 부유한 기업가들에 대해 "그들의 이해관계가 대중의 이해관계와 일치하는 것이 불가능하고 일반적으로 대중을 속이거나 심지어는 억압하는 데 이해관계가 있기 때문에" "아주 많은 경우에 기만과 억압, 둘 다를 행한다"고 설명했다.[100] 콩스탕은 또한 당시 프랑스 왕정에서 세관 공무원이 국가 공무원의 20퍼센트를 차지하며 여기에는 첩보원 네트워크와 비밀경찰이 포함되어 있다는 것도 잘 알고 있었다. 콩스탕 본인도 1820년대의 상당 기간 경찰의 감시를 받았다. 세관 공무원은 수입 서적을 모조리 조사해서 "정부나 국가의 이익에 반反한다고 여겨지는 것은 하나도 들어오지 못하게 하는 임무를 맡고 있었다.[101] 1816년 4월에 다수당인 극우 왕당파는 "재앙적인 혁명"이 퍼뜨린 부도덕한 사상들이 밀수되고 있다며, 이를 막는다는 명목으로 여러 조치를 도입했다. 세관 당국은 여행객과 상인은 물론 국경에서 25킬로미터 안에 거주하는 일반인의 가정까지 수색할 권한을 갖게 되었다. 또한 이 법들로 밀수에 대한 처벌도 강화되었다. 콩스탕 등 자유주의자들이 '자유방임, 자유통행'을 주장한 것은 이와 같은 조치들을 염두에 둔 것이었다.

자유방임을 주장한 자유주의자들이 물품, 사상, 사람이 자유롭게 이동할 수 있어야 한다는 데 동의했다고 해서 **모든** 경제 개입에 반대한 것은 아니었다. 19세기 자유주의자들에 대해 흔히 가지고 있는 통념과 달리 초기 자유주의자들은 자유방임을 교조적으로 믿지 않았다. 재산권을 특별히 강조하지도 않았고 제약받지 않는 이기심이 발휘하는 긍정적인 효과를 찬미하지도 않았다. 오늘날 '고전 자유주의' 혹은 '정통 자유주의'라고 불리는 것은 아직 존재하지 않았다.

콩스탕은 사유재산이 자연권이 아니라 사회적 관습에 불과하며 따라서 사회의 관할하에 있다고 보았다. 세는 어떤 유형의 산업이라도 정부가 규제할 권리를 갖는다고 보았으며 많은 경우 규제가 유용하고 적절할 수 있다고 생각했다. 가령 기계의 도입으로 노동자들이 쓸모없어지는 상황에서 새 기계의 사용을 제한하고 실업자에게 일자리를 찾아주는 정부 개입은 합당한 일일 수 있었다. 세는 정부가 "노동자들의 이해관계를 보호해야 한다는 데는 의심의 여지가 없다"고 주장했다.[102] 그에 따르면, "신민의 고된 여건을 완화하고자 지속적으로 노력하는 것"은 모든 정부의 의무였다.

하지만 여기에서도 자유주의자들의 의견이 늘 일치하지는 않았다. 자유주의 성향의 저널 『유럽 비평*Le Censeur européen*』의 편집자 샤를 콩트Charles Comte와 샤를 뒤누아예Charles Dunoyer는 스미스나 세에게서는 찾아볼 수 없는 극단적인 방식으로 자유방임을 옹호했다. 뒤누아예는 정부가 교육이나 공공사업, 심지어는 우편 업무에도 개입하지 말아야 한다고 주장했다. 반면 시스몽디는 더 **많은** 개입을 요구했다. 1803년에 펴낸 『상업적인 부에 관하여De la richesse commerciale』에서는 상업과 산업의 절대적인 자유를 주장했지만, 1819년에 펴낸 『정치경제학의 새로운 원리Nouveaux Principes d'économie politique』에서는 산업화되고 있는 나라, 특히 영국에서 노동자들이 처한 충격적인 여건을 보고 이전의 견해를 수정한다고 밝혔다. 약자를 강자로부터 보호하기 위해 정부의 개입이 필요하다는 것이었다. 대부분의 자유주의자들이 국제적으로 더 자유로운 교역, 또 국내적으로도 사람과 물자의 더 자유로운 이동을 옹호하긴 했지만, 정부 개입의 합당하고 바람직한 범위가 어디인가를 두고는 의견이 서로 일치하지 않을 수 있었다. '진정한 자유주의'가 무엇을 의미하는지는 늘 논란의 대상이었고, 어쨌거나 자유주의라는 단어가 연상시키는 부정적인 뉘앙스 때문에 정작 리버럴들 본인은 '자유주의'라는 단어를 그리 많이 사용하지 않았다.

프랑스 이외 지역의 문헌들도 일반적으로 자유주의자들이 엄격한 자유방임을 지지하지는 않았음을 보여준다. 독일, 스페인, 이탈리아, 스페인령 아메리카, 인도 등지에서 스스로를 리버럴이라고 부른 사람들의 경제적 견해는 각자가 처한 현지의 사정에 따라 광범위한 스펙트럼에 걸쳐 있었다. 자유방임주의의 전성기라고 흔히 일컬어지는 이 시기에도 이와 관련해 하나의 통합된 입장이 있지는 않았고 '경제적 자유주의'라는 단어도 아직 사용되지 않았다. 크루크도 '종교적 자유주의'와 '정치적 자유주의'는 긍정적으로 언급했지만 '경제적 자유주의'라고 불리는 무언가를 언급하지는 않았다. 또 미국에서는 '자유주의'라는 말 자체가 극히 드물게 사용되었고 경제 정책을 지칭하는 용도로는 쓰이지 않았다.

자유주의적 배제

앞에서 보았듯이 초기 자유주의자들은 민주주의자가 아니었다. 국민주권을 지지한다는 말은 보편 참정권[보통선거]을 지지한다는 이야기가 아니었다. 그들이 보통선거에 호의적이지 않았던 데는 공포정치와 나폴레옹 체제의 경험이 상당히 큰 영향을 미쳤다. 프랑스에서 1792년에 보통선거로 국민공회가 구성되었는데 바로 이 국민공회가 공포정치를 시작했다. 나폴레옹의 독재도 국민투표로 승인을 받았다. 보통선거는 한편으로는 폭민 정치, 폭력, 무질서를, 다른 한편으로는 잘 속아 넘어가고 판단력이 부족하고 굴종적인 대중의 속성을 종종 연상시켰다. 콩스탕 등 당대의 많은 자유주의자들이 투표는 [투표할 자격에 대한] 신뢰에 의해 주어지는 것이지 권리로서 주어지는 것이 아니라고 보았다. 이들은 정치 사안들에 대해 지식과 정보를 토대로 합리적인 의사 결정을 내릴 수 있을 만큼 지적 역량과 성품을 갖추려면 독립성과 자유로운 시간이 필요하고, 여기에는 어느 정도 재산을 보유하고 있는 것이 필수 요건이라고 보았다.

이는 메리 울스턴크래프트를 제외하면 이 장에서 언급한 자유주의 인사들 중 여성의 권리를 옹호한 사람이 왜 한 명도 없는지 이해하는 데 도움을 준다. 그들이 보기에 여성은 법적으로 종속적인 위치에 있었고 투표권을 행사하는 데 필요한 만큼 교육을 받고 재산을 보유할 가능성이 거의 없었다. 1789년에서 1793년 사이에 나온 저술 중 여성의 정치적 권리를 언급이라도 하는 것은 극히 소수다.

그 소수의 저술은 여성의 권리에 대한 주장을 뒷받침하기 위해 명백히 자유주의적 뉘앙스를 가진 어휘를 사용했다. 가령 여성을 노예에, 결혼을 압제의 한 형태에 빗대어 논의를 전개하는 식이었다. 1789년 10월에 의회에 제출된 한 청원서는 다음과 같이 주장했다. "의원님들은 압제의 상징을 깨뜨렸고 프랑스 국민이 자유로운 존재라는 아름다운 공리를 천명했습니다. 그런데 아직도 1300만 명의 노예가 1300만 명 압제자의 강철 같은 속박에 매여 있도록 내버려두고 계시다니, 부끄러운 일입니다!" 이 청원서는 여성을 무시한다는 점에서 의원들이 이기적이며 따라서 비리버럴하다고 비판했다.

울스턴크래프트는 자유주의 혁명의 원칙들을 열렬히 지지했다. 이는 『인간의 권리 옹호Vindication of the Rights of Men』(1790)에서, 특히 에드먼드 버크에 대한 비판에서 잘 드러난다. 그리고 2년 뒤에 펴낸 『여성의 권리 옹호Vindication of the Rights of Woman』에서는 프랑스 의회가 헌법을 개정해 여성에게도 투표권을 주어야 한다고 주장했다. 이 책은 인류의 절반을 무시하면서도 스스로를 리버럴하다고 부르는 의원들에 대한 하나의 긴 반박문이라고 볼 수 있다. 그들이 리버럴하기는커녕 이기적이고 기득권을 지키려 할 뿐이라고 말이다. 울스턴크래프트의 제자 메리 헤이스Mary Hays도 프랑스 의원들이 "스스로 만든 왕좌"에 올라 여성을 계속 족쇄에 묶어두고 있다고 비난했다. "남성들은 본인들이 주창한 자유를 얼마나 오래 거부하고 있을 것인가? 얼마나 오래 협소한 정책을 고수하고 미신을 숭배하면서 압제적인 원리와 야만적인 제도를 애지중지 감싸고 있을 것인가?"[103]
헤이스에 따르면, 리버럴들은 여성의 투표권을 부정함으로써 스스
로가 천명했던 리버럴의 원칙에 모순되는 행동을 보이고 있었다.

하지만 의원들은 이러한 비판을 대개 묵살했고 1793년 10월에는
여성이 정치 토론 클럽에 참여하는 것을 금지하기까지 했다 이 법
은 입법 취지에서 여성에게 주어진 가정에서의 의무를 근거로 들었
다. 의회 일반안보위원회Comité de sûreté générale의 이름으로 장바티스
트 아마르Jean-Baptiste Amar 의원은 여성들이 여성의 "본성"에 따라 가
족과 가정 안에 있어야 하므로 정치 클럽에서 사람들을 만나는 것
은 금지되어야 한다고 주장했다. 여성은 "사적 영역에서의 역할에
집중해야 하며, 그것이 여성의 본성이 여성에게 부여한 운명"이라
는 것이었다.

이 주장은 다소 의아하며 오도의 소지가 있다. 당시에 여성의 권
리를 주창한 사람 중 여성에게 부여된 가정의 의무를 반박하거나
여성의 본성이 남성과 다르다는 개념을 반박한 사람은 거의 없었기
때문이다. 울스턴크래프트 본인도 여기에는 이견이 없었다. 게다가
여성을 위한 개혁을 요구하는 사람들 대부분은 투표권 같은 정치적
권리는 주장하지도 않았다. 이들이 요구한 것은 더 많은 교육, 더 나
은 일자리, 재산을 직접 통제할 수 있는 권리 같은 것들이었다. 이들
은 이혼할 권리를 보장하고 결혼을 더 평등한 제도로 만들 법률을
요구했다. 이들은 결혼 생활이 더 평등해지면 "인류에 대한 의무"
를 이행하는 데 있어서 부부가 협력과 유대를 더 잘 일굴 수 있으리
라고 주장했다.[104] 결혼이 더 동반자적인 관계여야 국가의 회복, 도

덕의 향상, 공민적 덕목의 고양을 가져올 수 있다는 것이었다.

마담 드 스탈도 여성의 투표권은 주장한 적이 없지만 그가 쓴 소설에는 여성의 용기와 지적 역량에 대한 찬사가 잘 드러나 있다. 여성은 "인본주의, 너그러움, 섬세함 등과 관련된 모든 것에 생명을 불어넣을 수 있는 존재"이므로 국가를 치유하고 회복시킬 역량이 있었다.[105] 그리고 스탈이 소설에서 의도한 바는 바로 이것이었다. 즉 독자에게 공감과 친절함의 감각을 키우고 자유주의적인 근대 체제에 꼭 필요한 도덕적 가치를 북돋우려 했다. 일례로 1802년에 출간된 『델핀*Delphine*』에는 아름답고 지적인 여주인공이 사회의 낡아빠진 원칙들 때문에 희생되는 내용이 나오는데, 이혼의 권리와 개신교 모두를 우호적으로 강조하고 있다.

반혁명주의자들은 마담 드 스탈과 같은 자유주의자들이 이혼법을 지지하면서 내세운 이유와 동일한 이유로 이혼법을 반대했다. 국가의 안정은 남편의 권위가 아내보다 우위임을 인정하고 혼인의 해소를 불가능하게 하는 데 달려 있다는 것이었다. 루이 드 보날은 「이혼에 관하여*Du divorce*」(1801)라는 소책자에서 이혼이 합법화되면 "가정의 민주화"(그에게 이것은 명백하게 혐오스러운 일이었다)가 야기되어 또 다른 혁명을 촉발하게 되리라고 우려했다.[106] 조제프 드 메스트르도 국가가 안정되고 강해지려면 여성이 남편에게 종속되어야 한다고 보았다.[107] 1816년에 군주정이 복원되면서, 이러한 개념은 자유주의 성향 의원들의 맹렬한 반대에도 불구하고 이혼의 권리를 없애는 법이 통과되는 데 근거를 제공했다.

*****

1824년 9월 16일에 루이 18세가 숨지고 동생 샤를 10세^{Charles X}가 왕위에 올랐다. 독실한 가톨릭이자 골수 반혁명주의자인 샤를 10세는 곧바로 권위주의적이고 가톨릭적인 군주정을 복원하려는 의도를 드러냈고 극우 왕당파 의원들의 도움으로 일련의 법을 통과시켜 자유주의자들을 경악하게 했다.

가장 큰 논쟁을 불러일으킨 조치는 혁명기에 망명한 귀족들이 상실했던 재산을 보전해주는 조치였다. 또한 샤를 10세는 정교 동맹을 공고화했고 국가를 다시 가톨릭화하기 위한 조치들을 도입했다. 그는 두 개의 종교 관련 법안을 통과시켰는데, 하나는 혁명기에 불법화된 종교 분파들을 합법화하는 것이었고 다른 하나는 '신성 모독'을 범죄로 규정한 것이었다. 그런데 무엇이 신성 모독에 해당하는지가 매우 모호했다.

자유주의자들은 맹렬히 저항했다. 이들은 가톨릭교회가 가장 강력하고 무서운 적이라는 사실을 이전 어느 때보다도 크게 절감했다. 자유주의자들이 조직적인 홍보 활동으로 반격에 나서면서 프랑스에는 정치 소책자, 만평, 노래, 반종교적 문헌의 염가판 등이 넘쳐나게 되었다. 7년에 걸쳐 콩스탕의 『종교에 관하여^{De la religion}』를 포함해 무려 270만 권의 반종교 저술이 출간된 것으로 추산된다.

1827년이면 정치의 시계추가 다시 자유주의 쪽으로 돌아왔고 극우 왕당파들 사이에서는 이러다 자유주의자들이 전투에서 승리할지 모른다는 위기감이 점점 고조되었다.[108] 이들은 자유주의자들이 "공화주의자, 아나키스트, 선동꾼"이며 "12년이 넘는 동안 그들이 진실되고 선한 모든 것을 막무가내로 공격했다"고 비판했다. 또 자유주의자들이 "또다시 혁명이 일어나기를 열렬히 고대하고 있으며 심지어 지난 혁명보다 더 완전한 혁명을 원하고 있다"고 경고했다.[109]

자유주의자들의 저항이 점점 더 세를 얻자 절박해진 샤를 10세는 대중의 지지를 다시 얻기 위해 식민지 확장에 나섰다. 작은 외교 분쟁 하나를 빌미로 알제리에 군대를 보내 수도 알제를 점령했다. 빠른 승리를 거둔 후 샤를 10세는 7월 칙령으로 국내에서 자유주의자들을 억압하는 일에 나섰다. 이 칙령은 언론의 자유를 중지하고 의회를 해산하고 투표권을 갖는 데 필요한 재산 요건을 강화하는 내용이었다. 하지만 이러한 조치는 사흘간의 대중 봉기를 촉발하는 기폭제가 되었고 샤를 10세는 권좌에서 쫓겨나게 된다.

3장

자유주의, 민주주의, 그리고 '사회적 문제'의 등장

1830~1848년

오래전부터 그렇게 생각해왔는데, 현대 사회의 문제 전체가
다른 어느 곳도 아닌 프랑스에서 해결될 것이다.

—존 스튜어트 밀(1849)

1830년 7월 말 자유주의적 언론인과 정치인이 이끈 민중 봉기로 파리 시민들이 정부를 전복했다. 7월 혁명이라고 불리는 이 시민 봉기는 사흘밖에 걸리지 않았고 유혈 사태도 비교적 적었다. 반동적 군주 샤를 10세는 폐위되었고 더 자유주의적인 사촌 오를레앙 공 루이 필리프Louis Philippe가 왕위에 올랐다.

이 '영광의 3일'은 자유주의의 명백한 승리를 보여주는 사건이었다. 전 세계에서 환호의 메시지가 날아들었다. 존 스튜어트 밀은 펼쳐지고 있는 일들을 직접 목격하기 위해 파리로 달려왔다. 파리 주재 미국 대사는 본국에 혁명을 우호적으로 보고했고 앤드루 잭슨Andrew Jackson 대통령과 밴 뷰런Martin Van Buren 국무장관 모두 축하의 메시지를 보내왔다. 독일 자유주의자들도 7월 혁명이 전 세계를 위한, 아니면 적어도 전 유럽을 위한 승리라고 평가했다. 멀리 인도에서도 프랑스 상황이 언론에 보도되었다. 벵골의 개혁가 라모한 로

이Rammohan Roy는 '시민 왕' 루이 필리프가 프랑스 왕위에 오른 것을 환영했다.[1] 해외의 한 논평가는 "파리 사람들이 해낸 모든 일이 전 세계에 영향을 미치고 있다"고 평가했다.[2]

새 정부의 핵심 인사가 된 프랑수아 기조François Guizot는 영웅적인 파리 시민들이 절대왕정과의 싸움에서 승리를 거두었다고 환희에 찬 선언을 했다. 역시 새 정부의 고위 인사가 된 아돌프 티에르Adolphe Thiers도 자유주의자들이 드디어 목적지에 "도달"했으며 입헌 군주정은 이제 안전하다고 선포했다.[3] 의회에서 뱅자맹 콩스탕도 특히 노동자들이 봉기에서 수행한 역할에 대해 자랑스러움을 표했다.

하지만 환희에 찬 이들 자유주의자들은 곧 '사회주의'라는 이름의 새롭고 막강한 반대 세력에 직면하게 된다.

자유주의 정부, 보수화되다

7월 혁명 직후의 흥분은 빠르게 실망으로 바뀌었다. 이제 정권을 잡은 자유주의자들은 구체적으로 어떤 정책을 추진해야 할지를 두고 서로 첨예하게 대립했다. 그들은 입헌 정부를 위해 싸웠다. 하지만 다른 것들은 어떻게 할 것인가? 그들은 국민을 대표하는 정부를 위해 싸웠다. 하지만 어느 범위까지 국민을 대표할 것인가? 또 늘어나는 노동자들의 봉기는 어떻게 다룰 것인가? 이러한 사안을 두고 자유주의 진영은 분열되고 약화되었으며 이제 우파로부터만이 아니라 좌파로부터도 공격을 받게 되었다.

첫 번째 분열은 투표권 문제를 두고 벌어졌다. 루이 필리프 국왕과 프랑수아 기조는 7월 혁명이 기존의 '헌장'을 지키기 위한 방어적인 운동이었다고 보았다. 따라서 이들은 7월 혁명을 더 많은 개혁을 추진할 기회라고 본 사람들, 특히 7월 혁명이 선거권을 유의미하게 확대할 기회라고 본 사람들과 대립했다. 자유주의자 의원 오딜롱 바로Odilon Barrot는『회고록Memoirs』에서 그를 포함한 '운동파'들이 진보적인 개혁을 더 밀어붙이고자 했지만 국왕과 프랑수아 기조 같은 '저항파' 세력이 계속해서 가로막았다고 언급했다.

최종적으로는 저항파 자유주의자들이 승리했다. 새 헌장은 예전 것과 크게 다르지 않았다. 투표권의 자격 요건인 재산 소유 기준이 완화되긴 했지만 아주 조금뿐이었고, 전국 선거에 출마할 권리와 투표할 권리 모두가 여전히 부유한 소수만의 특권이었다. 왕정복고 때 전체 인구 2600만 명 중 14만 명이 유권자였는데, 7월 혁명 이후의 '7월 왕정'에서도 유권자는 고작 24만 1000명으로 늘었을 뿐이었다. 인구가 더 적은 영국[잉글랜드]도 1832년부터는 40만 명이 투표를 했는데 말이다. 루이 필리프는 이 미미한 투표권 확대가 과도한 민주주의와 왕권의 남용 사이의 "정확한 중용juste milieu"이라며 새 헌법을 옹호했다. 프랑수아 기조도 이러한 중용의 입장을 일컬어 "자유주의적이면서 보수주의적인 입장"이라고 표현했는데, 이 표현에 아무런 모순이 없다고 보았음이 분명하다.[4] 샤를 드 레뮈사Charles de Rémusat가 이 정부를 일컬어 귀족정과 민주정 모두로부터 안전한 거리를 두고 있는 "부르주아 정부"라고 표현한 것은 유명하다.[5]

하지만 더 좌파 성향의 자유주의자들은 새 체제가 또 다른 종류의 귀족정인 금권 귀족정에 불과하다고 보았다. 에티엔 카베Etienne Cabet 의원은 새 헌법이 부유한 특권 계급의 손에 권력을 쥐여주었으므로 전혀 자유주의적이지 않고 오히려 "비자유주의적"이라고 비판했는데, 이는 7월 혁명 직후에 새 정부를 열광적으로 지지했던 많은 이들의 실망과 분노를 잘 보여준다. 카베가 보기에 새로운 금권 귀족은 심지어 그들이 몰아낸 과거의 귀족보다도 이기적이고 혐오스러웠다.[6] 카베는 반역 혐의를 받아 코르시카에서 맡고 있던 공직에서 쫓겨났고 영국으로 몸을 피해야 했다.

분노한 몇몇 급진파 인사들은 군주정을 전복하고 보통선거에 기반한 공화정을 수립하자고 주장하기 시작했다. 이에 대해 자유주의 적임을 자처하는 7월 왕정 정부는 언론의 자유와 결사의 자유를 제한하는 법으로 대응했다. 1830년 7월부터 1832년 2월 사이에 정부가 신문사를 기소한 건수가 무려 400건이었고 1831년 4월에는 공공 집회를 엄격히 금지하는 법이 통과되었다. 1년 뒤에 공화정 지지자들이 그들의 지도자 중 한 명의 장례식을 계기로 파리에 모여 봉기를 일으키려 했을 때 자칭 자유주의적이라는 정부는 수도에 봉쇄령을 내렸다. 자신이 공화정을 지지한다고 밝히는 것도 이제는 불법이었다.

처음에 새 정부를 지지했던 많은 이들이 이제는 권력을 잡은 자유주의자들이 자유주의의 원칙을 배신하고 있다고 비판하게 되었다. 의회에서 뱅자맹 콩스탕도 깊은 실망을 표했고 라파예트도 항의의 표시로 시민방위군 장교직에서 물러났다. 새 정부에 합류했던 샤를 콩트와 샤를 뒤누아예도 공직을 포기했다. 아직 비교적 덜 알려진 인물이었던 알렉시 드 토크빌Alexis de Tocqueville은 미국으로 갔다. 토크빌도 처음에는 새 정부를 환영했지만 곧 매우 경멸하게 되었다.

자유주의자 중 개혁에 저항하는 분파가 보수 쪽으로 선회하는 것을 보고서 젊은 존 스튜어트 밀도 실망했다. 그는 10년 전에 파리를 방문해 정치경제학자 장바티스트 세의 집에 머문 적이 있었다. 훗날 그가 자서전에서 회고한 바에 따르면, 그는 그때 프랑스 자유주의 정당의 여러 인사들을 알게 되었고 "대륙의 자유주의에 대해 강하고 지속적인 관심을 갖게" 되었다.[7]

그래서 7월 혁명 소식을 듣자마자 파리로 달려왔고, 라파예트 등 운동파 자유주의자들과 교분을 쌓았다. 영국에 있던 아버지에게 보낸 편지를 보면 혁명이 너무나 빠르게 방향을 돌린 것에 그가 얼마나 실망했는지를 여실히 볼 수 있다. 새 정부는 진정한 개혁에 별로 관심이 없어 보였다. 그는 프랑스가 "돈이 중심인 … 협소한 과두제"가 되어가고 있다고 한탄했다.[8]

밀은 영국에 돌아와서도 프랑스에서 벌어지는 일들에 계속 관심을 가졌고 『이그재미너Examiner』에 일련의 글을 기고했다. 그는 프랑스의 새 지도자들이 현 상태를 유지하는 데만 관심이 있다며 그들을 "정체된 정당 사람들"이라고 불렀고 때로는 "**소위** 자유주의자들"이라고 불렀다.[9] 그들이 개혁, 특히 가난한 계층을 돕는 개혁을 반대하고 자신의 이해관계에만 관심이 있었기 때문이다. 즉 그들은 자유주의의 대의를 배신하고 있었다.

이러한 실망은 매우 깊고 널리 퍼져 있었다. 1831년이 되자 미국 언론은 환호했던 초기의 열의를 잃었고 프랑스의 자유주의 정부가 보수주의로 기울었다고 보도했다. 또한 더 많은 개혁을 원하는 사람과 그렇지 않은 사람 사이에 분열이 벌어져 "문제가 끓어오르고 있다"고도 전했다.[10] 독일계 이민자 프랜시스 리버Francis Lieber가 편찬하던 『아메리카나 백과사전Encyclopedia Americana』도 프랑스의 자유주의 정당에서 보수와 진보 간에 분열이 일어났다고 언급했다. 독일의 『정치 백과사전Staats-Lexikon』은 "자유주의" 항목에 무려 27쪽을 할애했는데 여기에도 프랑스의 상황에 대한 유감과 불쾌함이 드러나 있다. 이 사전에 따르면, 모든 자유주의 정부는 그 정의상 **운동**하는 정부여야 하고 자유주의자들은 특정한 당이나 특권 계급의 이해관계가 아니라 공공선을 촉진해야 하는데[11] 이 기준으로 볼 때 프랑스에서 현재 권력을 잡고 있는 자유주의자들은 더 이상 자유주의적이지 않았다.

민주주의에 대한 자유주의자들의 견해

이 시기 자유주의 진영의 분열을 생각할 때 '운동파 자유주의자들' 조차 오늘날 우리가 생각하는 개념의 민주주의에는 동의하지 않았음에 주의할 필요가 있다. 애초부터 자유주의자들은 대중들의 '역량 부족,' 즉 불합리하고 폭력적인 행동으로 치우치기 쉽고 자신에게 최선의 이익이 무엇인지도 잘 모르기 일쑤라는 점을 크게 우려했다. 대부분의 자유주의자들이 공무담임권과 투표권에는 엄격한 재산 기준이 적용되어야 한다고 생각했다. 개혁 성향의 자유주의자들은 재산 기준을 완화하고자 했지만 그들도 재산 기준을 없애야 한다고 생각한 것은 아니었다. 그들은 국민의 의지를 반영한다는 것이 꼭 국민에게 투표권을 주는 것을 의미하지는 않는다고 보았다.

독일의 한 자유주의자가 표현한 바를 빌리면, **"진정한 다수"**는 단순히 사람 수가 다수라는 것과는 다른 개념이었다.[12] 또 다른 자유주의자도 자유주의적인 정부와 국민투표로 구성되는 정부는 동의어가 아니라고 언급했다. 이들에게 법 앞의 평등이라는 개념과 보통선거를 구분하는 것은 매우 중요했다.

자유주의와 민주주의 모두 의미하는 바가 고정되어 있거나 합의되어 있지 않았으며 오늘날과 다른 의미로 사용되었기 때문에 둘의 관계를 제대로 파악하기가 더욱 어렵다. 그때는 '민주주의'가 꼭 보통선거 제도를 의미한 것은 아니었다. 민주주의는 시민적 평등을 인정하는 사회라든가, 계층의 이동이 현실적으로 가능한 사회와 같은 식으로 **사회의 유형**을 의미하는 것일 수도 있었다. 이러한 의미에서 당시에 유럽의 많은 자유주의자들이 민주주의를 받아들이고 심지어는 찬양하면서도 보통선거 제도는 반대할 수 있었다.

법 앞의 평등이라는 의미에서의 민주주의는 1789년 대혁명의 가장 자랑스러운 성취였다. 자유주의자 의원 루아예콜라르Pierre-Paul Royer-Collard가 1822년에 의회에서 "프랑스의 모든 곳에" 민주주의가 도래했다고 연설한 것이 바로 이러한 의미였다.[13] 오늘날에는 2600만 명 인구 중 14만 명만이 투표권을 가진 나라에서 이렇게 말했다는 게 앞뒤가 안 맞아 보일 수 있지만, 민주주의를 꼭 선거 제도를 의미하는 단어로만 여기지 않는다면 충분히 말이 되는 이야기다.

이 사실은 오늘날에는 이상하게 보이는 몇 가지 결합도 설명해 준다. 1825년에 토머스 제퍼슨은 자유주의자와 민주주의자를 거의 차이가 없는 것처럼 같은 범주로 이야기했다. 한 서신에서 그는 모든 국가에 존재하는 정치적 분열에 대해 이야기하면서 다음과 같이 설명했다. "한쪽에는 휘그, 리버럴, 민주주의자 들이 있습니다. 이 가운데 무엇으로 부르셔도 좋습니다. 그리고 다른 한쪽에는 토리, 굴종하는 자, 귀족 들이 있습니다." 제퍼슨에 따르면 "후자는 국민을 두려워해서 모든 권력을 사회의 상류층에 집중시키고 싶어 하는" 사람들이고 "전자는 궁극적으로 가장 안전하게 권력을 담지할 수 있는 존재가 국민이라고 보아서 국민을 소중히 여기고 국민에게 그들이 행사할 수 있는 역량만큼의 권력을 주어야 한다고 주장하는" 사람들이었다.[14] 제퍼슨이 여기에서 말하는 자유주의자와 민주주의자가 꼭 오늘날 우리가 생각하는 의미의 민주주의를 지지하는 사람인 것은 아니다. 그가 말한 "휘그, 리버럴, 민주주의자 들"은 국민에게 **그들이** 행사할 **수 있는 역량**만큼의 권력을 주고자 하는 사람들이었다. 그런데 그것이 정확히 얼마만큼인지, 그리고 그 권력이 정확히 어떤 종류의 권력인지는 설명되지 않았다.

또한 이 서신이 미국인에게 유럽의 정치를 설명하는 맥락에서 쓰인 것임을 염두에 둘 필요가 있다. 미국에서는 정치 용어로서 'liberal'이 쓰이는 경우가 아직 거의 없었다. 1831년 『아메리카나 백과사전』의 "liberal" 항목에는 정치적인 의미로 이 단어를 사용하는 새로운 용례가 프랑스에서 나왔다며, 이제 프랑스에서는 "리버럴"

이 "동등한 권리"와 "민주적 원칙들"을 지지하는 것을 의미한다고 설명되어 있다.[15] 하지만 "민주적 원칙"이 정확히 무엇인지는 설명되어 있지 않고, 이 백과사전에 "liberalism" 항목은 나와 있지 않다.

많은 면에서 7월 왕정의 상징과도 같은 인물인 자유주의 정치인 프랑수아 기조는 보통선거와 자유가 완전히 불합치하는 개념이라고 여겼다. 그는 1789년 프랑스 대혁명과 나폴레옹 체제를 염두에 두고서 보통선거 제도는 불가피하게 독재로 귀결된다고 보았다. 그렇지만 그는 세습 귀족의 손에 권력을 쥐여주는 것도 지지하지 않았고 중용을 주장했다. 그가 말한 중용은 재산을 소유한 중간 계급이 대의제를 통해 통치하는 제도를 의미했다. 당대의 많은 자유주의자들처럼 프랑수아 기조는 투표와 같이 중요한 일을 할 수 있는 사람으로서 신뢰를 얻는 데 필요한 교육, 판단력, 그리고 여유 시간이 있는 남성에게만 선거권이 주어져야 한다고 생각했다. 그는 민주주의를 사회의 한 유형을 의미하는 것으로서는 받아들일 수 있었지만 정치 제도로서는 받아들일 수 없었다.

민주주의에 대해 바로 이러한 논의가 이뤄지던 맥락에서 알렉시드 토크빌의 대작 『미국의 민주주의*Democracy in America*』가 나왔다. 이 책은 1835년에 출간되었고 대대적인 호평을 받았다. 1805년에 전통 있는 가톨릭 귀족 가문에서 태어난 토크빌은 젊은 시절에 법학을 공부해 22세에 지역 법원 판사가 되었다. 7월 혁명이 일어나자 처음에는 환호했지만 곧 미몽에서 깨어났고, 그래서 1831년에 미국을 다녀올 수 있게 해달라고 요청했다. 명목상으로는 미국의 행형 제도를 연구하기 위해서였다. 요청이 수락되자 토크빌은 행형 제도를 넘어서 더 광범위하게 미국을 알아볼 연구 기회로 삼았고 그 결과물이 『미국의 민주주의』다.

오늘날 자유주의의 위대한 고전으로 꼽히는 이 책은 프랑수아 기조의 중용 정부에 몇 가지 구체적인 조언을 하기 위해 집필되었다. 책에서 드러나듯이 토크빌도 (사회 유형을 의미하든 정치 제도를 의미하든 간에) 민주주의에 대해 보수 성향 자유주의자들이 가지고 있던 우려를 가지고 있었다. 그도 대중의 역량 부족을 걱정했다. 그는 특히 민주주의가 이기주의와 개인주의를 촉진하는 경향이 있다고 우려했다. "이기주의는 모든 미덕의 씨앗을 망가뜨리는 역병"이었다. 하지만 콩스탕처럼 토크빌도 평등을 향한 진전이 멈출 수 없는 추세라고 보았다. 그러므로 정치적 민주화는 "기정사실"이라고 보아야 했다.[16] 그렇다면, 할 수 있는 최선의 일은 이 불가피한 결과에 프랑스를 준비시키는 것이었다. 즉 대중이 역량을 갖추게 해야 했다.

프랑스가 민주주의에 준비되도록 만든다는 말은 토크빌이 미국에서 발견한 몇몇 정치 제도, 정책, 가치를 받아들여야 한다는 의미였다. 여기에는 탈중심적 행정, 결사의 자유, 정교분리 등이 포함되었는데, 이것들은 프랑수아 기조 정부가 완강히 저항하고 있는 개혁이었다. 토크빌은 몇몇 자유주의 정책들이 민주주의의 위험성을 중화해 없애거나 적어도 최소화함으로써 "민주주의를 교화하는 데" 필수적인 역할을 할 수 있으리라고 보았다. 자유주의자들은 민주주의를 멈추려고 노력할 게 아니라 길들이고 교화하려고 노력해야 했다. 그래야만 민주주의가 자유를 위협하지 않을 수 있고 나폴레옹 치하와 같은 압제로 퇴락하지 않을 수 있을 터였다.

토크빌은 『미국의 민주주의』로 일약 유명해졌고 1839년에 의원으로 선출되었다. 의회에서 토크빌은 그의 조언을 전혀 따르려 하지 않는 루이 필리프와 프랑수아 기조 정부에 맞서는 반대 진영이 되었다. 하지만 토크빌 본인은 이후 몇 년 동안 민주주의의 전망에 대해 점점 더 비관적인 쪽으로 기울게 된다.[17]

또다시 자유주의와 봉기

자유주의자들이 민주주의를 우려한 것은 대중의 폭력성에 대한 공포와 크게 관련이 있었다. 하지만 문헌들을 보면 자유주의자 중에 압제적인 정권을 몰아내기 위해 대중 봉기를 주장하는 사람도 계속 존재했음을 알 수 있다. 다수의 자유주의자들은 그들을 '극좌 자유주의자,' '격앙된 자유주의자,' '극단적 자유주의자'라고 부르면서 거리를 두려 했다.

1830년에 7월 혁명이 일어나자 이탈리아, 폴란드, 독일의 일부 자유주의자들은 자신들의 혁명에 프랑스 정부의 지원을 받을 수 있으리라고 기대했다. 하지만 라파예트 같은 자유주의자들이 열심히 로비를 했음에도 프랑스의 새 정부는 다른 나라의 기존 상태를 교란하는 일에 나서려 하지 않았다. 프랑스의 도움으로 입헌 군주제가 수립된 벨기에를 제외하면 프랑스의 중용 정부는 해외의 일에 개입하지 않으려 했고, 이탈리아, 폴란드, 독일에서의 봉기는 그 나라 정권에 의해 쉽게 진압되었다.

일부 자유주의자들은 지하로 들어가서 체제 전복을 계속 획책했다. 이탈리아의 혁명가 주세페 마치니Giuseppe Mazzini가 그러한 사람 중 한 명이다. 1805년에 제노바 공화국에서 태어난 마치니는 젊은 시절에 프리메이슨류의 비밀 조직인 카르보나리 일원이 되었다. 카르보나리는 유럽 전역에서 절대왕정을 전복하고 입헌 체제를 세우는 것을 주요 목적으로 활동하고 있었다. 1830년에 마치니와 동료 이탈리아 혁명가들은 프랑스의 도움을 기대했지만 아무 도움도 오지 않았다. 마치니는 체포되고 감옥에 갇혔다가 결국에는 망명했다. 런던으로 간 그는 유럽 전역의 반란 세력과 연대해 계속해서 봉기를 기획했다. 오늘날 마치니는 "자유주의적 국제주의"[18]의 개척자로 여겨지지만 당대의 자유주의자로서는 매우 특이한 축에 속했다. 그가 지지한 대중 봉기 전술과 민주주의 개념은 당대 대부분의 자유주의자들에게 거부되었다.

마치니 같은 급진 자유주의자들은 자유주의 원칙을 옹호하는 것과 봉기를 선동하는 것 사이에 아무런 상충도 느끼지 못했다. 자유주의의 기원 자체도 프랑스 대혁명 아닌가? 마치니와 비슷한 성향의 자유주의자들은 모든 자유주의자가 동일한 것을 위해 싸우는 한 가족이라고 생각했고 종종 기성 정부들에 협력을 구했다. 런던에서 마치니는 많은 자유주의자와 교분을 쌓았고 널리 존경받았다. 존 스튜어트 밀도 1837년에 마치니를 처음 만나고서 자신이 "가장 존경하는 인물 중 하나"라며 "모든 면에서 내가 아는 모든 외국인 중 가장 우월한 사람"이라고 언급했다.[19] 영국에서 마치니는 자유주의자들 사이에서뿐 아니라 더 폭넓은 사람들 사이에서도 널리 존경받았다. 윌리엄 글래드스턴의 전기 작가이자 동료 정치인인 존 몰리 John Morley(몰리 경)는 마치니가 "내가 아는 사람 중 도덕적으로 가장 인상적인 사람"이라며 마치니와 함께 있으면 "위대함에 압도"될 수밖에 없었다고 기록했다.[20]

하지만 마치니를 깊이 존경했다고 해서 자유주의자들이 꼭 마치니의 방법론에 동의했거나 마치니의 사상을 지지한 것은 아니었다. 당시에 대중 봉기 전술을 지지하는 사람은 매우 드물었다. 존 스튜어트 밀도 마치니에 대한 존경을 표하기는 했지만 "그가 취하고자 하는 활동 양식"은 좋아하지 않는다고 말했다.[21] 사실 다수의 자유주의자들은 마치니의 '과장된' 자유주의를 거부했다. 더 온건한 성향의 자유주의자들은 계속해서 진전해갈 수 있는 가장 좋은 방법은 기존의 유럽 정부들과 협력하면서 점진적으로 개혁을 하도록 압력을 가하는 것이라고 보았다. 이탈리아의 온건 자유주의자들은 사르데냐-피에몬테의 카를로 알베르토 국왕 같은 통치자에게, 심지어는 교황 비오 9세에게까지 희망을 걸었다. 비오 9세는 1846년에 교황이 된 직후에 자유주의적인 교황이라는 명성을 얻은 바 있었다.

독일 자유주의자들도 대부분은 봉기를 일으키려는 사람들과 거리를 두려 했음이 분명해 보인다. 앞에서 보았듯이 자유주의 성향의 교수 빌헬름 크루크는 1823년 저서 『과거와 현재의 자유주의에 대한 역사적 서술』에서 자유주의의 과장된 형태를 옹호하는 "소수의 멍청이"들을 조롱했다. 자유주의 신조들에 대해 믿을 만한 설명을 담고 있는 독일의 『정치 백과사전』도 "극단적인 자유주의자들"의 노선에 확실히 반대하면서 절제되고 점진적인 방식의 개혁을 지지하는 입장을 분명히 드러냈다.[22] 「서문」에서 밝히고 있듯이 『정치 백과사전』의 편찬 목적 자체가 합리적이고 성숙한 자유주의자들이라면 모두 동의할 수 있는 "제정신인" 정치사상을 육성하는 것이었다. 따라서 대중 봉기나 정치적 민주주의를 독려하는 것은 이 백과사전의 목적이 아니었던 게 명백하다. 크루크나 『정치 백과사전』 편찬자들 같은 독일 자유주의자들은 우파 극단주의와 좌파 극단주의 모두에, 즉 절대왕정주의와 급진주의 모두에 맞서고자 했다.

『정치 백과사전』의 "자유주의" 항목에 달린 긴 설명은 시사하는 바가 있다. 뷔르템베르크 출신의 자유주의 정치인이자 저널리스트이며 철학자인 파울 피처Paul Pfizer가 쓴 이 설명은 자유주의에 대한 우파의 공격에 강력하게 대응하고 있다. 이 글에 따르면 자유주의는 [우파로부터] 부당하게 비난을 받고 있었다. 피처는 자유주의자들이 정신 나가고 병폐에 찌들고 미친 사람들로, 또 폭력와 폭민 지배를 선동하는 사람들로 묘사되곤 하지만 이는 사실을 매우 왜곡한 것이라고 설명했다. 진정한 자유주의자는 급진주의, 폭력, 폭민 지배를 개탄스러워한다는 것이었다. 진정한 자유주의자들이 원하는 것은 입헌 정부와 대의제 정부를 향해 운동해가는 것이었다. 이들은 점진적인 개혁과 진보를 지향했고 너무 급격한 변화는 원하지 않았다. 요컨대 자유주의자들은 독일이 처한 상황에 적합한 개선을 위해 노력하는 사람들이었다.

이탈리아에서처럼 독일에서도 자유주의자들은 매우 어려운 상황에 처해 있었다. 통일된 국가가 없었고, 주요 제후국은 의회가 없거나 있다 해도 매우 제한적인 권력만 가지고 있었다. 대중은 정치적인 교육을 받지 못한 상태였다. 봉건적·군사적·관료적 특전들도 여전히 남아 있었다. 1832년부터는 무지막지한 반동적 조치인 카를스바트 칙령이 되살아나 있었다. 1840년에 왕위에 오른 프로이센 국왕 프리드리히 빌헬름 4세Friedrich Wilhelm IV는 자유주의를 병폐라고 규정하고, 자유주의적인 요구들 혹은 그의 표현으로 "프랑스식" 정부 형태는 어떤 것도 받아들이지 않겠노라고 선포했다. 그는 중세의 왕권신수설 개념을 되살리고 싶어 했다.

『정치 백과사전』 편찬자들은 독일 자유주의자들이 혁명을 원하는 것이 아니라고 언급함으로써 우파의 비판을 잠재우려 노력하는 한편으로, 자유주의자들을 온건주의의 깃발 아래 통합하고 싶어 했다. 피처는 과도한 행동을 자행하려는 일부 '극단적 자유주의자들'이 있긴 하지만 **진정한** 자유주의자는 혁명가가 아니라고 설명했다. 또한 혁명은 변화에 맞서 어리석은 저항을 하는 정부 때문에 촉발되는 경우가 많았다. 따라서 지배자들이 혁명을 피하고 싶다면 자유주의적인 개혁을 받아들여야 했다. 『정치 백과사전』은 토크빌과 크루크를 연상시키면서, 그것이 어쨌거나 섭리가 의지하는 바이기 때문에 자유주의의 추세를 멈출 수는 없다고 주장했다.

독일 자유주의자 대부분은 프랑스 대혁명이 연상시키곤 하는 폭력과 거리를 두려 했다. 그보다, 그들은 독일 자유주의가 영국을, 그리고 영국의 평화롭고 점진적인 정치 변화를 연상시키도록 하고 싶었다. 그들은 독일의 정치적 변화는 영국을 본받아 이뤄져야 하며 그것이 가능하다고 주장하기 위해 여러 시도를 했다. 그중 하나가 앵글로-색슨족 신화를 활용해 영국의 자유주의 정치 제도가 독일에 기원을 두고 있다고 말하는 것이었다.

영국의 정부 형태가 중세 초기에 잉글랜드로 넘어온 '올드-색슨 [작센]족'의 제도에 기원을 두고 있다는 이야기는 오래도록 전해져 내려왔지만 18세기와 19세기 초에 널리 퍼졌다. 영국 헌법을 매우 높이 평가했던 저명한 프랑스 철학자 몽테스키외는 영국 헌법의 기원을 독일의 숲에서 찾으면서 이를 뒷받침하기 위해 타키투스Publius Cornelius Tacitus의 『게르마니아Germania』를 인용했다. 마담 드 스탈도 『독일에 관하여De l'Allemagne』에서 고대 독일인의 독립성과 기백을 칭송했으며 영국 헌법이 이들에게 빚지고 있다고 언급했다. 영국에서도 영국의 정치 제도가 색슨 시절에 토대를 두고 있고 상당 부분 이 초창기 독일 부족 집단에 빚지고 있다는 것이 널리 통용되는 생각이었다.

따라서 19세기 독일 자유주의자들이 영국 헌법, 특히 그것이 (당시의 통념대로라면) 올드-색슨족의 제도를 반영하는 방식을 높이 산 것은 이상한 일이 아니었다. 슐레스비히-홀슈타인 출신의 자유주의자 달만Friedrich Christoph Dahlmann은 "상당히 많은 색슨족들이 자유에 대한 법적 개념을 확실하게 가지고 있었으며" 이들이 이 개념을 영국으로 가져와 영국 헌법에 그 개념들이 담길 수 있었다고 언급했다.[23] 따라서 독일 자유주의자들에게는 자유주의적 정부 원칙들을 독일에 도입하는 것이 지극히 자연스러운 일이 될 수 있었다. 그 원칙들이 바로 독일에 뿌리를 두고 있으니 말이다. 적어도 그들은 독일인들이 이렇게 믿기를 바랐다.

자유주의자들, '사회적 문제'에 직면하다

자유주의자들이 민주주의와 혁명을 두려워한 것은 이른바 '사회적 문제'에 대한 우려와도 관련이 있었다. 여기에서도 선도적인 나라는 프랑스였다. 1830년대와 1840년대에 파리는 급진주의자와 혁명주의자 들이 모여드는 곳이자 유럽의 몇몇 가장 발달된 사회주의 사상들이 생겨난 곳이었다. 카를 마르크스Karl Marx가 1843년 파리에 머문 것도(프랑수아 기조 정부에 의해 쫓겨나는 1845년까지 파리에 있었다) 우연이 아니었다. 파리에서 마르크스는 당대의 가장 급진적인 사상들을 접했다.

7월 왕정이 사회주의의 역사에서 차지하는 중요성은 자유주의 성향의 교수 로렌츠 폰 슈타인Lorenz von Stein이 1842년의 유명한 저서 『현대 프랑스의 사회주의와 공산주의Der Sozialismus und Kommunismus des heutigen Frankreich』에서 설명한 바 있다. 슐레스비히-홀슈타인 출생으로 사회학이라는 새로운 분야에서 저명한 학자가 된 슈타인은 학계의 논의에 '사회 운동'이라는 용어를 가져온 인물로 여겨진다. 그도 1841년부터 1842년까지 파리에 있었으므로 틀림없이 파리에서 벌어지던 정치 논쟁에서 영향을 받았을 것이다.

슈타인에 따르면 1830년 혁명은 인류 역사에서 거대한 분기점이었다. 이 혁명은 왕권신수설이라는 개념을 영원히 파괴했고 이것만으로도 위대한 한 걸음이었다. 문제는 혁명으로 권력을 갖게 된 자유주의자들의 이기심과 단견 때문에 의식화되고 정치 세력화되고 분노한 노동자 계급이 생겨난 것이었다. 그는 자유주의자들이 진지하게 개혁에 나서지 않는다면 또다시 혁명에 직면하게 될 것이라고 경고했다.

프랑스의 새 정부는 이러한 경고를 귀담아듣지 않았다. 1789년 대혁명 이래로 노동자 계급의 여건은 나빠지기만 했는데 새 정부는 노동자의 상황을 개선하기 위한 일을 거의 아무것도 하지 않았다. 혁명은 전통적으로 노동자들을 어느 정도 보호해주던 길드를 파괴했지만 고용주에 맞서 노동자들이 집단적으로 협상에 나설 수 있게 해줄 만한 새로운 형태의 노동자 조직은 전혀 허용하지 않았다. 나폴레옹 시절에 도입된 1810년 형법은 이를 어기면 매우 엄한 벌금을 부과했고 통행증livrets 제도를 도입해 당국이 노동자들의 이동을 감시할 수 있게 했다. 1827~1832년에는 불황으로 식품 가격이 급등했고 콜레라가 파리를 휩쓸었다. 이러한 여건에서 도시 인구가 급증하면서 노동자들은 한층 더 비참한 상황에 처했다. 극빈과 실업, 질병이 만연했다.

7월 혁명까지는 노동자들도 자유주의적인 대의에 동참했다. '영광의 3일' 동안 그들도 바리케이드를 치고 혁명에 나섰다. 이들은 이렇게 혁명에 결정적인 지원을 했으니 혁명 이후에 자유주의자들이 정권을 잡으면 노동자들을 돕기 위한 정책을 펴리라고 기대했다. 곧 새 정권이 수립되었고, 노동자들은 평화로운 시위로 요구 사항을 밝히고 정부에 대표단도 보냈다. 이들은 노동 시간 단축과 임금 인상, 그리고 생계를 위협하는 새 기계 도입 금지 등을 요구했다.

하지만 자유주의자들은 권력을 잡고 나자 노동자들의 요구에 거의 응답하지 않았다. 게다가 노동자들에 대해 훈계조로, 심지어는 경멸조로 말해 상황을 한층 더 악화시켰다. 이를테면 몇몇 자유주의 신문은 노동자들을 "야만인"이라고 부르면서 그들이 애처럼 행동한다고 비난했다. 또 "경제 법칙"을 가르치려 들기도 했다. 프랑수아 기조는 "사건의 일반적인 전개 과정에서 자본과 노동의 관계는 저절로 해소되게 되어 있다"며 산업의 자유에 개입하는 것은 효과가 없거나 오히려 해를 끼칠 수 있다고 언급했다.[24]

어떤 자유주의자들은 가난한 사람들을 돕기 위한 정부 프로그램이 게으름을 양산하게 될 것이라고 주장했다. 그들에 따르면, 임금을 올리거나 노동 조건을 개선한다고 해도 아무것도 향상되지 않을 것이고 노동자들이 마땅히 배워야 할 올바른 가치와 습관의 발달을 가로막기만 할 것이었다. 종종 이러한 논의는 술이나 매매춘에 돈을 다 써버리고 가족을 위해서는 돈을 쓰지 않는 등 노동자들이 나태하고 퇴락한 것이 문제라고 규정했다. 따라서 노동자들을 돕기 위한 정부의 개입은 최대한 피해야 했다. 그러한 개입은 상황을 악화시키기만 할 것이고, 노동자들이 마치 그것이 자신의 '권리'라는 듯이 도움을 요구할지도 몰랐다.

게다가 정권을 잡은 자유주의자들은 경제에 개입을 하긴 했는데, 자기 자신과 자신이 속한 계급을 위해서만 선택적으로 개입했다. 즉 새 정부는 노동자들에 맞서서 고용주를 지원했고 반복적으로 시위와 파업을 무력 진압했다. 또 정부 비판을 검열했고 정치적 반대자들을 박해하고 추방했다. 가난한 사람들이 부담을 더 지는 방식으로 세금을 부과했고 부유한 제조업자와 토지 소유자에게 유리한 고관세 체제를 유지했다. 7월 왕정기에 통과된 법 중에서 사회적인 목적을 명시적으로 표방한 법은 8세 이하 아동의 노동과 13세 이하 아동의 야간 노동을 금지한 1841년의 아동노동금지법이 유일했는데, 이 법은 잘 지켜지지 않았다.

7월 왕정 동안 파업은 불법이었지만 자주 일어났다. 1831년에는 임금이 줄어 절박한 상황에 내몰린 리옹의 견방직 노동자들이 저항에 나섰다. 이들은 경제적 요구와 함께 정치적 요구도 내걸었고 공화주의적인 슬로건을 외쳤으나 폭력 진압에 맞닥뜨렸다. 정부는 질서를 복원하기 위해서라며 군을 보내 파업을 무력 진압했다. 1834년에 리옹에서 열린 또 다른 파업에서는 대치가 한층 더 격화되었다. 이틀 동안의 싸움에서 거의 300명이 목숨을 잃었고 수백 명의 파업 지도자가 재판에 넘겨져 유죄를 선고받거나 망명했다.

자신이 세운 자유주의 정부로부터 모욕과 배신을 당하고 법으로 결사의 자유를 금지당한 노동자들은 비밀리에 모이기 시작했고 신문도 창간했다. 1839년부터 1840년 사이에 루이 블랑Louis Blanc의 『노동의 조직L'Organization du Travail』, 피에르 르루Pierre Leroux의 『인류에 관하여De l'humanité』, 피에르 조제프 프루동Pierre Joseph Proudhon의 『소유란 무엇인가Qu'est ce que la propriété?』, 에티엔 카베의 『이카리아로의 항해Voyage en Icarie』 등 몇몇 굵직한 사회주의 저술도 나왔다. 파리에 있던 시절에 마르크스는 이러한 저술들을 접했다.

이러한 맥락에서 '사회주의자'라는 용어가 도입되고 확산되었다. 원래 이 단어는 노동하는 빈곤 대중의 고통에 공감하는 사람을 느슨하게 일컫는 말로 쓰였다. '마르크스주의'라는 용어가 나타나는 것은 몇 년이나 더 뒤의 일이고, 이 당시에는 자유주의적이라는 것과 사회주의적이라는 것이 꼭 상충하지는 않았다. 사회주의라는 단어는 영국에서 나온 것으로 보이며, 영국의 부유한 산업가이자 개혁가이던 로버트 오언Robert Owen이 이 단어의 기원과 관련 있는 것으로 보인다. 1815년부터 오언은 가난한 사람들에게 아주 큰 어려움을 야기하는 현행 체제를 대체할 새로운 "사회적 체제"에 대해 글을 썼다.

오언은 자신의 사회주의 사상이 "진정으로 자유주의적"이라고 믿었다. 너그럽고 계몽된, 그리고 공공선을 향상시키기 위해 고안된 개념들이었기 때문이다. 그는 "폭넓고 자유주의적인 사고 습관"을 가진 사람들에게 자신의 사회주의 사상을 설득할 수 있기를 바랐다.[25] 그를 따르는 사람들도 자신을 "서로 다른 계급과 정당에서 자유주의적인 정신을 가진 사람들"이라고 묘사했고, 노동자들에게 공감하고 노동자들을 돕고자 하는 것이 사회주의라고 보았으므로 자신이 자유주의자이면서 동시에 사회주의자인 것이 전적으로 자연스럽고 논리적인 일이라고 생각했다.[26]

하지만 7월 왕정 시기에 모든 것이 달라졌다. 사방에서 자유주의자들이란 구제 불능으로 이기적인 존재라는 비난이 일었다. 자유주의자들은 자기 계급의 이익만 신경 쓸 뿐 가난한 사람들에게는 관심이 없고 동등한 권리, 자유, 개혁 등에 대해 연설하는 데만 능했지 실제로는 "말장난"만 하고 있을 뿐이라고 비난받았다.

비판하는 사람들이 보기에 자유주의자들은 너그럽지도 않았고 고통에 공감하지도 않았다.[27] 한 비판자가 쓴 글에 따르면 그들이 추구하는 정책은 겉모습만 자유주의적일 뿐 실제로는 "살인적"이었다.[28] 소수의 부유한 사람들만 더 부유해졌고 나머지 사람들의 삶은 "사회의 지옥"에 빠져 있었다.[29] 어떤 이들은 자유주의자들이 자신들의 목적은 이미 달성했다고 말하기 시작했다. 그들의 목적은 구제도를 무너뜨리는 것이었을 뿐 프랑스가 겪고 있는 문제들에 대해서는 아무런 해법도 제시한 것이 없다고 말이다.

곧 마르크스의 가까운 친구이자 동료인 프리드리히 엥겔스Fried-rich Engels가 슈타인의 자유주의 비판을 한층 더 확대했다. 1844년 『독불 연보Deutsch-Französische Jahrbücher』에 게재한 글에서 그는 자유주의의 "가짜 자선"과 "가짜 휴머니즘"을 격렬히 비난하면서 자유주의를 뻔뻔한 위선이라고 칭했다.[30] 1845년에는 맨체스터에서 직접 목격한 내용을 토대로 『영국 노동자 계급의 상태Die Lage der arbeitenden Klasse in England』를 펴냈다. 엥겔스가 보기에 프랑스 자유주의자들뿐 아니라 영국 자유주의자들도 혐오스럽기는 마찬가지였다. 영국 자유주의자들은 마음이 좁고 단견이고 이기적이었다. 그들 때문에 노동자들은 짐승처럼 취급받고 있었고 어느 면에서는 노예보다도 못한 상태에 처해 있었다. 엥겔스는 자유주의 정부 체제가 만인의 만인에 대한 전쟁을 정당화했고 여기에서 이득을 얻는 것은 오직 자유주의자들뿐이라고 지적했다.

엥겔스는 영국과 프랑스에서 일어난 일이 곧 독일에도 나타날 것이라고 예견했다. 사회 체제가 본질적으로 동일했기 때문이다. 3년 뒤 엥겔스는 마르크스와 함께 쓴 유명한 『공산당 선언Manifest der Kommunistischen Partei』에서 다가올 혁명을 예고했다. 이 책의 도입부는 프랑스의 자유주의 정치인 프랑수아 기조를 신랄하게 비판하는데,

그즈음이면 프랑수아 기조는 마르크스와 엥겔스가 타도하고자 하는 자유주의의 상징과도 같은 존재였다. 『공산당 선언』은 1848년 혁명 직전에 런던에서 출간되었다.

자유방임과 자유주의

사회주의자들이 자유주의를 비난했다고 해서 19세기 중반의 자유주의 사상가 모두가 자유방임을 지지했거나 정부가 엄격하게 방임주의적인 정책을 펴야 한다고 주장했으리라 짐작하면 안 된다. 경제를 성장시키고 '극빈곤pauperism'* 문제를 해결하기에 어떤 정책이 가장 좋을지를 두고 유럽 전역과 아메리카 여러 지역의 자유주의자들은 의견이 분분했다. 'pauperism'은 이 시기에 영국에서 들어온 새 단어였다.[3] 경제에 대한 자유주의자들의 입장은 전혀 하나로 통일되어 있지 않았다.

어떤 자유주의자들은 식품 가격을 낮추는 것이 노동자를 돕는 가장 좋은 방법이라고 보았다. 영국에서 이러한 견해를 가진 자유주의자들은 1830년대와 1840년대에 곡물법 폐지를 요구했다. 나폴레옹 전쟁 말기에 부과된 수입 곡물 관세를 없애자는 것이었다. 이 관세법에 따라 외국산 밀은 국내산 밀 가격이 어느 수준에 도달하

---

*　구호가 필요할 만큼 빈곤한 상태.

기 전까지는 수입이 금지되어 있었다. 비슷한 시기에 통과된 프랑스의 곡물법과 마찬가지로, 영국 곡물법도 토지를 소유한 지배층과 귀족 계층의 이익에 부합했고 가난한 사람들에게는 고통을 야기한다고 여겨지고 있었다.

프랑스의 자유무역주의자들은 새로 들어선 정부가 관세를 낮추려는 노력을 거의 하지 않는 것에 실망했다. 이들은 "**소위** 자유주의 정당"이 자유주의 원칙에 상충하는 방식으로 행동하고 있다고 비난하면서 정부에 압력을 넣기 위해 맹렬히 노력했다.[32] 이들은 1842년에 정치경제학회Société d'Economie Politique를 창설하고 『경제학자 저널Journal des économistes』을 창간해 "진정으로 자유주의적인 법제," 특히 "더 자유주의적인 상업 시스템"을 강하게 촉구했다.[33] "진정으로 자유주의적인 법제"가 무엇인지가 논쟁이 되었다는 사실 자체가 자유주의 진영 내에 첨예한 의견 차이가 존재했다는 명백한 증거다.

프랑스 자유무역주의자들 중 가장 정교하게 이론을 개진한 사람으로 프레데리크 바스티아Frédéric Bastiat를 꼽을 수 있다. 오늘날 바스티아는 미국의 자유 지상주의자들에게 '고전 자유주의'를 강력하게 주창한 이론가로 칭송받는다. 하지만 당시에 그의 견해는 소수에 속했고 자유주의적인 정부가 그의 사상을 정책에 반영하게 하는 데는 거의 성공하지 못했다. 또한 당시에는 아직 그런 개념이 없었으므로 그는 스스로를 '고전 자유주의'의 창시자나 옹호자라고 생각하지 않았다.

프랑스 남부의 저명한 기업가 집안에서 태어난 바스티아는 1830

년 혁명 이후 활발한 정치 활동을 벌였다. 그러다가 1844년에『경제학자 저널』에 첫 논문을 내놓으면서 경제학자로서 대중에게 이름을 알리기 시작했으며 그 이후로 아마도 유럽에서 가장 유명하고 확실히 가장 열렬한 자유방임 주창자가 되었다. 그가 쓴 더 유명한 저술로는 1846년에 출간된『경제적 궤변*Sophismes économiques*』이 있는데, 여기에는 "양초 제조자의 청원"이라고 알려진 풍자 우화가 나온다. 이 우화에서 양초 제조자들은 자신의 제품과 불공정하게 경쟁하고 있는 태양을 막아달라며 정부에 청원을 낸다.

바스티아는 1840년대 초에 영국의 반곡물법동맹Anti-Corn Law League을 알게 되면서 정치에 입문했다. 1838년 맨체스터의 상인 다수가 모여 자유무역주의자 모임인 반곡물법동맹을 결성하고 유권자들에게 자유무역의 장점을 알리기 위해 맹렬한 홍보 활동을 전개했다. 이 가운데 많은 이들이 애덤 스미스의 사도를 자처했다. 이들은 영국 전역에 '스미스 학회'를 만들자고 촉구했고, 자신들의 의제를 뒷받침하기 위해 종종 스미스의 저술에서 이런저런 부분들을 가져와 인용했다. 그들은 이러한 학회가 "자유주의적이고 정의로운 정치학 견해를 전파하는 데" 기여할 수 있으리라고 기대했다.[34] 이들의 로비와 홍보 활동으로 애덤 스미스의 메시지가 널리 퍼지긴 했지만 앞뒤가 잘리고 왜곡되기도 했다. 그 바람에 스미스는 마치 다른 이야기는 하나도 하지 않은 것처럼 극단적인 자유방임을 옹호하는 학자로 여겨지게 된다. 물론 우리가 알고 있듯이 이것은 전혀 사실이 아니다.

바스티아는 영국을 방문하고 반곡물법동맹에서 환대를 받았다.

프랑스에 돌아온 뒤 첫 저서 『코브던과 동맹Cobden et la ligue』을 썼고 프랑스에서 가장 열렬한 자유무역 지지자가 되었으며 더 많은 저술을 펴냈다. 1846년에는 '자유무역협회Association pour la liberté des échanges'를 설립했는데, 장바티스트 세의 아들 오라스 세Horace Say, 샤를 뒤누아예 등도 참여했다. 또한 바스티아는 전국 곳곳을 돌면서 자유방임의 이득을 설파하는 연설을 했다.

하지만 자유무역주의자들은 결국 성공하지 못했다. 자유주의 정치인들은 자유주의 정치경제학자들의 이야기를 듣지 않았고, 무엇이 자유주의적인 경제 정책인지에 대한 정치경제학자들의 견해에 동의하지 않았다. 상무장관 아돌프 티에르는 바스티아의 **"소위** 자유주의적"인 사상[35]을 조롱하면서, "상업의 자유는 책 안에 머물러 있어야 할 이론이고 정책은 현실에 토대를 두고 결정되어야 한다"고 주장했다.[36] 그에 따르면 보호무역을 지지할 것이냐 아니냐는 구체적인 상황에 따라 결정할 문제이고 추상적인 이론은 현실에서 거의 의미가 없었다. 프랑스의 많은 자유주의자들이 그렇게 생각했다. 이들의 논지 중 하나는 영국이 프랑스가 복제할 수 없는 경제적 우위를 가지고 있으므로 보호 관세 없이 프랑스 제조업을 영국과 경쟁하도록 내몰면 프랑스 산업이 붕괴하고 대대적인 실업이 발생할 수 있다는 것이었다. 이들에 따르면 자유무역 지지자들의 **"소위 자유주의적인"** 개념은 프랑스 노동자들에게 도움은커녕 해를 끼칠 가능성이 컸다.

여기에 밀리지 않고 프랑스의 자유무역론자들은 자유무역 개념에 더 교조적으로 집착했다. 뒤누아예는 교육, 공공사업, 우편 서비스, 심지어는 아동노동 규제에 대해서까지 정부의 개입을 반대했다. 그는 국가의 역할 중 정당성을 갖는 유일한 역할은 국내외의 치안과 안보뿐이라고 보았다. 바스티아는 뒤누아예보다 아주 약간만 덜 극단적이었다. 선거에 나선 그는 "자유주의"란 정부 기능을 최대한 좁은 범위로 제한하기 위해 싸우는 것이라고 주장했다.[37] 그가 보기에는 자유방임을 엄격하게 고수하는 것이 가장 좋은 정책이었다.

점점 더 스스로를 '사회주의자'라고 부르기 시작한 비판자들은, 보수주의자들이 그랬던 것처럼 '자유주의'라는 용어를 써서 자유주의자들을 비난했다. 좌우의 비판자 모두가 자유주의라는 말을 자유방임과 같은 의미로 사용했다. 이를테면 루이 블랑 같은 사회주의자들은 "자유주의의 협소하고 무정부주의적인 원칙"과 "자유방임의 교리"를 비판했다.[38] 그는 훗날 마르크스가 할 말을 예견이라도 한 것처럼 자유주의가 부르주아 계급이 가진 정치권력의 반영일 뿐이라고 지적했다.[39] 극빈곤을 불러온 치명적인 경제 정책들을 지칭한 말이었다. 극빈곤 현상의 책임은 애덤 스미스의 프랑스 사도를 자처하며 개인의 이기심이 모든 것을 지배해야 한다고 본 프랑스 자유주의자들에게 있었다.

1848년 혁명 직전 무렵 자유주의는 좌우 모두에서 동일한 이유로, 즉 이기적이고 비도덕적이고 무정부주의적인 원칙이고 사회적 응집을 해체하며 사회가 소수의 특권 계층에게만 유리한 방식으로 돌아가게 만든다는 이유로 비난받았다. 자유주의라는 단어가 이렇게 부정적인 함의를 가지고 있었다는 점은 정작 자유주의자들 본인은 자유주의라는 단어를 거의 사용하지 않았던 한 이유일 것이다.

정부가 수행해야 할 여러 가지 필수 기능

사회주의자들이 자유주의자들에 대해 자유방임을 주장하고 노동자에게는 관심이 없다고 비난했을 때, 이 비난은 정확하지도 않았고 공정하지도 않았다. 유럽의 자유주의자들은 자유방임에 대해 의견이 일치하지 않았고 교조적으로 자유방임을 지지하는 사람은 거의 없었다. 사회주의 세력과 반동 세력 모두가 다양한 스펙트럼의 리버럴들을 뭉뚱그려 '자유주의'를 지지한다고 비난했지만, 정작 리버럴들은 **진정한** 자유주의란 무엇이어야 하는가를 두고 의견이 분분했다. 7월 왕정 동안 산업화와 도시화가 유발하는 심각한 문제들이 점점 더 가시적으로 드러나면서 정부 개입의 필요성을 주장하는 자유주의자들이 많아지기 시작했다. 실제로 당시에 프랑스, 영국, 독일의 자유주의자들이 자유주의자가 된다는 것과 이런저런 유형의 정부 개입을 옹호하는 것 사이에 아무런 모순이 없다고 보았다는 증거를 많은 문헌에서 찾아볼 수 있다. 19세기가 자유방임의 전성기였다는 개념은 지나친 단순화이며 역사적 사실을 왜곡한 것이다.

예를 들어 토크빌을 보자. 그는 정부 개입을 깊이 고민했고 이에 대해 견해가 늘 일관적이지는 않았다. 정치경제에 대한 그의 논의들은 다소 모호하며 상충하는 경우도 있다. 그는 『미국의 민주주의』 집필을 시작하고 얼마 뒤에 영국을 방문했는데, 이때 맨체스터에서 노동자 계급 거주 지역을 보게 되었다. 그는 수많은 도시 빈민의 존재에 크게 놀랐고 이는 『빈곤에 관하여*Mémoire sur le paupérisme*』의 집필로 이어졌다. 많은 자유주의자들이 그랬듯이 토크빌도 구빈법 같은 제도가 의도치 않게 가난한 사람들의 노동 의욕을 꺾고 게으름을 촉진하는 결과를 가져올 것이며, 그러면 범죄와 부도덕한 행위를 불러일으킬 수 있다고 우려했다. 그는 '법제화된 자선,' 즉 국가가 지원하는 공공 보조 프로그램을 비판했다. 하지만 몇몇 종류의 프로그램, 가령 노인, 정신 장애인, 병자 등을 위한 공공 보조 프로그램이 필요하다는 개념은 받아들였다.

몇 년 뒤 『미국의 민주주의』 2판(1840)에서는 가난한 사람들을 위한 정부 개입이 더 필요하다고 주장했다. 이제 그는 민간의 자선만으로는 충분하지 않고 "공공의 자선"이 필요하다고 보았다. 토크빌은 "산업 귀족"의 등장을 우려했다. 노동자 계급은 비인간적인 여건에 처해서 생명력을 잃어가는 반면 공장주들은 한계를 모르고 부유해지고 강력해지고 더 오만해지고 있었다. 그는 공장주가 "점점 더 거대한 제국의 행정가" 같아지는 반면에 노동자들은 "짐승이나 다름없는" 상태로 떨어졌다고 지적했다. 토크빌은 산업화와 공장 내 분업이 야기한 고통스러운 결과 때문에 이제는 노동자들에게 "입법가들이 특별한 관심"을 기울일 필요가 있다고 주장했다. 정부는 "영유아의 무력함, 그리고 노인, 병자, 정신 장애자가 처한 비참한 상태"와 같은 만성적인 문제를 다루어야 하며 "공공 재앙의 시기"에는 도움을 제공해야 했다. 그는 "중앙 권력이 민주적인 국민들을 더 강해지고 활발해지도록 이끄는 것"은 "필요할 뿐만 아니라 바람직하다"고 주장했다. 여기에 "국민을 나약하거나 나태하게 만들지도 모른다는 문제는 존재하지 않으며 유일하게 신경 써야 할 문제는 어떻게 공공 프로그램이 남용되지 않게 할 것인가 뿐"이었다.[40]

영국에서도 개혁적인 의원들 사이에 자유방임과 정부 개입을 두고 여러 의견이 존재했다. 오늘은 이런 종류의 개입을 주장하다가 내일은 다른 종류의 개입을 주장하는 식으로 같은 사람의 의견이 달라지기도 했다. 또 무언가 이례적인 상황이 발생했을 경우(가령 어느 지역에서 경제 불황이 너무 심해져 그대로 둘 수는 없는데 해당 지방 정부가 그 문제를 다룰 능력이나 의지가 없는 경우) 이들은 종종 의회가 개입해야 한다고 주장했다.

이는 후대의 연구자들이 존 스튜어트 밀의 성향을 어떻게 분류할지를 놓고 곤란해한 이유를 설명해준다. 어떤 연구자는 밀을 자유주의자라고 보고 어떤 연구자는 사회주의자라고 보는데, 사실 국가 개입에 대해서라면 밀의 사상은 당대의 자유주의자들과 다르지 않았다. 밀은 이데올로기나 도그마에 경도되지 않은 실용적 자유주의를 보여주는 완벽한 사례라고 볼 수 있고, 19세기에는 이것이 다수 자유주의자들의 입장이었다. 19세기 중반에는 자유주의자이면서 동시에 사회주의자인 것이 가능했다.

『정치경제학 원리*The Principles of Political Economy*』를 출간했을 무렵이면 밀은 철학자로서 상당한 명성을 얻고 있었다. 1843년 저서『논리학 체계*A System of Logic*』는 이미 중요한 저서로 자리 잡은 상태였고『정치경제학 원리』의 영향력도 그에 못지않았다. 1848년 4월에 출간되고 1년 만에 초판이 다 팔려서 1849년에 2판이 나왔고 미국과 영국 대학에서 교재로 널리 쓰이면서 다섯 판이 더 나왔다. 1865년에는 염가판도 나왔는데 이것은 1만 부가 넘게 팔렸다.[41]

밀은 정부가 수행해야 할 여러 가지 필수 기능이 있다고 언급했다. 그는 "일반적으로" 자유방임을 지지하지만 "공공선" 혹은 "공공의 이익을 위해" 예외가 필요할 때가 종종 있다고 인정했다. 이를테면 정부는 역량이 부족한 사람들을 보호해야 했다. 숲과 물, 그리고 지표와 지하에 있는 모든 자원을 보호하기 위한 규제를 마련해야 했다. 화폐 주조, 도량형 표준화, 항구의 건설과 개선, 등대의 건설 등도 정부의 합당한 역할이라고 볼 수 있을 터였다. 의무적인 공교육을 제공하는 것도 정부의 역할이었다. 정부가 해야 할 필수 기능의 목록은 "무한히 길어질 수" 있었다.[42]

자유주의 매체 『에든버러 리뷰』와 『웨스트민스터 리뷰*Westminster Review*』는 시장을 믿어야 한다면서도 경제에 새로운 규제들을 도입하는 것 또한 옹호했고 규제의 필요성을 점점 더 많이 받아들이게 되었다. 저명한 정치경제학자 존 매컬러John McCulloch는 『웨스트민스터 리뷰』에 게재한 글에서 아동노동법뿐 아니라 빈민 구호, 정부보조 토지 개혁, 공교육 등을 위한 법률도 옹호했다.[43] 그는 "정부의 목적은 자유가 아니라 공공의 번영과 행복의 증대"이며 "자유는 그러한 목적을 달성할 수 있는 한에서만 가치가 있다"고 말했다.[44] 『웨스트민스터 리뷰』에는 경찰 개혁, 공장법, 탄광의 노동 여건 규제, 학교 보조, 정신 병원 규제 등에 대한 글이 실렸고 이런 글에서 정부는 선한 일의 도구라고 이야기되었다. 『타임스*The Times*』는 "공동체의 일반적인 이득을 위해 필요한 경우에는" 의회가 개인의 권리에 개입할 권한이 있을 뿐 아니라 개입해야 할 **의무**도 있다고 언급했다.[45] 이러한 논리를 근거로 많은 의원이 정부 개입을 승인하는 법안들에 계속해서 표를 던졌다. 구체적으로 언제, 어떻게 개입해야 하는가는 사안에 따라 실용적으로 정해졌다.

이 시기 미국의 대표적인 자유방임주의자로는 윌리엄 레깃William Leggett이 있다. 제약 없는 시장에 대한 그의 믿음은 확실히 극단적이었다. 레깃은 공동체의 이익은 언제나 "자연의 단순한 질서"에 의존할 때 가장 잘 달성될 수 있다고 보았다. 따라서 가장 효과적인 정부 정책은 "자유롭게 내버려두라는 원칙"을 지키는 정책, 즉 개인들 사이의 자유로운 경쟁을 허용하고 정부의 개입을 최대한 제한하는 정책이었다.[46]

하지만 다른 나라들에서도 그랬듯이 또 다른 저명한 저술가들이 이 개념을 반박했다. 『아메리카나 백과사전』의 편찬자이자 존경받는 정치경제학 교수 프랜시스 리버는 바스티아의 사상에 정통한 사람이었고 바스티아의 저술을 영어로 번역하기도 했다. 하지만 그와 동시에 "인간 역량의 완전한 발달"에는 강한 국가가 "필수적"이고 국가의 목적이 "인간과 사회의 가장 높은 목적"을 추구하는 것이라고 주장하는 것이 모순이라고 보지 않았다.[47] 그는 "일반적으로 말해서 국가의 목적은" "방해물을 제거하거나 직접적인 지원을 함으로써 사회가 최고로 높은 수준의 문명을 달성하도록, 즉 최고로 높은 수준의 인간 발달을 이루도록 돕는 것"이라고 주장했다.[48]

이 모든 문헌들이 19세기에 '고전 자유주의'가 지배적인 이론이 아니었음을 말해준다. 사실 오늘날 자유주의 논의에서 그토록 핵심적인 고전 자유주의 개념은 이 시기에 실질적으로 존재했던 적이 없다. 자유주의자들의 경제적 견해는 스펙트럼이 매우 다양했고 종종 상충했으며 그들은 경제 정책과 관련해 자유주의라는 용어를 거의 사용하지 않았다.

이 사실을 염두에 두는 것은 독일의 자유주의를 고찰할 때 특히 유용하다. 오늘날 독일은 자유주의 전통의 아웃사이더로 취급되곤 하는데, 이는 독일 자유주의가 국가주의를 의미한다고 여겨지기 때문인 면이 크다. 하지만 독일 자유주의자들도 유럽 다른 나라의 자유주의자들과 그리 다르지 않았다. 즉 그들도 경제 정책과 정부 개입에 대해 매우 다양한 의견을 가지고 있었다. 어느 경우에는 자유방임을 옹호했고 어느 경우에는 옹호하지 않았다. 자유무역론자도 있었고 보호무역론자도 있었다. 무엇보다, 대부분은 경제 정책이 해당 상황에 관련된 것이어야 하고 그 구체적인 상황에 맞게 적용되어야 한다고 보았다.

또한 여느 곳의 자유주의자들과 마찬가지로 독일 자유주의자들도 '사회적 문제'를 우려했다. 여기에서도 엄격한 자유방임을 옹호한 사람은 특이한 소수였다. 독일 자유주의자들은 영국 노동자 계급의 비참한 상황을 알고 있었고 프랑스에서도 그러한 상황이 확산되고 있다는 것 역시 알고 있었다. 1830년대 무렵이면 독일에서도 산업화의 영향이 가시적으로 드러나고 있었고 많은 이들이 독일의 빈곤층 확산 위기를 경고하기 시작했다. 슈타인의 『현대 프랑스의 사회주의와 공산주의』가 나온 것이 바로 이러한 맥락하에서였다. 독일 자유주의자들에게 이러한 문제를 경고하는 것이 그가 이 책을 집필한 이유였다.

독일에서 자유방임을 주창한 사람으로는 존 프린스 스미스John Prince Smith를 들 수 있다. 영국인 부모에게서 태어나 프로이센으로 귀화한 사람으로, 1831년에 프로이센 동부로 이주해 독일 자유무역 운동의 주요 인물이 되었다. 그는 바스티아의 추종자였고 독일에서도 영국의 반곡물법동맹과 비슷한 것을 만들고 싶어 했다. 그의 경력 상당 부분이 독일 자유주의자들에게 자유무역의 장점을 알리려는 목표와 관련되어 있었다. 그 밖에 카를 하인리히 라우Karl Heinrich Rau와 다비트 한제만David Hansemann도 독일의 열렬한 자유무역 지지자였다.

하지만 독일 자유주의자 대부분은 극단적인 자유방임 개념을 지지하지 않았다. 오늘날 우리가 자유방임 경제라고 부르는 것을 그들은 "스미스주의," "맨체스터주의," "유사 자유 체제"와 같은 말로 표현했는데, 이는 조롱의 의미를 담은 표현이었다.[49] 『정치 백과사전』의 창간인 중 한 명이자 1830~1831년에 파리에 머문 자유주의자 프리드리히 리스트Friedrich List는 자유방임과 자유무역 경제가 "개인주의Individualismus," 즉 이기주의에 불과하며 개인의 부를 위해 국가 공동체의 후생을 희생시킨다고 비판했다.[50]

경제 정책에 대한 『정치 백과사전』의 설명에는 섬세하면서도 종종 모호하고 때로는 상충하는 견해들이 드러나 있다. 정치경제학 교수 로베르트 폰 몰Robert von Mohl은 "자유방임, 자유통행 개념을 오해하지 말아야 한다"며 "엉뚱한 개입을 하는 것과 필요한 곳에 도움을 주는 것은 다르기 때문"이라고 설명했다.[51] 그는 "전체 공동체의 더 높은 목적을 위한 개입일 경우"에는 자유를 제약하는 것에 전혀 문제가 없다고 주장했다. 이어서 몰은 노동자 교육을 위한 학교, 보험, 저금리 대출, 정부가 지원하는 저축 은행, 자선 조직 등 받아들일 수 있는 정부 개입의 기다란 목록을 제시했다. 또한 정부가 아동노동과 과도한 장시간 노동을 금지해야 하며, 최저임금을 설정하는 것도 합당한 일일 수 있다고 주장했다.[52]

또한 독일 자유주의자들은 재산권이 신성하거나 양도 불가능한 것이라고 생각하지도 않았다. 카를 폰 로테크Karl von Rotteck는 "재산 Eigenthum"에 대한 글에서 재산권은 옹호했지만 "기업의 제약 없는 자유"는 인정하지 않았다. 그는 그러한 자유가 "만인에 대한 만인의 전쟁"과 다름없다고 보았다. 독일의 많은 자유주의자들처럼 로테크도 "추한 금권 귀족"의 손에 부가 집중되는 것을 혐오했다. 따라서 교역과 산업을 규제하는 법을 지지했고 국가가 가난한 사람들을 도울 의무가 있다고 주장했다.[53]

요컨대 영국, 프랑스, 독일 모두에서 19세기 자유주의자 다수는 정부의 개입을 강하게 반대하는 입장이 아니었고 재산권이 절대적으로 수호되어야 하는 권리라는 개념을 지지하지도 않았다. 개인이 각자의 이기심을 좇으면 부의 건전한 분배와 사회적 조화가 자동적으로 달성되리라고 믿지도 않았다. 오히려 이들은 기회 있을 때마다 이기심과 개인주의를 비판했다. 엄격한 자유방임 원칙을 주장한 자유주의자는 소수였고 이들은 다른 자유주의자들로부터 단호하게 비판받았다.

식민지에 대한 자유주의자들의 견해

자유주의자 중에는 [해외] 식민지 획득이 [국내의] 사회적 문제 해결
에 도움이 된다고 본 사람들도 있었다. 하지만 식민주의에 대한 당
시 자유주의자들의 입장은 생각보다 훨씬 복잡하다. 19세기 중반에
해외에 방대한 식민지를 거느린 대표 국가 영국과 프랑스 자유주의
자들의 태도만 보아도 알 수 있다. 자유주의자들은 식민지 획득을
지지할 수도 있었고 반대할 수도 있었다.

1830년 7월 혁명 직전에 샤를 10세가 잃어버린 대중의 지지를
회복하려는 목적인 게 뻔해 보이는 알제리 침공을 감행했을 때 프
랑스 자유주의자들은 목소리 높여 비판했다. 이들은 식민지를 귀족
적이고 전제적인 정부와 동일시했다. 장바티스트 세의 제자인 자유
주의 성향 의원 아메데 데스조베르Amédée Desjobert는 처음부터 프랑
스의 아프리카 통치를 비판했다. 그는 의회에서 이것이 도덕적으로
혐오스러우며 자유주의 정치 원칙에 근본적으로 위배된다고 누차
말했다. 프레데리크 바스티아도 식민주의의 맹렬한 비판자였으며
식민주의가 "토할 정도로 역겹다"고 말했다. 자유주의 성향의 출판
업자 앙리 퐁프레드Henri Fonfrède도 알제리를 식민화한 것이 "부끄러
운 일"이라고 언급했다. 그가 보기에 프랑스는 [식민지를] 문명화하
기는커녕 절멸시키고 있었다.[54]

식민주의를 비판한 프랑스 자유주의자들의 입장은 영국에서 반
곡물법동맹을 이끌고 있었던 리처드 코브던Richard Cobden이나 존 브
라이트John Bright 등의 입장과도 맥락이 닿는다. 이들도 폭력적인 정

복에 기반한 제국의 운영을 비판했다. 그러한 식민주의는 단지 소수만의 이익을 위한 제도였다. "귀족정을 안정시키기 위해 외부에 열어놓은 거대한 시스템"이라고 제국의 의미를 규정한 브라이트의 말은 유명하다. 마찬가지로 『웨스트민스터 리뷰』에 실린 어느 글도 식민주의를 "영국 귀족 계층이 자신의 이해관계를 평범한 사람들이 충족시키게끔 구성한 기획"이라고 묘사했다.[55] 이러한 자유주의자들의 견해를 입증이라도 하듯 토리당의 보수주의자들은 식민주의 비판을 "사회 혁명을 일으키려는" 시도라고 간주했다.[56] 이들에 따르면 [식민지를 반대하는] 자유주의는 "광범위한 민주주의 운동"이고 헌법에 대한 공격이며 귀족정을 파괴하기 위한 시도였다.[57]

식민지와 관련해 자유주의자들의 견해는 상당한 모순과 위선을 보이기도 했다. 프랑스 자유주의자들은 샤를 10세의 알제리 침공을 소리 높여 비판했지만 정권을 잡고 나자 많은 이가 생각을 바꾸었다. 알제리에서 맹렬한 저항이 일어서 무고한 사람들이 수없이 목숨을 잃고 재산을 징발당하고 농장과 창고가 불탔는데도 많은 자유주의자들은 알제리 정복을 승인했다. 어떤 자유주의자들은 "안타깝지만 필요한 일"이라며 잔혹성의 측면을 논의에서 배제했다. 알렉시 드 토크빌도 그렇게 생각한 사람 중 한 명이었다.[58]

자유주의자들이 식민지 획득을 옹호한 방식은 다양했다. 이들의 주장은 보수주의자나 극우 왕당파의 주장과는 달랐다. 물론 이들도 프랑스의 영예와 영광을 이야기했지만, 그들이 영예로워하는 프랑스는 다른 종류의 프랑스였다. 자유주의자들에게 식민지는 더 이상 귀족과 군주의 지위를 높이는 제도가 아니라 중산층과 빈곤층의 삶을 향상시키는 제도였다. 적어도 그들의 논지로는 그랬다.

어떤 이들은 알제리가 프랑스의 제조품을 판매하고 천연자원을 공급받는 데 필요한 더 큰 시장을 제공해줄 수 있고 이것이 산업에 도움이 될 것이라고 주장했다. 알제리가 프랑스의 도시 빈민과 실업자에게 출구를 열어주어서 그들이 프랑스의 공공질서에 위협 요인이 되는 문제를 완화해주리라는 주장도 있었다. 토크빌을 포함해 이렇게 주장한 자유주의자들은 7월 왕정 이후로 그들이 우려해온 프랑스의 도덕적·물질적 퇴락에 대해 식민지가 해독제가 될 것이라고 생각했다. 그들은 식민지에서 생존하고 번성하려면 부지런히 일해야 할 터이므로 프랑스 사람들이 남자답고 애국적이고 법을 준수하는 시민이 되는 데 필요한 근면의 문화를 함양할 수 있을 것이라고 주장했다. 프랑스가 "[세계를] 문명화해야 할 임무"가 있다는 논지를 펴는 사람도 있었다. 이 표현은 1840년경에 프랑스 사전에 처음 등장했는데, 여기에 알제리 식민화가 언급되어 있다.[59]

한편 영국을 보면, 1830년대와 1840년대 무렵에 많은 이들이 세계 선도 국가 지위를 유지하려면 정복과 착취를 통해서가 아니라 자유무역에 기초한 새로운 종류의 제국이 되어야 한다고 생각했다. 이들에 따르면, 영국의 산업이 다른 나라에 비해 압도적인 지배력을 갖고 있으니만큼 식민지 경영을 포기해도 경제적으로 피해가 없을 것이고 오히려 독점 지위를 차지하고 그 지위를 더 낮은 비용으로 유지하는 데 도움이 될 것이라고 주장했다. 자유주의자 의원 조지프 흄Joseph Hume은 어차피 자유무역을 통해 "모든 세계의 전리품이 우리에게 오게 되어 있기" 때문에 영국의 식민지에 독립을 허용해도 아무 문제가 없을 것이라고 언급했다.[60] 이러한 주장을 접하고서 독일 경제학자 프리드리히 리스트는 자유무역이 세계 지배를 위한 영국의 새로운 중상주의 전략이라고 비판했다.

영국의 또 다른 자유주의자들은 영국이 '비공식적인 제국'과 '공식적인 제국'이 동시에 되어야 한다고 주장했다. 자유무역 시스템과 '정착 식민지' 건설이 함께 가야 한다는 것이었다. 대표적으로 에드워드 기번 웨이크필드Edward Gibbon Wakefield가 이러한 주장을 폈고 많은 자유주의자들이 이에 동의했다. 웨이크필드는 영국처럼 발달된 상업 국가의 경제는 늘 정체와 쇠락의 위험에 직면해 있다고 보았다. 언제라도 인구 과다, 과잉 생산, 자본의 과다 잉여 등이 발생할 수 있다는 것이었다. 따라서 인구를 내보내고, 제품 시장을 확대하고, 잉여 자본을 투자할 새로운 땅이 필요했다. 그는 (호주, 뉴질랜드, 캐나다 같은) 정착 식민지만이 산업화되고 있는 영국이 계속해서 성장하고 국내의 사회적 동요를 피할 수 있는 방법이라고 보았다.

웨이크필드의 이론은 영국 자유주의자들 사이에서 광범위하게 호응을 받았다. 스스로 그의 제자라고 생각한 존 스튜어트 밀은 그의 주장을 이어받아 『정치경제학 원리』에서 영국 노동자와 자본의 10분의 1이 식민지로 간다면 임금과 이윤 면에서 영국에 크게 득이 될 것이라고 언급했다.[61]

프랑스의 많은 자유주의자들도 이러한 새로운 종류의 제국을 옹호했다. 1814년 세는 긍정적인 뉘앙스로 "모든 곳에서 옛 식민지 시스템이 무너질 것"이라고 예견한 바 있는데,[62] 그렇다고 식민주의를 전적으로 부정한 것은 아니었다. 세는 정착민 식민지를 기반으로 한 "진정한 식민화"를 옹호했다.[63] 세에 따르면 이 새롭고 "진정한" 식민지는 본국의 우월한 계몽주의를 통해 효과를 발휘하게 될 것이므로 정복을 필요로 하지 않을 터였다. 그는 유럽의 산업 역량이 훨씬 뛰어나므로 유럽 사람들이 자연적으로 세계를 지배하게 되어 있다고 설명했다.

대부분의 유럽 자유주의자들은 유럽이 '후진적'이고 '야만적인' 인구 집단들을 복속시킬 권리를 가지고 있다고 믿었다. 하지만 밀이 설명했듯이 그러한 인구 집단들을 아무렇게나 대해도 된다거나 그들의 희생을 무시하면서 무제한으로 영토의 확장을 추구해도 된다는 말은 아니었다. 타 인종을 지배하는 것은 "야만을 다루는 합당한 정부 운영 방식이지만 그 목적은 항상 그 인종의 향상을 위한 것이어야 하고 수단 또한 실제로 그러한 목적에 맞는 효과를 낼 때만 정당화될 수" 있었다.[64] 그뿐 아니라 밀은 식민 지배의 궁극적인 목적은 원주민의 자치여야 한다고 주장했다. 식민지 경영은 모든 곳에 자치가 가능한 사회를 만들기 위한 교육적인 프로젝트로 기획된다면 정당화될 수 있었고, 그런 날이 오면 제국주의적 권력은 저절로 필요하지 않게 될 것이었다.

자유주의와 종교의 싸움

19세기 중반의 자유주의자들은 민주주의에 대한 요구와 사회주의 세력으로부터도 점점 더 위협을 받고 있었지만, 우파의 반동 세력으로부터도 위협을 받고 있었다. 프랑스에는 반혁명 세력이 매우 건재했고 늘 그랬듯이 우파 쪽에 있는 자유주의의 적들은 가톨릭과 개신교의 정통파로부터 결정적인 지원를 받고 있었다. 따라서 1830년 혁명과 1848년 혁명 사이의 시기는 자유주의와 종교의 팽팽한, 또 종종 적대적인 관계에 대해 깊은 고찰이 이뤄진 시기이기도 했다. 점점 더 많은 자유주의자들이 가톨릭·개신교·유대교의 정통 교리가 자유주의 정치 원칙과 합치될 수 있다는 개념 자체를 거부하기 시작했다.

자유주의와 가톨릭

프랑스 왕정복고 시기의 마지막 몇 년 동안 정교 동맹이 강고해졌다. 극우 왕당파 의회는 자유주의자들을 깊이 분노하게 만든 억압적인 법률들을 통과시켰다. 그중 하나는 망명 귀족이 혁명기에 상실했던 자산을 보전해주는 조치였다. 또한 두 개의 종교 관련 법이 통과되어 혁명기에 불법화되었던 종교 분파가 합법화되었고 매우 모호하게 정의된 '신성 모독'이 범죄로 규정되었다.

이러한 법들은 대중의 호응을 얻지 못했고 강한 반발을 불러일으켰다. 사제들이 신정 정치를 수립하려고 체제 전복을 꾀하고 있다는 음모론이 돌았다. 자유주의자들은 이러한 대중의 두려움을 이용해 정치 소책자, 만평, 노래, 염가판 서적 등을 쏟아 내면서 대대적인 역공을 개시했다. 또 수많은 반종교 연설을 통해 교회를 비난하고 교회에 대한 대중의 신뢰를 무너뜨리려고 했다. 볼테르Voltaire가 집필한 반종교 저술의 염가판과 성직자 시민기본법 인쇄본이 널리 유통되었다. 『쿠리에 프랑세^{Courrier français}』에 실린 어느 글은 가톨릭 성직자들이 "자유주의 헌법, 사회보장, 그리고 인간 지성의 해방을 가져오는 모든 것의 적"이라고 주장했는데, 이 시기 교회 비판의 전형적인 논조라고 볼 수 있다.[65]

가톨릭교회와 절대왕정의 결탁에 대한 대중의 분노는 7월 혁명 도중에, 그리고 그 이후에도 새로 집권한 자유주의 정부의 묵인하에 여러 차례의 반종교 봉기로 이어졌다. 따라서 자유주의적인 새 정부가 반교회 정책을 취하리라 기대할 만한 이유가 있었다. 사람들은 자유주의 정부가 나폴레옹 시절에 교회와 국가가 체결한 콩코르다트를 철폐하리라고 기대했다.

하지만 많은 사안에서 그랬듯이 정교 결탁의 문제에서도 자유주의자들의 희망은 새로 들어선 자유주의 정부에 의해 짓밟혔다. 새 헌법이 가톨릭을 국교로 명시하던 데서 "다수의 종교"로 한 차원 낮춰 규정했고 종교적 관용과 집회의 자유를 인정하긴 했지만 콩코르다트는 철폐되지 않았다. 교회와 국가의 특별한 관계는 정부가 교회에 대한 지원과 통제를 유지하면서 지속되었다. 교황 그레고리오 16세^{Gregorius XVI}도 점차 7월 왕정에 매우 만족하게 되어서 프랑스 성직자들에게 새 자유주의 정부의 국왕을 위해 기도하라고 촉구하기도 했다.

그런데 이것이 교황이 가톨릭 교리와 자유주의 정부의 원칙이 부합한다고 믿었다는 의미였을까? 좋은 가톨릭이라면 자유주의자가 될 수 있었을까? 활발히 정치적 목소리를 내던 가톨릭의 한 분파는 이 질문에 명백히 '그렇다'고 답했다. 이 분파는 사제인 펠리

시테 로베르 드 라므네Félicité Robert de Lamennais와 앙리도미니크 드 라코르데르Henri-Dominique de Lacordaire, 그리고 귀족인 샤를 드 몽탈랑베르 등이 이끌고 있었다.

7월 혁명이 끝나고 얼마 지나지 않아서 이들 세 명은 『미래L'Avenir』라는 신문을 창간하고 1면 제호에서 가톨릭이면서 동시에 "진정으로 자유주의적"이기를 표방한다고 밝혔다. 초창기의 한 기사는 "가톨릭이 되려면 자유주의자가 되지 않을 수 없다"고까지 말했다.[66] 하지만 많은 이들이 이러한 가능성에 대해 회의적이었다.

『미래』는 세 가지 주요 목적을 가지고 창간되었다. 가톨릭 성직자들을 보수 세력과 반혁명 세력으로부터 멀어지게 하는 것, 가톨릭 신자들에게 자유주의자가 될 수 있다는 확신을 주는 것, 현 정부가 교회에 대한 통제를 포기하게 하는 것. 『미래』에 글을 쓴 사람들은 새 정부가 충분히 자유주의적이지 않다고 비판했다. 정부의 통제와 간섭에서 자유로워지기만 하면 가톨릭은 번성할 수 있고 그래야만 가톨릭이 부여받은 역할, 즉 프랑스에 안정과 질서를 가져오는 역할을 다할 수 있을 터였다.

게다가 자유주의적인 가톨릭 신자들에게는 뭐니 뭐니 해도 가톨릭 국가인 벨기에의 선례가 있었다. 벨기에는 1830년 헌법을 통해 교회와 국가를 분리했다. 그와 동시에 벨기에에서 가톨릭은 눈에 띄게 번성하고 있었다. 벨기에는 가톨릭이 자유주의적일 수 있고 가톨릭교회가 자유주의 정부 체제에서 번성할 수 있음을 증명하는 사례였다.

프랑스의 가톨릭 지도층은 이러한 견해를 공공연히 검열했고

『미래』는 1년밖에 나오지 못했다. 이어서 자유주의의 역사에 결정적인 영향을 미치게 될 교황 그레고리오 16세의 1832년 회칙 「미라리 보스Mirari Vos」가 나왔다. 교황은 여기에서 모든 자유주의적 가톨릭 신자를 비난했다. 그는 노골적인 언어로 자유주의를 치명적인 "역병"이라고 묘사하면서 자유주의가 종교적 무관심을 촉진하고 정부에 마땅히 복종해야 할 의무에 의문을 제기하게 만든다고 맹비난했다. 교황은 정교분리, 양심의 자유 등을 명시적으로 비판했고 불온 문서들을 불태워야 한다고까지 주장했다.

이를 통해 교황은 또 하나의 강력한 메시지를 전 세계에 전한 셈이다. 자유주의적인 정부 원칙이 로마 가톨릭교회와 근본적으로 불합치한다는 메시지 말이다. 교황 비오 6세가 프랑스 대혁명을 비난하면서 시작된 교회와 자유주의 사이의 간극이 한층 더 벌어졌다.

모든 곳에서 「미라리 보스」는 가톨릭 신자인 자유주의자들에게 막대한 타격이었다. 어떤 이들은 교황에게 복종하기 위해 싸움을 포기하고 입을 다물었다. 하지만 교황의 비판도 가톨릭 자유주의자들의 운동을 오랫동안 억누르지는 못했다. 얼마 후 몽탈랑베르가 자유주의 가톨릭의 지도자로 다시 부상했고 뒤팡루Félix Dupanloup와 라코르데르도 포기하지 않았다. 그 밖에도 독일의 이그나스 폰 될링거Ignaz von Döllinger와 그의 제자인 영국의 존 달버그 액턴John Dalberg-Acton[액턴 경], 미국의 오레스테스 브라운슨Orestes Brownson 등 저명한 가톨릭 자유주의자들이 전면에 나섰다. 이탈리아, 스페인, 스페인령 아메리카에서도 많은 이들이 가톨릭 교리가 자유주의적인 정치 원칙과 합치될 수 있다는 개념을 고수했고 어떤 이들은 더 자유주의적인 교황이 나타나 자유주의적인 시대정신에 맞게 가톨릭교회를 개혁하기를 기대했다. 토크빌도 본인이 신자라고 보기는 어려웠지만 『미국의 민주주의』에서 가톨릭이 민주주의 체제에서 살아남을 수 있고 심지어 번성할 수 있을지도 모른다고 암시했다.

자유주의와 개신교

가톨릭이 아닌 자유주의자들의 종교는 다양했다. 무신론자는 거의 없었지만 많은 이들이 맹렬하게 반가톨릭이었다. 어떤 이들은 스스로를 '자유주의적 그리스도교도'라고 불렀고 빌러, 콩스탕, 스탈이 옹호했던 것과 비슷한 형태의 개신교를 믿었다. 이들이 지지한 것은 자유주의 정치경제학자 시스몽디가 미국 유니테리언 지도자 윌리엄 엘러리 채닝에게 보낸 서신에서 "합리적이고 자유주의적인 종교"라고 표현한 종교였는데,[67] 물론 정통 그리스도교의 입장에서 보면 이것은 전혀 종교라고 볼 수 없었다.

자유주의가 가톨릭과 개신교 모두의 정통파와 벌인 싸움은 리버럴 신학의 탄생지이고 진보적인 성경 비평 대부분이 생겨난 곳인 독일에서 특히 맹렬하게 전개되었다. 1820년대에 제목에서 종종 "예수의 삶"을 언급하는 도발적인 책이 다수 나와서 성경 내용 중 역사적으로 사실인 것과 사실이 아닌 것을 구분하기 위해 연구가 필요하다고 주장했다. 이러한 책들은 상당한 논란을 불러일으켰고 자유주의자와 정통파 사이에 맹렬한 싸움을 촉발했다.

신학자 하인리히 에버하르트 파울루스Heinrich Eberhard Paulus의 1828년 저서 『초기 그리스도교를 온전한 역사로 설명하는 토대로서의 예수의 삶*Das Leben Jesu als Grundlage einer reinen Geschichte des Urchristentums*』이 그런 책 중 하나다. 여기에서 파울루스는 성경에 나오는 기적에 대해 합리적이고 자연적인 설명을 제시하고자 했다. 몇 년 뒤 그의 제자 다비트 슈트라우스*David Strauss*는 『비판적으로 검토한 예수의 삶*Das Leben Jesu, kritisch bearbeitet*』으로 훨씬 큰 논란과 화제를 일으켰다. 그는 예수의 삶과 관련해 성경에 나오는 주요 사건 모두가 실증적으로 부정확하며 초기 그리스도교도들이 만들어낸 신화에 불과하다고 주장했다.

프랑스의 7월 혁명을 보면서 독일 지배층은 이러한 사상이 자신의 권위에 심각한 위협이 된다고 확신했다. 1840년에 프로이센 왕위에 오른 프리드리히 빌헬름 4세는 즉위하자마자 개신교 목사들에게 그들이 믿는 종교가 정통파 신앙임을 선언하도록 압력을 가했다. 선언하지 않으면 교회직에서 물러나야 했다. 『복음주의 교회 신문』을 발간하던 에른스트 헹스텐베르크가 열정적으로 이 일에 동참했다. 이들은 함께 개신교 교회에서 합리주의의 영향을 모조리 일소하기 위한 노력의 수위를 한층 더 높였다. 자유주의 성향의 목사들은 협박과 괴롭힘에 시달렸고 결국은 정통파 목사에게 밀려났다. 계속해서 '자유주의적 풍조'는 사탄의 작업이며 종교개혁가들은 온갖 죄악을 일으킨다고 비난받았다. 또한 이들은 독일 사람들에게 만약 '1789년의 사상들'을 찬양하고 새 헌법을 요구하면서 프랑스를 따라 하려 한다면 신의 분노를 살 것이라고 설파했다.

프리드리히 빌헬름 4세는 개신교 교회와만 동맹을 맺은 것이 아니었다. 그는 가톨릭의 가장 보수적인 분파에도 지지를 표했다. 이에 힘입어 독일은 수많은 가톨릭 선교단의 활동 무대가 되었고 순례자들이 찾는 인기 목적지가 되었다. 많은 자유주의자들이 이러한 분위기에 경악했다. 1844년 단 7주 동안 50만 명의 순례 인파가 예수의 장례식 때 쓰였다고 알려진 수의를 보러 몰려온 트리어는 유럽 역사상 가장 큰 성지가 되었다.

이렇게 적대적인 상황에서도 독일 자유주의자들은 반격에 나섰다.『정치 백과사전』은 계속해서 신정통파 종교 운동을 강한 언어로 비난했고 특히 가톨릭에 대해 가혹한 비판을 퍼부었다. 교황을 "독일 국가의 최악의 적"이라고까지 언급한 글도 있었다. 또한 "예수회" 항목에 대한 긴 설명에서 예수회가 전 세계에 "암흑과 미신의 제국"을 세우려는 시도이며 이들의 목적은 "야만의 시대, 종교재판의 시대, 종교재판으로 화형이 숱하게 집행되는 시대로 되돌리려는 것"이라고 비난했다. 신정통파 개신교 역시 비난을 면하지 못했다.『정치 백과사전』은 신정통파 개신교가 "미신, 암흑, 무지, 위계에 의한 압제, 불관용"을 전파하고 있다고 비난했다.

하지만 무신론만큼은 단호히 거부했다.『정치 백과사전』에 실린 어느 글은 종교가 "인류의 도덕 교육자"이므로 매우 중요하다고 주장했다. 또 다른 글은 종교가 모든 시민적 의무를 양심의 문제로 만들어준다고 언급했다.[68]

한편으로는 무신론을 거부하고 다른 한편으로는 미신을 거부하면서,『정치 백과사전』의 자유주의적 저술가들은 앞에서 언급한 것과 같은 합리적이고 자유주의적인 종교, 즉 덜 도그마적이고 의례에 덜 집착하며 복종을 덜 요구하고 대중의 도덕성 향상에 더 관심을 기울이는 종교를 옹호했다. "예수의 삶"을 제목에서 언급하며 합리적인 성경 독해를 시도한 책을 쓴 하인리히 파울루스가 이 백과사전에서 성경과 직접적으로 관련된 항목들에 설명을 달았다. 그는 신약성경이 '신학적인 형이상학'을 담은 문서로서보다는 도덕적인 삶을 살고자 하는 사람들에게 실용적인 지침을 주는 문서로 읽혀야 한다고 주장했다. 또한 진정한 그리스도교라면 시대에 발맞춰 변화하고 향상해나가야 한다고 보았다. 그래야만 그 목적, 즉 사회에 도덕을 함양하는 목적을 달성할 수 있다는 것이었다.[69]

그러던 중 1840년대에 일어난 두 개의 종교 운동이 독일 권력층에게 백과사전이 일으킬 수 있는 어떤 위협보다도 강력한 위협을 제기했다. 1841년에 일군의 개신교 목사들이 '개신교의 친구들 Verein der protestantischen Freunde'이라는 운동을 시작했다. '빛의 친구들 Lichtfreunde'이라고도 불린 이 운동은 정부의 통제와 정통파 교회의 통제 모두에서 벗어나 민중의 교회를 만드는 것을 목적으로 삼았다. 이들의 집회에서는 서로 다른 배경과 신앙을 가진 사람들이 모여 중요한 종교적·정치적 사안들을 논의했다. 곧 이들은 언론의 자유, 표현의 자유, 결사의 자유, 그리고 더 폭넓은 대의제 정부를 요구하기 시작했다.

프로이센 당국자들이 이들을 위협으로 인지하기까지는 오래 걸리지 않았다. 당국은 이 운동의 지도자에게 혁명에 경도된 비밀 무신론자라는 혐의를 씌웠다. 1845년 8월에 이들의 집회는 법으로 금지되었다.

1844년 12월에 파문당한 한 가톨릭 사제와 한 급진 민주주의자가 '독일-가톨릭Deutschkatholiken'이라고 불리는 또 다른 종교 반란을 일으켰다. 이들은 가톨릭교회의 권위주의와 미신적인 도그마에 분노했고 예수의 수의를 보겠다고 몰려오는 순례자들에게도 좌절했다. 곧 자유주의적 개신교도들이 '독일-가톨릭'에 합류했고 이들은 [교파를 초월해 모든 교회의 보편적인 일치를 추구하는] 에큐메니즘Ecumenism에 기반하고 민주적으로 운영되는 종교 모임들을 운영했다. 어떤 이들은 모든 종파를 초월하고 통합할 '인류교'에 대해 이야기하기 시작했다. 이들은 완전한 신앙의 자유와 정교분리를 요구했다.

1848년 무렵이면 독일-가톨릭 운동은 참여자가 1500명 정도로 늘었으며 혁명 전의 독일에서 종파를 막론하고 가장 큰 저항 운동 세력으로 빠르게 성장하고 있었다. 이러한 성공에 고무되어 자유주의 성향의 변호사이자 정치인인 구스타프 폰 슈트루페Gustav von Struve는 독일 가톨릭이 해방 전쟁[1813] 이래로 정치적 자유주의가 달성한 모든 것보다 큰 성취를 불과 몇 개월 만에 달성했다고 언급했다.[70]

자유주의와 유대교

그리스도교를 자유주의적이고 에큐메니컬한 종교로 재규정한 것은 유대인에게도 매우 중요한 함의가 있었다. 유대교도들도 자체의 자유주의화 운동을 전개하고 있었다. 1810년대에 시너고그[유대교 회당] 예배의 개혁이 시작되었고 1840년대 중반이면 개혁 운동이 널리 퍼져 많은 지지자를 얻었다. 이 개혁은 전통적인 의례와 신앙의 실천에 변화를 가져왔다. 가령 좌석을 섞어 앉는다든지 예배에 독일어를 사용한다든지 축일 예배를 하루만 한다든지 성가를 부를 때 선창과 합창을 도입하는 등의 변화가 이루어졌다. 개혁가들의 목적은 유대교를 활성화하고 현대화하는 것이었다. 다른 자유주의자들처럼 유대교 자유주의자들도 종교에서 형식에 불과하다고 본 부분은 약화하고 도덕적인 본질이라고 본 부분은 더 강조하고자 했다. 따라서 자유주의적 유대교와 자유주의적 그리스도교 사이에 연결 고리가 놓일 수 있었다.[71] 많은 유대인이 '빛의 친구들'과 '독일-가톨릭'에 합류했고 환영받았다.

하지만 자유주의적 그리스도교도들이 받아들인 에큐메니즘을 과장해서는 안 된다. 개혁적인 유대교는 유대인의 [정치적인] 해방 문제와 긴밀하게 관련되어 있었다. 많은 자유주의적 유대인들이 완전한 시민적·정치적 평등을 갈망했다. 이는 독일의 자유주의자들 사이에서 많이 논의되던 주제였고, 슈트루페, 그리고 만하임의 저항적인 목사 카를 숄Carl Scholl 같은 몇몇 사람들은 유대인의 해방과 정치적 권리 확대를 지지하지 않는다면 '가짜 자유주의'라고 말하기도 했다. 1862년에 숄은 랍비의 딸인 레기네 엘러Regine Eller와 결혼했는데, 이는 종교적 결혼이 아니라 시민적 결혼이었다.[72]

하지만 독일 자유주의자의 다수는 유대인의 시민적·정치적 자유에 대해 그렇게 열의가 있지 않았고, 시민적·정치적 평등을 유대인에게 확대하려는 시도는 반복적으로 무산되었다. 어떤 자유주의자들은 유대인의 해방은 유대인이 도덕적으로 "향상된" 뒤에야 주어질 수 있다고 주장했다. 이번에도 많은 자유주의자들은 종교적인 차이를 포용하기보다는 초월하고 싶어 했고[73] 이들이 초월 가능하다고 생각한 종교는 몇몇 종류의 자유주의 개신교뿐인 것 같았다.

자유주의적 종교에 대한 사회주의의 비판

당대의 가톨릭을 적으로 여겼다는 점에서는 초창기 사회주의자들도 자유주의자들과 의견이 같았다. 그들도 더 현실적이고 인간 중심적인 종교를 원했다. 하지만 사회주의자 대부분은 자유주의적 개신교에 매력을 느끼지 못했다. 그들은 자유주의적 개신교가 과도하게 개인주의적이고 학술적이라고 보았다. 그들은 자유주의자들이 이기심을 비난하고 개혁의 필요성을 이야기하면서도 결국에는 도덕적인 자기 고양이나 학문적인 진보의 수준에서 벗어나지 못하곤 하는 데 실망했다.

영국 국교회에 깊이 의구심을 가지고 있었던 로버트 오언의 추종자들은 독자적인 교회를 세웠다. 차티스트Chartist 운동이라고 불리는 노동자 계급 운동이 생겼고 차티스트들은 원시 그리스도교의 원칙과 예수의 가르침인 평등, 우애, 연대로 돌아가자고 주장했다. 이들의 지도자인 어니스트 하니Ernest Harney는 "그리스도는 최초의 차티스트였으며 민주주의는 복음이 현실에서 나타난 형태"라고 말했다.[74] 프랑스 사회주의자 에티엔 카베도 "공산주의가 곧 그리스도교"라고 말했고 어떤 이들은 공산주의가 "복음이 현실 세계에서 발현된 것"이라고 말했다.[75]

*****

1830년대와 1840년대의 자유주의자들 모두 개혁과 진보에 대한 열망이 있었다. 하지만 그것이 현실에서 무엇을 의미하는지를 놓고는 종종 의견이 달랐다. 어느 범위까지 민주주의를 지지하는가? 얼마나 많은 사회적 개혁을, 또 어떤 종류의 사회적 개혁을 지지하는가? 특정한 상황에서는 압제 정권에 맞서 폭력을 사용해도 되는가? 식민지를 갖는 것은 국가의 이익에 부합하는가? 자유주의와 종교의 관계는 무엇인가?

오늘날 19세기 자유주의에 대해 갖고 있는 많은 선입견은 사실과 다르다. 모든 자유주의자가 민주주의자가 아니었다고 말한다면 지나친 단순화겠지만 자유주의자 대부분은 보통선거라는 전망을 매우 불편해했다. 그들 모두가 자유방임의 열렬한 옹호자이거나 식민주의의 열렬한 지지자였던 것도 아니다. 종교에 대한 견해 또한 흔히 생각하는 것보다 훨씬 풍성하고 다양했다. 그들이 가장 맹렬히 맞서 싸운 대상은 반혁명 세력과 종교적·정치적 보수 세력이었지만, 자유주의자들은 그들 사이에서도 많은 논쟁을 벌였다. 유럽과 미국, 그 밖의 지역에서도 자유주의자들은 '진정한 자유주의'란 무엇인가에 대해 논쟁했다.

이 모든 논쟁에서 매우 놀라운 사실 하나가 두드러진다. 앞선 시기의 리버럴들과 마찬가지로 19세기 자유주의자 대부분은 오늘날 흔히 생각하는 것보다 개인의 이익과 권리를 옹호하는 것에 방점을 훨씬 적게 두었다. 오히려 그들은 개인의 권리와 이익을 강조하는 것이 이기심을 옹호하는 것이라고 여겼다.

　언제나 자유주의자들은 자신이 공공선을 위해 싸운다고 생각했고 공공선을 도덕의 측면에서 생각했다. 오늘날에는 이것이 너무 순진하고 기만적이고 솔직하지 않아 보일지 모른다. 하지만 19세기 자유주의자들에게 자유주의적인 사람이 된다는 것은 윤리적인 기획을 믿는다는 것을 의미했다. 이것은 거의 2000년이나 거슬러 올라가는 도덕적 이상을 받아들인다는 의미이기도 했다. 주세페 마치니가 「인간의 의무에 관하여I Doveri dell'uomo」라는 글에서 자유주의적인 사회는 권리론에만 의존해서는 세워질 수 없다고 말했을 때, 당대의 다른 자유주의자들도 동의했을 것이다. 마치니는 "권리는 의무를 충족시키는 것의 결과로서만 존재할 수 있다"며 그렇지 않으면 "이기심을 산출하게 될 위험성이 생기는데 … 그것은 늘 파괴적이고 한탄스러운 결과를 낳는다"고 경고했다.[76]

4장

성품의 문제

공공의 도덕적 퇴락은 머지않아, 어쩌면 매우 빠르게
새로운 혁명을 불러올지 모릅니다.

—알렉시 드 토크빌(1848)

1848년 1월 17일 토크빌은 프랑스 의회에서 앞으로 매우 유명해지게 될 연설을 했다. 놀랄 만한 예지력으로, 토크빌은 또 하나의 혁명이 빠르게 다가오고 있으며 그 혁명은 7월 왕정 시기의 수많은 악덕과 진정한 지도자의 부재, 개혁을 꺼리고 가난한 이들의 고통에 무관심한 집권층 때문에 촉발될 것이라고 말했다. 토크빌은 동료 의원들에게 너무나 많은 사안에서 의회가 꿈쩍도 하지 않은 데다 정치에 부패가 만연해서 노동자들이 더 이상 정치 개혁만으로는 만족하지 않기 때문에 이를 매우 주의해야 한다고 경고했다. 이제 프랑스 노동자들은 사회 시스템을 통째로 전복하기를 원하고 있었다. 토크빌은 "우리는 화산 위에 누워 자고 있다"고 말했다.

토크빌이 말한 화산은 사회주의였다. 그 연설 후 한 달이 채 되지 않아 군중이 또다시 파리 거리를 점령했고 이번에는 민주주의적이**면서 사회주의적인** 정부를 요구했다.

1848년의 재앙

1846년에 산업과 농업에 심각한 불황이 닥쳐서 프랑스 노동자와 농민은 극심한 고통에 시달렸다. 1847년 말이면 파리 노동자 3분의 1이 실업 상태였다. 그런데도 프랑스 정부는 개혁을 실행하려 하지 않았고 참정권 확대도 거부했으며 설상가상으로 정부의 뇌물 수수와 부정부패에 대한 소식이 널리 보도되었다.[1] 프랑수아 기조 정부에 대한 비판의 목소리가 점점 높아졌다. 카를 마르크스는 『프랑스에서의 계급 투쟁*Die Klassenkämpfe in Frankreich*』(1850)의 한 유명한 구절에서 7월 왕정이 "프랑스의 국부를 착취하기 위한 합작 회사에 불과하다"고 표현했다.

정부 비판적인 자유주의 성향의 지도자들은 오래도록 프랑수아 기조 정부가 유권자 범위 확대 등의 개혁 조치들을 추진하게끔 압력을 넣고자 했지만 성공하지 못하고 있었다. 이제 좌절한 자유주의자들은 대중에게 호소하는 쪽으로 전술을 바꿔 사람들의 지지를 끌어내고 결집해내기 위해 지방에서 연회들을 개최했다. 이러한 연회들이 1848년 2월 22일 파리에서 열릴 하나의 거대한 연회에서 정점을 이루게 한다는 것이 이들의 계획이었다. 정부는 봉기를 우려해 파리 연회를 불허했고 경찰을 보내 저항하는 사람들을 공격했다. 정부의 강압적인 조치에 분노한 군중이 거리로 쏟아져 나와 "기조 정부 타도," "개혁이여, 영원하라" 같은 구호를 외치고 바리케이드를 쌓았다. 프랑수아 기조는 사퇴했고 왕위에서 쫓겨난 루이 필리프는 해외로 도피했다.

군중의 압력을 바탕으로 의회는 아홉 명의 저명한 공화주의자와 두 명의 저명한 사회주의자가 이끄는 임시 정부를 수립했다. 사회주의자 중 한 명은 루이 블랑이었고 다른 한 명은 알렉상드르 마르탱Alexandre Martin이라는 노동자였다. 임시 정부는 곧바로 입헌 의회를 구성하기 위해 선거를 실시했고, 보통선거권을 규정한 새 헌법을 만드는 것이 이 의회의 임무였다. 불과 며칠 사이에 프랑스는 매우 제한적인 유권자만 존재하던 입헌 군주제 국가에서 당시 유럽의 어느 나라보다도 폭넓은 참정권을 보장하는 나라로 바뀌었다. 25만 명 정도이던 유권자가 거의 1000만 명으로 증가했다.

하지만 토크빌이 예견했듯이 유권자가 크게 확대되었어도 군중을 잠재우기에는 충분하지 않았다. 2월 25일에 군중은 다시 모였고 이번에는 '일할 권리'를 요구했다. 수그러들지 않는 대중의 압력에 직면해서 정부는 그들을 고용할 수 있는 작업장을 국가 직영으로 세우겠다고 약속했고 정치적 반대자에 대한 사형 폐지, 식민지의 노예제 폐지와 같은 매우 진보적인 사회정치 정책도 도입했다.

혁명 초기의 이러한 국면은 영국과 미국 모두에서 상당한 공감을 얻었다. 영국에서는 차티스트들이 프랑스 민중에게 축하의 메시지를 보냈고 프랑스처럼 모든 성인 남성에게 투표권을 확대하기 위해 몇 차례 큰 집회를 열었다. 존 스튜어트 밀도 다음과 같이 프랑스의 혁명 소식을 반겼다. "세계에 이를 능가하는 중요한 일은 없을 것이며 그 성공에 걸려 있는 것이 이렇게 막대한 일도 없을 것이다."[2] 어떤 정부도 개혁에 임하지 않으면 생존을 기대할 수 없어야 했다. 루이 필리프의 정부는 부도덕이 뿌리내리게 하고 시민의 의

기를 꺾는 정부였으며 "부끄러움을 모르고 개인의 이익을 추구하려는" 동기에 의해 돌아가는 정부였다.[3]

미국에서도 축하의 물결이 이어졌고 언론은 비교적 유혈 사태 없이 이뤄진 혁명과 평화로운 권력 이양을 칭송했다. 파리 주재 미국 외교관은 프랑스 공화정이 선포된 지 나흘 만에 이를 승인했고, 제임스 녹스 포크James Knox Polk 미국 대통령은 이 혁명이 "지고한 장관"이었다고 묘사하며 프랑스 민중에게 축하의 메시지를 보냈다.[4] 의회도 비슷한 메시지를 내놓았다.

중부 유럽에서는 파리의 혁명 소식에 고무되어 봉기가 일어났다. 자유주의자들이 노동자들의 지지를 받아 입헌적 개혁을 요구했다. 정부가 거부하면 봉기가 일어나 지배자들을 굴복시켰다. 프로이센 정부가 무너지면서 독일 여러 제후국의 자유주의자들이 통일 독일의 헌법 초안을 작성하기 위해 프랑크푸르트에 모여 회의를 했다. 이들의 가장 소중한 꿈이 실현되려는 듯했다. 반면, 이에 대해 프로이센의 국왕 프리드리히 빌헬름 4세는 "악마가 다시 풀려났다"고 말했다.[5]

파장은 여기에서 그치지 않았다. 이탈리아반도와 시칠리아에서도 봉기가 일어나 집권자들이 자유주의적인 개혁을 받아들여야 했다. 로마의 봉기는 교황을 몰아냈다. 이탈리아 해방 운동 지도자 주세페 가리발디Giuseppe Garibaldi가 로마에 입성했고 그는 종교의 자유, 정교분리 등 자유주의 원칙들에 기초한 정부를 구성하기 위해 마치니를 불러왔다. 두 원칙 모두 즉시 공표되었고 교황 비오 9세는 망명지에서 자유주의자들에게 격노했다. 그는 새로이 선포된 원칙들이 "인간의 법과 신성한 법 모두에 있어 혐오스럽고 악마적이고 불법적이고 신성 모독적이고 불합리하고 불경건하고 분노를 일으킨다"고 비난했다.[6]

자유주의와 사회주의의 싸움

프랑스의 새 국민의회 구성을 위한 선거는 1848년 4월 23일에 치러졌고 이것은 유럽 최초로 남성 보통선거제로 실시된 선거였다. 하지만 아이러니하게도, 보통선거를 통해 보수주의자가 의회의 다수가 되었고 심지어 선출된 의원 상당수가 군주정 지지자였다. 실업 해소를 위해 국가 직영의 작업장을 설치하는 정책을 매우 못마땅해하던 보수 의원들은 작업장을 폐쇄해버렸다. 많게는 5만 명의 파리 시민이 또다시 봉기에 나섰고, 이것은 '6월 봉기'라고 불린다.

이번에는 군중의 압력에 밀리지 않겠노라 작정한 의회는 알제리에서 잔혹한 무력을 행사한 것으로 유명하던 루이 외젠 카베냐크 Louis Eugène Cavaignac 장군을 보내 시위를 진압시켰다. 불과 사흘 만에 3000명의 시위 참가자가 목숨을 잃었고 1만 5000명이 체포되었으며 상당수가 알제리의 수용소에 수감되었다.

프랑스 국내외의 언론은 이를 야만과 문명 사이의 전투라고 묘사했다. 그런데 살인과 약탈을 좋아하는 "미치광이," "야만인," "식인광"이라고 묘사된 쪽은 시위대였다. 언론은 여성이 봉기에 참여한 것에 특히 경악했고 여성들이 남성들보다 더 야만적이고 잔혹한 모습을 보였다고 보도했다. 그리고 사회주의가 완전한 혼란으로 사회를 위험에 빠뜨리고 있다고 결론 내렸다. 상황이 종료되자 파리의 언론은 "질서·가정·문명의 대의"가 승리했다고 환영했다.[7]

대부분의 자유주의자들은 이제 소위 '질서당Parti de l'Ordre'('자유주의연합Union Libérale'이라고도 불렸다)의 지지자가 되었다. 카베냐크의 요청에 따라 이들 상당수가 프랑스를 사회주의의 공격으로부터 보호하기 위한 프로파간다 활동에 동참하기로 동의했다. 이때 의원이었던 샤를 드 몽탈랑베르는 정부 직영 작업장이 사유재산권에 대한 뻔뻔한 공격이라고 비난했는데, 그 외에도 많은 이가 이렇게 생각했다. 자유주의연합을 이끌던 아돌프 티에르는 『재산에 관하여De la propriété』의 염가판에서 사회주의자들이 "신성한" 재산권을 폐지하려하며[8] 가정도 파괴하려 한다고 주장했다. 사실 많은 자유주의자들이 가정에 대한 위협을 강조했다.

1848년 11월 4일에 선포된 새 헌법은 모든 남성 시민에게 투표권을 부여했지만, 헌법 전문은 이제 시민의 권리와 함께 **의무도** 주장했다. 4조는 가정, 노동, 재산, 공공질서가 프랑스 공화국의 기초라고 밝혔고 7조는 모든 시민이 노동의 의무, 미래를 위해 저축할 의무, 다른 이들을 도울 의무가 있다고 명시했다. 도덕에 복종하고 성문법을 준수할 의무도 언급되었다.

그러던 중 1848년 12월 10일에 전혀 예기치 못한 일이 벌어졌다. 보통선거로 치러진 프랑스의 첫 대통령 선거에서 유권자들이 예전 황제 나폴레옹의 조카 루이 나폴레옹 보나파르트Louis-Napoléon Bonaparte를 압도적 지지로 당선시킨 것이다. 루이 나폴레옹은 7월 왕정 시기에 두 번이나 쿠데타를 시도했지만 처참하게 실패한 바 있었고 2월 혁명이 발발했을 때는 런던에 망명해 있었다. 하지만 나폴레옹 1세의 전설은 그의 사후에도 계속 살아 있었다. 조카 나폴레옹은 그 전설에 불을 땠고 여기에서 이득을 얻었다. 그는 파리로 돌아와 선거에 나섰고 승리했다.

두 번째 나폴레옹은 의식적으로 첫 번째 나폴레옹을 모델로 삼았다. 그는 정치 위에 존재하는 사람이며 나라를 통합할 수 있는 사람임을 자처했다. 우파에게는 질서와 안정의 구현자, 좌파에게는 노동자를 위하고 빈곤에 맞서고 혁명의 가치들을 수호해줄 사람이라는 이미지를 내보였다. 그는 모든 이에게 번영과 영광을 약속했다.

대통령으로서 루이 나폴레옹은 질서당과 긴밀한 관계를 맺었다. 프랑스 혁명의 상징들이 불법화되었다. 따라서 붉은 모자도 불법이 되었고 '자유의 나무'도 베어졌다. 결사의 자유와 언론의 자유도 제약되었다. 루이 나폴레옹 정부가 언론인과 정치 활동가를 박해하면서 많은 이들이 지하로 들어가야 했다. 저항하는 사람은 곧바로 체포되었다. 1850년에는 새 선거법이 통과되어 성인 남성 인구의 30퍼센트가 유권자에서 제외되었고 파리의 노동자 대부분이 투표권을 잃었다. 오늘날 역사학계는 루이 나폴레옹의 정부를 현대 경찰국가의 초기 형태로 보기도 한다.

질서당을 이끄는 자유주의 핵심 인사들은 혁명을 우려해서 가톨릭교회에 대해 기존의 입장을 바꾸었다. 이제 그들은 사회주의와 싸우기 위해 교회가 필요하다는 논리를 댔다. 티에르는 이제까지 가톨릭교회에 친화적인 적이 없었지만 1849년 1월에 의회 연설에서 이렇게 말했다. "나는 성직자들의 권한이 매우 강력해지기를 바랍니다. 나는 사제의 역할이 지금보다 훨씬 더 강화되어야 한다고 촉구합니다. 우리가 지상에 온 것이 고통받기 위해서라는 건전한 철학을 전파할 수 있는 사람으로 의지할 만한 존재가 사제이기 때문입니다."[9] 티에르는 사람들이 겪는 고통이 부자들의 잘못이 아니라 신의 뜻이며 신은 그들이 스스로를 위해 더 열심히 일하기를 바라신다는 점을 성직자들이 가르쳐야 한다고 보았다.[10] 1년 뒤에는 프랑스군이 로마로 진군해 교황을 복귀시켰고 교황은 1870년까지 프랑스군의 보호를 받았다.

그러는 동안 자유주의 정당인 질서당은 1850년 3월에 이른바 '팔루Falloux법'을 통과시켰다. 가톨릭교회가 학교를 열 수 있게 되었고 가톨릭 교리를 공립 학교에서 가르칠 수 있게 되었다. 티에르는 "폭력적인 공산주의가 우리 사회를 위협하고 있다"며 "교육이 종교적 감수성을 북돋워 야만성을 몰아내는 공동의 전쟁에 기여할 수 있어야 한다"고 언급했다.[11] 그에 따르면 그리스도교 교육의 목표는 "아이들이 열정에 저항하고 노동의 법과 의무를 자유의지로 받아들이며 질서와 규율의 습관을 들이고 … 복종의 틀 안에 있을 수 있도록" 훈련하는 것이었다.[12]

1850년에 티에르는 공공복지와 관련한 위원회 소속으로서 프랑스의 사회적 문제에 대한 보고서 초안을 작성했다. 그는 가난한 사람을 돕는 것은 원칙적으로는 좋은 일이지만 그러한 도움이 "미덕"이 될 수 있으려면 자발적이고 자율적인 방식으로 이뤄져야 한다고 보았다. 자선은 의무여서는 안 되었다. 자선의 의미가 훼손되고 부패할 것이기 때문이다. 자선이 의무가 되면 자선을 받는 가난한 사람들이 감사하는 마음을 잃게 될 터였다. 티에르는 국가의 활동은 언제나 엄격한 한계 이내로 최대한 제약되어야 한다고 결론 내렸다.[13]

독일에서도 1848년 혁명 초기의 승리는 금세 두려움, 분열, 그리고 실패로 이어졌다. 첫 전투에서 승리하고 나자 자유주의자들은 분열하기 시작했다. 종종 폭력적으로 치닫는 노동자들의 저항에 직면해서 자유주의자들의 실망과 분열은 더 심해졌다. 모든 자유주의자가 개혁을 원하긴 했지만 개혁이 무엇을 의미하는지와 무엇이 우선순위여야 하는지는 저마다 생각이 달랐다. 어떤 이들은 독일을 하나의 헌법 아래 통일하는 것이 가장 중요한 목적이라고 보았고 어떤 이들은 공화정을 수립하는 것이 우선이라고 보았으며 어떤 이들은 굵직한 사회 변화를 원했다. 또 어떤 이들은 (남성) 보통선거권을 지지했고 어떤 이들은 반대했다.

재산권이 위협에 처했다는 인식도 독일의 많은 자유주의자를 두려움에 빠뜨렸고, 이들은 공동의 목표를 위해 보수주의자와 연대했다. 존 스튜어트 밀이 프랑스 부르주아에 대해 했던 언급은 독일 중산층에게도 잘 들어맞는 말 같았다. 이들은 굵직한 사회 변화에 대해 "비정상적인 공포"에 사로잡힌 나머지 사회주의 혁명으로부터 보호해줄 정부라면 어느 정부라도 지지할 준비가 되어 있었다.[14]

후퇴와 반동

1848년 혁명은 유럽 전역에서 자유주의자들을 두려움에 빠뜨렸고 사기를 잃게 만들었다. 노동자 계급의 운동에 위협을 느끼고 내부의 분열이 합의를 찾지 못해 세력이 약화되면서 자유주의자들은 원칙을 타협해야 했다(저버렸다고 말할 사람도 있을 것이다). 이러한 상황은 두 개의 권위주의 정권이 등장하는 길을 닦았다. 하나는 프랑스의 나폴레옹 3세 정권, 다른 하나는 몇 년 뒤에 나오게 될 독일의 비스마르크 정권이었다. 독일과 이탈리아의 자유주의자들은 통일의 희망을 버렸다. 로마에는 1870년까지 프랑스군이 계속 주둔해 있어서 이탈리아는 수도가 되어야 할 도시를 중심으로 통일을 이루는 것이 불가능했다. 중부 유럽에서는 합스부르크 왕조가 혁명을 잔혹하게 진압하고 권력을 회복했다.

반동의 시기가 찾아왔고 10년이나 이어졌다. 새 집권층은 전에 자신들이 승인한 자유주의적 헌법을 고치거나 없앴고 자유주의 성향의 각료를 보수주의자들로 교체했다. 잔혹한 무력 보복이 이뤄진 곳도 있었다. 바덴 대공국에서는 항복한 혁명가의 10분의 1이 군사재판을 받고 처형되었고 다른 이들은 장기형을 선고받거나 박해를 피하기 위해 망명해야 했다. 바덴에서만 '1848년 혁명가' 약 8000명이 미국, 스위스 등지로 몸을 피했다. 반동적인 정부들은 언론을 검열했고 정치 모임을 해산했으며 의심스러운 자유주의자를 감시했다. 이 모두가 정부와 정통파 종교를 한층 더 긴밀해지게 만들었다. 로마에서 권력을 되찾은 교황은 가혹한 억압에 나섰다.

많은 이들이 자유주의는 이제 끝장났다고 보았다. 어떤 이들은 애당초 자유주의는 상호 불합치하는 낡은 개념들의 잡탕일 뿐이었다고 말했다. 자유주의자들은 백일몽을 그만두고 독재자를, "카이사르"를 기꺼이 받아들이기로 마음먹어야 했다.[15]

곧 프랑스에 그런 기회가 찾아왔다. 1851년 12월 2일, 1804년에 있었던 나폴레옹 1세의 대관식과 1805년 나폴레옹 1세의 아우스터리츠 전투 승리 기념 행사를 계기로 그의 조카 나폴레옹은 프랑스 공화정에 맞서 쿠데타를 계획했다. 루이 나폴레옹은 반대파의 주요 지도자를 체포하고 의회를 해산했으며 큰아버지의 헌법을 모범으로 삼는 새 헌법을 만들겠다고 공표했다. 그는 기존 법의 효력을 정지하고 계엄령을 발동했다. 수천 명이 투옥되거나 식민지의 유형지로 보내졌고 또 다른 수천 명이 망명을 해야 했다. 1년 뒤, 자신의 쿠데타 1주년 기념일인 1852년 12월 2일에 실시된 국민투표에서 대통령 루이 나폴레옹 보나파르트는 황제가 되었다.

큰아버지의 선례를 따라 루이 나폴레옹도 유사 민주주의 정권을 만들었다. 콩스탕과 토크빌이 경고한 최악의 악몽이 현실화된 것 같았다. 독재가 민주주의의 가면을 쓰고 오는 것 말이다. 새 헌법은 국민주권에 기초했고 대의제 정부를 표방했지만 나폴레옹에게 과거 그 누가 가졌던 것보다 막강한 권력을 부여했다.

나폴레옹 3세는 최선의 민주주의는 제도화된 정치체보다 한 명의 지도자가 통치 권력을 행사할 때 더 잘 달성될 수 있다고 말했다.[16] 그는 대의제 의회의 권력을 최소화하고 선거를 조작했으며 언론에 대한 검열과 경찰력을 동원한 감시를 활용해 반대 목소리를 모조리 틀어막았다. 그와 동시에 전에 없이 대대적인 프로파간다에 나서서 여론에 영향을 미쳤고 자신이 추진하려는 조치에 국민의 승인이라는 포장을 씌우기 위해 국민투표를 실시했다. 토크빌은 이것이 "제국주의적 전제 정치"라며 깊이 낙담했다.[17] 밀은 프랑스 황제에 대한 혐오로 가득 차서 10년 넘게 프랑스 정치에 대해 일절 언급하지 않았다.[18]

해외의 논평가들은 나폴레옹 3세 정권의 독특한 속성에 주목했다. 프리드리히 빌헬름의 최측근 정치 자문이었던 레오폴트 폰 게를라흐Leopold von Gerlach는 나폴레옹 3세 정권을 일컬어 "절대왕정과 자유주의의 사악한 결혼"이라고 묘사했다.[19] 영국의 신문들은 이것을 민주주의와 제국주의가 결합된 새로운 형태의 전제주의라고 불렀다. 이 정권의 특성을 표현하기 위한 신조어도 생겨났다. 나폴레옹 3세 정권은 "보나파르트주의," "나폴레옹주의," 그리고 그가 스스로를 율리우스 카이사르Gaius Julius Caesar에 견주곤 했기 때문에 "카이사르주의" 정권이라고도 불렸다.

나폴레옹 3세를 사회주의자라고 부르는 사람도 있었다. 나폴레옹 3세는 1840년대에 옥중에서 『빈곤의 타파Extinction du paupérisme』라는 책을 써서 노동자 계급을 돕겠다는 열망을 표현한 바 있었다. 황제가 되고 나서는 노동자 계급의 삶을 개선한다는 목적을 표방한 여러 가지 사회 정책을 도입했다. 파리에 병자와 부상자를 위한 진료소를 두 개 열었고 병원비를 낼 수 없는 사람들이 법적으로 보조를 받을 수 있는 프로그램을 마련했다. 또 노동자들을 대상으로 저가의 주거지를 짓는 기업에 보조금을 확대했다. 대규모의 공공 근로 사업을 벌여서 1만 명의 노동자를 위생, 상수, 교통 등의 정비에 고용했다. 자유주의자들은 그가 노동자들의 지지를 돈으로 사려 한다며 노동자들을 자유주의적이고 공화주의적인 정치 원칙으로부터 멀어지게 하려는 술수라고 비난했다. 그 밖에도 나폴레옹 3세는 운하를 지었고 철도의 발달을 촉진했으며 은행 및 기타 신용 기관의 확대도 추진했다.

하지만 많은 이들에게 절망스럽게도 나폴레옹 3세는 가톨릭교회의 지지를 얻는 대가로 교회에 더 많은 양보를 했다. 종교 예산이 3900만 프랑에서 4800만 프랑으로 증가했고 사제 수도 4만 6000명에서 5만 6000명으로 늘었다. 공립 학교에서는 목요일과 일요일에 의무적으로 미사를 드려야 했고 고해 성사도 학기 중 한 번 의무적으로 해야 했다. 황제가 되기 바로 얼마 전에 나폴레옹 3세는 마르세유에 새 성당을 건립하도록 했고 얼마 뒤에는 그때까지 '판테온'*이었던 파리의 생트준비에브 교회를 공식적으로 축성했다. 이 축성식에는 성인의 유해를 다시 가져와 안장하는 행사도 포함되었는데, 왕정복고 시기 이래 파리에서 열린 첫 대규모 종교 행렬이었다.[20] 한편 로마에는 프랑스군이 교황을 보호하기 위해 계속 주둔해 있었다.

---

* 성당으로 건립되었으나 혁명정부 시기 국가의 위인을 안장하는 곳이 되었고 이름도 판테온으로 바뀌었다.

교황 비오 9세

1846년에 교황으로 선출된 비오 9세는 곧바로 자유주의적인 개혁 의지를 내보였다. 수많은 정치 수감자를 풀어주었고 언론 제약을 완화했으며 평신도로 구성된 자문 위원회를 꾸렸다. 이어 추가적인 개혁도 하겠다고 약속했다. 곧 그는 전 세계에서 '자유주의적인 교황'으로 칭송받았다.

하지만 비오 9세는 1848년 혁명으로 크게 충격을 받고 영원히 마음을 바꾸게 된다. 군중의 폭력에 경악하고 그에게는 터무니없어 보이는 요구들에 분노해서, 교황은 이제 자유주의에 맞서는 쪽으로 선회했고 오랜 재위 기간 내내 반동을 상징하는 지도자가 되었다. 그는 반동 성향에 공감하는 예수회와 긴밀한 관계를 형성했다. 예수회를 비롯해 가톨릭의 대변자들은 수많은 책, 소책자, 기사에서 1848년 혁명을 '자유주의적'이라고 비난했다. 이들에 따르면, 사람들이 갈피를 못 잡고 미신에 사로잡힌 나머지 가짜 철학자들에게 홀렸는데 그중에서도 자유주의가 가장 큰 가짜 철학이었다. 자유주의는 종교와 도덕을 갉아먹었고 자유주의의 영향을 받은 대중은 이기적이고 물질 중심적이 되었다. 한 가톨릭 매체는 "사회의 병폐가 심각하다, 매우 심각하다"고 언급했다.[21] 또 다른 글은 자유주의를 "순전한 악"이라고 묘사했다.[22]

이들은 자유주의에 맞서는 신성한 전쟁이 필요하다고 주장했다. 그렇지 않으면 방종과 야만이 판치게 될 터였다. 이들에게 자유주의와 사회주의는 사실상 같은 것이었고 하나는 필연적으로 다른 하나로 이어질 수밖에 없었다. 자유주의와 사회주의 모두 종교를 무력화하고자 했다. 따라서 가톨릭 교리를 다시 가르치는 것이 절실했다. 그렇지 않으면 자유주의가 애국심, 지능, 도덕, 명예를 모조리 죽여버리게 될 것이었다. 이러한 프로파간다에는 공포를 불러일으키기 위해 종말론적인 표현이 종종 사용되었다. 가톨릭 출판업자 후안 도노소 코르테스Juan Donoso Cortés는 여러 언어로 번역되어 널리 읽힌 저술에서 서구 문명이 "역사상 가장 큰 재앙"의 위기에 직면해 있다고 언급했다.[23] 다 자유주의 때문이었다.

바티칸은 반동적인 정부들과 연합해 유럽의 대중을 가톨릭으로 재교육하기 위한 조치를 시작했다. 특히 여성에게 소구하기 위해 복종, 고통, 기적을 강조하는 감정적 형태의 민중 신앙적 요소가 고안되었다. 1854년에 교황은 무원죄 잉태의 원칙을 선포해 동정녀 마리아에게는 원죄가 없다고 선언했다. 이는 대대적인 종교적 열기를 불러일으키는 촉매가 되었는데, 여성들이 큰 역할을 했다. 마리아의 혼령이 나타났다는 이야기가 라 살라트(1846), 루르드(1858), 퐁맹(1871) 등에서 터져 나왔다. 이러한 분위기에 경악한 자유주의자들은 대중, 특히 여성이 쉽게 미신에 빠지는 점에 좌절했다.

독일에서도 1848년 혁명 이후 국가와 교회의 결탁이 공고해졌다. 이들은 합리주의, 자유주의, '1789년의 사상'을 끊임없이 공격했고 가톨릭 선교단에 지원을 늘려 수천 개의 마을과 도시를 돌아다닐 수 있게 했다. 선교 사제들은 1848년 봉기가 사탄의 작업이었다고 비난하면서, 용서할 수 없는 죄를 저지른 자들에게 영원한 형벌이 내려져야 한다고 주장했다.

자유주의자들은 가톨릭 선교단이 어마어마하게 인기를 끄는 것에 한층 더 절망했다. 독일에서는 한 선교 모임에 무려 2만 명의 신도가 몰렸다. 이에 경악한 자유주의자들은 선교단이 "종교적 광기"와 정신 질환을 가져온다고 비난했다. 이들이 보기에 선교단은 가장 근본적인 자유주의 신조에 맞서서 전쟁을 벌이는 역병의 세력이었다. 자유주의자들은 가톨릭교회가 "빌둥Bildung* … 빛과 계몽, 민중의 후생, 국가의 후생, 가정의 행복에 맞서 가차 없이 전쟁을 벌이고 있다"고 비난했다.[24]

가톨릭에 뒤질세라 개신교 성직자들도 독일 전역에서 반자유주의 프로파간다를 벌여 반동에 대한 지지를 강화했다. 프로이센에서는 국교인 개신교가 대대적인 캠페인을 벌여 사람들에게 혁명은 신이 주신 질서에 대한 공격이자 신 자체에 대한 공격이라고 가르쳤다. 새로 창간된 『새 프로이센 신문Neue preussische Zeitung』이 기존의 『복음주의 교회 신문』과 함께 자유주의의 파괴에 나섰다. 1848년에는 『복음주의 교회 신문』의 모든 호가 혁명 세력은 신을 섬기지 않고 부도덕한 반란자이며 신이 주신 질서에 맞서는 자들이라는 비난으로 점철되어 있었다.

다른 곳의 자유주의자들처럼 독일 자유주의자들도 자유주의가 실패했고 이제 다 끝장났다는 좌절에 휩싸여 있었다. 이들은 입헌 정부와 대의제 정부를 위해 싸웠다. 그러한 정부가 평화적으로

---

* 성숙한 인간의 육성된 정신으로서의 교양과 세계관.

독일을 통일하기를 원했다. 하지만 그 어느 것도 확고하게 달성되지 못했고 되레 적들이 전보다 더 강해진 듯했다. 게다가 새로운 적마저 생겼다. 그중에도 가장 두려운 적은 사회주의였다. 1853년 판 『브로크하우스 백과사전Die Brockhaus Enzyklopädie』은 혁명 이후에 정치와 관련된 명칭과 용어로서 "리버럴"과 "자유주의"는 "사용할 수 없는 것이 되었다"고 언급했다.[25] 프리드리히 엥겔스는 자유주의가 "독일에서는 영원히 불가능하다"고 단언했다.[26]

이기심의 문제

1848년의 실패한 혁명 이후 자유주의자들은 어디에서 무엇이 잘못되었는지 깊이 성찰해야 했다. 왜 그들은 그렇게나 성공적이지 못했는가? 왜 사람들은 사회주의 사상에 그렇게 강하게 끌렸는가? 왜 프랑스 대중은 그토록 혁명으로 치우쳤는가?

대부분의 자유주의자들은 부당한 사회 체제가 원인라는 개념을 받아들이지는 않았다. 그보다는, 1848년의 실패가 대중의 도덕성이 처참하게 붕괴해서 생긴 결과라고 보았다. 도덕성이 무너진 탓에 소수의 선동가가 사회주의 개념을 주입해 대중을 오도할 수 있었다는 것이다. 토크빌은 1848년 혁명이 "인간 정신의 일반적인 병폐" 때문에 일어난 일이라고 설명했다. "이상한" 사회주의 이론에 위험하게 경도되어 생긴 일이었다는 것이다.[27] 그는 대중이란 지적 역량과 도덕적 특질이 부족해서 책임 있는 의사 결정을 내릴 수 없다고 보았다. 대중은 이기적이고 물질주의적인 사상, 가령 사회주의 같은 철학으로 빠지기 쉬웠다. 1848년 혁명은 토크빌이『미국의 민주주의』에서 말한 바를 입증하는 듯했다. 프랑스 민중에게는 자유주의 체제를 지탱하는 데 꼭 필요한 사상과 도덕이 결여되어 있다고 말이다.

영국과 미국의 논평가들도 프랑스 도덕주의자들의 한탄에 의견을 같이했다. 사실 1848년의 혁명은 프랑스의 국민성, 혹은 국민성의 부재에 대한 오랜 편견을 다시금 확인해주는 듯했다. 신문들은 프랑스 대중이 도덕적·정신적 퇴락의 상태에 있다고 지적했다.[28] 그들에게는 기본적인 자기 절제 역량이 없다는 것이다. 프랑스를 방문한 외국 논평가들의 글도 이 점을 강조했다. 프랑스 사람들은 독립성이나 도덕적 강인함과 같은 남성다운 특질을 결여하고 있다고 계속해서 조롱을 샀다.

근본적인 문제가 도덕성에 있다고 본 점에서는 자유주의자들도 보수파 그리스도교 및 극우 왕당파와 의견이 다르지 않았던 셈이다. 그들이 보기에 대중은 교화되지 못했고 이기적이고 물질주의적이었으며, 바로 이것이 그들이 사회주의 사상에 쉬이 넘어가는 이유였다. 하지만 보수주의자들과 달리 자유주의자들은 장기적인 해답이 전통적인 교회(가톨릭이든 개신교든)로 돌아가는 데 있다고 보지 않았다. 사람들에게 종교적 원칙을 가르치거나 권위에 대한 복종을 가르치는 것은 해답이 아니었다. 지금 필요한 것은 대중이 적절한 **성품**을 갖게 하는 일이었다. 1848년 이후 성품의 문제는 자유주의자들이 집착적으로 관심을 쏟는 주제가 되었다.

영국 매체에는 프랑스 국민성을 폄훼하는 묘사가 영국 국민성에 대한 매우 긍정적인 묘사와 함께 나오곤 했다. 이들에 따르면 영국인은 **프랑스적이지 않다는** 점을 자랑스러워할 만했다. 『에든버러 리뷰』는 자유주의적인 정부 시스템이 제대로 돌아가려면 애국적인 시민이 필요하다고 주장했다.[29] 그리고 이들이 보기에 영국 사람들은 애국적이고 공동체 의식이 있으며 프랑스 사람들이 갖지 못한 책임감이 있었다. 또 영국인은 독립적인 사고 역량을 발휘해서 압제자의 프로파간다에 속아 넘어가지 않을 수 있었다. 요컨대, 영국이 혁명을 피할 수 있었던 것은 영국의 국민성 덕분이었다. 한 저널리스트는 이렇게 언급했다. "하느님 감사합니다. 우리가 색슨족이라서!"[30]

영국 자유당의 부상

바로 이 시기에, 이른바 앵글로-색슨족의 우월성을 확인시켜주기라도 하듯 영국에 자유[주의]당Liberal Party이 등장해 번성했다. 영국의 자유당은 무엇을 대표하는 정당이었는가? 무엇이 이 정당을 '자유주의적liberal'이라고 불리게 만들었는가? 영국의 자유주의자들은 입헌 정부와 대의제 정부를 위해 '싸울' 필요가 없었다. 보수주의자들도 그러한 정부의 원칙을 이미 받아들이고 있었기 때문이다. 1848년으로 이어지던 시기에 영국에서 자유주의적이라 함은 이미 영국이 가지고 있었던 특질을 의미했다. 즉 '향상,' '개혁,' '진보'와 같은 것들(이 시기에 점점 더 많이 쓰이게 된 단어들이다)을 지지하는 것을 의미했다. 그렇지만 의회에서 몇몇 분파가 모여 공식적으로 영국 자유당을 창당한 것은 1859년이 되어서였고, 그 후로 자유당은 윌리엄 글래드스턴의 지휘하에 19세기의 나머지 시기 동안 영국 정치를 지배하게 된다.

19세기 중반에 영국에서 진보와 개혁은 귀족의 특권과 독점, 그리고 기득권의 이해관계를 철폐하는 것을 의미했다. 영국 국교회도 기득권 세력 중 하나였다. 자유주의자들은 보수주의자들이 이미 유용성을 상실한 사상과 실천을 고수하려 한다고 비판했다. 자유주의자들에 따르면 토리당원들은 자신의 특권과 지위를 보호하고자 하고 자신에게 그럴 권리가 있다고 생각하며 다른 사람들은 열등하므로 자신의 아래에 복속시켜도 된다고 생각하는 사람들이었다. 반대로 자유당은 더 민주적인 성향을 가지고 있다고 이야기되었다. 『브리스톨 가제트*Bristol Gazette*』는 자유주의와 보수주의의 차이를 이렇게 설명했다. "자유주의는 민중의 특권을 확대하려는 것이고 보수주의는 축소하려는 것이다."[31] 하지만 이미 살펴보았듯이, 자유주의자들이 꼭 보통선거제를 지지했다는 말은 아니다.

개혁을 지지한다는 것을 빼면 자유당 내부에는 꽤 첨예한 분열이 존재했다. 아직 전국적인 자유당 조직은 없었고 자유당 고유의 입법 의제도 없었다. 참정권을 확대하고 싶어 하는 자유당원도 있었고 그렇지 않은 자유당원도 있었다. 대부분이 더 자유로운 무역을 지지하긴 했지만 그렇다고 자유방임 원칙을 교조적으로 믿지는 않았다. 여전히 자유당원 대부분은 일부 영역에서는 개입을 주장했고 일부 영역에서는 반대했다. 되돌아보면, 많은 역사학자들이 지적했듯이 영국 자유당의 핵심 특성은 통합된 강령 같은 것이 아니라 대중의 도덕성 향상을 강조했다는 데 있었다.

『에든버러 리뷰』는 대중에게 종교와 도덕을 불어넣는 것이 국가의 의무라고 설명했다. 대중의 활력, 기조, 도덕적인 품성을 높이는 것은 정부의 책임이었다. 그리고 시민적 책임, 공동체 정신, 그리고 애국심의 함양을 중요시한다는 것은 자유당의 자기 규정에서 핵심 요소였다. 앵글로-색슨족이 원래부터 당당한 성품과 자기 규율 능력, 자기 통치 역량을 가지고 있다는 그 모든 이야기에도 불구하고, 이러한 특성은 더 촉진하고 육성할 필요가 있어 보였다. 앵글로-색슨족의 남성다움은 지속적으로 유지되고 관리되고 강화되어야 했으며, 이것은 정부의 중요한 역할이었다.

자유방임 대 빌둥

1848년 이후로 유럽의 자유주의자들은 대중을 교육하고 도덕을 함양한다는 목표에 집착적으로 관심을 기울였고 그렇게 하기 위한 방법을 두고 논쟁을 벌였다. 어떤 이들은 자유방임 원칙을 도입하고 널리 퍼뜨려야 한다고 보았고 이 견해를 매우 교조적으로 고수하는 사람도 있었다. 1848년의 경험 이후, 이들은 노동자들이 이상한 행동을 하게 된 이유가 경제 법칙을 이해하지 못해서라고 생각했다. 무지해서 돌팔이가 퍼뜨리는 허황된 이론에 쉽게 넘어갔다는 것이다.[32] 따라서 정치경제학자가 해야 할 가장 시급한 일은 대중이 경제 원칙을 제대로 이해할 수 있게 교육하는 것이었다. 이들에 따르면, 사회주의 사상이 퍼지는 것을 막고 자유방임이라는 건전한 사상으로 맞서는 것이 꼭 필요했다. 노동자들은 경제 법칙을 이기려는 정부 개입, 아니 완화하려는 정부 개입조차 언제나 실패할 수밖에 없다는 것을 알아야 했다. '법제화된 자선'은 빈곤의 대책이 아니라 **원인**이었다.

많은 정치경제학자들이 신문과 저널, 백과사전과 소책자와 서적을 통해 이 일에 발 벗고 나섰다. 프랑스의 『정치경제학 사전 *Dictionnaire de l'économie politique*』이 그러한 사례인데, 사회주의로 빈곤을 타파할 수 있다는 생각은 거대한 미몽이라고 설명했다. 이 사전에 따르면, 국가의 경제 개입은 효과가 없고 도리어 위험하기만 할 뿐이었다. 이 백과사전은, 그러니 자유주의자들은 "사회적"이라는 말을 사용하지 않는 편이 나을 것이라고 조언했다. 그 단어가 온갖 정신 나간 생각을 촉진하기 때문이라는 것이었다.[33]

1848년이 지나고 자유무역론자이자 자유방임론자인 프레데리크 바스티아는 이전에 제시했던 이론을 한층 더 강한 어조로 다듬어 사회주의에 맞서는 데 온 노력을 다했다. 그는 노동자들의 요구에 밀려 양보하는 것을 "법제화된 자선"이라고 불러선 안 된다고 주장했다. 그것은 "법제화된 약탈"이라는 것이었다. 그가 보기에 빈곤은 정부 개입이 너무 적어서가 아니라 너무 많아서 생기는 문제였다. 정부 기능은 물리적 안전과 사법 정의를 지키는 일로만 한정되어야 하고 그 이상의 일은 인류의 번영과 발전을 위해 신께서 주신 "조화의 법칙"이 알아서 작동하게 두어야 했다. 개개인이 자신의 이해 관계에 따라 벌이는 경쟁을 통해 부는 가난한 사람들에게까지 차차로 흘러 내려갈 터였다. 그때까지 노동자들은 자신의 고통이 "섭리에 따른 계획"의 일부임을 이해하고 고통을 받아들이는 법을 배워야 했다.[34]

바스티아 같은 프랑스 정치경제학자들은 노동자 계급의 빈곤과 비참함이 노동자 계급 자신의 잘못이라는 생각을 계속해서 퍼뜨렸다. 이에 따르면 노동자 계급은 게으르고 무책임하고 낭비벽이 있었다. 빈곤에서 벗어나려면 그들은 규칙적인 생활, 부지런한 태도, 절주와 같은 좋은 습관을 익혀야 했고 근면, 책임감, 자립의 가치를 배워야 했다. 이 모든 것을 시장과 종교가 가르칠 수 있었다. 무엇보다, 노동자들은 정부가 그들의 고통과 상관없다는 것을 깨달아야 했다. 각 개인에게 사회에서 그가 있을 위치를 정해주는 것은 자연이었으며, 자신의 처지를 더 낫게 만드는 유일한 방법은 자신의 성품을 향상하는 것뿐이었다.

바스티아를 몹시 존경했고 바스티아의 저서 『경제의 조화*Harmonies Économiques*』를 1850년에 독일어로 번역하기도 한 존 프린스 스미스는 "사회적 문제"는 존재하지 않는다고까지 주장했다. 경제는 특정한 불변의 법칙대로 움직이게 되어 있었다. 사회적 불만을 해결한다는 취지에서 이 법칙들을 무시한다면 득보다 실이 클 수밖에 없었다. 고통을 줄이는 유일한 방법은 시장의 자유로운 작동을 통해 경제를 성장시키는 것뿐이었다. 그에 따르면, 노동자들은 자신의 비참한 상태가 주로 그들 자신의 실패 때문이라는 것을 알아야 했고, 이에 대한 해법은 자립, 자조, 그리고 개인의 책임뿐이었다.

이렇게 극단적인 자유방임 사상이 독일 자유주의자들의 견해를 대표하지는 않는다. 오히려 독일 자유주의자들은 자유방임 조건에서 벌어지는 산업의 발달이 프롤레타리아 계급을 출현시킨다는 데 대해, 즉 다수 대중을 물질적 빈곤과 정신적 퇴락에 빠지게 만드는 경향을 갖는다는 데 대해 이전 어느 때보다도 크게 우려하고 있었다. 독일 자유주의자 대부분은 자유방임을 교조적으로 지지하지 않았고, 교조적 자유방임주의자들을 경멸적으로 일컬어 '스미스주의'라든가 '맨체스터주의' 등으로 부르면서 자유방임 개념이 현실적이지 않고 효과도 없으며 부도덕하기까지 하다고 비판했다.

영국의 존 스튜어트 밀도 극단적인 자유방임 원칙을 교조적으로 지지하지 않았다. 프랑스에 우호적이었던 밀은 프랑스 사회주의자 루이 블랑에게 1848년 혁명의 몇몇 사회주의적 개념에 공감한다는 서신을 보내기도 했다. 훗날 본인이 설명했듯이 밀과 아내[이자 지적 동반자] 해리엇Harriet Taylor Mill은 많은 시간을 들여 "대륙 사회주의 저술가들의 훌륭한 논의들을 공부했다."[35]

점차로 밀은 사회주의의 몇몇 측면에 더욱 끌리게 되었다. 그의 저서 『정치경제학 원리』의 2판과 3판 사이에 드러난 변화가 이를 잘 보여주는데, 밀은 사회적 문제에 더 민감해졌고 빈곤이 가난한 사람들의 도덕적인 실패와는 관련이 적고 "기존의 사회 제도가 대대적으로 실패한" 것과 더 관련 있다는 생각에 더 많이 동의하게 되었다. 이제 밀은 "사회적 전환"이 필요하다고 생각했다.[36] 1866년에 밀은 자유당 소속으로 의회에 진출해 자유방임 사상에 기초한

정책에 맞서 맹렬하게 싸웠다.[37]

1850년대와 1860년대를 거치면서 프랑스에는 자유방임과 사회주의 사이에 중도의 길이 필요하다고 보는 사람들이 점점 많아졌다. 한 출판업자는 자유방임 경제학자들의 자유주의는 **가짜** 자유주의이며 사회의 원자화를 가져올 뿐이라고 말했다.[38] 필요한 것은 "자유주의적 사회주의"였고[39] 국가는 "문명화의 도구"가 되어야 했다.[40]

밀의 프랑스 지인이자 번역가인 샤를 뒤퐁와이트Charles Dupont-White는 자유방임을 설파하는 사람들을 경멸적으로 일컬어 "개인주의적"이라고 불렀다. 그는 경쟁과 이기심에만 기초한 시스템은 전혀 지속 가능하지 않다고 보았다. 국가는 공공선을 지키고 촉진하기 위해 나서야 했고, 진보에는 더 적은 정부 활동이 아니라 더 많은 정부 활동이 필요했다. 그에 따르면, 지금은 "법제화된 자선"이 필요한 때였다. 또한 그는 자신이 원칙적으로는 자유무역을 지지하지만 "규제 없이는 자유도 없는 법"이라고 주장했다.[41]

당대의 많은 자유주의자들처럼 뒤퐁와이트도 정부 개입을 우려하기보다는 현대 사회가 만들어내고 있는 인간의 유형을 우려했다. 토크빌은 『미국의 민주주의』에서 민주적 사회가 이기심을 부추기는 경향이 있다고 경고한 바 있었다. 그 책의 1, 2부 모두에 대해 서평을 쓴 밀도 여기에 동의했다. 그가 보기에 민주주의는 사람의 성품을 훼손하는 경향을 담고 있었다. 따라서 현대의 인간은 협소한 마음의 자기중심적인 사람이 되기 쉬웠다. 이러한 도덕적 퇴락의 경향에 맞서려면 이와 다른 종류의 정신을 육성해야 했다. 이것이 밀이 유명한 저서 『자유론On Liberty』(1859)에서 개진한 주장이었다.

『자유론』에서 밀은 국가 개입에 대한 우려를 논했다기보다 어떻게 인류의 도덕 교육을 촉진할 것인가를 고민했다.

가정의 역할

인류의 도덕성 함양에 대한 담론에서 여성에 대한 논의가 빠질 수는 없었다. 수 세기 동안 신학자, 법률가, 정치사상가 들은 가정에서 이뤄지는 사회화와 도덕성 함양에 여성이 중요한 역할을 한다고 인정했다. 남성들은 아내와 가정이 있으면 길들여지고 문명화될 수 있다고 이야기되었다. 아내와 가정이 없으면 이기적이고 성마르고 폭력적인 행동을 하게 될 수도 있었다. 천성적으로 여성들이 더 많이 사랑하고 더 많이 공감하며 더 너그럽게 베풀 줄 안다는 것이 일반적인 통념이었다. 또한 여성은 어떤 사회 질서라도 의존하지 않을 수 없는 필수 덕목들, 가령 자기희생, 규율, 타인에 대한 공감 같은 덕목을 가르치는 존재였다. 이러한 가치들은 특히 민주주의 사회에 꼭 필요했는데, 민주주의 사회에서는 남성들이 성품을 잃을 위험이 매우 크기 때문이었다. 토크빌은 "자유로운 공동체는 도덕 없이 존재할 수 없으며 도덕은 여성의 일"이라고 언급했다.[42] 『미국의 민주주의』에서 토크빌은 미국의 성공 비결 중 하나는 미국 여성들이라고 말했다.

따라서 여성들이 봉기에 참여했다는 것은 자유주의자들에게 매우 불편한 사실이었다. 1848년 혁명 시기에 멀리는 미국에서까지 수많은 언론이 여성들의 봉기 참여에 충격과 경악을 표하면서, 여성이 남성 못지않게 분노했고 폭력적이었으며 보복의 감정에 사로잡혀 있었다고 보도했다. 이는 도덕과 자연 질서에 명백하게 역행하는 것으로 보였다. 이러한 행동을 함으로써 프랑스 여성들이 "성별을 탈각"했다고 말하는 사람도 있었다.[43] 또한 언론은 여성과 소녀들이 거리에서 강간과 고문을 당했다고 보도했다. 이 모두가 여성이 논쟁적인 정치 활동에 참여하면 대중의 도덕에 재앙이 초래된다는 것을 보여주려는 메시지였다.

한 나라의 도덕성은 상당 부분 여성이 그들에게 부여된 역할인 가정에서의 역할을 잘 수행하는 데 달려 있다는 것이 좌우를 막론하고 모든 정치 스펙트럼에서 받아들여지던 통념이었다. 의견이 갈린 지점은 여성이 가정에서 수행하는 역할의 중요성 자체가 아니라 여성이 가정에서 **어떤** 도덕을 가르쳐야 할 것이냐였다. 가톨릭교회는 여성이 전통적인 그리스도교 가치, 즉 겸양, 신앙심, 권위에의 복종을 가르쳐야 한다고 본 반면, 자유주의자들은 책임 있는 시민이 되는 데 필요한 덕목, 즉 좋은 성품과 남성다움을 가르쳐야 한다고 보았다. 남성에게 아내와 가정이 있으면 절주, 근면, 개인의 책임 같은 개념을 익히게 되리라고 여겨졌다. 가정이라는 보금자리에서 아내의 영향을 받아 자신을 절제하는 습관, 즉 자기 규율을 배우게 되리라는 것이었다.

많은 자유주의자들은 결혼의 형태가 가부장제에 기초한 당대의 형태와 달리 더 동반자적인 관계에 기초한 형태가 되어야 한다고도 주장했다. 주세페 마치니는 가정이 "인류의 요람"이긴 하지만 남성의 권위가 아니라 상호적인 사랑과 존중에 기반할 때만 인류의 요람으로서 올바른 가치를 함양할 수 있다고 언급했다. 따라서 그는 남성이 여성을 종속적인 대상이 아니라 파트너로 생각해야 한다고 촉구했다.[44] 존 스튜어트 밀도 현재와 같이 구성된 가정은 "압제를 가르치는 학교"라고 지적했다. 이러한 가정은 아이들에게 책임 있는 시민이 되는 데 필요한 자질을 갖추게 할 수 없었다. 도덕을 가르치는 역할을 할 수 있으려면 가정은 동등한 두 사람의 파트너 관계로서 구성되어야 했다.[45]

자유주의 성향의 여성 대부분은 남성과 여성이 '본성상' 차이가 있다는 점을 부인하지 않았고 여성의 주된 역할이 아내와 어머니의 역할이라는 개념에도 반대하지 않았다. 이런 면에서, 이들도 18세기의 여성 자유주의자들과 다르지 않았다. 파리에서 1848년에 창간된 신문 『여성의 목소리*Voix des femmes*』는 토크빌의 어조와 비슷하게 국가의 도덕이 여성의 도덕에 달려 있다고 언급하면서 여성들이 개혁을 요구하는 이유는 바로 그 여성의 의무를 더 잘 달성하기 위해서라고 주장했다. 『여성의 목소리』는 "인류를 갱생하는 일"에 더 완전하게 참여하는 것이 여성들이 원하는 일이라며, 여성 자신의 마음과 정신이 "퇴락하고 노예화되어 있다면" 어떻게 가정에서 적절한 교육을 제공할 수 있겠느냐고 반문했다.[46] 여성이 자신에게 부여된 의무를 잘 수행하려면 우선 스스로를 지적, 도덕적으로 고양해야 한다는 주장이었다.

투표권에 대해서는 남녀 자유주의자 모두 의견이 분분했다. 여성 참정권을 주장한 사람은 매우 소수였다. 드문 예외 중 한 명이 미국 페미니스트 엘리자베스 케이디 스탠턴Elizabeth Cady Stanton과 루크리셔 모트Lucretia Mott다. 이들은 유럽의 혁명에 여성들이 참여한 것을 두고 온갖 신문이 부정적인 논평을 쏟아 내는 데도 굴하지 않고 파리에서 악명 높은 6월 혁명이 있은 지 한 달도 안 되어서 뉴욕주 세니커폴스에서 최초의 전국 여성 모임을 개최했다. 이 자리에서 이들은 미국 「독립선언문」을 본뜬 「감성선언문Declaration of Sentiments」을 발표했다. 이 선언문은 "모든 남성과 여성은 평등하게 태어났다"고 천명했고 이어서 여성들이 규탄하고자 하는 문제들의 기다란 목록을 언급했다.

영국의 철학자이자 여권 운동가 해리엇 테일러도 여성 참정권을 공개적으로 주장했다. 1851년 7월에 『웨스트민스터 리뷰』에 실린 「여성의 참정권The Enfranchisement of Women」이라는 글에서 테일러는 모든 권리, 즉 정치적·시민적·사회적 권리 모두에 대해 여성에게도 완전한 평등이 주어져야 한다고 요구했다. 그러한 권리를 갖지 못하면 여성은 남성의 노예로 존재할 수밖에 없을 터였다. 테일러에 따르면, 어떤 인간도 다른 이에게 그가 있어야 할 적절한 영역이 어디인지를 지정해줄 수는 없었다. 모든 직업이 모두에게 열려 있어야 하고 모든 사람이 완전한 선택의 자유를 가질 수 있어야 했다. 테일러를 따라서 남편 존 스튜어트 밀도 참정권을 포함해 여성의 완전한 평등을 주장했다. 그뿐 아니라 밀은 여성의 "본성"에 대한 통념, 즉 정말로 여성의 본성이 남성의 본성과 그렇게 다른지에 대해서도 다음과 같이 문제를 제기했다. "여성의 본성이라고들 여겨지는 것은 작위적이고 인공적인 것이며, 어느 면들은 억압하고 어느 면들은 부자연스럽게 자극해 만들어진 것이다."[47]

밀은 널리 존경받았는데 독일의 루이제 디트마르Louise Dittmar도 밀을 따르는 사람 중 한 명이었다. 디트마르도 적합한 방식으로 제도화된 가정이 자유주의적인 국가의 건강에 필수적이고 여성을 법적으로 종속적인 위치에 두는 것은 사회의 도덕을 함양하는 데 실패하는 길이라고 보았다. 여성은 더 나은 교육을 접할 권리와 투표할 권리를 가져야 하고 경제적으로 독립할 수 있어야 했다. 그래야만 행복하고 도덕적으로 건전한 가정이 존재할 수 있고 그것에 의지해 자유주의적인 사회가 성공적으로 돌아갈 수 있을 터였다. 그는 여성들이 묶여 있는 '노예의 족쇄'를 깨뜨려야 한다고 주장했다.

하지만 여성의 투표권을 지지하는 자유주의자는 매우 소수였다. 당대 대부분의 자유주의자는 이 개념을 비웃었다. 독일 법률가이자 자유주의 정치인인 요한 블룬칠리Johann Bluntschli는 여성에게 정치적 권리를 주는 것은 "국가에 위험할 뿐 아니라 여성들 본인을 손상하는 일이기도 하다"고 주장했는데, 이것이 당대의 일반적인 견해였다.[48] 여성은 감성적인 존재이고 여성의 판단은 오류가 있기 쉽다고 여겨졌다. 또한 가정 영역에 한정되어 있지 않으면 여성의 건강도 훼손된다고 이야기되었다. 감성성, 나약함, 불합리성이 여성의 자연적 본성이라고 여겨지면서, 이는 블룬칠리와 같은 자유주의자들이 여성은 남성의 지배를 받아야 한다고 주장하는 데 논거가 되었다.

인류교

늘 그랬듯이 도덕의 문제는 종교와도 밀접하게 관련이 있었다. 1848년 혁명의 실패는 어떤 정치적 진보라도 그것이 가능하려면 종교의 개혁이 먼저 이뤄져야 한다는 자유주의자들의 견해를 한층 더 강화했다.

밀이 혁명에서 얻은 주요 교훈 하나는 어떤 새로운 사회주의 개념도 공동체의 정신이 먼저 달라지지 않으면 성공할 기회가 생기지 않으리라는 것이었다. 인류의 "지적·도덕적 상태가 진정으로 길들여지는 것"이 꼭 필요했다. 이를 위한 한 가지 방법은 더 평등한 결혼 제도였고 다른 한 가지 방법은 "가장 폭넓은 의미에서의 윤리와 정치"를 가르칠 수 있는 자유주의적 교육이었다.[49] 하지만 밀은 현대인의 정신을 바꾸려면 종교에도 변화가 필요하다고 보았다. 그리스도교는 자신의 구원에만 사고가 고착되도록 해서 사람들을 동료 인간에 대한 의무감을 잃고 이기적이 되게 만들었다. 밀은 "공공선에 대한 깊은 감수성"을 함양해줄 수 있는 "인류교"가 필요하다고 주장했다.[50]

앞에서 보았듯이 자유주의라는 단어가 등장한 이래 종교의 개혁은 자유주의자들의 큰 관심사였다. 콩스탕과 스탈도 계몽된 새로운 개신교가 필요하다고 주장한 바 있었고, 이제는 유럽 전역에서 점점 더 많은 자유주의자들이 이러한 의미에서 인류교라는 단어를 사용하고 있었다. 이들에 따르면, "새롭고 무해한 복음"을 통해 사람들에게 공공선에 대한 헌신을 북돋워야 했다.[51] 블룬칠리도 도그

마에서 벗어나 도덕의 함양에 헌신하는 종교가 필요하다며 이것을 "예수의 종교"라고 불렀다.[52]

프랑스가 가톨릭 지배적인 국가였던지라 특히 프랑스의 자유주의자들이 종교와 관련해 많은 글을 남겼다. 역사학자이자 교수였던 에드가르 키네Edgar Quinet는 뱅자맹 콩스탕의 종교 관련 저술을 높이 평가했고 콩스탕이 주장했던 개신교가 가장 좋은 형태일 것이라는 데 동의했다. 그는 프랑스가 가톨릭에서 벗어나는 전환을 하는 데 이러한 종교가 도움이 될 것이라고 생각했다. 1856년 저서 『유럽의 종교와 도덕의 상황에 관한 서신Lettre sur la situation religieuse et morale de l'Europe』에서 키네는 가톨릭이 절대왕정과 결탁했던 수 세기 동안 프랑스 사람들이 굴종적이고 노예적이고 자기만 알고 물질주의적으로 변하게 되었다고 언급했다. 가톨릭은 건전하지 못한 권위에 대한 복종을 육성했고 개인의 책임감이라는 개념은 완전히 버려지게 만들었다. 문제는 사람들이 가톨릭 신앙을 일거에 포기하지는 않으리라는 점이었다. 하루아침에 사람들을 "순전한 이성의 빛"으로 개종시키기는 불가능할 터였다. 따라서 프랑스가 전환을 하는 데 도움을 줄 과도기적 종교가 필요했다. 키네는 미국 목사 윌리엄 엘러리 채닝이 말한 유니테리어니즘이 그러한 종교가 될 수 있으리라고 보았다.

키네 외에도 프랑스의 많은 자유주의자들이 종교의 전환이 필요하다고 주장했다. 인기 소설가이던 외젠 쉬Eugène Sue는 『1856년의 종교 문제에 관한 서신Lettres sur la question religieuse en 1856』에서 사람들이 단번에 가톨릭을 떼리라 기대할 수는 없을 테니 시민적 미덕, 애국심, 압제에 대한 증오를 가르치는 유니테리어니즘을 과도기 신앙으로서 받아들일 수 있을 것이라고 언급했다. 그는 유니테리어니즘이 자연적인 종교 쪽으로 가는 경로가 될 수 있으리라고 보았다.[53] 유니테리어니즘이 그것보다도 한층 더 나은 종교인 "인류교"로 사람들을 이끌어줄 수 있으리라고 주장하는 사람들도 있었고 어떤 이들은 유니테리어니즘 **자체**가 인류교라고 주장했다.[54] 채닝을 존경하는 사람들은 그의 사상을 『논쟁 저널Journal des Débats』 같은 매체에 소개하고 그의 글을 프랑스어로 번역해서 널리 퍼뜨렸다.

유럽 다른 곳들의 자유주의자들도 대부분 가톨릭에 대해 계속해서 매우 비판적이었다. 독일의 『정치 백과사전』은 가톨릭 전반에 대해 적대적이었고 특히 예수회에 대해서는 욕설에 가까운 비난을 퍼부었다. 이 사전의 설명에 따르면, 예수회는 빌둥에 맞서서, "우리 시대의 인본주의와 빛과 계몽에 맞서서, 민중의 후생과 국가의 후생에 맞서서, 가정의 행복에 맞서서" 전면전을 벌이고 있었다.[55] 예수회는 자유주의의 가장 소중한 신조들을 위험에 빠뜨리는 질병이었다. 또한 스스로 인간 진보의 적임을 선포한 예수회는 "인류에 대한 범죄자"였다.[56] 무언가에 대해 이보다 더 적대적인 표현은 찾아보기 어려울 것이다.

독일 자유주의자들은 가톨릭만이 아니라 정통파 개신교 역시 거의 비슷한 정도로 혐오했다. 1863년에 블룬칠리는 '개신교협회Protestantenverein'의 결성에 참여했는데, 가톨릭과 개신교를 막론하고 반동적인 종교와 싸우는 것이 목적이었다. 이 협회는 1, 2년마다 정교분리를 촉진하기 위한 회의를 열었는데, 한 참가자는 "가톨릭의 예수

회, 그리고 개신교의 비슷한 분파들"이 공격 대상이라고 언급했다.[57]

한편 블룬칠리는 자유주의 성향의 유대인들에 대해서는 비교적 호의적이었다. 『정치학 사전Staatswörterbuch』에서 그는 오늘날 유대인은 "더 이상 특이한 집단이 아니다"라고 공언했다. 최근 들어 유대인들이 유럽 민족에 속하고자 하는 열망을 행동으로 보여주었다는 것이었다. 따라서 더 이상 유대인은 독일에 거주하는 외국인이 아니라 독일의 동료 시민이었다.[58] 물론 모든 자유주의자가 유대인에게 이렇게 호의적인 것은 아니었다.

또한 많은 자유주의자들이 프리메이슨이 인류교를 가르칠 또 다른 종교가 될 수 있으리라고 기대했다. 유럽과 아메리카 전역에서 많은 자유주의자들이 프리메이슨 로지에 들어갔다. 로지에서 그들이 한 연설을 보면, 내면의 미덕과 고결함을 함양한다는 목적을 볼 수 있다. 프리메이슨의 목적은 "도덕적인 빌둥"이었다. 프리메이슨 로지에서 사람들은 스스로를 규율하는 법을 배우고 "진정한 남성다움"을 획득하게 될 것이었다. 블룬칠리는 프리메이슨 로지를 "인류의 학교"라고 불렀다. 프리메이슨은 "고귀한 도덕을 가르치는" 인류교를 지지하는 사람들이었다.[59] 가톨릭에 대해서는 매우 적대적이었지만 1840년대에 함부르크, 라이프치히, 프랑크푸르트 등지의 프리메이슨 로지가 유대인을 받아들였고 곧 모든 곳의 프리메이슨 로지들이 이를 따랐다.

프리메이슨의 의례는 성수로 세례를 받아 영적으로 다시 태어나는 침례교 의례의 일종으로 여겨진다. 한 프리메이슨은 이렇게 설명했다. "이로써 내가 형제들의 공동체로, 영혼이 확장된 사람들의 공동체로 들어갔음을 알 수 있었다. … 나는 이제 전과 다른 사람이 되었다."[60] 명백히 이는 교황 비오 9세가 프리메이슨 로지를 "사탄의 시너고그"라며 맹비난한 이유 중 하나였다. 가톨릭교회는 19세기에 프리메이슨을 총 여덟 차례나 공식적으로 정죄했다(1846, 1849, 1854, 1863, 1864, 1865, 1873, 1875년).

모든 자유주의자가 대중을 교화하는 데 꼭 '새로운' 종교가 필요하다고 본 것은 아니었다. 영국에서는 많은 자유주의자들이 기존의 영국 국교회 체제 안에서도 진전을 이룰 수 있다고 생각했다. 가톨릭과 자유주의 정치가 합치될 수 있고 서로를 강화해줄 수도 있다고 믿는 자유주의자들도 계속 존재했다. 역사학자이자 정치인인 존 액턴(훗날의 액턴 경)도 그러한 가톨릭 신자였다. 그는 (그의 표현으로) 가톨릭 내 "자유주의 분파"의 일원이었고, 나중에 윌리엄 글래드스턴의 절친한 지인이자 측근이 된다. 액턴은 몽탈랑베르 같은 가톨릭 자유주의자들을 존경했다. 하지만 근대화된 사회에서도 계속해서 중요한 역할을 할 수 있으려면 가톨릭에 개혁이 필요하다고 보았다. 가톨릭교회는 과학과 새로운 지식에 더 열려 있어야 했다. 또 몇몇 일시적이거나 겉치레기만 한 낡은 도그마는 달라져야 했고 교황에게 맹목적으로 복종해야 한다는 의무도 수정되어야 했다.[61]

*****

1848년 혁명은 자유주의자들에게 엄청난 충격이자 대대적인 실패였다. 이 혁명으로 자유주의자들은 강력한 새 적이 생겼음을 깨닫게 되었다. 절대군주와 가톨릭으로 이뤄진 반혁명 세력도 여전히 큰 위협이었지만, 이에 더해 좌파 쪽에서도 새로운 위협이 생겨났다. 급진 민주주의, 공화주의, 심지어 사회주의와 같은 새로운 정치 분파들이 생겨난 것이다.

충격을 어느 정도 수습하고 나자, 자유주의자들은 1848년 혁명이 왜 일어났고 왜 그렇게 전개되었는지 오래도록 치열하게 숙고해야 했다. 그런데 이들은 불의한 정치 시스템이나 착취적인 경제 시스템을 원인으로 지적하지 않았다. 그보다는 대중의 도덕성, 아니 도덕성의 결여가 문제였다고 보았다. 그들이 보기에 가난한 사람들이 사회주의의 유혹에 빠져 있었던 것이 문제였다. 가난한 사람들은 이기적이고 물질주의적인 이데올로기에 빠지도록 현혹되었고, 그러한 이데올로기가 사회정치 질서 전체를 위협하고 있었다. 가난한 사람들의 삶과 생계까지도 말이다. 이러한 점에서 자유주의자들은 보수주의자들과 일맥상통하는 면이 있었다. 사회적 문제가 본질적으로 도덕의 문제라고 본 것이다. 자유주의자들은 대중을 도덕적으로 교화해야 할 필요성에 점점 더 집착했다. 이로 인해 그들은 가정의 중요성과 종교적 개혁의 필요성을 다시금 강조하게 되었다.

5장

카이사르주의와 자유주의적 민주주의

나폴레옹 3세, 링컨, 글래드스턴, 비스마르크

> 오늘날 사회의 지도자들에게 부여된 가장 중요한 의무는
> 민주주의를 교육시키는 것이다.
>
> —알렉시 드 토크빌(1835)

토크빌을 포함해 많은 자유주의자들은 1848년 혁명이 널리 퍼진 것은 도덕의 퇴락 때문이었다고 보았다. 이들에 따르면 1848년 혁명은 대중의 이기주의, 물질주의, 불합리성에 의해 촉발되었다. 대중은 정신 나간 사상을 전파하는 선동가들에게 쉽게 넘어가는 존재였다.

이렇게 대중을 부정적으로 보는 견해가 팽배했다는 사실은 19세기에 왜 많은 자유주의자들이 '자유주의적 민주주의'라는 말이 형용 모순이라고 생각했는지를 설명해준다. 일련의 혁명과 두 나폴레옹의 통치를 거치면서 이들은 민주주의가 압제와 얼마나 잘 결합할 수 있는지 절감했다. 이들에게 민주주의는 내재적으로 **비자유주의적**인 게 분명해 보였다.

하지만 이들이 대중만 문제라고 본 것은 아니었다. 지도자에게도 문제가 있었다. 토크빌은 『미국의 민주주의』에서 사회의 지도자

들에게 부여된 가장 중요한 의무는 "민주주의를 교육시키는" 것이라고 언급했다. 그런데 7월 왕정의 지도자들은 이 의무를 저버렸다. 그들은 무심하고 이기적이었으며, 이 때문에 불필요한 혁명이 발생했고 그 뒤에는 또다시 독재가 들어섰다.

정말로 민주주의는 비자유주의적일 수밖에 없는 것이었을까? 제대로 된 지도자가 있다면 민주주의가 자유주의적일 수도 있지 않을까? 1850년대와 1860년대에 네 명의 강력한 지도자가 부상하면서 자유주의자들 사이에서 이 문제에 대한 본격적인 고찰이 이뤄지게 되었다.

나폴레옹 3세와 카이사르주의

인간으로서도 지도자로서도 나폴레옹 3세는 엄청난 경멸과 조롱의 대상이었다. 카를 마르크스는 그가 "평범하고도 우스꽝스러운" 사람이며 그의 통치는 한심한 익살극이라고 언급했다. 그 밖에도 나폴레옹 3세는 "난쟁이," "역겨운 난쟁이," "도둑," "압제자," "악당," 심지어 "살인자"라고도 불렸다. 아마도 그에 대한 모욕적인 표현으로 가장 유명한 것은 프랑스의 위대한 작가 빅토르 위고Victor Hugo의 조롱일 것이다. 위고는 그를 "작은 나폴레옹"이라고 불렀다. 자유주의 성향 정치인인 샤를 드 레뮈사도 나폴레옹 3세가 경멸할 가치도 없는 "멍청이"라고 말했다. 하지만 레뮈사는 그가 역사의 경로를 바꾸었다는 점은 인정했다.[1]

의도적으로 첫 번째 나폴레옹을 모델로 삼았던 두 번째 나폴레옹의 통치 방식을 두고 전 세계에서 수많은 논평과 분석이 쏟아졌다. 해외의 논평가들은 또다시 혁명과 민주적 선거가 독재자를 등극시켰다고 통탄했다. 뉴욕의 저널 『리빙 에이지*Living Age*』는 프랑스 사람들이 "새로운 주인에게 스스로를 종속시키는 쪽"에만 투표하기 때문에 프랑스에서 보통선거제는 실패할 수밖에 없다고 분석했다.[2] 미 국무장관 대니얼 웹스터Daniel Webster는 루이 나폴레옹의 통치가 민주주의의 미래에 대해 모든 이의 믿음을 약화시킬 수 있는 재앙이라고 언급했다.[3] 다시 한번 대중이 독재자이자 선동가인 자에게 표를 주었으니 말이다.

보편 참정권에 기반해 세워진 독재 정권이라는 점에서 루이 나폴레옹 체제는 반세기 전에 뱅자맹 콩스탕이 막으려고 그토록 노력했던 체제와 매우 비슷했다. 나폴레옹 3세는 민중의 대표자라고 주장하면서 민중이 가진 최악의 본능을 자기 이익을 위해 사용했다. 마치 데자뷔 같았고, 어느 면에서는 전보다 더 나빴다. 이번에는 민중의 선거가 프랑스 역사상 그 누구보다도 절대적인 권력을 가진 독재자를 세운 것이다. 이 체제는 민주적인 사회는 새롭고 더 사악한 형태의 압제로 귀결되기 쉽다고 본 토크빌의 통찰을 다시 확인해주는 듯했다. 점차로 토크빌은 민주주의의 전망을 점점 더 비관하게 되는데, 여기에는 두 번째 나폴레옹의 통치도 영향을 미쳤다.[4]

나폴레옹 3세 정부는 특이하게도 혼합적인 통치 형태를 띠었기 때문에 논평가들에게 더더욱 관심을 끌었다. 그의 통치는 경제적으로는 진보적이지만 사회적으로는 보수적이었고, 대중에 기반한 체제이지만 독재 체제이기도 했다. 현대의 학자들은 이 체제를 (당시에는 둘 다 존재하지 않는 개념이었지만) 경찰국가라고도 보고 복지국가라고도 본다. 나폴레옹 3세는 감시와 검열, 그 밖의 권위주의적인 조치들을 사용해 자신에 대한 반대는 모두 짓밟았지만, 무료 급식, 빵 가격 통제, 보험 제도, 은퇴 연금, 고아원, 요양소, 진료소 등 노동자들을 위해 전례 없는 국가 보조 프로그램을 도입했다. 노동자들의 회합이나 축제, 상금을 주는 행사를 후원했고 저렴한 주거지를 개발하려는 기업에 조세 혜택과 보조금을 제공했으며 1862년 런던 박람회에 프랑스 노동자들이 참가할 수 있도록 지원했다. 그리고 이 모두가 정부가 통제하는 언론에 대대적으로 보도되었다. 토크빌은 이러한 종류의 통치 형태를 묘사하기에는 "압제"라든가 "독재자"와 같은 단어가 적합하지 않다고 보았다. 그는 이 체제에 대한 분석을 시작하면서, "이것은 그 자체로 새로운 체제"라고 말했다.[5] 이러한 종류의 압제를 묘사하는 용도로 도입된 단어가 "카이사르주의"였다.

카이사르주의는 민주적 독재의 새로운 형태를 일컫는 용어가 되었다. 무력으로 권력을 잡은 독재자가 모든 권력을 자신의 손에 집중시키고도 민중의 의지를 구현하고 있노라 자처하는 형태 말이다. 카이사르주의 대신 '나폴레옹주의'나 '보나파르트주의' 같은 용어가 쓰이기도 했고, 카이사르주의가 꼭 비판조로만 쓰인 것도 아니었다. 사실 카이사르주의에 대해 처음으로 본격적인 이론을 개진한 사람은 나폴레옹 3세를 존경하던 오귀스트 로미외Auguste Romieu였다. 그가 1850년에 펴낸 짧은 논고가 『카이사르의 시대L'Ère des Césars』

다. 또 몇몇 보수주의자들은 나폴레옹 3세의 카이사르주의가 질서를 회복했다고 찬사를 보냈고 몇몇 사회주의자들도 카이사르주의를 높이 평가했다.

몇 가지 면에서 카이사르주의는 나폴레옹 3세의 정부를 묘사하기에 실로 적절한 표현이었다. 우선 나폴레옹 3세는 모든 면에서 큰아버지 나폴레옹을 따라 하려고 했는데, 큰아버지 나폴레옹은 로마의 독재자 카이사르를 모델로 삼았다. 나폴레옹 3세는 큰아버지의 이름과 그에 대한 신화로 권력과 특권을 손에 쥐었고, 큰아버지 나폴레옹과 로마의 카이사르 모두를 연상시킴으로써 자신도 그렇게 영웅적이고 영감을 주는 지도자라는 이미지를 만들려 했다. 1851년 12월 2일에 쿠데타를 일으켰을 때는 암호명을 '루비콘 작전'이라고 지었고,『율리우스 카이사르의 역사 *Histoire de Jules César*』라는 책을 집필하기도 했다. 이 책에서 그는 카이사르가 "우월하고" "고양된 동기"에 의해 움직이는 사람이었다며 카이사르의 통치야말로 "프랑스가 따라야 할 길"이라고 언급했다.[6]

1860년대에 카이사르와 카이사르주의를 언급한 저술이 크게 늘었다. 이와 함께 카이사르를 비판하거나 로마 공화정의 몰락을 한탄하는 것, 또는 단순히 브루투스 *Marcus Brutus*를 언급하기만 하는 것도 나폴레옹을 비판하는 방식으로 자리 잡았다.

몇 가지 개인적인 곤란을 겪고 나서 1860년대에 루이 나폴레옹은 통치를 자유주의화하기 시작했다. 의회가 예산 심의 및 의결권을 갖도록 했고 1851년부터 망명해 있던 아돌프 티에르가 프랑스에 돌아오도록 허용했다. 언론 통제를 완화했고, 그러자 개혁을 더 요구하는 기사, 소책자, 서적이 쏟아져 나왔다. 제목에 "자유주의적 정치," "자유주의적 반대," "자유주의 프로그램," "자유주의 정당"과 같은 표현이 들어간 책이 대거 출판되었다.[7] 다시 '자유주의연합'이라고 불리기 시작한 사람들이 생겨났고 티에르는 이들의 지도자가 되었다. 1869년 선거에서 자유주의자들은 거의 45퍼센트를 득표했다. 자유주의가 돌아온 것처럼 보였다.

그런데 자유주의가 돌아왔다는 것은 정확히 어떤 의미인가? 1860년대의 프랑스에서 자유주의적이라는 것은 무엇을 의미했는가? 늘 그랬듯이 자유주의 정당은 단일하게 통합되어 있지 않았다. 어떤 이들은 개혁을 원하는 다양한 사람들이 하나의 우산 안에 모인 것 이상도 이하도 아니라고 생각했다. 저명한 자유주의 성향 정치인이던 쥘 시몽Jules Simon은 "다들 자기가 자유주의자라고 한다"[8]며 불만을 표했다. 여러 불일치로 모두가 동의하는 공약을 만들기는 지극히 어려웠다. 자유주의 정당 안에는 보나파르트파 리버럴도 있었고 오를레앙파 리버럴도 있었고 공화파 리버럴도 있었다. 심지어 법통파légitimistes* 자유주의자도 있었다. 경제 정책에 대한 의견은 한층 더 분분했다. 어떤 이는 관세를 원했고 어떤 이는 원하지 않았다. 어떤 이는 사회주의에 반대했고 어떤 이는 사회주의에 대해 더 복잡한 견해를 가지고 있었다. 어떤 이들은 여성을 위한 개혁을 옹호했지만 그것이 정확히 어떤 개혁이어야 하는지에 대해서

---

*　절대왕정을 지지한 세력 중 하나다.

는 그들 사이에 의견이 일치하지 않았다. 자유주의자들이 스스로를 느슨하게 '연합'이라고 부른 이유다. 당대에 저명한 자유주의 이론가로 떠오른 에두아르 드 라불레Edouard de Laboulaye는 자유주의 정당을 일컬어 "자유를 믿는 사람이라면 누구에게나 자리를 내어주는 보편 교회와 비슷한 것"이라고 말했다.[9]

라불레를 비롯해 꽤 상당수의 자유주의자들에게 자유주의자가 된다는 것은 개혁 정책을 도입하기 위해 황제와 협력한다는 것을 의미했다. 이들은 혁명을 일으키거나 정부를 전복할 의도가 없다고 누차 강조했다. 이들이 추구한 것은 점진적인 개혁을 통해 제대로 된 선거와 책임 있는 내각에 의해 돌아가는 진정한 대의제 시스템을 일구는 것이었다. 이들은 권력이 분산되기를 원했고 개인의 권리가 법으로 보장되기를 원했다. 특히 그들은 언론의 자유가 보장되는 것이 중요하다고 생각했다.

많은 프랑스 자유주의자들이 영국과 미국의 헌법을 프랑스가 본받아야 할 모델로 언급했다. 한 소책자는 "진정으로 자유주의적인 제도를 가지고 있는 위대한 두 나라가 바로 우리 눈앞에 있다"며 "영국과 미국"을 이야기했다. 하나는 군주정이고 하나는 공화정이었지만 이는 큰 문제가 아니었다. 프랑스는 두 나라 모두에서 배울 것이 있었다.[10]

전에도 그랬듯이 자유주의자 대부분은 민주주의를 믿지 못했고 심지어는 민주주의에 적대적이었다. 하지만 민주주의로의 추세가 불가피하다는 것은 이제 인정하고 있었다. 토크빌이 일찍이 말했듯이, 섭리에 의해 진행되는 추세를 막을 방법은 없었다. 이를 깨닫고 나니 민주주의를 길들이고 잘 이끌어서 **안전해질 수 있게** 하는 방법을 강구하는 일이 전에 없이 긴요해졌다. 그리고 민주주의를 안전하게 만든다는 것은 대중을 교육하고 대중의 도덕성을 함양한다는 것을 의미했다.

바로 이러한 목적, 즉 유권자 교육을 목적으로 1861년에 오귀스트 네프처Auguste Nefftzer가 『시대Le Temps』라는 신문을 창간했다. 프랑스 알자스 지역 출신의 자유주의적 개신교도인 네프처는 전에 여러 신문에서 일한 적이 있었고 나폴레옹 3세를 비판하는 글을 썼다가 한 달간 감옥살이를 하기도 했다. 또 독일에서 신학을 공부했으며 1858년에 독일의 사상과 문화를 프랑스에 들여오기 위해 프랑스어로 된 『독일 리뷰Revue Germanique』를 공동 창간하기도 했다.

『시대』 첫 호가 1면에서 밝혔듯이 자유주의 정당의 목적은 민주주의를 계몽하는 것, 즉 민주주의를 고양시켜서 "역량"을 갖게 하는 것이었다. 네프처도 자유주의의 의미를 다룬 뛰어난 기사에서 이러한 주장을 개진했다. 그에 따르면 모든 자유주의 의제의 가장 중요한 목적은 대중의 교육이어야 했다." 그렇지 않다면 카이사르주의로 떨어질 수 있는 미끄러운 길에 아슬아슬 놓여 있는 민주주의가 불가피하게 카이사르주의로 미끄러지고 말 터였다.

네프처는 자유주의적인 민주주의는 특별한 종류의 민주주의라고 설명했다. 이 체제에서는 국가 권력이 헌법으로 제약되고 사람들에게 기본적인 자유가 보장될 것이었다. 그는 그중에서도 가장 중요한 자유는 사상의 자유이며 여기에서부터 종교의 자유, 학습의 자유, 결사의 자유, 언론의 자유 등이 도출될 수 있다고 설명했다.

이러한 자유들이 압제로 귀결되려고 하는 민주주의의 내재적 경향성으로부터 민주주의를 지켜줄 것이었다.

1861년에 에두아르 라불레가 뱅자맹 콩스탕의 『입헌 정치학 강의』를 재발간한 목적도 대체로 이러한 교훈을 알리기 위해서였다. 오늘날 '자유의 여신상'을 미국에 선물하자고 제안하고 실행을 담당한 사람으로 잘 알려져 있는 라불레는 1861년에 비교법학 교수였고 프랑스에서 미국 전문가로 알아주는 권위자였다. 토크빌처럼 라불레도 프랑스가 미국에서 배울 것이 많다고 생각했다. 라불레는 토크빌을 매우 존경했다.

이 시기에 콩스탕의 주 저서를 재발간하기로 한 것은 매우 합리적인 결정이었다. 콩스탕의 자유주의 이론 자체가 나폴레옹 1세의 독재를 비판하면서 나온 것이었고 콩스탕 본인이 나폴레옹 1세가 1815년에 그의 체제를 어느 정도 자유주의화하고자 했을 때 기여한 인물이기도 했기 때문이다. 아마도 라불레는 50년 전에 큰아버지 나폴레옹이 그랬듯이 조카 나폴레옹도 콩스탕이 정식화했던 자유주의 원칙들을 자신의 체제에 받아들이도록 설득할 수 있으리라 기대했을 것이다.

라불레가 이 책의 재발간본 서문에서 율리우스 카이사르를 길게 언급한 것은 우연이 아니었다. 라불레는 카이사르가 권력을 쥐게 된 것은 로마인들의 도덕적 퇴락 때문이었다며, 이와 대조되는 긍정적인 정신으로 자유를 사랑하고 황제에게 저항한 옛 종족들의 '게르만 정신'을 소환했다. 누구를 언급한 것인지는 어느 독자라도 대번에 알 수 있었을 것이다.

이러한 맥락에서 '자유주의적 민주주의'라는 표현이 나왔다. 이 표현을 사용한 초창기 인물 중 한 명이 샤를 드 몽탈랑베르다. 앞에서 보았듯이 몽탈랑베르는 가톨릭 귀족이었으나 자유주의적인 사상 때문에 1830년에 교황에게 견책을 받았고 1858년에는 영국의 입헌 정치 시스템을 높이 평가하는 기사를 썼다가 나폴레옹에 의해 투옥되었다. 그리고 1863년인 지금, 몽탈랑베르는 벨기에의 메헬렌에서 매우 논쟁적인 두 차례의 공개 연설로 다시 한번 정치적 권위와 종교적 권위 모두에 도전했다. 이 연설은 곧 출간되어 널리 유통되었다.

프랑스 인접국인 벨기에는 아마 1830년 혁명의 유일한 성공 사례였을 것이다. 그해 8월의 봉기로 입헌 군주정이 수립되었고 가톨릭 신자가 다수인 나라였는데도 헌법으로 종교의 자유를 보장하고 정교분리를 선언했다. 몽탈랑베르의 논쟁적인 주장 첫 번째는 전 세계의 가톨릭 신도들이 벨기에의 귀감을 깊이 새겨서 절대왕정에 대한 지지를 멈추고 정교분리를 받아들여야 한다는 것이었다. 몽탈랑베르는 옛 체제는 죽었으며 이제 가톨릭 신도들은 옛 체제의 회복을 꿈꾸는 것을 그만두어야 한다고 촉구했다. 가톨릭 신도들의 목적은 "자유로운 국가 안의 자유로운 교회"여야 했다. 그는 근대적 개념의 자유 중 가톨릭교회에 유용하지 않은 것은 하나도 없다며, 특히 양심의 자유는 가장 필요하고 소중하며 "신성한" 권리라고까지 말했다.[12]

몽탈랑베르의 연설은 자유주의자들을 향한 메시지도 담고 있었다. 그는 민주주의란 멈출 수 없는 추세이므로 자유주의자들이 여기에 저항하는 것은 무의미하다고 말했다. 멈추려 할 게 아니라 민주주의를 **자유주의적이 되도록** 만들기 위해 노력해야 한다는 것이었다. 이는 자유주의자들이 정교분리와 기본적인 자유(사상의 자유, 언론의 자유, 교육의 자유 등)의 보장을 위해 싸운다면 달성할 수 있을 터였다. 따라서 자유주의자들의 목적은 "반자유주의적인" 민주주의에 저항하고 "민주주의가 자유주의적이 되도록 만들기 위해" 싸우는 것이어야 했다. 몽탈랑베르는 "제국주의적인 민주주의"를 자유주의적인 민주주의로 바꾸는 것이 당면 과제라고 주장했다.

　명백히 몽탈랑베르에게 "자유주의적 민주주의"는 현실에 대한 묘사였다기보다 희망에 대한 표현이었다. 자유주의적 민주주의는 자유주의자들이 앞으로 얻어내기 위해 싸워야 하는 목표였다. 자유주의적 민주주의는 순수한 민주주의와도, 제국주의적 민주주의와도 달랐다. 여기에서는 정부가 진정으로 대표성을 갖추게 될 것이고 정부의 권력에 한계가 지어질 것이며 몇 가지 유의미한 자유가 보장될 것이었다. 이번에도 가장 중요한 자유는 사고하고 읽고 비판하고 출판할 수 있는 자유였다. 그런데 이러한 자유는 자유 자체를 위해서나 시민의 권리와 이익을 보호하기 위해서만 필요한 것이 아니었다. 이러한 자유는 시민의 교육과 도덕적 향상을 위해서도 필요했다. 자유주의적 민주주의를 달성한다는 말은 민주주의에 너무나 자주 따라오면서 민주주의를 카이사르주의로 떨어지게 만드는 이기심과 물질주의에 맞서 싸우는 것을 의미했다.[13]

　이에 더해 몽탈랑베르는 자유주의자들이 배워야 할 교훈을 하나 더 제시했다. 가톨릭이 꼭 그들의 적은 아니라는 점이었다. 오히려 가톨릭 교리는 도덕적인 삶을 살도록 독려하므로 민주주의를 자유주의적으로 만드는 데 이상적일 수 있었다. 방치할 경우 "[물질적] 후생에 대한 열정"이 민주주의 사회를 온통 뒤덮고 부패시키게 될 텐데, 가톨릭 교리가 여기에 해독제가 될 수 있다는 것이었다.

이후 몇 년 동안 카이사르주의라는 개념은 자유주의자들이 근대 민주주의의 위험성을 파악하고 그 위험에 맞서는 데 도움을 주었다. 나폴레옹 3세의 통치 체제와 밀접하게 관련된 개념으로서, 카이사르주의 개념은 자유주의자들이 대중의 교육과 도덕성 사안에 다시금 관심을 갖게 만들었다. 1865년에 영국의 한 저널리스트는 『이코노미스트*The Economist*』에 실린 「현재 존재하는 형태의 카이사르주의*Caesarianism as It Now Exists*」라는 기사에서 카이사르주의와 대중의 교육 및 도덕성 사이의 관계에 대해 핵심을 이렇게 짚었다. 나폴레옹 3세는 대중을 계속해서 지적, 정치적으로 미성숙한 상태에 두기 위해 정보의 확산을 의도적으로 막았다. 바로 이것이 나폴레옹 3세의 통치에서 가장 위험하고 가장 비극적인 면이었다. 그의 통치는 어떤 개인적인 사고도, 어떤 비판도 허용하지 않았다.[14]

1867년 판 라루스 출판사의 『사전』도 "카이사르주의"를 대중의 무지를 촉진하고 그것에서 이득을 얻는 체제라고 설명하면서 동일한 지점을 짚었다. 또 1873년 판 『리트레 사전*Dictionnaire Littré*』도 카이사르주의를 "스스로를 통치하는 법을 알 수 없거나 알지 못하는 사람들"에게 적용되는 체제라고 설명했다.[15]

사실 몽탈랑베르는 콩스탕과 스탈부터 밀과 토크빌까지 자유주의자들이 반복적으로 강조해온 것을 다시 이야기하고 있었다. 바로 교육과 도덕적 향상의 중요성이다. 라불레도 콩스탕과 같은 자유주의적 개신교도들이 자유의 개념을 "인간이 완벽을 향해 갈 수 있는 가능성"이라는 개념과 연결 지어 고찰한 점을 높이 평가했다. 그들이 생각한 자유는 이기주의도 아니고 물질적 쾌락 추구도 아니었다. 그런 것이라면 라불레, 몽탈랑베르 등 아주 많은 자유주의자들이 경멸해 마지않았다. 이들이 '개인주의individualism'가 아닌 '개인성 individuality'을 육성해야 한다는 표현을 자주 쓴 것도 이 때문이었다. 인간이 자유로울 권리를 가질 수 있다면, 그 권리의 진정한 원천은 스스로를 향상해야 할 의무였다. 그리고 이는 애국심, 헌신, 자기희생 등 네프처가 "시민적 미덕"이라고 부른 것을 함양해야 한다는 뜻이었다. 그런데 현재 프랑스 사람들에게는 이러한 미덕이 심각하게 부족해 보였다. 프랑스 사람들이 '자유주의적 민주주의' 체제에서 스스로를 규율할 수 있으려면 반드시 이러한 미덕을 갖춰야 했다.

라불레는 "이곳 지상에서 인간이 설정할 수 있는 가장 높은 목적은 자신의 역량을 남김없이 계발하는 것, 고통이 있을지라도 완벽을 향해 스스로를 향상하는 것"이라고 설명했다. 비슷한 맥락에서 네프처도 자유주의는 시민들의 너그러움과 공적인 정신에 달려 있다고 언급했다. 자유주의는 "자유로운 사람은 권리를 갖지만 의무 또한 갖는다"는 사실을 사람들이 이해하느냐에 달려 있었다.[16]

몽탈랑베르의 연설에 대해 교황 비오 9세는 즉각 맹공격을 가했다. 비오 9세의 대응 방법은 전임 교황들과 비슷했다. 즉 엄중하게 비난하는 회칙을 발표했다. 그는 「콴타 쿠라Quanta Cura」와 그것의 부속인 「오류의 일람Syllabus Errorum」에서 자유주의를 통째로 비난했다.

이로써 자유주의가 가톨릭 교리와 근본적으로 불합치한다는 것이 가톨릭교회의 공식 원칙으로 선포되었다. 그는 정교분리, 국민주권, 양심의 자유, 언론의 자유에 대한 요구를 명시적으로 비난했다. 이를 포함해 무려 80가지의 자유주의적 요구를 일축하면서, 교황은 가톨릭교회가 자유주의와 화합할 수 있다고 믿는 것은 "가공할 오류"라고 언급했다. 교회와 근대의 문화, 사상, 정치는 절대로 합치될 수 없다는 것이었다. 그에 따르면, 민주주의를 자유주의적으로 만들겠다고 가톨릭주의를 불러오는 일은 **있어서는 안 되는** 일이었다.

시간이 가면서 『콴타 쿠라』와 「오류의 일람」은 가장 많이 인용되고 논의되는 가톨릭 문서가 된다. 가톨릭 프로파간다 활동가들은 가차 없이 강한 언어로 이러한 주장을 강화했다. 그들은 어떤 자유주의적 가치에 대해서도 가톨릭은 단호히 타협을 거부할 것이라고 목소리를 높이면서 자유주의자들을 반그리스도교적이고 부도덕하다고 비난했다. 한 출판업자는 자유주의적 가톨릭 신자들이 국가에 대해 교회의 세력을 약화시킴으로써 카이사르주의를 불러왔다고 주장했다.[17]

교황의 선언은 스스로를 자유주의자라고 생각한 많은 가톨릭 신자에게 또 하나의 타격이었다. 미국의 오레스테스 브라운슨이 그중 한 명이다. 그는 풍향계가 방향을 바꾸듯 종교를 바꾼 것으로 악명이 높다. 10대 시절에 장로교에서 세례를 받았지만 보편주의 교회로 개종했고 유니테리언이 되었다가 다시 초월주의를 받아들였고 1844년에는 가톨릭으로 개종했다. 그때부터는 가톨릭을 열정적으로 옹호했지만 가톨릭 교리와 정치적 자유주의가 서로를 지탱하는 관계가 될 수 있음을 보이고자 하는 유럽 가톨릭 자유주의자들의 노력을 지지했다.

브라운슨은 대부분의 가톨릭교도가 **종교적** 자유주의와 **정치적** 자유주의 사이의 근본적인 차이를 이해하지 못해서 자유주의를 통째로 부정하는 실수를 저지른다고 지적했다. 브라운슨은 종교적 자유주의는 매우 나쁜 것이라고 인정했다. 종교에서의 자유주의는 합리주의를 불러와 계시를 거부하게 만드는데, 이는 모든 권위를 존중하지 않는 죄악적인 태도로 이어질 수 있었다. 또 종교 영역에서 자유주의는 불가피하게 방임적인 태도를 부추기고 도덕적 혼란을 불러오며 종국에는 사회를 폐허로 만들 터였다. 하지만 정치적 자유주의는 미국의 헌정 시스템을 일컫는 말이었고, 그는 이것을 받아들였을 뿐 아니라 높이 샀다.

1864년에 교황이 「오류의 일람」을 발표하자 많은 자유주의자들은 역시나 가톨릭이 가장 막강한 적이라는 확신을 다시금 갖게 되었고, 그에 대한 반박으로 정교분리를 옹호하고 자유주의적인 그리스도교와 자유주의적인 개신교를 촉진하려는 저술이 쏟아져 나왔다. 또 미국 유니테리언 목사 윌리엄 엘러리 채닝의 저술이 번역되어 유럽에 널리 퍼졌다.

프랑스에서 정교분리를 열정적으로 주창한 사람 중 한 명이 에두아르 드 라불레다. 1849년에 그는 콜레주 드 프랑스Collège de France의 연속 강연에서 미국 헌법이 "종교의 자유를 절대적으로 보장"하고 있다고 찬사를 보내면서 프랑스의 대조적인 상황을 한탄했다. 라불레는 채닝의 저술을 프랑스에서 번역 출간함으로써 프랑스의 자유주의 지식인들 사이에서 미국 유니테리언에 대한 열정에 불을 붙였다. 채닝의 제자이자 더 급진적인 시어도어 파커Theodor Parker의 주장도 번역되어 종종 축약본으로 유통되었다. 채닝과 파커를 지지하는 사람들은 프랑스에 완전히 비교조적이고 비정통적이며 대중의 도덕을 촉진할 수 있는 종교가 필요하다고 보았다. 인간과 인류를 더 완벽하게 한다는 고차원의 목적에 헌신하기만 한다면 이러한 종교는 가톨릭, 개신교, 유대교, 심지어는 무신론자까지 모든 사람을 포괄할 수 있을 것이었다. 어떤 이들은 이렇게 포괄적인 종교를 '예수 그리스도의 종교'라고 불렀다.

개신교 신학자이자 콜레주 드 프랑스의 권위 있는 종교사 교수였던 알베르 레빌Albert Réville은 파커가 말한 자유주의적인 종교를 독려했다. 그는 그것이 계몽된 종교, 도덕을 함양하는 종교, 그리고 근대 국가의 제도, 자유, 필요와 잘 합치될 수 있는 종교라고 보았다. 레빌에 따르면 이것은 현실적이고 실용적인 종교였고, 사람들이 더 근면해지고 가정과 사회에 필요한 덕목을 더 잘 갖추도록 독려하는 종교였으며, 공화주의적·민주주의적 가치를 지원할 수 있는 종교었다. 파커를 인용해서 레빌은 "모든 자유주의자는 연결되어 있으므로" 유니테리언 같은 종교가 "정치적 자유주의의 굉장한 도구"가 될 수 있다고 주장했다.[18]

특히 프랑스에서는 타이밍도 적절해 보였다. 나폴레옹이 자신의 통치 체제를 자유주의화하려는 시도를 하고 있었을 뿐 아니라 교황과의 관계가 껄끄러워지고 있었기 때문이다. 나폴레옹 3세의 통치 첫 10년 동안에는 교회와 국가의 관계가 공고했다. 교회는 나폴레옹의 쿠데타를 강력하게 지지했고 그 대가로 상당한 보상을 받았다. 하지만 1860년대 무렵에는 긴장이 드러나고 있었다. 자유주의자들은 황제와 교황 사이에 벌어지고 있는 분열을 기회 삼아 정교 분리 운동에 나섰고 점점 더 운동의 강도를 높였다.

그러나 큰아버지 나폴레옹처럼 조카 나폴레옹도 프랑스에서 자유주의적 개신교를 촉진할 생각이 없었다. 어쨌든 곧 프랑스-프로이센 전쟁이 일어나 나폴레옹은 실각한다. 이와 함께 프랑스 대중의 도덕성을 고양하고 민주주의를 자유주의화하려는 프로젝트도 멎게 되었다. 하지만 오래는 아니었다.

에이브러햄 링컨과 전 세계 링컨의 자유주의자 동지들

프랑스 자유주의자들이 카이사르주의적 민주주의 체제를 자유주의화하기 위해 노력하는 동안, 대서양 건너편에서 한 지도자가 부상하고 있었다. 곧 프랑스 자유주의자들이 갈망하는 지도자의 상징과도 같은 존재가 되는 그는 미국 역사상 가장 존경받는 대통령으로 꼽히는 에이브러햄 링컨이다.

링컨이 카이사르주의적 통치자라는 비난을 받지 않았다는 말은 아니다. 링컨도 그러한 비난을 받았다. 그는 의도적으로 독재 권력을 자신에게 집중시키고 시민적 자유의 원칙을 위배하고 남북전쟁을 일으키고 공화정을 파괴했다고 비난받았다. 이 때문에, 로마의 역사에서 교훈을 얻어야 하고 링컨의 권력 찬탈에 저항해야 하며 심지어는 링컨을 암살해야 한다고 주장하는 사람들이 있었다. 실제로 링컨은 극장에서 존 윌크스 부스John Wilkes Booth에게 살해된다. 부스는 박스석에서 그를 저격한 뒤 곧바로 무대로 뛰어 내려와 총을 흔들면서 "독재자의 말로를 보라. 남부의 복수가 행해졌다"라고 외쳤다.

유럽에도 링컨을 카이사르주의자라고 비난하는 사람들이 있었다. 그들은 링컨 통치하의 미국이 민주주의가 군사 독재로 귀결된 또 하나의 사례라고 생각했다. 영국에서는 많은 이들이 링컨을 야망 있는 독재자에 불과하며 위선적으로 노예제 폐지를 내세우면서 사실은 북부의 남부 지배를 관철하려는 선동가라고 보았다. 이렇게 생각하는 사람 중에는 자유주의자도 많았다. 이들은 민주주의란 실패할 수밖에 없다는 것이 역사가 말해주는 교훈이라고 생각했다.

다른 한편으로 유럽의 많은 자유주의자들이 링컨을 존경했고 그가 선동가나 독재자와는 정반대 유형의 지도자라고 생각했다. 그들에게 링컨은 민주주의란 실패할 수밖에 없다는 주장을 뒤집는 반례이자 민주주의가 자유주의적이 될 수 있음을 입증하는 사례였다.

프랑스 자유주의자들이 링컨을 존경한 데는 그가 노예제 폐지의 기치를 든 것이 큰 영향을 미쳤다. 일찍이 뱅자맹 콩스탕과 마담 드 스탈 등 프랑스 자유주의자들은 노예제가 미국의 오점이라고 보았고 많은 이들이 반노예제 단체에 가담하거나 연설, 저술 등을 통해 노예제 폐지를 요구했다. 사실 이 책에 등장한 모든 프랑스 자유주의자가 노예 무역과 노예제에 명시적으로 반대했고, 1848년에 프랑스 영토에서 노예제가 폐지되었다.

남북전쟁이 일어나기 한참 전부터 링컨은 유럽 자유주의자들이 노예제 폐지를 지지한다는 사실을 알고 있었다. 그는 유럽 신문을 읽었고 유럽 개혁가들의 활동에 관심이 많았다. 1854년에 일리노이주 피오리아에서 있었던 연설에서 링컨은 "전 세계의 자유주의 분파 사람들"이 노예제를 승인하지 않고 노예제가 미국의 헌법이 천명하는 원칙과 상충한다고 보고 있다며, 이들의 비판은 "적의 공격이 아니라 … 친구의 충고"라고 말했다.[19]

링컨은 1856년에 토크빌이 미국의 반노예제 신문 『자유의 종 *Liberty Bell*』에 게재한 공개 서한도 읽었을 것이다. 여기에서 토크빌은 "모든 곳의 모든 압제자에게 맞서는 불굴의 적"이라고 스스로를 묘사하면서, 세계에서 가장 자유로운 국민이 노예제를 유지하고 있다니 너무나 괴로운 사실이라고 언급했다. 토크빌은 미국의 오랜 친구이자 진정한 친구로서, 미국에서 시민적 자유가 모두에게 법으로 동등하게 보장되는 날을 보고 싶다고 말했다. 저명한 미국 저널리스트이자 노예제 폐지론자이던 윌리엄 로이드 개리슨William Lloyd Garrison은 토크빌의 공개 서한을 그가 발간하던 신문 『해방자 *Liberator*』에 다시 게재했다.

링컨은 프랑스의 자유주의자 아제노르 드 가스파랭Agénor de Gasparin과 서신을 주고받기도 했다. 1861년에 펴낸 책에서 가스파랭은 미국인들처럼 자유주의적인 사람들이 어떻게 노예제를 유지할 수 있느냐고 지적했다. 이듬해에 나온 그의 또 다른 책은 곧 영어로 번역되었는데, 여기에서 그는 자유주의적이고 너그러운 미국인들이 링컨을 대통령으로 선출함으로써 물질적인 이기심을 버리고 해방의 고귀한 대의를 위해 싸우겠다는 의지를 보여주었다고 평가했다. 그에게도, 그 밖의 프랑스 자유주의자들에게도, 링컨이 노예제에 맞서 벌이고 있는 싸움은 "우리 시대 자유주의의 가장 큰 시험대"였다.[20] 링컨은 가스파랭에게 감사의 서신을 보내 그가 "미국에서 널리 존경받고 있다"며 "우리에게 보여준 당신의 너그러움에, 더 일반적으로는 자유주의 원칙을 위해 당신이 경주하는 노력에 많은 미국인들이 감사히 생각한다"고 언급했다.[21] 두 사람은 전쟁 기간 내내 서신을 주고받았다.

이렇게 공유하고 있던 자유주의적 가치를 바탕으로 링컨과 남북전쟁의 의의를 높이 평가하는 사람들 사이에 대서양을 가로지르는 네트워크가 형성될 수 있었다. 존 스튜어트 밀, 에두아르 드 라불레, 샤를 드 몽탈랑베르, 그 밖에도 미국과 영국의 저명한 언론인, 편집자, 대중 지식인 등이 여기에 포함되어 있었다. 두 대륙을 통틀어 가장 영향력 있었던 『북미 리뷰*North American Review*』의 편집자 찰스 엘리엇 노턴Charles Eliot Norton, 노턴의 친구이며 옥스퍼드 대학 역사학 교수이고 훗날 미국역사학회 회장을 지내는 골드윈 스미스Goldwin Smith도 여기에 속했다. 마찬가지로 노턴의 친구이며 뉴욕에서 발간되던 『네이션*Nation*』의 편집자 에드윈 L. 고드킨Edwin L. Godkin도 여기에 속했는데, 그의 아버지는 영국의 자유당 총리 윌리엄 글래드스턴의 자문이었다. 마지막으로 『하퍼스 위클리*Harper's Weekly*』의 조지 윌리엄 커티스George William Curtis도 빼놓을 수 없다.

"사상의 정치적 리버럴리티"(그들의 표현이다)로 뭉친 이 사람들은 자신이 영국, 프랑스, 미국에서 정치적 진보를 담지하고 있다고 생각했다. 이들은 링컨과 북부연합을 지지했는데, 이들에게 이 싸움은 미국의 노예제에 대한 싸움이기만 한 것이 아니었다. 이것은 민주주의가 살아남을 수 있는가가 달려 있는 싸움이었다. 나중에 이들의 네트워크에 들어오게 되는 한 저자는 남북전쟁 전에는 민주주의가 "사람들이 충성심, 지속적으로 결집하여 나아가는 노력, 광범위한 영향력을 갖는 사상에 대한 감각 등을 갖지 못하게 한다"는 인식이 널리 퍼져 있었다고 회상했다. 민주주의가 매우 쉽게 독재로 귀결된다는 사실을 다들 알고 있었고, 따라서 다들 북부연합이 전쟁에서 패배하는 데 그치지 않고 보나파르트나 카이사르 같은 지도자의 희생양이 되고 말 것이라고 예측했다는 것이다.

그렇다면, 남북전쟁이 제기한 핵심 질문은 토크빌이 몇 년 전에 제기한 질문, 그리고 이제 프랑스에서 너무나 절박해진 질문과 비슷했다고 볼 수 있다. 미국의 민주주의가 자유주의적이 될 수 있을까? 미국의 민주주의가 개인의 자유를 지키고 더 고양된 정신과 고귀한 목적을 추구할 수 있을까? 아니면 민주주의란 언제나 독재자와 결합하면서 무지하고 물질주의적이 되기 마련이라는 것만 증명하게 될까? 미국인들이 노예제 폐지라는 고귀한 이상을 끝까지 추구할 수 있을까? 그들이 용기와 애국심과 자기희생을 지속적으로 발휘할 수 있을까? 바로 이때 링컨이 나타나 고무적인 리더십을 발휘하면서 이것이 가능하다고 입증하는 것 같았다. 올바른 지도자가 있다면 자유주의적인 민주주의가 가능하다고 말이다.

유럽의 자유주의자들에게 남북전쟁은 미국만이 아니라 전 세계적으로도 결정적인 분쟁이었다. 영국, 프랑스 등 많은 곳의 자유주의자들이 자기 나라 민주주의의 전망이 미국 북부의 운명과 연결되어 있다고 생각했다. 노턴은 북부의 승리가 "자유주의 원칙과 평등한 권리를 위해 싸우고 있는 유럽의 동지들에게도 승리"라고 말했다. 스미스는 "미국에서 긍정적인 사례가 나온다면 유럽이 마침내 봉건 사회에서 벗어나는 데 영향을 줄 것"이라고 언급했다. 또 다른 자유주의자는 미국의 성공 사례와 미국의 사상이 "세계 전체가 평등을 향해 진전하는 속도를 계산이 불가능할 정도로 빨라지게 만들 것"이라고 말했다. 하지만 만약 북부가 진다면 "유럽의 민주주의는 영원히 침묵과 혼란에 빠지게 될" 것이었다. 1865년에 북부가 승리하자 커티스는 해외의 북부 지지자들에게 경의를 표하면서 이 전쟁이 "어느 나라에 있든 진정한 민주 정부를 믿는 사람이라면 모두가 … 위대한 세계 자유주의 정당"의 일원임을 보여주었다고 언급했다.[22] 많은 이들이 올바른 리더십을 몸소 보여주면서 위대한 민주주의라면 능히 자유주의적이 될 수 있음을 입증했다고 링컨을 칭송했다. 진정한 자유주의적 지도자가 마땅히 해야 할 방식으로 미국 대중을 교화하고 그들의 도덕을 고취해냈다는 것이다.

링컨을 존경한 사람들이 펴낸 저술은 링컨이 권위와 압제에 맞서는 전 세계 모든 이를 위해 고귀한 전쟁을 벌인 초국가적 인물로 자리하는 데 일조했다. 유럽의 자유주의자들은 링컨의 도덕적 강인함과 국정 능력, 그리고 고양된 언어로 대중의 의기를 북돋우는 능력을 높이 샀다. 링컨은 나폴레옹 3세와 매우 대조적인 지도자상을 보여주었다. 그는 대중에게 선동가로서 말하지 않았고 미국 대중의 가장 좋은 본성과 가장 존경할 만한 특질에 호소함으로써 그를 본받아 자유주의적인 성품을 갖도록, 즉 자유를 사랑하고 너그럽고 도덕적이고 남자다워지도록 만들 수 있었다.

자유주의자들은 화합 불가능한 적인 바티칸이 남부를 지지했다는 사실도 알고 있었을 것이다. 가톨릭 당국의 공식 입장은 중립이었지만 교황이 남부에 우호적이라는 것은 비밀이 아니었다. 교황은 북부보다 남부가 더 전통적이고 귀족적인 사회라고 보았고 교황 외에도 그렇게 생각하는 사람이 적지 않았다. 이들에게 북부는 더 근대적이고 민주적인 사회로 보였고, 아나키 상태 등 자유주의가 불가피하게 불러올 병폐라고 그들이 여긴 많은 문제들에 빠지기도 더 쉬워 보였다. 예수회 출판물인『가톨릭 문명*La Civiltà Cattolica*』은 민주주의적 정치 문화에는 자유를 향한 광기와 모든 권위에 대한 불경이 고질적으로 내재하는데 바로 이것이 남북전쟁을 촉발한 이유라고 언급했다. 또한 노예제 문제는 인도주의적인 대의가 아니라 기저의 이기적 동기를 가리기 위한 핑계에 불과하다고 비난했다.

1863년에「노예해방선언Emancipation Proclamation」이 발표되자『가톨릭 문명』은 북부에 한층 더 적대감을 드러내며 링컨이 표리부동한 정치인이며 링컨의 정부는 독재 정권이라고 비난했다. 또 링컨이 "문명적이지 않은 동기"를 위해 불의한 전쟁을 벌이고 있다고 주장했다.[23] 같은 해에 교황은 한 서신에서 제퍼슨 데이비스Jefferson Davis를 일컬어 "아메리카연합국[남부]의 성실하고 영예로운 대통령"[24]이라고 칭했고* 이 서한은 인쇄되어 널리 유통되었다. 또한 교

---

*   1861년 남부 주들이 제퍼슨 데이비스를 대통령으로 삼고 연방을 탈퇴했고 남북
     전쟁 시기 데이비스는 남부의 대통령이었다.

황은 1866년에 낸 성명서에서 특정한 조건이 만족된다면 "노예를 사고팔고 교환하는 것이 자연법칙과도, 신성한 법칙과도 전혀 상충하지 않는다"고 말했다.

영향력 있던 가톨릭 인사 중에는 링컨, 북부, 노예제 폐지를 명시적으로 지지하는 사람이 거의 없었다. 지지한 소수는 거의 다 프랑스 사람이었는데, 토크빌뿐 아니라 라불레와 몽탈랑베르도 그랬다. 미국의 가톨릭 신자로 북부를 지지한 오레스테스 브라운슨은 여기에 주목했다. 그는 몽탈랑베르가 벨기에에서 한 연설을 매우 긍정적으로 평가한 리뷰에서, 유럽에서 가톨릭 신도가 노예제 폐지를 지지하는 것은 매우 드문 일이라며 "유럽 가톨릭 중 북부에 충성하는 미국인에게 공감하는 유일한 사람들"인 프랑스의 가톨릭 자유주의자들에게 감사를 표했다.[25]

링컨은 1865년에 사망했지만 그의 인기는 계속 높아졌다. 그의 사망에 대한 애도와 리더십에 대한 찬사가 이어졌고, 많은 경우에 북부연합의 승리가 세계 각지에서 자유주의적인 민주주의가 수립될 수 있는 가능성을 보여주었다는 평가가 함께 언급되었다. 라불레는 널리 퍼진 감동적인 헌사에서 링컨이 대통령이 된 것은 미국에만 복무한 것이 아니라 인류 전체의 대의에 복무한 것이었다고 언급했다. 영국의 골드윈 스미스는 영국 자유주의자들이 미국인들의 영웅적인 행동과 결기에 감사해야 한다고 말했다. 그는 북부의 승리가 "세계의 위대한 자유주의 정당"이 비자유주의 세력에 맞서 승리할 수 있다는 것을 보여주었다고 언급했다.

이러한 감수성은 널리 반향을 일으켰다. 몽탈랑베르는 격정적인 헌사에서 링컨이 자유의 수호자로서만이 아니라 진정한 그리스도교인으로서도 모범이었다고 언급했다. 또한 링컨의 지도력과 북부의 승리는 이제 미국이 유럽 사회 대부분보다 우월하며 미국인이 세계 최고의 국민임을 인정해야 한다는 의미라고 말했다.[26] 주세페 마치니도 미국의 영웅적인 행동은 미국이 전 세계의 등대가 될 운명임을 말해준다고 언급했다. "미국은 선도적인 국가가 되었다. 미국은 앞으로 나서서 전투에서 자신의 몫을 했다. 이것은 신의 전투였다."[27]

노턴이 1865년에 『북미 리뷰』에 쓴 「미국의 정치적 사상American Political Ideas」은 북부의 승리에 대해 자유주의자들이 가졌던 낙관을 잘 보여준다.[28] 노턴은 남북전쟁이 이기심, 무지, 부패가 패배할 수 있음을 입증했다고 언급했다. 그에 따르면 미국은 진정한 공동체의 가능성, 자유주의적인 공화정의 가능성을 스스로 입증했다. 이것이 미국 헌법의 첫 구절 "우리, 미합중국 국민"이 의미하는 바였다. 이제 미국은 "근대 그리스도교 문명의 가장 전망 있고 가장 고무적인 이상," 즉 인간의 진정한 연대에 준비되어 있었다. 같은 해에 라블레는 미국에 선물을 보내자고 제안했는데, 이 선물이 바로 '자유의 여신상'이다.

이러한 논평 모두 링컨을 자유주의자라고 지칭했지만 링컨이 '작은 정부'나 자유방임과는 관련이 없었다는 것을 염두에 둘 필요가 있다. 그는 자유방임이나 작은 정부를 주장해서가 아니라 애국심, 용기, 고귀한 목표에의 헌신과 같은 도덕적 역량을 고취했다는 점에서 자유주의자로 불렸다. 링컨을 존경한 많은 유럽인들은 그가 인신보호영장을 중지시킨 것, 반역 혐의자를 강압적으로 체포하고 감금한 것, 의회의 승인 없이 지출을 강행한 것, 여러 헌법 조항을 무시한 것에 대해 그리 우려하지 않았다. 그것은 대통령이 위기 상황에서 행사할 수 있는 권력을 국민으로부터 부여받았다는 논리로 정당화되었다.[29]

라불레는 위기 상황에서 링컨이 사용한 권력의 속성을 면밀히 분석하고 이것이 위기 시 정부의 모범 사례를 보여준다고 결론 내렸다. 법치나 헌법적 가치를 훼손하지 않으면서 위기에 대응했다는 것이다. 그에 따르면, 링컨이 인신보호영장을 중지시키긴 했지만 이는 헌법을 수호하기 위해서였다. 가장 중요하게, 링컨은 도덕적인 고양을 위해 일하고 있었다. 라불레는 이 모든 면에서 링컨이 자유주의적 민주주의의 위대한 지도자였으며 미국인들은 링컨을 대통령으로 뽑음으로써 헌법의 가치뿐 아니라 더 근본적으로 자유, 민주주의, 그리고 인본주의의 정당성을 입증했다고 평가했다.

자유공화당

환희는 오래가지 못했다. 찰스 노턴은 미국의 정치적 이상에 대한 찬가를 내놓은 지 불과 한두 해 뒤에 깊이 실망해서 "미국적 삶의 양식"이 드러내는 비열함과 명예, 매너, 도덕 원칙의 상실을 한탄했다. 진정한 신사는 찾아볼 길이 없고 돈이 모든 것을 지배하는 것 같았다. 율리시스 그랜트Ulysses Grant 대통령의 통치는 에이브러햄 링컨의 통치와 너무나 대조적이었다.

카를 슈르츠Carl Schurz도 그랜트 대통령 통치하에서 미국의 정치적 삶이 부도덕해진 점에 깊이 실망했다. 독일 출신으로 1848년 혁명에 참여한 바 있는 슈르츠는 미국으로 이주한 뒤 [링컨이 속한] 공화당 지지자가 되었고 독일 내 미국인 공동체와의 연락책 역할을 맡았다. 이어 스페인 대사로 임명되었고 그다음에는 북부연합군의 소령으로 복무했다. 남북전쟁이 끝나고는 독일 출신 이민자 중 최초로 미국 상원의원이 되었고 나중에는 내무장관도 지냈다.

슈르츠와 노턴 모두 처음에는 그랜트 대통령이 남북전쟁 중에 비대하게 팽창한 관료 시스템을 개혁하고 부패를 척결하리라고 기대했다. 하지만 그런 일은 벌어지지 않으리라는 것이 곧 명백해졌다. 그랜트 대통령 시절에 상황은 오히려 더 안 좋아졌다. 밝혀진 스캔들만 해도 여러 건이었고 이는 그랜트가 대통령 자리를 사적인 이익을 위해 사용하고 있다는 증거였다. 1872년 재선에 실패하면 그가 공화정를 전복하고 군사 독재를 시행할지도 모른다는 우려까지 나돌았다. 매사추세츠주 출신 상원의원 찰스 섬너Charles Sumner는 의회에서 그랜트의 체제가 공화주의 제도의 입장에서 볼 때 매우 혐오스러운 "카이사르주의의 일종"이라고 비난했다.

이러한 두려움이 팽배한 분위기에서 1872년에 새로운, 그러나 오래가지는 못한 정당이 생겨났다. 공화당에서 분당한 정당으로, 슈르츠가 노턴과 섬너의 도움을 받아 창당한 자유[주의]공화당이었다. 이들은 카이사르주의에 반대하고 더 높은 차원의 도덕 원칙을 위해 노력하는 정당임을 자임했다. 하지만 이 정도의 원칙을 제외하면 구체적으로 어떤 정책을 지지할 것인가에 대해서는 의견이 분분했다. 자유무역이나 명목 지폐 발행과 같은 핵심 사안에 대해서도 저마다 견해가 달랐다. 결국 내부 분열로 자유공화당은 곧 해체된다.

하지만 하나의 중요한 지점에 대해서만큼은 자유공화당원들의 의견이 일치했다. "정치적 삶에 더 높은 도덕 정신을 불어넣고자" 하는 열망이었다.[30] 그들은 "탐욕스러운 정치인들"이 유권자를 양떼처럼 취급하면서 더러운 술수로 속여서 자신에게 줄 서게 만든다고 소리 높여 비난했다. 자유공화당원들은 공적인 삶에 더 높은 고결성, 애국심, 남성다움이 필요하다고 보았다. 미국의 민주주의가 카이사르주의의 위험을 극복하고 살아남으려면 이러한 특질을 갖는 리더십이 필요했다. 이것은 자유주의의 특질들이었다.

글래드스턴, 자유주의의 아이콘

링컨처럼 윌리엄 글래드스턴도 자유주의의 원칙과 가치를 상징하는 초국가적인 인물이 된다. 영국 자유당 지도자이자 1868년부터 1895년 사이에 네 번이나 총리를 지낸 글래드스턴은 빅토리아 시대의 자유주의적 가치를 체현한 인물이라 할 만했다. 하지만 오늘날 우리는 그것의 정확한 의미가 무엇이었는지 질문해보아야 한다. 당시에 자유주의적이라고 여겨졌던 부분은 글래드스턴의 정확히 어떤 면이었는가?

그가 미국의 링컨과 북부를 지지했기 때문에 자유주의자라고 여겨진 것은 분명코 아니었다. 글래드스턴은 링컨과 북부를 지지하지 않았다. 영국 자유주의자 상당수가 그랬듯이 글래드스턴은 남부를 지지했다. 이 사실을 몹시 불편하게 여긴 존 스튜어트 밀은 미국의 노예제 폐지 신문『해방자』에 기고한 글에서 글래드스턴을 "가짜 자유주의자"라고 비난하기도 했다.[31] 하지만 영국의 많은 자유주의자들이 북부가 사실 노예 해방에 별로 관심이 없고 남부를 중앙 정부의 권위에 복속시키는 데만 관심 있으며 노예제 문제는 남북전쟁의 진짜 이유를 가리기 위한 핑계일 뿐이라고 생각했다.

나중에 글래드스턴은 남부를 지지한 것을 후회했고 그것이 "믿을 수 없을 정도로 끔찍한 실수"였다고까지 말했다. 북부의 승리는 다른 자유주의자들과 마찬가지로 그에게도 비슷한 영향을 미쳤다. 민주주의에 대한 두려움을 없애준 것이다. 그는 1866년에 리버풀에서 선거 개혁을 주제로 연설을 하면서 미국이 더 폭넓은 투표권이 갖는 장점을 보여주었다며 "자기 규율적이고 자기희생적이며 미래를 가늠할 줄 아는" 미국 시민들에게 존경을 표했다.[32] 이에 대해『뉴욕 타임스The New York Times』는 "[글래드스턴은] 고귀한 마음을 가진 전 세계의 자유주의자와 지식인에게 최고의 존경을 받는 사람"이라는 찬사로 화답했다.[33] 곧 글래드스턴은 미국에서 가장 존경받는 영국인이 된다.

글래드스턴도 모든 자유주의자들과 마찬가지로 몇 가지 핵심 원칙을 지지했다. 시민의 평등과 대의제 정부를 깊이 지지했고 귀족의 특권과 편견을 극히 혐오했다. 또한 종교의 자유, 언론의 자유,

출판의 자유가 주어져야 한다고 믿었고 개혁, 향상, 진보를 믿었다. 하지만 다른 자유주의자들과 마찬가지로 이러한 가치가 현실에서 구체적으로 무엇을 의미하는가에 대해 늘 견해가 명료하거나 일관되지는 않았다. 앞에서 보았듯이 영국 자유당은 분열되어 있었다. 통념과 달리 당시의 영국 자유당은 자유방임 정책을 교조적으로 고수하는 정당이 **아니었다.**

어떤 이들은 글래드스턴이 '작은 정부'를 지지했다고 말한다. 어느 면에서는 맞는 말이다. 특히 정치 경력 초기에는 그랬다. 하지만 두 번째 집권했을 때는 당대의 많은 이들이 그의 정부가 사회주의 성향이라고 생각했다. 많은 역사학자들이 짚어냈듯이, 글래드스턴 본인의 정치 성향이 무엇이었는지는 꼬집어 말하기 어렵다. 가령 어떤 입법 사안에 대해서는 견해가 일관되지 않았고 시간이 가면서 바뀌기도 했다. 또한 그는 명료하게 정의되었거나 일관적인 입법 의제로 당을 통합하는 데 성공한 적이 없었다.

그렇다면, 당대에 글래드스턴이 위대한 자유주의적 지도자로 여겨진 이유는 그가 추진한 특정한 입법적 혹은 정치적 의제와는 관련이 없다고 보아야 한다. 그가 자유주의자로 여겨진 이유는 정치적 의제보다는 성품의 측면과 더 관련이 있었다. 사회학의 개척자이자 독일 자유주의자인 막스 베버Max Weber는 글래드스턴이 위대한 카리스마를 가진 인물이라고 언급했다. 글래드스턴이 대중의 높은 도덕적 원칙에 호소했고 다시 이는 대중이 글래드스턴이 펴는 정책의 윤리적 측면을 신뢰하게 만들었다는 것이다. 글래드스턴이 권력을 잡고 이를 오래 유지할 수 있었던 요인은 "그의 정책이 가진 도

덕적 고결성과 특히 글래드스턴이라는 사람의 도덕성을 대중이 깊이 믿었기 때문"이었다.[34]

글래드스턴의 높은 평판은 그가 영국 시민의 지적·도덕적 고양에 헌신하는 사람으로 보였다는 사실과 매우 관련이 컸다. 그는 이기적인 이해관계가 아니라 공동체 전체를 위해 싸우는 원칙 있는 지도자로 여겨졌다. 민주주의가 압제나 사회주의로 퇴락할지 모른다는 우려가 깊던 시대에 이러한 면모는 매우 중요했다. 1886년과 1914년 사이에 독일, 프랑스, 이탈리아에서는 사회주의 정당과 노동자 정당이 부상했다. 반면 영국에서는 계속해서 자유당이 좌파 쪽의 유일한 대중 정당이었다. 많은 이들이 이를 글래드스턴의 리더십 덕분이라고 보았다. 링컨처럼 글래드스턴도 민주주의에 지침을 주고 민주주의를 교육하고 민주주의를 도덕적으로 고양하는 지도자로 여겨졌다. 높은 도덕적 원칙을 가진 사람으로서 글래드스턴이 노동자들을 자유당으로 불러옴으로써 영국의 민주주의가 안전해질 수 있었다는 것이다.

링컨처럼 글래드스턴도 대중의 고귀한 측면에 호소해 대중을 고양하는 화법으로도 존경받았다. 수많은 연설에서 글래드스턴은 청중의 도덕적 감수성, 이성, 지성에 호소했다. 늘 그는 사람들에게 이기심을 버리고 애국심을 가지며 공공선에 헌신하라고 촉구했다. 노동자들이 대거 찾아와 수 시간씩 그의 연설을 들었다. 글래드스턴은 노동자들에게 귀 기울이고 노동자들을 이해하는 것 같았다. 노동자들은 신뢰와 존경으로 이에 화답했다. 글래드스턴이 자유당 지도자가 되었던 매우 초창기부터 노동자들은 자유당을 지지했다.

글래드스턴은 자유당의 정강 정책이 "국민 전체의 이득"을 목표로 한다고 자주 말했다. 그에 따르면 "나라 전체를 조화와 화합으로 뭉치게 하는 것"이 자유당의 목표였다.[35] 동시에 그는 부유층을 비판하는 데도 거리낌이 없었다. 그는 영국이 직면한 가장 큰 위험은 민주주의가 아니라 금권주의라고 누누이 말했다. 민주주의의 위험 요인은 낮은 계층에서가 아니라 상류 계층의 이기심에서 나온다는 것이었다. 그가 보기에 때로 상류 계층은 사적인 이해관계를 공공에 대한 의무보다 우위에 놓는 경향이 있었다.

게다가 산업화되고 있는 경제는 이 상황을 더 악화시켰다. 1876년에 글래드스턴은 노동자들을 대상으로 한 연설에서 이렇게 말했다. "여러분은 부가 빠르게 창출되고 확산되면서 생겨난 국가적 특성 때문에 위험에 처해 있습니다." 하지만 그는 여기에서 위험을 일으키고 있는 것은 **그들이 아니라고** 말했다. 위험을 일으키는 존재는 가치관을 저버리고 전례 없는 부를 추구하는 부유한 계층이었다. 이들은 "건전한 내면, 인류애, 국가의 활력" 등을 희생시켜가며 자신의 이익에만 관심을 쏟고 있었다. 1880년에 글래드스턴은 19세기는 "사기꾼의 시대"라며 부, 여가, 사치를 맹렬히 좇는 추세 속에서 국가가 부패하고 있다고 한탄했다.[36]

이러한 대중 지향적 도덕주의는 상류층의 글래드스턴 비판자들을 화나게 했다. 이들은 글래드스턴이 "극단적인 민주주의적" 언어를 사용해 선동가처럼 굴고 있다고 비난했다. 빅토리아 여왕은 글래드스턴이 "반쯤 미친 싸움꾼"이라고까지 말했다. 막스 베버 같이 그를 존경하는 사람들마저 글래드스턴이 독재자이고 "카이사르주의적인 국민투표 지상주의자"라고 비난했다. 하지만 글래드스턴은 민주주의자가 아니었다. 적어도 오늘날 우리가 아는 의미의 민주주의자는 아니었다. 그리고 19세기 영국에는 오늘날 우리가 아는 민주주의와 비슷한 것조차 존재하지 않았다. 1884년에 제3개혁법으로 170만 명이 유권자가 되었지만 여전히 40퍼센트에 달하는 남성과 모든 여성은 투표권이 없었다.[37] '민중'을 신뢰해야 한다는 글래드스턴의 화법은 이 사실을 가리고 있었다. 거의 모든 자유주의자들이 그랬듯이 그도 [정치에 참여할 수 있는] 역량을 중시했다. 유권자가 되려면 "자기 규율과 자기 절제가 가능하고 질서를 존중하며 고통을 인내한다는 것"을, 그리고 자신보다 우월한 사람을 존중할 줄 안다는 것을 언제나 증명할 수 있어야 했다. 이는 글래드스턴이 청중에게 불어넣고자 한 가치들이기도 했다.

글래드스턴은 성품을 특히 중요하게 여겼다. 그는 유권자들이 투표할 때 자기 이익에만 관심을 갖는 협소한 사고방식에 빠지지 않으려면 자기 규율을 실천하는 훈련이 필요하다고 자주 강조했다. 1877년의 한 연설에서는 사람이 자신의 이익을 추구하는 것은 합당한 일이지만 "자신의 이익을 언제나 자신의 의무에 견주어" 생각할 줄 알아야 한다고 말했다.[38] 투표를 할 때는 스스로에게서 이기적이고 협소한 목적을 제거해야 했다. 그리고 글래드스턴은 투표가 삶을 고귀하게 만드는 경험이고 신 앞에서 개인의 책임을 다하는 행동이라고 자주 말했다. 1890년에 노동자 계급을 대상으로 한 연설에서 "중요한 의무들을 양심적으로 수행하는 것"은 "사람을 고양하는 역할을 한다"고 말했다.[39] 하지만 그 중요한 의무들을 익히려면 진정한 남성다움이 필요했고 그러한 준비를 갖추려면 공적인 정신과 가치를 육성해야 했다. 또한 정치적인 사안들에 대해서도 교육받아야 했다. 글래드스턴은 청중들에게 자신의 연설만 듣지 말고 신문도 읽으라고 독려했다. 한편 그의 연설은 염가판으로 인쇄되어 널리 유통되었고 정치 논문으로도 손색없는 글이라고 인정받았다.

글래드스턴의 리더십 스타일과 대중주의를 모두가 인정한 것은 아니었지만 그는 엄청난 존경을 받았다. 존 스튜어트 밀은 글래드스턴이 근대 세계의 위대한 정치인이고 정직하고 신실한 사람이며 언제나 "공공선을 위해 … 특히 가난한 계층을 위해 싸우는 사람"이라고 언급했다.[40] 막스 베버는 『직업으로서의 정치Politik als Beruf』라는 유명한 글에서 글래드스턴을 '리더십 민주주의'의 대가로 높이 평가하면서 그를 링컨에 견주었다. 글래드스턴은 노동자들을 존중하고 노동자들의 존중을 받음으로써 자유주의적인 민주주의, 즉 애국적이고 공민적인 정신을 가진 시민들이 자신의 권리와 의무를 잘 숙지하고 의사 결정을 내리는 체제가 가능하다는 것을 보여주는 듯했고 올바른 지도자가 있다면 영국에서 그러한 민주주의가 점진적으로, 그리고 안전하게 육성될 수 있으리라는 것을 입증하는 듯했다.

비스마르크, 자유주의의 무덤을 파다

분명히 오토 폰 비스마르크를 자유주의적 지도자라고 생각한 사람은 없었다. 이제까지 많은 이들이 그가 정치적 이익에 밝은 독재자이고 독일에서 민주주의와 자유주의 둘 다의 전망을 망친 사람이라고 분석했다. 그는 당대의 자유주의자들이 보나파르트주의 혹은 카이사르주의라고 부른 것을 실행한 사람이었다. 즉 민주주의를 왜곡해 비자유주의적인 목적에 활용한 사람이었다.[41] 자유주의의 역사를 다룬 저술을 보면 비스마르크는 링컨이나 글래드스턴 같은 지도자들이 민주주의를 계몽하고 고양하고 교육하기 위해 기울인 노력을 가로막으려 한 세력으로 주로 등장한다.

1860년대에 프로이센의 외무장관과 총통을 지낸 비스마르크는 1871년에 독일 통일을 기획하고 추진했으며 통일된 독일 제국에서 1871년부터 1890년까지 수상을 지냈다. 링컨과 글래드스턴처럼 비스마르크도 본인 자체보다 상징성과 반향이 큰 인물이었지만 그들이 가졌던 덕목은 그에게서 전혀 찾아볼 수 없었다. 역사학자이자 정치가인 하인리히 폰 트라이치케Heinrich von Treitschke는 비스마르크를 처음 만났을 때 그가 "세상의 도덕적 요인들을 전혀 생각하지 않는 것 같아 보여서" 충격을 받았다고 언급했다. 어떤 사람들에 따르면 비스마르크는 속임수와 보복을 꺼리지 않았고 악마적이라고 묘사되기까지 했다. 한 명민한 오스트리아 외교관은 그의 통치 방식을 이렇게 평했다. "그는 욕심, 비겁함, 혼란, 탐닉, 결정 부재, 협소한 마음 등 인간 본성의 저열한 동기들을 믿는다."[42] 이보다 더 비자유주의적일 수는 없었을 것이다.

비스마르크가 권력을 잡을 수 있었던 데는 여러 상황과 요인이 절묘하게 한데 모인 것이 영향을 미쳤다. 1850년대 말경에 프로이센 정부의 반동적 정책이 누그러지기 시작했다. 새 국왕 빌헬름 1세

Wilhelm I는 더 많은 자유를 약속했고, 가장 중요하게 법치를 제도화하겠다고 약속했다. 이렇게 누그러진 분위기에서 자유주의 성향 정치인들이 독일진보당Deutsche Fortschrittspartei을 창당했고 1861년에서 1865년 사이에 프로이센 하원의 최대 다수 정당이었다.

하지만 국왕과의 불화가 대치 국면으로까지 치달으면서 1862년에 헌정상의 위기가 왔다. 국왕이 군 통제권을 강화하려는 조치들을 밀어붙이려 한 게 발단이었다. 의회의 자유주의자들이 이와 관련된 예산 승인을 거부하면서 의회가 교착 상태에 빠졌다. 국왕은 타협을 거부하고 1862년에 비스마르크를 수상으로 앉혔다. 당시 비스마르크는 절대왕정 옹호자였고 융커Junker 계급(대토지 소유 계급)의 일원이었다. 융커 계급 대다수는 자유주의적 개혁이라면 어떤 종류건 결사반대하는 사람들이었다.

비스마르크가 처음으로 취한 조치는 헌법으로 부여받은 권한이 없는 상태로도 국정 운영을 밀어붙이겠다고 선언한 것이었다. 이는 이후 4년 동안 계속되었다. 자유주의자들의 반대는 단순히 무시했고 자유주의자들에 대한 경멸을 감추지 않았다. 훗날 유명해진 한 연설*에서 비스마르크는 자유주의자들을 버릇 없게 두지 않겠다며 다음과 같이 선언했다. "독일 제국에서 프로이센이 차지하는 위치는 프로이센의 자유주의가 아니라 프로이센의 힘에 의해 결정될 것입니다. … 나는 당면한 중요 사안들이 연설이나 다수의 판단

---

*   이 연설로 그는 '철혈 재상'이라는 별명을 갖게 된다.

에 의해 결정되게 두지 않을 것입니다. 그렇게 했던 것이 **1848년과 1849년**의 큰 실수였습니다. 중요한 사안에 대한 결정은 철과 피에 의해 내려질 것입니다."

비스마르크는 대놓고 자유주의를 경멸하는 사람들을 측근으로 기용했다. 그중 핵심 인물로 헤르만 바게너Hermann Wagener를 들 수 있다.[43] 바게너는『군주제를 구하기 위한 신프로이센 신문Neue Preußische Zeitung zur Rettung der Monarchie』('십자가 신문Kreuzzeitung'이라고도 불린다)을 창간하고 편집국장을 지냈으며 강한 보수 편향의 백과사전인『정치와 사회 사전Staats- und Gesellschaftslexikon』을 편찬했다. 이 사전의 "자유주의" 항목은 가차 없는 비난으로 점철되어 있다. 그는 자유주의가 전적으로 악하고 부정적인 세력이며 인류에게 헤아릴 수 없는 해악을 끼친다고 주장했다. 또한 "1789년의 사상들"이 잘 보여주듯이 자유주의란 혼란을 일으키려 안달 난 프리메이슨들이 퍼뜨린 사상이라고 말했다.

바게너는 이 단어가 라틴어에서 유래했으며 원래는 고귀한 뜻을 가지고 있었다고 인정했다. 본래는 자선, 너그러움, 관용, 계몽 등 고귀하고 찬사를 보낼 만한 개인의 특질을 지칭하는 단어였는데 프랑스 대혁명으로 완전히 달라져버렸다며, 이제 이 단어가 모든 제약과 구속을 풀어놓고 제한 없는 이기심의 법칙만 따르게 하는 것을 의미하게 되었다고 비판했다. 그가 보기에, 자유주의를 받아들이는 지도자는 용서할 수 없이 무모한 지도자였다.[44]

바게너가 이 글을 쓴 해에 비스마르크는 언론의 자유를 억압하고, 진보당 후보로 선거에서 당선된 시장들을 승인하지 않고, 시 의회에서 정치 사안을 논의하지 못하게 하면서 진보당을 공격하는 일에 나섰다. 그렇다면 왜 이러한 상황에서도 상당수의 독일 자유주의자들이 비스마르크를 지지하고 그에게 협력하기로 했을까? 많은 이들이 이 질문을 던졌고 역사학자들은 독일 자유주의자들이 정말로 자유주의적이었는지에 대해 질문했다. 독일 자유주의는 결함 있고 허약하고 심지어는 **비자유주의적**이었던 것일까?

하인리히 폰 트라이치케가 1861년에 쓴 '자유'에 대한 글은 이 질문에 대해 시사점을 준다. 이 글을 썼을 당시 그는 대학 교수이자 자유주의적인 정치인이었고 자유주의 성향의 저널 『프로이센 연보 *Preußische Jahrbücher*』의 편집자였다. 그는 독일 자유주의자들도 프랑스나 영국의 자유주의자들과 그리 다르지 않다고 보았다. 이들 모두 동일한 이상과 가치를 공유했다. 가령 존 스튜어트 밀이나 에두아르드 라불레처럼 독일 자유주의자들도 개인이 가진 불가침의 자유를 믿었다. 차이는 각국의 자유주의자들이 놓인 환경에 있었다. 프랑스의 라불레가 국가 권력을 우려했던 것은 그가 처한 환경의 맥락에서 보면 타당했다. 하지만 독일 자유주의자들은 **국가가 없었다**. 각각 정부가 있는 39개의 제후국으로 나뉘어 있다면 어떻게 진보적인 목표를 달성할 수 있겠는가? 따라서 독일 자유주의자들에게는 통일된 국가를 수립할 방법을 찾는 것이 가장 절박한 문제였다.

실질적인 진전을 이룰 방도가 전혀 없어 보이는 데 좌절한 독일 자유주의자들은 독재자를 갈망하기 시작했다. 아래로부터 달성하는 데 실패했으니 위로부터 달성하고자 한 것이었다. 한 자유주의자는 독일에서는 "결정적인 단 한 사람이 군림할 필요가 있다"고 말했다. 또 다른 사람은 "카이사르 같은 사람이 있기만 하다면 기꺼이 그와 함께 가겠다"고 말했다. 마찬가지로 자유주의자인 카를 볼만Karl Bollmann은 많은 자유주의자들이 느끼던 바를 성경을 연상시키는 어휘를 사용해 다음과 같이 표현했다. "[독일에는] 독일을 국가의 통일과 독립이라는 약속된 땅으로 이끌어줄 무장한 구원자가 필요하다." 볼만은 설령 그것이 "전면전에서 홍해를 가로질러야 함을 의미하더라도" 독일인들이 그러한 지도자를 받아들여야 한다고 촉구했다.[45]

비스마르크가 등장해 독일을 성공적으로 통일했을 때 많은 이들이 바로 이 사람이 자신들이 오매불망 기다리던 카이사르라고 생각했을 것이다. 두 번의 성공적인 전쟁(1864년 덴마크와의 전쟁과 1866년 오스트리아 및 독일의 다른 제후국들과의 전쟁) 이후, 1867년에 프로이센이 주도하는 북독일연방이 결성되었다. 이어서 비스마르크는 의회가 예산 승인권을 갖게 하는 법을 통과시킬 것을 제안해 자유주의자들의 요구를 들어주는 것 같았다. 자유주의자들이 바랐던 것이 모두 실현되는 듯 보였다.

하지만 상황은 그렇게 간단하지 않았다. 이 법은 1862년에서 1866년 사이에 그가 불법적으로 지출한 돈을 사후적으로 승인한다는 내용도 포함하고 있었다. 이 부분 때문에 많은 자유주의자들이 실망했고 결국 자유주의 정당인 진보당은 둘로 분열되었다. 국가의 통일은 환호할 만한 일이었지만 비스마르크의 위헌적인 행동까지 인정할 수는 없다고 생각한 사람들이 많았던 것이다. 이 법안을 지지한 자유주의자들은 진보당을 떠나 국가자유당Nationalliberale Partei

을 창당했다. 나머지 사람들은 진보당이라는 이름을 유지하고 타협을 거부했다. 이어진 논쟁에서 카이사르주의에 대한 비난이 고조되었다. 국가자유당의 루트비히 밤베르거Ludwig Bamberger는 "이제 너도 나도 카이사르주의를 이야기한다"고 불평했다.[46]

헤르만 바움가르텐Hermann Baumgarten은 자유주의자들이 진보당을 떠나 비스마르크를 지지하는 국가자유당에 합류하게 하는 데 지대한 공을 세웠다. 그는 브라운슈바이크 공국에서 태어나 예나 대학에서 역사를 공부하고 자유주의 성향의 저널리스트가 되었다가 나중에 역사학 교수가 되었다. 1866년 그는 『독일 자유주의의 자기 비판Der deutsche Liberalismus: Eine Selbstkritik』이라는 책에서 자신의 견해를 다음과 같이 설명했다. 자유주의자들은 과거보다 더 실용적이 되어야 했다. 그게 무엇이건 진보가 이루어질 수 있으려면 통일된 독일이 필요하다는 사실을 직시해야 했다. "비스마르크에게 반대한다"는 말만으로는 어디로도 진전할 수 없을 터였다. 그는 "국가 제도를 가지고 일하고자 하는 사람에게는 일단 국가가 있어야 한다"고 말했다. 비스마르크에게 협력해서 점진적으로 개혁을 달성하는 편이 비스마르크에게 반대만 하다가 내내 무기력하기만 한 것보다 나을 터였다. 하지만 이에 대해 또 다른 자유주의자들은 비자유주의적인 수단으로 자유주의적 원칙들을 획득하는 것이 가능한지 반문했다. 카이사르와 타협하는 것이 가능한가?

1871년에 비스마르크가 선포한 헌법은 지금 기준으로나 그때 기준으로나 자유주의적이지도 않고 민주주의적이지도 않았다. 그 둘과 비슷한 무언가를 혼합했다고 보는 게 더 정확할 것이다. 이 헌법은 [투표로 선출된 의원들이 있는] 의회에서 초안을 잡지 않고 마치 황제가 하사하는 선물처럼 국민들에게 내려졌다. 전국적인 대의제 의회Reichstag는 (남성의) 보통선거로 구성한다고 명시되었지만 의회 의 권한 자체가 심각하게 제약되었다. 결국 이것은 민주주의 요소 와 의회주의 요소를 일부 가지고는 있되 실제로는 소수의 귀족 집 단에 막대한 권력을 부여하는 헌법이었다. 또한 개인의 자유나 언 론의 자유 같은 것은 이 헌법에 전혀 언급되어 있지 않았다.

국가자유당도 비스마르크에게 협력하는 것에 대해 환상을 가지 고 있지는 않았다. 대부분은 전술적으로 타협하는 것일 뿐이라고 생각했고 시간이 지나면 다시 양보를 얻어낼 수 있으리라 희망했 다. 뭐니 뭐니 해도 프랑스의 사례가 있지 않은가? 루이 나폴레옹이 자유주의자들과 협력해서 개혁을 실행하지 않았는가? 아마 독일의 국가자유당원들도 비스마르크가 일단 링컨처럼 독일을 통일하고 나서 그다음에는 나폴레옹 3세처럼 체제를 자유주의화하리라고 기 대했을 것이다.

어쨌든 국가자유당도 프로이센의 권위주의 세력과 싸우는 것을 포기하지는 않았다. 비스마르크에게 협력하던 동안에도 영국과 프 랑스의 자유주의자들이 싸워온 동일한 가치를 위해 계속 싸웠다. 이들은 의회 권한 강화와 확대를 요구했고 개인의 자유를 법으로 보장하고자 했으며 법 앞의 평등을 요구했고 봉건제의 낡은 규제 철폐 등 경제 개혁도 달성하고자 했다.

어느 면에서 보면 이들은 성공했다. 실제로 상당한 양보를 얻어 낸 것이다. 의회 심의의 자유, 결사의 자유, 언론의 자유가 확대되었다. 개인의 시민적 권리를 보장하는 법들이 통과되었고 국내 이동 제한이 없어졌다. 주거지를 바꿀 때와 결혼할 때 공적인 허가가 필요했던 제도도 없어졌다. 새로운 형법이 통과되었고 사법 개혁이 이루어졌다. 화폐와 도량형도 통일되었고 새로운 상법이 생겼으며 제국은행이 설립되었고 더 자유로운 무역 정책이 도입되었다. 원했던 것을 모두 얻지는 못했어도 한동안은 비스마르크와 협력하기로 한 결정이 옳았음이 증명되는 것 같았다.

하지만 자유주의자들이 몇 가지 중대한 오류를 저질렀다는 데는 이견의 여지가 없다. 하나는 비스마르크가 추진한 '문화투쟁 Kulturkampf'을 열렬히 지지한 것이었다. 독일어 'Kulturkampf'는 문명을 위한 전쟁이라는 뜻이지만 비스마르크의 정책을 일컫는 용어로서의 문화투쟁은 1871년부터 1877년 사이에 통과된 일련의 법을 말한다. 가톨릭교회의 권력을 꺾는 것이 표방하는 목적이었지만 그당시에도 지금도 문화투쟁을 비판하는 사람들은 이 정책이 종교적 관용이라는 자유주의의 원칙을 명백히 위배했다고 비판해왔다. 그러나 공정하게 말하자면 상황이 꼭 그렇게 분명하지는 않다.

1870년 7월 18일에 바티칸은 '교황 무오류성Papal Infallibility' 원칙을 선포했다. 이 원칙에 따르면 예수께서 베드로에게 선언하신 약속에 의해 교황은 믿음이나 도덕과 관련된 종교의 원칙인 '엑스 카테드라ex cathedra'를 선포할 때 오류를 범하지 않는다고 보호된다. 말그대로 보면 이 원칙은 꽤 제한적인 의미로 해석될 수 있다. 그리스도교의 **종교적 원칙**을 말할 때만 교황이 오류를 저지르지 않는다는 말이기 때문이다. 하지만 '교황 무오류성' 원칙이 **정치적인** 중요성을 가질 가능성을 두고 그 이래로 계속 논란이 벌어졌다. 많은 비판자들(이 중에는 가톨릭 신도도 많았다)은 이 원칙이 국가에 충성하는 것을 저해하거나 적어도 그런 방식으로 해석될 여지가 있다고 우려했다.

교황 무오류성 원칙은 도처에서 자유주의자들의 비난을 샀다. 『뉴욕 타임스』는 "세계의 모든 자유로운 나라가 토대를 두고 있는 자유의 원칙이 여기에서 부정되었다"고 언급했다. 교황 무오류성을 받아들인다면 "진보적인 사고가 지배하는 오늘날의 세계와 로마 가톨릭교회 사이에 만리장성을 쌓는 것이나 마찬가지"일 터였다.[47] 많은 이들이 또다시 가톨릭교회가 시대의 발달에 부합할 수 있는 기회를 차버렸다고 결론 내렸다. 글래드스턴도 바티칸주의를 비난하는 내용을 다룬 두 개의 소책자에서 가톨릭 신도들이 교회와 국가에 동시에 충성할 수 있다는 개념을 반박했다. 교황 무오류성을 받아들이면 "도덕적 자유와 정신적 자유"를 저버리는 격이 되고 시민적 충성을 국가가 아닌 로마에 바쳐야 한다는 의미가 되기 때문이다. 글래드스턴의 첫 소책자는 15만 부가 팔렸고 여러 언어로 번역되었다.

같은 시기에 교황 관할 영토인 교황령의 지위와 관련해 문제가 벌어지면서 교회가 정치적 지배력을 확장하려 하는 게 아니냐는 의구심에 관심이 집중되었다. 이 사안은 프랑스에서 특히 중요한 문제였는데, 1849년에 프랑스군이 비오 9세를 교황청에 복귀시켰고 교황이 1870년까지 계속 로마에 통치권을 행사했기 때문이다. 미국 사람들도 교황이 교황령을 국가[이탈리아]의 통일과 민주주의의 원칙을 추구하는 운동 세력에 넘기려 하지 않는 것을 보면서 이것이 가톨릭교회와 당대 사이에 근본적인 간극이 있음을 보여주는 또 하나의 증거라고 생각했다. 한편 1860년에 비오 9세는 나폴레옹 3세에게 보낸 서신에서 이탈리아 통일 운동 세력이 주장하는 원칙이 비도덕적이라고 비난했는데, 이 서신은 미국 언론에 널리 보도되었다.

독일의 첫 번째 반교회법은 1871년 12월에 도입된 이른바 설교 규제로, [사제들이] "정치적 목적으로 설교를 남용하는 것"이 금지되었다. 1872년에는 교회의 학교 감독이 폐지되었다. 이듬해에는 일련의 '5월법'이 통과되었는데 그 첫 번째로 1850년 이래 교회 조직의 운영 관리에 대해 교회에 자치권을 허용했던 프로이센 헌법이 개정되었다. 이제 야망 있는 성직자들은 독일 대학을 나오거나 국가가 낸 문화 시험을 통과해야 했다. 성직에 임명되려면 정부의 승인이 필요했고 가톨릭 사제들은 공립 학교에서 종교 수업을 담당할 수 없게 되었다. 또한 교회 관련 사안만을 단독으로 다루는 별도의 법정이 설립되어 교회 규율에 대한 모든 쟁송의 최종 관할권을 갖게 되었고 예수회는 독일에서 쫓겨났다.

교회 당국이 이러한 법을 받아들이려 하지 않자 비스마르크는 위반하는 사람들을 처벌하고 더 극단적인 조치들을 도입했다. 1874년에 두 개의 법이 추가로 통과되어 법을 위반하는 성직자는 국가가 추방할 수 있게 되었고 법적으로 임명된 사제가 없는 교구의 재산은 국가가 몰수할 수 있게 되었다. 낮은 직위의 성직자 수천 명이 벌금형을 받거나 투옥되었다. 1876년이면 사제가 없는 교구가 프로이센 전체 교구의 약 3분의 1인 1400곳에 달했다.

대부분의 독일 자유주의자들은 문화투쟁을 진심으로 지지했다. 요한 블룬칠리는 가톨릭주의를 "인류의 사악한 적"이라고 보았고 독일이 "이 끔찍한 권력[가톨릭 권력]에 맞서서" "허용된 수단과 **허용되지 않은 수단을 모두 동원해**" "스스로를 지켜야 한다"고 주장했다. 그는 가톨릭교회가 권력을 행사하는 곳이면 어디에서나 "국가가 거세되고 가치 절하되었다"고 교회를 비난했다. 자유주의인 에두아르트 빈트호르스트Eduard Windhorst도 독일이 "관용과 계몽의 땅"이므로 "독일 제국이 불타는 증오심으로 예수회를 박해하는 것"이 정당하다는 개념이 모순이라고 생각하지 않았다.

독일의 자유주의자들은 문화투쟁을 지지하는 것이 자유주의의 원칙인 자유와 진보를 떠받치기 위한 것이라고 주장했다. 빌둥, 근대 국가, 통일 독일을 향한 길에 헌신하려면 문화투쟁이 필요하다는 것이었다. 빈트호르스트는 "비자유가 아닌 모든 것을 보호하고 불관용이 아닌 모든 것을 관용하는 것"이 곧 자유라고 설명했다.[48] 자유주의 성향의 의원 루돌프 피르호Rudolf Virchow도 문화투쟁이 인류에게 이로움을 줄 문명화 과정에서 벌이게 될 위대한 투쟁의 핵심이라고 보았다.

처음에는 다른 나라의 자유주의자들도 문화투쟁을 지지했다. 영국 언론의 상당수가 이러한 법이 방어적인 조치로서 꼭 필요하다고 보았다. 1872년 3월에 『런던 타임스*The London Times*』는 가톨릭 교구가 독일 제국을 전복하려 한다는 의혹에 의견을 같이하면서 "영적 자유, 도덕적 자유, 지적 자유의 모든 친구들"이 독일 정부와 독일 국민에게 지지를 보낸다고 전했다.[49] 영국 언론들은 예수회가 "교황 절대주의"를 지지하면서 "폭동을 교사하고 있다"고 비난했다.[50] 교황 무오류성 원칙은 교황이 미신, 반계몽, 낡은 도그마를 이용해 권력을 강화하려는 노골적인 시도라고 비판되었고, 교황은 자유주의 사회의 기둥을 크게 위협한다는 비난을 받았다.

미국에서는 교황 무오류성 원칙과 문화투쟁이 반가톨릭 감수성에 다시 한번 불을 지폈다. 가톨릭교회를 비판하는 사람들은 사제의 통치가 미국을 위협하고 있다고 비판했다. 문화투쟁이 최고조에 이르렀을 때 독일 주재 미국 대사 조지 밴크로프트George Bancroft는 비스마르크가 "단호하고 중도적"이라며 이를 옹호하는 보고서를 미 국무부에 보냈다. 그리고 "동일한 이름의 사악한 영향[가톨릭의 영향]이" 미국을 포함해 세계의 많은 나라에서 "작동하고 있다"고 경고했다. 뉴욕의 출판업자들은 글래드스턴의 『바티칸 칙령Vatican Decrees』을 재출간했고 미국 언론은 글래드스턴이 "로마식 전제주의를 깨부순 것"에 찬사를 보냈다. 미국의 저명한 교회사학자 필립 샤프Philip Schaff는 『바티칸 칙령』의 한 판본에 대한 논평에서 바티칸이 "이 시대의 자유주의적인 추세에 직접적으로 적대적인 입장을 취하는 것"에 대해 맹비난을 퍼부었다.[51]

그랜트 대통령은 1871년 12월 의회에 전하는 메시지에서 미국이 "미신, 야망, 무지"와 가톨릭교회의 명백한 공격으로부터 스스로를 보호해야 한다고 주장했다. 그는 헌법을 고쳐서 종교 기관이 운영하는 학교에 들어가던 정부 보조를 금지해야 한다고 주장했는데, 여기에서 "종교 기관"은 가톨릭을 염두에 둔 것이었다. 이에 대해 독일의 가톨릭 신문은 그랜트 대통령이 미국에서 "문화투쟁을 시작했다"고 보도했다. 예수회도 미국에서 자유주의의 영향이 높아지고 있는 것을 개탄하면서 이것이 가톨릭에 대한 전쟁이나 다름없다고 반발했다.[52]

하지만 국가 권력이 교황과 가톨릭교회에 얼마나 많이, 어떻게 반대해야 하는지에 대해서는 의견이 갈렸다. 미국에서 시행된 반가톨릭 조치들은 사제들을 투옥하는 방식과는 거리가 멀었다. 많은 자유주의자들이 비스마르크가 문화투쟁 관련법들을 한층 더 가혹하게 적용하기 시작하자 문화투쟁에 대한 지지를 접었다. 글래드스턴도 사석에서 "비스마르크의 개념과 방법은 우리의 것이 아니다"라고 말했다.[53] 『스펙테이터The Spectator』는 교황과 교황 무오류성에 반대했지만 비스마르크에게도 반대했고 문화투쟁 전체가 비자유주의적이라고 보았다. 『스펙테이터』는 프로이센의 소위 자유주의자들이 계몽의 힘으로 로마 가톨릭의 권위주의에 맞서 싸울 수 있다는 신뢰를 모두 잃은 것 같다고 개탄했다. 또 자유주의는 "적과 무력 싸움을 벌이거나" "진보의 이름으로 박해를 일삼는 것"을 용납해서는 안 된다고 지적했다. 『가디언The Guardian』도 "우리는 아무리 편견 있는 교회나 반동적인 신조라 해도 그것을 박해해 처벌하는 것이 자유주의적 정책이라고 보지 않는다"고 언급했다.[54] 1873년 5월에 5월법이 통과되고 이후 3년간 시행되면서 영국 자유주의자들 사이에서도 의견이 분분해지기 시작했다. 다수는 계속해서 교회에 반대하고 비스마르크에 우호적인 입장이었지만, 대부분은 아무리 그렇더라도 문화투쟁의 추상적인 목적과 5월법이 실행된 방식을 구분해서 보아야 한다고 주장했다.

결국 1878년에 독일 자유주의자들은 문화투쟁의 역습을 맞게 된다. 독일의 가톨릭 정당인 중앙당Deutsche Zentrumspartei이 문화투쟁이 불러일으킨 반감에 힘입어 세력이 강해지면서 앞으로 자유주의와 가톨릭이 연합할 수 있는 가능성이 사실상 사라졌다. 1879년에 무원칙한 독재자[비스마르크]는 중앙당과 조세 개혁에 합의하면서 국가자유당과의 관계를 끊었다.

1878년에 독일 자유주의자들은 훗날 부메랑으로 돌아올 또 하나의 정책을 지지했다. 악명 높은 비스마르크의 반사회주의법이었다. 1869년에 다양한 좌익 집단이 모여 독일사회민주당Sozialdemokratische Partei Deutschlands을 결성했고 몇 년 뒤 고타에서 전당 대회를 열어 강령을 발표했다. 이 강령은 국가가 산업을 접수하고 이윤을 노동자들과 나눠야 한다고 선포했다. 1878년에 사회민주당은 제국의회에서 12석을 얻었다. 그리고 같은 해에 황제 암살 시도가 두 차례 있었다.

암살 시도 사건을 빌미로 비스마르크는 일련의 반사회주의법을 도입했다. 이 조치들은 사회민주당을 해체하지는 않았지만 사회민주주의적 원칙을 전파하는 모든 조직을 불법으로 규정했고 노조를 불법화했으며 수많은 신문을 폐간했다. 그런데 독일 자유주의자들은 이러한 조치를 대체로 지지했다.

문화투쟁처럼 반사회주의법도 대대적으로 실패했다. 법으로 그렇게 억눌렀는데도 사회민주당 세력은 오히려 더 커졌다. 또한 이 법으로 독일 자유주의자들은 분열되고 약화되고 신뢰를 잃었으며 사회주의자들과 협업하는 것이 크게 어려워졌다. 자유주의 정당은 계속해서 분열되고 또 분열되었다. 영국에서는 글래드스턴이 노동자들을 자유당의 우산 안으로 불러올 수 있었지만 비스마르크 통치 하의 독일 자유주의자들은 이에 실패를 거듭했다.

국가자유당에는 오명의 아우라가 오랫동안 드리웠고 어느 정도는 이들 때문에 오늘날까지도 독일 자유주의의 평판이 좋지 않다고도 볼 수 있다. 1907년에도 자유주의 진영의 두 분파는 여전히 모욕적인 언사를 주고받았다. 진보당은 국가자유당이 성품과 남성다움의 면모가 없고 비겁하게도 자유주의 원칙을 배신하고 있다고 비난했다.[55] 오늘날에도 어떤 이들은 비스마르크가 자유주의를 **파괴했다**고 본다.

막스 베버도 의회를 전혀 존중하지 않았던 지도자 비스마르크에게 상당히 큰 책임을 돌렸다. 그에 따르면 카이사르주의적인 독재자 비스마르크는 정당들을 분쇄했고 자신의 권위를 위협하는 자는 누구든 몰아냈으며 자신의 이익을 위해 선전 선동을 사용했다. 1918년에 베버는 비스마르크가 남긴 유산에 대해 이렇게 언급했다. 다소 길지만 전체를 인용할 가치가 충분하다. "비스마르크는 **정치적 교육이 전혀 이뤄지지 않은 국가**를 남겨놓았다. … 위대한 사람이 나타나 그들에게 정치를 하사할 것이라고 기대하는 데 익숙해진 사람들의 나라를 남겨놓았다. … 독일은 [통치자가] '군주적 정부'라는 이름으로 국민을 대신해 결정해버리는 것에 대해 그게 어떤 결정이든 숙명적으로 **참고 받아들이는 데** 익숙해져버렸다." 비스마르크는 후세에 "어떤 정치적 유려함도 없는 나라," "자신의 정치적 의지가 없는 나라"를 남겨놓았다. 비스마르크는 자신이 추구하는 비자유주의적인 목적을 위해 조작된 가짜 민주주의를 만들어냈다. 비스마르크는 "이기심이야말로 규모가 큰 국가가 가질 수 있는 유일하게 건전한 토대"라고 말했다.[56]

6장

교육의 탈종교화를 위한 전투

이미 낙원에서 뱀이 자유주의의 유혹과
그것의 가짜 약속을 이야기했다.

—『가톨릭교회 사전』(1891)

1870년에 비스마르크의 도발로 나폴레옹 3세가 프로이센에 전쟁을 선포했는데, 이로써 프랑스 제2제국은 갑자기 비참한 종말을 맞게 되었다. 프로이센이 그때까지 유럽 최강국으로 여겨지던 프랑스를 무찌르는 데는 6개월밖에 걸리지 않았다. 1870년 9월 2일 나폴레옹 3세가 스당에서 사로잡히면서 프랑스는 사실상 공화정이 되었다.

패배의 충격에 이어 파리에서 봉기가 일어나면서 상황이 한층 더 복잡해졌다. 분노한 파리 시민들이 독일이 강요하고 자신의 정부가 동의한 평화 협상안을 받아들이기를 거부하며 봉기에 나섰고 소위 코뮌을 형성했다.

베르사유의 임시 정부가 봉기를 진압할 병력을 정비하는 동안, 코뮌은 몇 가지 행동으로 세계를 놀라게 했다. 코뮌은 붉은 깃발을 상징으로 내걸었고 프랑스의 다른 도시들에 대표자를 보내서 그들도 코뮌을 세우도록 독려했다. 그리고 「프랑스 민중선언Déclaration au people français」을 발표해 '사회복지'를 향상시킬 조치를 실행하겠다고 약속했고 노동자 계급의 이름으로 입법을 시작했다. 또한 투표로 정교분리 및 교회에 대한 국고 보조 중단을 결정했으며 많은 가톨릭 학교와 교회를 폐쇄했다. 200명가량의 사제, 수녀, 수사가 체포되었다. 그리고 페미니즘 운동이 일어나 임금 평등, 이혼권, 탈종교적이고 전문적인 교육 기회를 요구했다.

프랑스군이 프로이센에 충격적으로 패한 데 이어 '혁명'으로 보이는 사건이 또 일어나고 파리가 공산주의자에게 장악된 것이다. 이 충격파는 유럽 전역뿐 아니라 그 너머까지 퍼졌다. 다시 한번 자유주의자들은 대체 무엇이 어디에서 이토록 끔찍하게 잘못되었는지 깊이 성찰해야 했다. 이들은 프랑스의 굴욕적인 패배가 자유주의자들이 오래도록 쟁취하고자 싸워온 두 가지 주요 목적이 실현될 토대를 닦게 하리라고는 상상도 하지 못했을 것이다. 하나는 정교분리, 다른 하나는 자유주의적 교육 시스템이다.

프랑스의 문제는 무엇인가

1870년 파리 시민의 봉기를 보면서 경악한 사람들은 야만인과 미개인이 다시 한번 파리를 장악했다고 기록했다. 이들은 계급 적대와 폭력 행위를 선동하는 '빨갱이'를 탓했다. 빨갱이들은 산적이고 무법자이고 해충이었다. 교황은 그들을 "용납해서는 안 될 야수 같은 쓰레기"라고 불렀다.[1] 언론은 여성들이 봉기에서 어떤 역할을 했는지 설명하면서 그들을 천하고 타락한 '폭도' 같았다고 묘사했다.

이전의 혁명들도 그랬듯이 1870년 혁명도 여기에서 터져 나온 사상이 프랑스를 넘어 더 널리 퍼질지 모른다는 우려를 불러일으켰다. 『뉴욕 타임스』는 파리 코뮌이 "곧 유럽의 모든 도시를 뒤흔들게 될 사회적 폭풍의 첫 번째 사건"이라고 언급했다.[2] 『뉴욕 타임스』는 봉기에 나선 사람들을 사회의 현 질서를 전복하려 하는 "공산주의자"라고 반복적으로 언급하면서, 공산주의 혁명이 발생해 모든 재산을 국유화하려 할지 모른다고 경고했다.

베르사유의 임시 정부는 이 혁명이 국제노동자협회International Working Men's Association와 이 협회의 지도자인 카를 마르크스가 기획한 작품이라는 음모론을 제기했고 이 음모론은 널리 퍼졌다. 미국에서도 『네이션』 편집자 에드윈 고드킨은 파리 코뮌이 "서구 문명을 심각하게 뒤흔들 것"이라고 경고했다.[3]

따라서 1871년 5월 21일 아돌프 티에르가 이끄는 프랑스 의회가 군대를 보내 파리를 무력으로 탈환했을 때 많은 이들이 안심했다. 전투는 참혹했고 양측에서 많은 사상자가 발생했다. 베르사유에서 보낸 군대는 수천 명의 용의자를 재판 없이 처형했고 희생자 중에는 여성과 어린이도 많았다. 이에 맞서 코뮌 시위대는 인질로 잡은 사람들을 처형했는데 주교 조르주 다르부아Georges Darboy 경도 처형된 사람 중 한 명이었다. 시위대는 티에르의 자택을 포함해 정부의 상징물들을 불태웠다.

늘 그렇듯이 정확한 숫자는 알기 어렵지만 '피의 1주일'이 끝난 시점까지 사망한 사람이 2만~2만 5000명으로 추산되며 대부분은 코뮌 참가자이거나 무고한 사람이었고 많은 이들이 즉결 처형되었다. 그 외에 노조 활동가, 사회주의 활동가, 페미니스트를 포함해 4만 명 정도가 체포되었다. 체포된 사람 상당수는 뉴칼레도니아의 유형지로 보내졌다.

프로이센과의 전쟁에서 굴욕적으로 패배한 데 이어 '공산주의자'들의 봉기가 일어나고 다시 그것이 잔혹하게 진압되면서, 프랑스는 또 한번 깊은 성찰의 시기를 맞게 되었다. 누가, 무엇이, 어디에서 잘못되었는가? 가톨릭 왕당파는 자유주의가 저지른 죄에 신이 내리신 형벌이라고 말했다. 교황은 자유주의를 일컬어 "사탄이 저지르는 전복의 상징"이라고 말함으로써 이러한 비난의 기조를 설정했다. 교황에 따르면, 자유주의자들은 사회에서 신을 몰아내는 것이 무질서, 아나키, 죽음으로 직행하는 길임을 깨달아야 했다. 또 자유주의 사상은 불가피하게 사회주의로 이어질 수밖에 없으니 자유주의자들은 사회주의가 일으킨 저주에 대해 스스로를 탓해야 했다. 가톨릭 왕당파는 동원 가능한 모든 프로파간다를 활용해 자유주의 원칙들을 맹렬히 공격했고 특히 국민주권, 대의제 정부, 종교의 자유에 대해 강한 분노를 표출했다.

굴욕적인 전쟁 패배와 파리 코뮌 혁명의 원인을 두고 벌어진 논쟁은 군주정과 공화정 중 어떤 형태의 정부가 수립되어야 하는가에 대해 진영 간에 맹렬한 싸움이 벌어지면서 특히 격화되었다. 1871년에 보편 남성 선거권에 기초해 이뤄진 선거에서 군주정을 지지하는 의원이 의회의 다수가 되었지만 누가 군주가 되어야 하는가를 두고서는 법통파, 오를레앙파, 보나파르트파가 의견의 일치를 보지 못했다. 1879년 선거에서 공화정을 지지하는 의원이 다시 의회의 다수가 되고 군주정 지지자인 파트리스 드 마크마옹Patrice de MacMahon 대통령이 사임을 하고서야 프랑스가 공화정을 유지하리라는 것이 분명해졌다.

코뮌을 무자비하게 진압한 장군이 바로 마크마옹이다. 독실한 가톨릭이던 마크마옹은 자유주의와의 전투에 교회가 도움을 주는 것을 반겼다. 그의 행정부는 국가의 도덕적 질서를 회복하는 것을 주요 목적으로 표방했다. 그리고 그는 여기에 가톨릭이 필요했다. 의회에 공식 예배와 기도가 도입되었다. 코뮌의 죄악을 속죄하기 위해 1789년 이래로 왕당파와 가톨릭 반혁명주의자들의 상징이었던 사크레쾨르[성심聖心] 성당 건설 계획이 몽마르트르 좌안에 짓는 것으로 승인되었다. 루르드로 가는 순례 모임이 조직되었고 그곳에서는 왕당파의 국가가 불렸다.

가톨릭주의가 프랑스가 처한 문제의 해결책이 아니라 문제라고 본 사람들은 이러한 움직임에 크게 좌절했다. 하지만 이 네 번째 혁명의 원인이 프랑스의 깊은 도덕적·지적 위기였다는 데는 이들도 왕당파와 생각이 같았다. 역사학자이자 이론가 에르네스트 르낭 Ernest Renan은 널리 읽힌 저서에서 이에 대해 가톨릭주의를 탓했다. 가톨릭교회 탓에 프랑스가 2등 국가가 되었고 나약한 자들의 사회가 되었다는 것이다. 이런 유의 저술이 그 밖에도 무수히 쏟아져 나왔다. "프로이센 교장 선생님에게 프랑스 군대가 패했다"는 표현이 자주 나돌았다. 가톨릭주의로 인해 프랑스 군인들이 미신을 믿고 굴종적으로 되었을 뿐 아니라 비애국적으로 변하기까지 했다는 비난도 자주 제기되었다. 매우 존경받던 프랑스 철학자 알프레드 푸이예Alfred Fouillée는 프랑스 군인들이 이기적이고 물질주의적이 되었다고 지적했다. 프랑스에 지적·도덕적 개혁이 절박하게 필요하다는 목소리가 높아졌다.[4]

해외 논평가들도 프랑스의 문제가 거대한 도덕적 실패라고 분석하면서 이에 합세했다. 영국 논평가들은 프랑스 사람들이 사치스럽고 물질적인 즐거움에 전염되어서 남성다움을 결여하게 되었다고 지적했다. 존 스튜어트 밀은 프랑스의 문제가 프랑스인들의 정신적 나약함과 관련 있다고 보았다. 프랑스가 또다시 성품의 결여를 드러냈다는 것이다.[5] 미국 논평가들도 프랑스 사람들이 "무지하고 성직자들에게 좌지우지되며 남성답지 못하다"고 지적했다.[6] 독일의 논평가들 역시 프랑스 사람들이 역량이 훼손될 정도로 하찮은 데만 관심을 쏟고 있다고 말했다.

가톨릭교회에 대한 널리 퍼진 경멸은 프랑스-프로이센 전쟁 직전에 바티칸이 교황 무오류성 원칙을 발표하면서 더욱 증폭되었다. 프랑스 자유주의자들은 이것이 합리적 사고에 대한 또 한번의 모욕이며 미신을 촉진하는 결과를 가져올 것이라고 비난했다. 다른 모든 곳의 자유주의자들과 마찬가지로 프랑스 자유주의자들도 교황 무오류성 원칙이 국가 주권에 대한 공격이라고 해석했다. 교황이 가톨릭 신자들더러 국가가 아니라 교황과 가톨릭교회에 충성하라고 요구하고 있다고 말이다. 가톨릭이 프랑스를 쇠약하게 만들었고 개신교인 적과의 전투에서 그 사실이 여실히 드러난 듯했다.

당대의 저명한 프랑스 철학자 샤를 르누비에Charles Renouvier도 이러한 비판의 대열에 동참했다. 전쟁 후에 그는 『철학 비판 _La Critique philosophique_』과 그 자매 격인 『종교 비판 _La Critique religieuse_』을 창간했는데, 가톨릭교회의 위험성을 지적하고 개신교와 시민적 교육을 촉진하는 것이 주된 창간 목표였다. 그는 짧았던 제2공화국 시기에 공공교육장관을 지냈고 공화정의 가치를 촉진하기 위한 지침서를 펴낸 바 있었다. 그리고 이제 국가의 도덕적 직조를 약화시키는 '노예 종교'를 영원히 일소하기 위한 운동을 벌이자고 주장했다. 이 말은, 교회와 국가를 분리하고 비종교적인 교육을 의무적으로 제공하는 제도를 만들어야 한다는 뜻이었다. 그는 시민적 교육이 사람들을 신학의 굴레에서 벗어나게 해주리라고 보았다.

르누비에 외에도 많은 프랑스인이 프랑스가 절실히 가톨릭을 떼야 할 필요가 있다고 생각했다. 따라서 제3공화국에서 공교육은 맹렬한 논쟁을 일으키는 사안이 되었다. 이 전투는 1881년과 1882년의 페리 _Ferry_ 법과 1905년에 제도화된 정교분리를 둘러싸고 정점에 올랐다. 그 후로, 승리한 공화주의자들은 프랑스가 "문명화된 세계 통틀어 가장 자유주의적이고 가장 근대적인 교육 시스템을 가지고 있다"고 자랑스러워했다.[7]

자유주의적 공립 학교 제도

총리이자 공공교육장관이던 쥘 페리 _Jules Ferry_ 의 이름을 따서 페리법으로 불리는 일련의 법은 제3공화국에서 진행한 개혁 중 가장 중요하고 영구적인 영향을 미친 개혁이라고 평가받는다. 이 법들로 비종교적인 공립 초등 교육이 무상 의무 교육으로 제공되었다. 이 법을 고안하고 지지한 사람들은 이를 통해 프랑스 사회에 너무나 필요한 "도덕적·사회적 혁명"을 일굴 수 있으리라 기대했다.[8]

1886년에 페리법은 총리 르네 고블레René Goblet의 이름을 따서 고블레법이라고도 불리는 세 번째 법으로 보완되었다. 고블레는 1886년과 1887년에 내무장관과 종교장관을 지냈다. 이 법은 종교교단 소속인 사람이 공립 학교 교사로 고용될 수 없도록 했다. 상원에서 법안 통과가 어려움을 겪자 하원은 정부에 예수회 해산을 요구함으로써 보복했다. 예수회는 불과 3개월 안에 프랑스를 떠나야 했고 다른 교단들은 6개월 안에 정부의 승인을 받아야 했다.

교육 개혁가들이 지지한 자유주의 교육 제도는 강하게 반가톨릭적이었다. 교육 개혁가들은 대중을 사제로부터 떼어내는 것이 자신들의 주목적임을 숨기지 않았다. 또한 이것이 일종의 개신교적 개혁을 통해서 이뤄지리라는 점도 숨기지 않았다. 1879년에 『시대』에 실린 한 기사는 이들의 생각을 다음과 같이 설명했다. "가톨릭 사회들은 어려운 시기를 보내고 있다. 16세기의 성직 개혁과 종교개혁이 도덕적 탈종교화를 달성하지 못했으므로, 우리는 이제 학교 개혁을 통해 그것을 달성하려 한다."[9]

당시에 상당히 많은 개신교도가 공직에 있었던 것이 이러한 법들이 통과되는 데 일조했다. 인구 대비 압도적으로 많은 개신교도가 정부에 포진해 있었다. 1879년과 1890년 사이에 다섯 번의 내각에서 개신교 총리가 배출되었다. 그중 하나인 1879년의 워딩턴

Waddington 내각은 장관의 절반이 개신교였다. 상당수는 프리메이슨이었고 인류교를 높이 평가하는 사람들이었다. 더 이상 신을 믿지 않는 사람까지 있었다.

프랑스 학교 개혁의 주요 입안자인 페르디낭 뷔송Ferdinand Buisson은 1879년에 초등 교육 부서 책임자가 되었고 17년간 이 자리를 지켰다. 1902년부터 1906년까지는 교육연맹 회장을, 1914년부터 1926년까지는 인권연맹 회장을 지냈고 1905년에는 정교분리를 실시한 의회 위원회의 위원장이기도 했다. 1927년에는 (루트비히 크비데 Ludwig Quidde와 공동으로) 노벨 평화상을 받았다.

뷔송은 자유주의적 개신교도였고 페리와 고블레처럼 프리메이슨이었다. 제2제정 때 그는 『자유주의적 그리스도교Christianisme libéral』 (1865), 『자유주의적 그리스도교의 원칙들Principes du christianisme libéral』 (1869) 같은 책을 펴내서 종교에 대한 견해를 상세히 밝혔다. 또한 그러한 견해를 전파하기 위해 자유주의그리스도교연합Union du christianisme libéral이라는 단체도 만들었다.

뷔송이 주창한 종교는 도그마, 기적, 사제가 없는 종교, 모든 것이 도덕의 지침을 따르게 하고 "인간과 인류를 영적으로 완벽하게 다듬어가는 것"을 목적으로 삼는 종교였다. 또한 이것은 보편 교회로, 종파가 무엇이건, 심지어 자연신도와 무신론자까지 모든 사람을 환영하는 종교였다. 뷔송은 그러한 교회만이 박애, 연대 등 자신과 같은 사람들이 추구하는 정신을 불러올 수 있다고 보았다.[10] 그는 "인간의 교회, 탈종교적이고 자유주의적인 교회"가 필요하다고 주장했고, 그러한 종교는 "공개된 버전의 방대한 프리메이슨"과 비

슷한 것이 되리라고 전망했다.[11]

그는 초등 교육 부서를 이끌면서 종교, 교육 개혁 등에 대한 자신의 견해를 실행에 옮길 수 있는 위치에 있게 되었다. 그는 초등 교육에 관여하는 모든 사람을 위한 지침서로 『교육학과 초등 교육 사전Dictionnaire de pédagogie et d'instruction primaire』(1880~1887)이라는 방대한 저술을 집필했다. 공립 학교 시스템은 일반적인 교과목을 가르치는 것에만 그쳐서는 안 되었다. 더 중요한 목적은 "좋은 사람, 좋은 시민"을 양성하는 것이었다. 공립 학교는 소년들에게 "남자답게 생각하고 행동하는 법"을 가르쳐야 했다.[12] 그러려면 아이들을 가톨릭에서 떼어내고 자유주의적 개신교의 원칙들을 배우게 해야 했다. 더 중요하게는 공립 학교가 아이들에게 교황에 대한 복종보다는 도덕을 가르쳐야 했다.[13]

뷔송은 특히 미국의 공립 학교 시스템을 높이 샀다. 『교육학과 초등 교육 사전』에는 미국에서 시민을 교육하는 방법에 대한 길고 종합적인 설명이 담겨 있다. 그는 미국의 학교가 특정 종교의 원칙을 가르치는 게 아니라 그리스도교를 "일반적인 측면"으로만 가르친다고 높이 평가했다. 또한 이 사전에는 유니테리언 지도자 윌리엄 엘러리 채닝에 대한 기다란 찬사와 채닝보다 더 급진적인 제자 시어도어 파커, 그리고 두 사람 모두가 잘 알고 있었던 교육 개혁가 호러스 만Horace Mann에 대해서도 상세한 설명이 담겨 있었다.[14]

뷔송이 이들 미국인을 왜 그렇게 존경했는지 알기는 어렵지 않다. 이들은 가톨릭주의를 혐오하고 자유주의적 개신교를 옹호한다는 데서 견해가 일치했다. 호러스 만은 유니테리언에 우호적이었다. 파커는 뱅자맹 콩스탕의 종교 관련 저술들을 잘 알고 있었고 한때는 본인도 유니테리언이었다. 나중에는 유니테리언조차 충분히 자유주의적이지 않고 협소하고 정적이고 편협하다고 생각해 유니테리언을 떠났다. 그는 모든 그리스도교 교회가 예수의 가르침에서 너무 멀리 벗어나 있다며 종교는 도그마가 아니라 자기 향상과 도덕적 품행을 가르치는 것이어야 한다고 주장했다.

이들은 당시의 바티칸 입장대로라면 가톨릭주의가 가장 큰 적이라고 보았다. 사람들이 스스로 사고하지 못하게 막고 있기 때문이었다. 호러스 만은 사람들에게 자유로운 사고와 관용이 들어설 여지가 생긴 것은 개신교가 부상한 덕분이라고 생각했다. 파커는 이보다도 한층 더 대담한 주장을 폈다. 그는 가톨릭주의가 공화정 국가의 아이들에게 해롭다며, 이는 가톨릭이 "모든 진보의 적이고 민주주의에 치명적으로 적대적"이기 때문이라고 주장했다. 그가 보기에 가톨릭은 압제자의 연합 세력이 될 수밖에 없었고 따라서 자유와는 화합 불가능한 적일 수밖에 없었다.[15]

호러스 만은 미국에서 공립 학교가 도덕에 방점을 두는 '일반화된 그리스도교'를 가르쳐야 한다고 주장했다. 즉 공립 학교는 모든 그리스도교도에게 공통적으로 적용되는 원칙을 가르쳐야지 종파 사이에 이견이 있는 것을 가르쳐서는 안 되었다. 1837년에 매사추세츠주 교육 위원장으로서 그는 공화정의 지탱에 필요한 공민적 미덕과 가치를 가르칠 수 있을 만한 자유롭고 '무종파적인' 학교 시스템을 기획했다. 자기 규율과 판단력을 가르치는 것이 무엇보다 중요했다. 도덕과 지적 역량은 공화정에 꼭 필요했다.

뷔송과 동료들은 프랑스에도 이와 비슷한 원칙이 도입되어야 한다고 보았다. 예를 들어 폴 베르Paul Bert는 가톨릭 학교들에서 가르치고 있는, 그가 보기에 불합리하고 끔찍한 믿음에서 소년들의 정신을 해방시키는 것이 프랑스 교육 시스템의 주된 목적, 아니 **유일한** 목적이라고 주장했다. 공립 학교는 소년들에게 가정과 조국에 대한 의무와 같이 공적·사적 영역에서의 기본적인 미덕들을 전달해야 했다.[16] 프리메이슨이었던 베르는 한동안 교육장관으로 재직했고 초등 학교 도덕 교재를 집필하기도 했다.

프랑스의 새 학교 시스템은 두 가지 목적을 염두에 두고 마련될 터였다. 첫째는 자유로운 사고와 토론을 독려함으로써 소년들에게 스스로 생각하고 판단하는 법을 알려주는 것이고, 둘째는 뷔송이 "자유주의적 원칙"이라고 부른 것을 불어넣음으로써[17] 소년들이 자신을 통제하면서 스스로 방향을 잡아나갈 수 있도록 가르치는 것이었다. 두 가지 모두 "자기 통치"라고 불렸는데, 좋은 성인이 되려면 스스로를 통치하는 법을 알아야 한다는 점이 여러 차례 강조되었다. 이것은 가톨릭 사제와 그리스도교의 도그마에서 아이들을 해방시키고 그 대신 자유주의적인 혹은 일반화된 그리스도교의 도덕 원칙을 가르치는 것을 의미했다. 학교에서 성경을 가르칠 경우에는 [종교 경전으로서가 아니라] 도덕을 알려주는 데 도움이 되는 역사서로서만 다루어야 했다.

뷔송은 적합한 지적 문화의 육성이 중요하다는 사실을 잘 이해하고 있는 미국인들에게 존경을 표했다. 뷔송에 따르면 미국인들은 학생들에게 신앙의 도덕적 원칙과 정의를 가르치는 것의 가치를 잘 알고 있었고, 공화주의적인 헌법과 정치체는 그러한 가치에 달려 있었다. 그는 특히 애국심을 강조했다. 그가 기획에 비중 있게 참여한 프랑스의 교육 제도에 따르면, 유아기에는 애국적인 노래와 도덕에 대한 시를 배우고, 9세에서 11세 사이에는 납세의 의무와 국방의 의무를 배우고, 11세에서 13세 사이에는 군 복무의 중요성, 국기와 법을 존중하는 법, 정치경제의 기초 개념 등을 배우게 되어 있었다.[18]

교육 개혁은 소년들만 해당하는 것이 아니었다. 개혁가들은 소녀들도 자유주의적인 교육을 받아야 한다고 주장했고, 이와 관련해서도 미국에서 영감을 얻었다. 1870년에 교육 개혁가 셀레스탱 이포Célestin Hippeau는 미국을 방문하고 나서 『미국의 공교육L'Instruction publique aux États-Unis』을 펴냈다. 이 책에서 그는 여아에게 자유주의적인 교육을 제공하는 것의 이득을 미국이 입증했다고 언급했다. 그러한 교육을 받아야만 여아들이 민주 사회에 애국적으로 기여할 수 있다는 것이었다. 그는 프랑스가 여성을 교회의 손아귀에서 구해내지 못해서 절망적인 결과를 초래하고 있다고 애석해했다.

자유주의 이론가 쥘 시몽은 프랑스에서는 가장 좋은 기숙 학교에서조차 여아 교육이 완전히 무용지물이라고 비판했다. 사소한 것들만 배울 뿐 중요하거나 정신을 고양하는 것은 하나도 배우지 못한다는 것이었다.[19] 뷔송도 『교육학과 초등 교육 사전』에서 "여아" 항목에 이와 같은 내용의 긴 설명을 달았다. 뷔송은 동료 자유주의자들이 여아 교육에 너무 낮은 우선순위를 두는 것과 여아 교육이 지나치게 종교 위주로 되어 있는 것을 유감스러워했다. 그는 여아와 남아가 초등 교육에서 동등한 권리를 가지고 있다고 주장했다. 여아와 남아가 "동일한 지적 역량을 가지고 있고 국가와 가족의 성원으로서 동일하게 상응하는 의무들을 가지고 있기" 때문이었다. 그는 여아가 남아와 동일하게 배워야 할 주제의 목록을 길게 제시했다. 그중 최상위는 도덕적·시민적 덕성이었지만 프랑스어, 문학, 지리, 그리고 법과 정치경제도 있었다. 핵심은 여아들이 "주장과 논리 전개"를 하게 하자는 것이 아니라며, 그렇더라도 여아 또한 남아와 마찬가지로 조국, 헌법, 법률에 대한 자신의 의무를 이해할 필요가 있다고 주장했다. 또 다른 개혁가는 여아들을 '블루스타킹 소사이어티'* 멤버로 만들어야 한다는 말은 아니지만 여아들을 "현대 세계의 지적인 삶에서 계속 이방인으로 존재하게 두어서도 안 된다"고 주장했다.[20]

교육 개혁가들이 여아의 자연적인 소명이 아내와 어머니라는 점에 반대한 것은 아니었다. 교육 개혁가들의 목적은 여아들이 **더 나은** 아내와 어머니가 되게 하는 것이었다. 당대에 여아 교육 전문가로 이름을 떨친 앙리 마리옹Henri Marion은 소르본에서 한 일련의 강연에서 이 점을 명확하게 밝혔다. 그는 남편과 아내의 관계는 상호 의존적이고 연대에 기초한 관계이며 이것은 모든 형태의 사회적 삶이 갖는 특징이라고 주장했다. 여성과 남성은 사회에서 상이한 역할을 하지만 그 역할은 상보적이고 동등한 중요성을 가지고 있었다. "여

---

* 지적인 토론을 즐기는 유식한 여성들을 비하하는 말.

성의 적절한 역할은 삶을, 특히 사적인 삶을 더 완벽하고 부드럽게 만드는 것이지만 그렇게 함으로써 간접적으로라도 공적인 삶 또한 완벽하고 부드럽게 만든다."[21]

마리옹 같은 개혁가들은 미국의 여아 교육 방식을 본받아야 한다고 자주 언급했다. 이들에 따르면, 미국에서는 결혼이 더 평등하고 자녀에 대한 부모의 권위도 더 합리적이었다. 미국 아이들은 이렇게 민주적 가치를 배우고 있었다.[22] 남편과 아내가 상호 의존적이고 연대의 토대 위에서 가정을 함께 꾸려간다는 것은 가톨릭교회가 지지하던 가부장적 결혼관과 크게 달랐다.

하지만 사실을 말하자면 미국에서도 "무종파적," 자유주의적 혹은 탈종교적 공교육에 대해 논란이 없지 않았다. 프랑스 가톨릭도 그랬듯이 미국의 가톨릭 신자들은 미국의 교육이 정말로 무종파적이지는 않다고 비판했다. 실상은 학교가 자유주의 개신교라는 특정 종교를 가르치고 있다는 것이었다. 따라서 가톨릭 신도들은 공공 자금을 지원받아 가톨릭 학교를 세울 수 있는 권리를 달라고 주장했다.

1876년에 이 문제를 두고 토론의 장이 열렸다. 이 행사는 "가톨릭 미국 시민"과 "자유주의자 미국 시민"의 토론이라고 널리 광고되었고 토론 내용은 소책자로 출간되었다. 가톨릭 시민은 로체스터 주교 매퀘이드Bernard John McQuaid로, 가톨릭 교육의 열렬한 지지자였다. 자유주의자 시민은 자칭 '반가톨릭'이고 악명 높은 자유사상가 프랜시스 엘링우드 애벗Francis Ellingwood Abbott이었다.

매퀘이드는 가톨릭이 미국의 공립 학교 제도를 반대하는 이유를 조목조목 설명했다. 미국 공립 학교는 종교 분파를 초월한 보편 교육을 제공하고 있지 않았다. 미국 학교들은 자유주의적 개신교의 한 형태를 받아들이고 있었고, 이는 헌법과 권리장전이 보장하는 가톨릭 신도의 권리를 침해하는 것이었다. 둘째, 공립 학교는 부모가 아이의 종교를 결정할 수 있는 권리를 침해했다. 마지막으로, 가톨릭 신자가 자신이 믿는 종교에서 자녀가 멀어지도록 하는 교육에 세금을 내야 한다는 것은 옳지 않았다. 한편 매퀘이드는 종교 없이 도덕을 가르칠 수 있다고 보는 견해에도 반대했다. 이는 토대를 이기심에 두자는 것이나 마찬가지이므로 명백히 모순이라는 것이었다.

매퀘이드의 논지에 대해 애벗은 일단 미국의 학교들이 반가톨릭적이라는 것을 부인하지는 않았다. 그는 미국 공립 학교 제도의 목적이 종교를 가르치는 것이 아니라 "개인성"을 함양하는 것이라고 설명했다. 또 애벗은 매퀘이드가 말한 부모의 권리는 "원시적인 야만주의"의 유물에 불과하다고 비판했다. 그들의 진짜 목적은 아버지의 압제적 권위, 나아가 교황의 압제적 권위를 전달하는 것이 아니냐는 반론이었다. 가톨릭주의가 옹호하는 가정은 여성과 아이를 가내의 예속 상태에 묶어두려 하는데, 애벗은 오늘날 미국에서는 많은 사람들이 여성이 법 앞에서 남성과 동등하다고 인정한다며 이를 긍정적으로 언급했다. 또한 그는 여성 운동에 대해서도 "여성이 자신의 자유로운 개인성을 누릴 권리를 확립하고 보호하는 것을 목적으로 하는" 운동이라며 긍정적으로 평가했다.[23]

한 명의 가톨릭 성직자와 한 명의 자유주의자 사이에 벌어진 토론을 두고 가톨릭 신자들만 미국의 공립 학교 시스템에 반대했다고 해석해서는 안 된다. 보수 성향의 개신교도들이 오히려 미국 교육 제도를 더 맹렬히 비난했다. 이들은 자유주의적 그리스도교는 종교를 부정하는 것이라고 보았고 호러스 만이 주창하는 학교가 반그리스도교를 키우는 부도덕의 온상이라고 여겼다. 회중교회 목사 노아 포터Noah Porter는 자유주의적 그리스도교가 무신론보다 더 위험하다고 주장했다. 자유주의가 너무나 유혹적이기 때문이라는 것이었다. 그가 보기에 자유주의적 그리스도교는 경전이 담고 있는 진실을 부인하는 음모론이었고 전통적인 가족 개념에도 명백하고 실재하는 위협이었다. 그는 자유주의적 그리스도교가 더 퍼지게 둔다면 사회가 뒤흔들리고 세계가 혼란에 빠질 것이라고 경고했다.

가톨릭과 개신교 모두의 정통파들은 자유주의 성향의 종교와 페미니즘의 관련성에 특히 경악했다. 영국의 비국교도 개신교 집안 출신인 메리 울스턴크래프트부터 '독일-가톨릭' 운동과 가까운 루이제 오토Louise Otto[24]와 반종교적인 강성 프랑스 페미니스트들까지, 여권 옹호자들은 '사제주의와 미신'을 비난했고 여성의 지위가 낮은 것에 대해 전통적인 교회를 비난했다. 남성 자유주의자들처럼 많은 여권 운동가들도 유의미한 개혁이 이뤄지려면 가톨릭교회가 더 자유주의적이 되거나 새로운 종교가 나와야 한다고 믿었다.

아마도 미국의 엘리자베스 케이디 스탠턴보다 더 급진적인 페미니스트는 없었을 것이다. 스탠턴은 성경 자체가 뻔뻔한 성차별주의를 담고 있다고 비난하면서 그것을 대체할 『여성의 성경Woman's Bible』을 집필했다. 스탠턴은 "성경과 교회는 여성 해방의 길에 가장 큰 걸림돌"이라며, 다행히도 이제는 "더 자유주의적인 정신"이 "경전에 대해 더 높고 순수한 해설을 제시하고 있다"고 설명했다.[25] 다른 많은 사람들처럼 스탠턴도 더 관용적이고 과학에 더 열려 있으며 여성 해방을 포함해 정치·경제·사회적 개혁에 더 잘 부합하는 새로운 종교의 도래를 희망했다.

전국자유주의연맹, 사상의 자유, 자유연애

매퀘이드 주교는 전국자유주의연맹National Liberal League이라는 조직에 대해 틀림없이 분노했을 것이다. 이 조직은 그가 애벗과 토론 대결을 벌인 해에 설립되었고 애벗이 창립자 중 한 명이었다. 이 연맹의 목적은 교회와 국가의 완전한 분리였고 연맹 회원들은 정교분리가 헌법에 충분히 분명하게 명시되어 있지 않다고 보았다. 이들은 이를 달성하기 위한 '자유주의의 아홉 가지 요구Nine Demands of Liberalism'를 선포했다.

'자유주의의 아홉 가지 요구'는 정부가 종교 계열의 교육 기관 및 자선 기관에 책정하는 모든 예산 할당을 공격했고 정부 행사에서의 모든 종교 예배와 종교적 상징물 사용을 비판했다. 그들은 정부가 종교 휴일과 종교 행사를 공식적으로 쇠지 말아야 한다고 주장했다. 또한 주일법도 폐지하고 맹세도 간단한 승인으로 대체하며 그리스도교의 도덕을 강요하는 법도 폐지하고 정부가 특정 종교를 선호하지 못하게 해야 한다고 주장했다.

전국자유주의연맹은 그리스도교도, 유대인, 무슬림, 불교도, 브라만교도, 심지어 무신론자까지 모든 종교적 배경을 가진 사람을 환영했다. 실제로 자유주의 성향의 유대인들이 이 연맹의 고위직을 맡기도 했다. 1879년에『미국의 이스라엘 사람들*American Israelite*』저자 이자 '미국개혁유대교American Reform Judaism' 설립자인 랍비 아이작 와이즈Isaac Wise와『유대인 타임스*Jewish Times*』의 모리츠 엘린저Moritz Ellinger가 이곳의 부회장을 지냈다.

이 연맹의 주된 목적은 교회와 국가의 분리였지만 관련된 또 하나의 목적은 "영적인 노예제" 및 "미신"과 싸우는 것이었다. 이러한 표현은 가톨릭주의 또는 불변의 도그마에 기초한 모든 종교를 일컫는 말로 쓰였다. 이 연맹은 자유로운 사고를 독려하고 "연대의 감각"을 확산할 합리적이고 무종파적인 종교를 촉진하고자 했다.[26]

애벗 등 연맹의 저명 인사들은 그들이 인류교라고 부른 세속 종교를 지지했다. 물론 종교적 전통주의자, 보수주의자, 그리고 스스로를 정통주의자라고 생각한 모든 사람에게 '인류교'는 전혀 종교가 아니었다. 매쿼이드가 바티칸에 보낸 서한에서 자유주의가 퍼지고 있는 것에 대해 맹비난을 하며 한탄한 것은 이상한 일이 아니었다.[27]

19세기 말 무렵 미국에서 '리버럴/자유주의적'이라는 용어는 종교와 관련해 사용될 때 여러 가지 상이한 것들을 의미했다. 조지 워싱턴이 사용했을 때처럼 관용을 의미할 수도 있었고 윌리엄 채닝과 그의 제자들처럼 이런저런 종류의 유니테리어니즘을 의미할 수도 있었다. 또 교회와 국가의 엄격한 분리 및 '무종파적인' 공교육 제도를 의미할 수도 있었다. 자유로운 사고를 하는 사람을 의미할 수도 있었고, 자유로운 사고 자체가 또다시 여러 가지 종교적 입장을 의미할 수 있었다.

20세기 초 무렵이면 '리버럴/자유주의적'이라는 단어를 이름에 넣은 단체가 많이 있었다. 다들 자유롭게 사고하는 사람을 의미하려 한 명칭이었다. 뉴욕에는 '할렘 자유주의연맹,' 보스턴에는 '자유주의우애연맹,' 로스앤젤레스에는 '자유주의 클럽'이 있었고 미주리주에는 '리버럴'이라는 이름의 도시도 있었다. 이곳은 1881년에 자유주의 성향의 사람들이 세운 도시로 1885년 무렵이면 활발한 산업 도시가 되었고 교회의 도그마로부터 자유롭고자 하는 주민 500명 정도가 살고 있었다. 또 이름에 '리버럴'이 들어간 대학도 있었고 신문도 많았다. 『캔자스 리버럴*Kansas Liberal*』은 자유주의라는 단어가 남용되자 1883년에 『루시퍼, 빛을 나르는 자*Lucifer, the Light Bearer*』라고 이름을 바꾸었는데, 자유주의가 악마의 작업이라고 믿는 사람들이 공격하기 딱 좋은 이름을 가진 신문이었을 것이다.

종교적 자유주의자를 자처하는 사람들 중에는 그리스도교를 아예 거부하는 사람도 있었다. 애벗은 자신이 단지 그리스도교가 아닌 데에서 그치지 않고 **안티** 그리스도교라고 말했다. 보스턴의 저널 『자유로운 종교 일람*Free Religious Index*』은 "오늘날 미국에서 '리버럴/자유주의적'이라는 말은 성경의 권위를 인정하지 않거나 그리스도교 교리 중 초자연적인 면을 받아들이지 않는 사람을 의미한다"고 언급했다. 유명한 변호사이자 인기 있는 연설가이고 연맹의 회원이기도 했던 로버트 잉거솔*Robert Ingersoll*은 강연에서 종교를 우스개 소재로 즐겨 삼았다. 그의 강연은 늘 수많은 청중으로 가득했다.

『진리의 구도자*Truth Seeker*』의 창립자이자 연맹의 회원이었던 데이비드 M. 베넷David M. Bennett은 그리스도교를 "세상에서 가장 큰 사기"라고 불렀다.[28] 그는 그리스도교가 "무지와 미신과 거짓을 촉진"하므로 "인류에게 저주"라고 주장했다. 『진리의 구도자』는 "미국의 자유주의자들과 … 정보와 오락을 나누고 종교적 오류와 노예제에 맞서는 상호 지원의 내용을 소통하는" 것을 사명으로 밝혔다. 첫 호의 제호에서 데이비드 베넷과 아내 메리는 이 매체가 자유주의의 확산을 위해 노력을 경주할 것이라며 자유주의를 "인류에게 해방과 고양을 향해 가는 경향을 일구는 것"이라고 규정했다. 그리고 구체적으로 여기에 속하는 주제를 나열한 긴 목록에는 과학, 도덕, 노동 개혁, 자유로운 사고, 무상 교육, 남녀평등, 자유연애 등이 포함되어 있었다.

자유주의와 자유연애의 관계는 특히나 논쟁적인 주제였다. 그들 사이에 이견은 있었지만 많은 자유연애주의자들이 여성의 투표권과 재산권, 이혼권을 지지했다. 자유연애주의자들과 그 밖의 여권 옹호자들 사이의 한 가지 중요한 차이는 자유연애주의자들이 결혼을 공개적으로 비판했다는 점이었다. 어떤 이는 결혼을 합법화된 매매춘이라고 불렀고 어떤 이는 성적인 노예제라고 불렀으며 또 어떤 이는 강간의 제도라고 불렀다. 그들은 교회도 국가도 성적인 관계를 규율할 권리는 없다고 주장했다. 이혼은 더 쉬워져야 했고 결혼은 상호 간의 사랑과 성적인 끌림에 기초해야 했다. 관계가 시작되기 전에 여성도 남성처럼 성에 대해 배워야 했고 성적 행동을 스스로 규율할 수 있는 존재로서 신뢰받아야 했다. 또 여성은 생식을 스스로 통제할 수 있어야 했고 원치 않을 경우에는 남편과의 성교를 거부할 수 있어야 했다.

자유연애주의자들은 이러한 원칙을 설명하기 위해 "신체에 대한 여성의 자기 결정권"이라는 개념을 사용했다.[29] 뉴잉글랜드 자유연애협회New England's Free-Love Association 회장 에즈라 헤이우드Ezra Heywood는 여성이 스스로의 신체를 소유하고 통제할 권리를 가지며 이것은 양도할 수 없는 자연권이라고 주장했다. 그에 따르면 이것은 "여성이 지적 존재로서" 살아가는 것과 뗄 수 없는 권리였다.[30] 여성에게도 성적 쾌락을 누릴 권리가 있다고 주장하는 자유연애주의자들도 있었다.

자유주의가 무신론과 자유연애를 자주 연상시킨다는 점만으로도 담론의 장에서 충분히 불리한데, 널리 화제가 된 한 소송 사건 때문에 정통주의자들의 눈에 자유주의가 한층 더 안 좋아 보이게 되었다. 베넷이 『진리의 구도자』를 막 창간했을 때 우정청 특별감찰관이자 정치인이었던 앤서니 콤스톡Anthony Comstock이 표현의 자유를 대폭 침해하려는 움직임의 선봉에 나섰다. 1873년 의회는 그의 이름을 딴 소위 '콤스톡법'을 통과시켰다. 명시적인 목적은 "비도덕적으로 사용되는 외설 문학과 외설 기사의 유통과 거래를 막는" 것이었다. 무엇이건 간에 외설이라고 판단될 가능성이 있는 물건은 미국 우편 시스템을 통해 발송할 수 없었다. 또한 외설적이라고 여겨질 수 있는 물건의 범위를 신문, 광고, 피임 제품 등까지 확대함으로써 인쇄물을 규제할 수 있는 정부의 권력을 차원이 다르게 확대했다. 게다가 "외설"이 성적인 정보는 모두 해당된다고도 해석할 수 있을 만큼 몹시 모호하게 규정되어 있어서, 가령 기본적인 인체

생리학적 사실들까지도 얼마든지 포함할 수 있어 보였다. 자유로운 사고를 주창하는 사람들은 이 법에 따르면 성경도 외설로 간주될 수 있을 판이라고 지적했다. 콤스톡은 외설법을 이용해 자유사상가와 자유연애주의자 둘 다를 잡아들였다.

여러 잘 알려진 자유주의자들이 의도적으로 콤스톡법을 어겨 법정 싸움을 일으켰다. 1877년에 데이비드 베넷은 『진리의 구도자』에 「예수 그리스도에게 보내는 공개 서한Open Letter to Jesus Christ」이라는 글을 게재했고 이어 소책자로도 만들어 판매했다. 여기에서 그는 예수 그리스도를 직접적으로 언급하면서 이렇게 물었다. "당신의 이름을 딴 종교[그리스도교]가 세계의 다른 어떤 종교보다 많은 유혈 사태와 박해와 고통을 야기하지 않았습니까?" 베넷은 체포되었지만 인맥이 넓은 로버트 잉거솔이 나서준 덕분에 기소는 면했다. 하지만 베넷은 다시 체포되었고 또다시 체포되었으며, 세 번째 체포되었을 때는 재판으로 이어져 유죄 판결을 받고 수감되었다.

두 번째와 세 번째 체포는 에즈라 헤이우드가 쓴 자유연애 소책자 『큐피드의 족쇄Cupid's Yokes』 때문이었다. 이 소책자는 콤스톡이 벌이던 소위 악덕 일소 운동을 일종의 "음탕한 망상주의"라고 비난했고 자유연애 원칙들을 공공연히 지지했다. 그리고 교회와 국가는 결혼, 간음, 산아 제한에 가하는 규제를 멈추고 "성적 자기 규율"이 작동하게 두라고 촉구했다. 이혼은 더 쉬워져야 했고 남녀 모두 원하는 사람과 원하는 동안에만 사랑할 수 있게 허용되어야 했다.

곧 이 사건에 전국자유주의연맹이 휘말렸다. 헤이우드와 베넷이 각각 이 "외설물"을 작성한 혐의와 판매한 혐의로 체포되었다. 베넷은 처음에는 재판까지 가지 않았지만 곧 그 소책자를 주 경계를 넘어 우편으로 발송하는 바람에 체포되었고 이때 재판에 넘겨져 감옥에 가게 되었다. 이들의 기소는 전국자유주의연맹이 콤스톡법에 반대하는 청원 운동을 벌이는 촉매가 되었다. 1878년 2월에 5만 명, 많게는 7만 명으로도 추산되는 사람들이 서명한 청원서가 의회에 제출되었다. 이들은 콤스톡법이 종교적 박해의 수단으로 사용되고 있고, 반종교적인 글을 쓰고 펴내는 편집자, 출판업자, 작가 들에게 부당하게 외설이라는 딱지를 붙임으로써 그러한 활동을 위축시키기 위해 사용되고 있다고 주장했다. 하지만 하원 위원회는 콤스톡법이 합헌이라고 판단해 폐지 요구를 받아들이지 않았다.

결국 콤스톡법을 둘러싼 논쟁은 전국자유주의연맹에서 내부 분열을 일으켰다. 잉거솔, 애벗 등 몇몇 지도자들은 사임했다. 이들은 외설법은 부차적인 문제인데도 연맹이 더 중요한 관심사에 집중하지 못하게 주의를 흩뜨려놓는다고 생각했다. 하지만 또 다른 자유주의자들은 성 문제에 대한 자유로운 논의가 핵심적으로 중요한 사안이라고 보았다.

한편 콤스톡법을 개정하거나 폐지하고자 한 운동은 사람들의 머릿속에 자유주의, 무신론, 성적 자유, 외설이 한꺼번에 연상되도록 각인하는 결과를 낳았다. 전국자유주의연맹 회합에 와본 비판자들은 여기에서 무신론을 설교하고 자유연애 파티를 벌이고 있다고 보도했다. 그들은 자유주의가 "마구잡이식 개인주의"를 독려하며 신과 결혼의 신성성을 부정한다고 비난했다. 한 비판가는 자유연애주의자들을 제어하지 않는다면 개인의 쾌락이 가족의 안정을 밀어내고 사회가 붕괴될 것이라고 경고했다.[31] 이들에 따르면 자유주의자들은 죄악적이고 음탕한 무신론자들이며 외설을 퍼뜨리고 가정을 파괴하려 하고 있었다.

교황의 반격

교황 레오 13세Leo XIII는 페리법이 가톨릭교회와 가톨릭의 가르침에 대한 직접적인 공격이라고 보았는데, 이는 물론 틀리지 않은 판단이었다. 이에 대한 반격으로 그는 두 개의 회칙을 내놓았다. 1884년 2월 8일에 발표한 「프랑스의 종교 문제에 관하여Nobilissima galorum gens」에서 교황은 페리법이 도착적이고 사악하고 범죄적이라며 맹비난했다. 두 달 뒤 「프리메이슨에 관해Humanum Genus」에서는 같은 표현으로 프리메이슨을 비난했다. 프리메이슨의 원칙이 도착적이고 사악하고 범죄적이라고 말이다. 그는 제3공화국 고위층에 프리메이슨이 많은데 이들이 "가톨릭의 토대 자체를 몹시 불경하게 공격하는" 학교법을 기획하고 실행하는 데 주된 역할을 했다고 분석했다. 그리고 프리메이슨의 형제애가 "국민의 신체에 정맥을 파고들어 퍼지는 사악한 역병"이며 프랑스의 교육 개혁은 모든 사회 질서를 끝장내려 하는 사악한 음모와 다름없다고 주장했다. 프랑스의 주교들과 가톨릭에 우호적인 사람들은 이러한 유의 비난을 계속 되풀이했다.

가톨릭교회는 특히 여아 교육 개혁에 분노했다.[32] 늘 그랬듯이 가톨릭교회는 장래의 아내와 어머니 들에 대한 교육을 통제하는 것이 국가를 다시 가톨릭화하는 방법이라고 생각했다. 그런데 자유주의적 교육 시스템은 이 목적에 명백한 위협이었다. 자유주의 언론들이 "여성을 우스꽝스러운 미신의 속박에서 해방시키자"고 주장했을 때, 보수적인 가톨릭 신문들은 그러한 변화가 일어난다면 재앙이 올 것이라고 주장했다. 사제들은 새 학교가 가톨릭 여아들의 영혼을 위험에 빠뜨릴 것이라며 신도들에게 아이를 학교에 등록하지 말라고 독려했다. 이들은 국가가 모든 여아에게 교육을 제공하면 여아들에게 "급진적인 불경과 무신론, 물질주의, 그리고 모든 도덕에 대해 가장 전복적인 이론들을 주입하게 될 것"이라고 경계했다.[33]

가톨릭의 대변인들은 여아 교육 개혁이 결혼 생활을 향상하고 더 행복하고 도덕적이고 애국적인 가정을 일구는 데 일조하리라는 개념을 통째로 거부했다. 오히려 그러한 변화로 여아가 독립적인 정신을 갖게 되어 프랑스 가정을 뒤흔들게 될 것이었다. 여성들이 가정과 모성에 대한 자연적인 성향을 잃고 불복종적이고 규율을 거부하는 성향을 갖게 될 것이고 비극적이게도 애초에 남편감을 찾기 어려워질 터였다. 또한 여아들이 미혼인 선생님에게 수업을 들으면 추가적인 문제가 일어날 수도 있을 것이었다.[34]

이 사안을 다룬 가톨릭 저술들은 자유주의에 대한 교황의 공격을 매우 강한 어조로 한층 더 강화해서 널리 퍼뜨렸다. 스페인 사제 펠릭스 사르다 이 살바니Félix Sardà y Salvany는 1886년에 스페인어로 출간되고 곧 유럽 각국 언어로 번역된 소책자 『자유주의는 죄악이다El liberalismo es pecado』에서 자유주의가 "신성 모독, 절도, 간음, 살인,

그 밖에 신이 내리신 어떤 법의 위반보다도 큰 죄"라고 언급했다. 그에 따르면, 자유주의는 "악 중의 악"이자 "사탄이 제공한 것이며 인류의 적"이었다.[35]

2년 뒤인 1886년에 교황은 자유주의에 대해 맹렬한 비난을 담은 또 하나의 회칙을 내놓았다. 회칙 「인간 자유의 본성에 관하여 Libertas」에서 교황은 정교분리를 지지하는 자유주의자들은 "루시퍼의 발자취를 따라가는 것"이라고 언급했다. 국민주권 원칙을 지지하는 것도 신의 존재를 부인하는 것이었다. 그와 같은 자유주의 원칙들은 불가피하게 부패, 혼란, 혼동, 궁극적으로 모든 국가의 전복으로 이어지게 될 터였다. 약간 모순적으로, 교황은 정교분리가 국가의 압제를 가져올 것이라고도 주장했다. 국가 이외에 개인을 초월하는 권위가 존재하지 않는다면 국가가 전능한 힘을 갖게 되리라는 것이었다.

교황의 공격은 자유주의만 대상으로 한 것이 아니었다. '미국주의'에 대한 공격이기도 했다. 이 시기에 바티칸의 어법에서 자유주의와 미국주의는 거의 유의어로 쓰이고 있었다. 교황의 대변인들은 미국주의를 매우 강한 어조로 반복해서 비난했다. 예수회 저널 『가톨릭 문명』에 따르면 미국인들은 자유주의로 "오염된 공기"를 들이마시고 있고 미국주의는 모든 곳에서 가톨릭주의를 위협하고 있었다. 로마의 또 다른 신문은 미국인들의 "사탄적인 영혼"과 "신성 모독적인 이론들"을 비난했다.[36]

물론 교황과 가톨릭 인사들은 페리법이 미국의 교육 제도에서 영감을 받은 것이라는 사실을 알고 있었겠지만, 미국 내에서도 공교육이 계속 논란이 되고 있는 사안이라는 사실 또한 모르지 않았을 것이다. 또 미국의 가톨릭교도 중에 민주주의, 정교분리, 기타 자유주의 원칙들을 반대하지 않는 사람이 많다는 것도 알고 있었을 것이다. 여기에는 저명한 사람들도 많았다. 대주교인 존 아일랜드John Ireland, 존 킨John Keane, 데니스 J. 오코널Dennis J. O'Connell, 추기경인 제임스 기번스James Gibbons 등 적지 않은 가톨릭 명사들이 이러한 입장이었고 공교육 시스템을 지지하는 가톨릭 인사도 있었다. 그래서 매퀘이드 주교는 바티칸의 공보 담당 추기경 미에치수아프 할카 레두호프스키Mieczysław Halka-Ledóchowski에게 보낸 서신에서 미국 가톨릭교회가 전체적으로 사악한 "자유주의"를 향해 가는 추세라고 한탄했다.[37]

앞에서 보았듯이 자유주의 역사의 초창기부터, 그리고 19세기 내내 가톨릭에도 자유주의자가 존재했다. 그들은 자신이 가톨릭과 현대 문명이 합치될 수 있음을 입증하는 국제적인 운동을 벌이고 있다고 보았다. 소위 '아메리카니스트'*들도 그렇게 생각했다. 아일랜드, 킨, 기번스의 사상은 프랑스에서, 특히 공화정 정부와 교회의 관계를 개혁하고 싶어 하는 사람들 사이에서 널리 받아들여졌다. 이들은 아일랜드의 유명한 연설문들을 프랑스어로 번역하기도 했다. 그래서 보수적인 가톨릭 인사들, 가령 매퀘이드 주교 같은 사람들은 자유주의가 "적시에 제어되지 않으면 교회에 재앙을 가져올

---

*   미국에 우호적인 프랑스 사람.

것"이라고 우려했다.[38]

그러던 중, 1892년에 교황이 갑자기 태도를 180도 바꾸었다. 4년 전만 해도 회칙에서 국민주권 개념을 맹비난했는데 새 회칙 「우려와 관심 속에서Inter innumeras sollicitudines」에서 입장을 뒤집은 것이다. "프랑스의 교회와 국가"라는 부제가 붙은 이 회칙에서 교황은 이제까지 가톨릭교회가 설파해온 가르침을 대대적으로 수정해서, 프랑스 가톨릭 신자들에게 가톨릭의 대의를 군주정과 동일시하지 말고 공화정을 받아들여야 한다고 촉구했다. 교황의 이 지침은 공화정으로의 결집[랠리rally]을 촉구한다는 의미에서 '랄리망ralliement'이라고 불린다.

공화정으로의 결집을 촉구했다고 해서 가톨릭교회가 자유주의를 받아들였다는 의미는 아니다. 1879년에 교황 지상주의자이며 자유주의적 가톨릭을 맹렬히 반대하던 한 저자는 "자유주의는 그 자체로 죽음의 죄악"이라고 말했다.[39] 공화정으로의 랄리망은 공화제적이고 자유주의적인 수단을 이용해 자유주의와 **전투를 벌인다**는 것을 의미했다.

명백히 랄리망은 무종파적 교육이나 공립 학교의 탈종교화법을 받아들였다는 의미가 아니었다. 이러한 것들은 계속해서 사악한 "미국주의"라고 비난했다.[40] 교황이 가톨릭 신도들에게 요구한 것은 언론, 프로파간다, 사회 운동, 정치 클럽 등을 이용해서 가톨릭의 메시지를 전파하고 프랑스를 다시 가톨릭화하라는 것이었다. 그렇다면 교황은 사실상 프랑스 사람들에게 자유주의적인 방법들을 동원해 종교적 자유주의와 전투를 벌이라고 요구하고 있는 셈이었다.

바티칸이 표면상으로나마 몇 가지 자유주의 원칙, 특히 선거와 관련한 원칙을 받아들이면서 1901년에 가톨릭 정치 정당인 자유민중행동당Action Libérale Populaire(ALP)[이하 ALP로 표기]이 창당되었다. 군주정 옹호자 알베르 드 묑Albert de Mun과 자크 피우Jacques Piou가 창당했으며, 바티칸에서 자금 지원을 받았을 가능성이 크다.[41] 이 정당은 『자유 행동 회보Bulletin Action Libérale』라는 매체를 발간했고 1901년 11월 20일에 첫 호가 나왔다.

이제까지 가톨릭교회에 **반대하는** 운동을 묘사하기 위해 쓰였던 말이 이제 **친**가톨릭 정당을 지칭하는 데 전용되고 있다는 점에 주목할 필요가 있다. ALP의 목적은 자유주의적 제도(자유선거, 언론, 미디어 등)를 이용해 사악한 "프리메이슨 … 자코뱅, 사회주의자들의 압제로부터" 가톨릭교회의 권리를 지키는 것이었다. ALP는 친가톨릭, 친콩코르다트였으며 탈종교화법들에 전면전을 벌이고자 했다. 또한 정교분리 기획에도 맹렬히 반대했다.

하지만 만약 ALP가 정부를 압박해 페리법을 철회할 수 있으리라 기대했다면 매우 실망했을 것이다. 오히려 더 많은 탈종교화법이 통과되었다. 1901년에 통과된 결사법으로 노조, 정당 등을 더 자유롭게 결성할 수 있게 되었지만 종교 회합의 자유는 크게 제약되었다. 이제 프랑스에서 종교 회합을 존속 또는 확장하려면 정부의 승인을 받아야 했다.

1902~1905년의 에밀 콩브Emile Combes 내각(이때 총리이던 콩브는 강고한 반교회주의자로 프리메이슨의 일원이었다)은 이 법을 엄격하게 적용했고, 종교 교단들은 법적으로 승인을 받기가 사실상 불가능해졌다는

것을 깨달았다. 1903년이 되면 승인받지 못한 교단이 운영하는 1만 4000개의 학교가 폐쇄되었다. 1904년에는 종교 교단에 소속된 사람이 학교에서 가르칠 수 없게 되었고 프랑스의 거의 모든 교단이 금지되었으며 교단의 자산이 매각되었다. 3만에서 6만에 이르는 사제와 수녀가 추방되었다. 이에 더해 1905년의 [정교]분리법으로 이 모든 추세가 정점에 올랐다. 가톨릭교회에 대한 모든 공공 재정 지원이 억눌렸고 공식적으로 가톨릭교회를 인정하는 것도 중단되었다.

이러한 조치가 나올 때마다 ALP는 맹렬히 저항했고 당원도 증가했다. 회비를 내는 당원이 20만에 달했고 1906년이면 200곳에 지역선거위원회를 두게 되었다. 한창때는 이 정당에서 70명의 의원이 원내에 진출하면서 자유주의적 의제를 법제화하는 데 실질적인 위협 세력이 되었다. 그래서 콩브는 여러 연설에서 "ALP, 우리의 적이 여기에 있다"고 맹비난을 퍼부었다.

*****

'자유주의'라는 단어는 1810년대에 처음 만들어진 이래로 계속해서 1789년의 프랑스 대혁명, 그리고 명시적인 반가톨릭적 입장과 긴밀하게 연결되어 있었다. 자유주의적이 된다는 것은 사고의 자유, 종교의 자유, 정교분리 등 교황이 19세기 내내 결사반대해온 것들을 지지한다는 의미였다. 또한 자유주의는 여성의 시민적 평등, 이혼할 권리 등을 의미하기도 했는데, 이 역시 가톨릭교회가 강하게 반대하는 주장들이었다.

19세기 말에 자유주의 의제들은 전 세계 모든 곳에서 논쟁적이었지만, 미국에서는 특히나 논의가 급진적으로 선회했다. 미국에서 자유주의적이라는 말은 무신론자임을 공개적으로 밝히거나 성적인 자유 및 피임의 권리를 옹호하는 사람을 묘사하는 말로도 사용되었고 외설 문학을 출판할 권리를 옹호하는 사람을 의미하기도 했다. 전통주의자들이 보기에는 100년 넘게 우려했던 바가 현실이 되고 있는 것 같았다. 자유주의가 완전한 도덕적 퇴락과 혼란으로 사회를 이끌고 있다고 말이다.

한편 프랑스에서는 자유주의라는 단어가 자유와 관용을 연상시킨다는 것을 이용해 친가톨릭 세력이 바티칸의 지원을 받아 정치 정당인 ALP를 창당했다. 이 정당은 바티칸의 자금 지원을 받아 프랑스 의회가 추진하던 탈종교화 개혁으로부터 가톨릭교회의 권리를 **지키기** 위해 싸웠다. ALP 지도자 피우는 "자유주의적이 된다는 것은 정말로 무엇을 의미하는가?"라고 질문을 던졌다. 그는 "이 단어는 용어 정의가 필요하다"며 자유주의라는 단어를 가톨릭적이고 중도 우파적인 입장에 동원하는 방식의 정의를 제시했다. 피우에 따르면 자유주의적이 된다는 것은 프랑스 사람들을 사악한 자코뱅, 프리메이슨, 그리고 "사회주의자들의 압제"로부터 지킨다는 의미였다. 요컨대, 흥미롭게도 20세기 초입이면 프랑스에서는 자유주의가 사회적·종교적 보수주의를 의미하게 되었고 미국에서는 일반적으로 그 반대를 의미하게 되었다.

7장

두 개의 자유주의

옛 자유주의와 새로운 자유주의

우리는 국가가 제공하는 복지를
긴급 상황에서의 조치나 불가피한 악으로 여기지 않고
우리 시대와 국가의
가장 높은 임무 중 하나를 달성하는 것이라고 여긴다.
—독일 사회정책학회(1873)

자유주의자들은 프랑스의 프랑스-프로이센 전쟁 패배에 대해 프랑스의 빈약한 교육 시스템과 가톨릭 교리가 가져온 대중의 역량 훼손을 탓했다. 하지만 그들은 프랑스의 굴욕적인 패배에 또 다른 이유가 있다는 것을 깨달았다. 명백히 독일 군인이 프랑스 군인보다 신체적으로 더 강하고 건강했던 것이다. 전쟁 중에 프랑스군은 천연두로 한 개 사단에 해당하는 군인을 잃었고 족히 그 다섯 배는 되는 군인이 병에 걸렸다. 하지만 프로이센군은 예방 접종을 한 상태였기 때문에 사상자가 훨씬 적었다. 이것은 정부 개입의 이득을 보여주는 명백한 증거였다.

전쟁 후에 프로이센 정부는 더 많은 조치를 시행했다. 1874년에는 모든 독일 시민에게 천연두 예방 접종을 의무화했고 보건부를 신설해 감염병을 연구하고 효과적인 치료책을 찾도록 했다. 1877년에는 16세 이상의 모든 노동자가 별도의 보험이 없는 한 의료 보험에 의무적으로 가입하도록 했다. 비스마르크가 '국가사회주의 Staatssozialismus'*를 도입하려는 것 같아 보였고 모든 곳의 자유주의 자들이 이 점을 놓치지 않았다.

이후 몇 년 동안 프로이센 정부는 혁신적인 조치를 계속해서 더 내놓았다. 독일 노동자들은 질병, 산업재해, 노년, 장애에 대해 종합적으로 보장이 되는 보험을 들어야 했다. 비스마르크 본인도 이러한 조치를 사회주의적이라고 부르기를 꺼리지 않았고 노동자들에게 더 많은 입법을 약속했다. 이를 또 하나의 카이사르주의일 뿐이라고 비난하는 자유주의자들도 있었지만 지지하는 자유주의자들도 있었다. 곧이어 '진정한 자유주의'와 '국가사회주의'가 어떤 관계인지를 두고 대서양 양쪽 모두에서 논쟁이 벌어졌다.

자유주의의 역사를 서술할 때 역사학자들은 독일의 역할을 간과하곤 한다. 하지만 처음부터도 독일에서 나온 사상들은 자유주의에 막대한 영향을 미쳤다. 독일의 리버럴 신학은 한 세기 동안 종교계에서 생각하는 자유주의에 영향을 주었다. 그리고 19세기 말인 지금, 독일의 정치경제 사상이 자유주의가 둘로 쪼개지는 원인을 제공하게 된다. 자유주의는 자유방임을 지지하는 쪽과 정부 개입을 지지하는 쪽으로 나뉘게 되는데, 둘 다 자유주의적임을 자처했다.

---

*   '국가사회주의'로 번역되기도 하는 나치즘Nationalsozialismus과는 다른 개념이다. 이 책에서 나치즘은 '민족사회주의'로 옮겼다.

국가의 역할을 다시 상상하다

산업화를 거치고 있는 모든 국가가 겪고 있던 심각한 문제들이 여러 보도와 조사를 통해 드러나 있었던지라, 독일 정부가 가난한 사람들을 위해 취한 일련의 조치들은 더욱 중대한 의미로 다가왔다. 경제 전환으로 막대한 부가 창출되었고 전반적인 생활 수준도 높아졌지만 다수의 가난한 사람들은 이 혜택에서 밀려나 있었다. 도처에 슬럼, 인구 과밀, 질병 문제가 만연했다. 노동자들의 소요도 증가했고 노동자, 노조, 정당의 조직화 활동도 증가했다. 다양한 형태의 사회주의도 확산되었다. 이러한 상황에서 점점 더 많은 자유주의자들이 정부가 가난한 사람들을 돕기 위해 무언가를 해야 한다고 생각하게 되었고 독일의 사례에서 영감을 얻었다.

이제 프랑스, 영국, 미국의 우려하는 자유주의자들은 독일에서 생겨난 새로운 경제학파의 사상을 더 잘 받아들일 준비가 되어 있었다. 오늘날에는 빌헬름 로셔Wilhelm Roscher, 브루노 힐데브란트Bruno Hildebrand, 카를 크니스Karl Knies 등 독일에서 새 경제학파를 개척한 혁신적인 학자들이 잊히고 말았지만, 당대에는 매우 영향력이 있었다. 이들은 19세기 중반에 자유방임 논리를 상대로 전면전을 시작했다. 이들은 자유방임 사상이 과도하게 추상적이고 이론적이어서 현실에서 유용성이 없다고 보았다. 또한 이들에 따르면 자유방임 사상은 노동자를 착취하도록 허용하고 고질적인 빈곤을 고치려는 노력은 하지 않게 만들기 때문에 비윤리적인 사상이기도 했다.

독일의 새 경제학파는 더 현실적이고 실용적이며 결과 지향적이고 실증 데이터에 기반한 정치경제학이 필요하다고 보았다. 그래서 이들은 산업화되고 있는 나라들에서 자유방임이 국민 대다수의 삶을 향상시키기는커녕 악화시킨다는 것을 보여주는 실증 근거들을 수집하기 시작했다. 이들은 정부가 행동에 나서지 않는다면 상황은 더 나빠지기만 할 것이라고 내다봤다.

로셔 같은 학자들이 보기에 자유방임 사상의 오류는 실증적인 면에만 있는 것이 아니라 도덕적인 면에도 있었다. 사람이란 홀로 동떨어져 작동하는 존재도 아니고 이기적인 개인도 아니었다. 사람은 사회적인 존재이고 윤리적인 의무를 가진 존재였으며, 그 윤리적인 의무를 알 수 있는 역량뿐 아니라 실천할 수 있는 역량도 가진 존재였다. 이기심과 제약 없는 경쟁이 정의롭고 활발한 경제의 토대가 되리라는 주장은 도덕적으로 혐오스러운 주장이었다. 이와 같은 견해에 대해 반대 진영에서는 로셔 등을 조롱조로 '윤리적인 경제학자,' '안락의자 속의 사회주의자'라고 불렀고 이러한 비난은 이후에도 계속되었다. 다시 이에 맞서 '윤리적인 경제학자'들은 반대 진영을 '맨체스터주의자'라고 불렀는데, 이 역시 조롱조의 표현이었다.

1872년에 윤리적 경제학자들은 독일 사회정책학회Verein für Sozial-politik를 설립했다. 창립 선언에는 국가가 공공복지에 관심을 가져야 할 도덕적 의무가 있다는 견해가 명백하게 담겨 있었다. "우리는 국가가 제공하는 복지를 긴급 상황에서의 조치나 불가피한 악으로 여기지 않고 우리 시대와 국가의 가장 높은 임무 중 하나를 달성하는 것이라고 여긴다. 이 임무를 진지하게 수행할 때, 개인의 이기심과 각 계급의 협소한 이해관계는 전체의 더 높고 영구적인 운명에 종속될 것이다."[1]

윤리적 경제학자들의 사상은 느리지만 확실하게 퍼져나갔고 유럽 전체와 유럽 외의 곳들에서까지 열띤 논쟁을 불러일으켰다. 철학자, 정치학자, 저널리스트, 정치인 할 것 없이 모두가 정부 개입이냐 자유방임이냐를 놓고 논쟁을 벌였다. 자유주의자 중에서도 어떤 이들은 새로운 개념을 열렬히 받아들였고 어떤 이들은 맹렬히 거부했다. 논평가들은 정치경제학의 위기를 이야기하기 시작했다. 훗날 대통령이 되는, 독일 경제사상에 정통하던 우드로 윌슨Woodrow Wilson은 이를 "정치경제학자들 사이의 전쟁"이라고 표현했다.[2] 이러한 싸움을 거치면서 훗날 미국 철학자 존 듀이John Dewey가 자유주의의 "두 개의 조류"라고 부른 것이 생겨난다. 하나는 정부 개입을 지지하는 자유주의, 다른 하나는 자유방임을 지지하는 자유주의를 말한다.

프랑스에서는 독일 정치경제학을 둘러싼 논쟁이 샤를 지드Charles Gide와 알프레드 푸이예를 한편으로 하고, 장바티스트 세의 아들이며 1872년부터 1883년까지 프랑스 재무장관을 지낸 레옹 세Léon Say를 다른 한편으로 해서 벌어졌다. 세 등 프랑스 정부와 가까운 정치경제학자들은 독일 사상이 혐오스러운 "국가주의"이고 일종의 "우상화"라고 비난했다.[3] 이들에 따르면 진정한 자유주의는 자유방임 원칙의 고수를 의미했다.

대체로 세와 같은 학자들의 영향을 받은 1870년대 프랑스 정부의 공식적인 입장은 가난한 사람을 국가가 직접적으로 돕는 일은 되도록이면 하지 않는다는 것이었다. 탁아모를 규제하고 아동을 보호하기 위해 도입된 1874년의 루셀Roussel법을 제외하면 이 시기에 프랑스에서 빈민 구제와 관련한 조치는 거의 이뤄진 것이 없다. 당국자들은 늘 하던 주장을 되풀이했다. "공적인 자선"을 베풀면 노동자들의 게으름과 무책임함을 촉진하므로 오히려 해롭다는 것이다. 또한 노동자들이 정부 보조를 자선이 아니라 권리라고 생각하게 될 터였다. 짧게 끝난 제2공화국 시기에 지사를 지낸 폴 세르Paul Cère는 심지어 가난한 사람들을 위해 지은 요양원과 그 밖의 "빈곤한 자들을 위한 거대한 기숙사"를 폐쇄해야 한다고 주장했다. 그에 따르면 늙고 병든 이들은 집으로 돌려보내고 게으른 자들은 군대에 보내야 했다.[4]

일군의 정치경제학자들이 이러한 자유방임 이데올로기에 도전했다. 그중 한 명이 당시 파리와 보르도 대학의 교수였고 훗날 콜레주 드 프랑스의 교수가 되는 샤를 지드다. 지드는 1883년에 새로운 사상을 담은 책을 펴냈고 이 책은 1892년에 영어로 번역되어 『정치경제학 원리Principles of Political Economy』로 출간되었다. 이보다 2년 전에는 지드의 사상을 미국 독자들에게 요약해 소개하는 글이 『계간 정치학Political Science Quarterly』에 실렸다.[5]

지드는 이제 프랑스가 독일의 새로운 정치경제학파를 지침으로 삼아야 할 때라고 주장했다. 프랑스-프로이센 전쟁은 프랑스군의 패배였을 뿐 아니라 프랑스가 고수했던 자유방임 정책의 패배이기도 했다. 지드는 한때는 프랑스가 정치경제학을 선도하는 국가로서 프랑수아 케네François Quesnay, 뒤퐁 드 느무르Dupont de Nemours, 안느

로베르자크 튀르고Anne-Robert-Jacques Turgot, 마르키 드 콩도르세Marquis de Condorcet 같은 저명한 학자들이 학문의 최전선에 있었고 애덤 스미스도 이들에게서 영향을 받았는데, 이제 프랑스에서 저명한 경제학자로 여겨지는 프레데리크 바스티아나 레옹 세는 현실 안주적이고 보수적인 사상가가 되었고 가난한 사람들의 비참함에 냉담해지기까지 했다고 한탄했다. 지드는 그들이 공공선에 눈을 감는 도덕적으로 부끄러운 이기주의를 옹호하므로 더 이상 자유주의자를 자처하게 두어서는 안 된다며, 그들에게는 "현대판 쾌락주의자"가 더 적합한 이름일 것이라고 말했다. 그들을 무엇으로 부르는 것이 적합하냐의 문제를 지드는 자유주의 앞에 '고전' 혹은 '정통'이라는 수식어를 붙여서 해결했는데, 아마도 그가 이러한 표현을 만든 최초의 인물일 것이다. 지드는 정통 자유주의자들이 과거에 묶여서 새로운 현실을 직면하려 하지 않는다고 비판하면서, 다행히도 그들의 사상을 대신할 더 건전한 사상이 독일에서 들어왔다고 언급했다.

독일의 정치경제 사상은 영국에서도 널리 퍼지고 있었다. 프랑스가 프랑스-프로이센 전쟁에서 갑자기 패배하고 파리 코뮌이 정신이 번쩍 드는 경고를 해준 데 이어, 심각한 경제 불황이 닥쳐 대대적인 실업이 발생했고 생활 수준이 비참한 정도로 떨어졌다. 또 독일과 미국으로부터 경쟁 압력이 거세지면서 영국인들은 세계의 공장이라는 지위가 위태로워졌다고 생각하게 되었고 점점 더 많은 이들이 '자유 시장'에 신뢰를 잃고 있었다.

1874년에 자유당이 선거에서 패하고 보수당이 30년 만에 처음으로 다수당이 되면서 영국 자유주의자들의 우려는 한층 더 깊어졌다. 이 선거에서 벤저민 디즈레일리Benjamin Disraeli가 글래드스턴을 몰아내고 총리가 되었다. 선거 운동 과정에서 디즈레일리는 노동자들에게 다가갔고 노동 법제의 입법화를 약속했으며 집권 후에 보수당은 실제로 여러 가지 개혁을 추진했다. 최초의 노동자 계급 출신 의원 중 한 명인 알렉산더 맥도널드Alexander MacDonald는 "지난 5년간 보수당이 노동자 계급을 위해 한 일이 지난 50년간 자유당이 노동자 계급을 위해 한 일보다 많다"고 언급했다.

이 모든 상황에 영국 자유당원들은 혼란스러울 수밖에 없었다. 자유당원들은 자유당이 목적을 상실했다고 지적했다. 자유당은 이제 통합된 메시지나 목적이 없는 듯했다. 모호한 진보, 성품, 자기희생 운운은 더 이상 효과가 없는 게 명백했다. 어떤 이들은 자유주의자가 무엇을 의미하는지에 대해서조차 합의에 도달하는 것이 불가능해졌다고 한탄했다. "자유주의 원칙이란 무엇인가"와 같은 제목의 소책자와 기사가 쏟아져 나왔다.

이러한 상황에서, 점점 더 많은 영국 자유주의자들이 독일에서 들어온 새 사상에 귀를 기울이게 되었다. 독일의 정치경제학 저술이 대거 번역되기 시작한 것이 이를 단적으로 보여준다. 19세기 영국에서 가장 영향력 있고 개혁 지향적인 잡지 중 하나인 『격주간 리뷰Fortnightly Review』는 이미 1876년경부터 "낡은 정통 신조"가 무너진 것을 반겼다. 낡은 신조로는 산업화 과정을 거치고 있는 국가의 문제를 해결할 수 없다는 사실이 드러났다는 것이다. 1879년에는 존스튜어트 밀의 「사회주의에 대한 단원들Chapters on Socialism」이 이 잡지에 게재되었는데, 여기에서 밀은 사회주의 사상에 대해 온전한 관심을 기울여 숙고해야 한다고 주장했다. 그러한 사상이 개혁에 지침이 되는 원칙들을 알려주기 때문이라는 것이다.

이후 10, 20년 사이에 점점 더 많은 영국 자유주의자들이 정부가 가난한 사람을 위해 더 많이 개입해야 한다고 보는 새로운 자유주의를 지지하기 시작했다. 이들은 국가가 빈곤과 질병과 무지를 일소하기 위해, 그리고 부가 과도하게 불평등하게 분배되지 않도록 하기 위해 조치를 취해야 한다고 주장했다. 또 단순히 자유에만 신경 쓸 것이 아니라 자유를 가능케 하는 **여건**들에도 신경 써야 한다고 주장했다. 이러한 일련의 사상을 이들은 '새로운 자유주의'라고 불렀다.

미국에서는 독일에서 유학을 하고 돌아와 주요 대학에 자리 잡은 학자들이 새로운 정치경제 사상을 전파했다. 이들은 독일에서 윤리적 경제학을 최전선에서 공부했고 국가가 가난한 사람들을 위해 무엇을 할 수 있는지를 직접 목격했다. 영국과 프랑스의 자유주의자들처럼 이들도 자유방임 사상이 도덕적으로나 실증적으로나 아예 틀린 사상이라고 여기게 되었고 경제에 더 많은 정부 개입이 필요하다고 주장하기 시작했다.

여느 곳처럼 미국도 경제가 근본적으로 달라지고 있었다. 미국은 빠르게 산업화되고 있었고 19세기 말이면 미국의 생산이 영국, 독일, 프랑스를 합한 것보다 많았다. 이러한 경제 변화는 부의 막대한 불평등을 가져왔다. 여기에 더해 1870년대와 1890년대의 긴 불황으로 수백만 명이 일자리를 잃었다.

또 여느 곳처럼 미국 노동자들도 정부에 도움을 청했지만 거부당했다. 정부는 1877년의 대파업을 무력으로 진압했다. 이 파업은 미국 역사상 최초의 전국적인 노동 쟁의였는데, 논평가들은 파리 코뮌이 대서양을 건너왔다고 우려했다.[6]

이듬해에 하원은 노동자 소요의 원인 파악 및 대책 마련을 막중한 임무로 삼겠다는 결의안을 채택했지만 결국에는 아무 대책도 나오지 않았다. 하던 대로 하자는 것이 그들의 합의인 것 같았다. 즉 정부 개입은 시장의 법칙을 교란한다는 입장, 그리고 노동자들이 이러한 법칙을 알아야 하고 근면, 저축, 남성다움 같은 올바른 습관과 가치관을 배워야 한다는 입장을 고수하기로 한 듯했다.

독일에서 윤리적 경제학을 공부한 미국 학자들은 경제학, 정치학, 역사학, 사회학 등 떠오르는 학문 분야의 주요 리더가 되었다. 이들은 미국역사학회(1884), 미국경제학회(1885), 미국정치학회(1903), 미국사회학회(1905) 등 여러 학회를 세웠다. 미국경제학회의 첫 6명의 집행위원 중 5명, 첫 26명의 학회장 중 20명이 독일 유학파였다.

미국에서 새 사상을 전파하는 데 지대한 역할을 한 사람으로 경제학자 리처드 일리Richard Ely를 꼽을 수 있다. 일리는 하이델베르크 대학에서 박사학위를 받으면서 윤리적 경제학자인 카를 크니스와 요한 블룬칠리에게 수학했다. 미국으로 돌아와 1881년 존스홉킨스의 정치경제학과 교수가 되었고 아주 많은 저술을 펴냈다. 그는 미국인들이 독일 사례에 주목해야 하고 독일 사상에서 가르침을 얻어야 한다고 주장했다.

1885년에 일리는 일군의 젊은 경제학자들과 함께 미국경제학회를 창립했다. 독일 사회정책학회의 창립 이념과 유사한 내용을 이

곳의 창립 헌장에서도 볼 수 있다. 이 헌장에 따르면 국가는 "교육과 윤리의 향상을 담당하는 기관"이며 인류의 진보를 위해 국가가 해야 할 역할이 있었다. 정치경제학은 더 이상 탐욕스러운 자들의 도구나 "사람들이 굶고 있는데 아무것도 하지 않는 것"의 핑곗거리로 사용되어서는 안 되었다.[7]

영국과 미국의 백과사전에서도 독일의 윤리적 경제학이 미친 영향을 볼 수 있다. 1885년 판 『브리태니커 백과사전Encyclopaedia Britannica』의 "정치경제학" 항목에는 새로운 학파가 떠오르고 있다는 설명이 나온다. 『미국의 정치학, 정치경제학, 정치역사학 백과사전 Cyclopaedia of Political Science, Political Economy, and of the Political History of the United States』 은 자유방임 원칙에 맞서는 반란이 일어나 정치학 분야가 혼란스러운 상태라며, 독일 학자들이 자유방임 원칙이 틀렸음을 입증했다고 설명했다. 이 사전은 도움받을 길이 없고 억압적인 처지에 있는 사람들을 위해 국가가 개입해야 할 도덕적인 의무가 있고 국가가 단순히 물질적 부를 창출하는 것을 넘어서는 더 고결한 목적을 추구해야 한다는 점을 이제 대부분의 사람들이 깨닫게 되었다고 설명했다. 지성과 후생의 면에서 시민들을 향상시키는 것이 훨씬 더 중요하고, 바로 이것이 문명을 야만과 구분하는 표식라는 것을 깨닫게 되었다는 것이다.[8]

이러한 독일 사상은 자유주의의 역사에 막대한 영향을 미쳤다. 독일 사상은 '옛,' '고전,' '정통' 정치경제 사상을 지지하는 사람들과 진보적이고 건설적이고 '새로운' 정치경제 사상을 지지하는 사람들 사이에 (종종 통렬한 비난과 욕설이 오가기도 한) 매우 거대한 논쟁을 촉발했고, 이 과정에서 정치경제학이 둘로 갈라졌다. 두 진영은 이후에도 한 세기간 전쟁을 벌이게 되며 어느 정도는 오늘날까지도 그렇다.

새로운 자유주의에 대한 비판과 반감도 상당히 높았다. 새로운 자유주의에 반격을 가한 정통파 학자 중 가장 강력하고 영향력 있었던 사람으로는 허버트 스펜서Herbert Spencer를 꼽을 수 있다. 아마도 그는 당대의 영어권 철학 저자 중 가장 많은 독자를 가진 사람이었을 것이다. 오늘날에는 주로 '적자생존'이라는 표현으로 가장 잘 알려져 있지만 그는 윤리학, 생물학, 철학, 경제학 등 여러 분야에서 권위자였다.

1884년에 스펜서는 『인간 대 국가Man versus the State』라는 매우 논쟁적인 책을 내놓았다. 그는 새로운 자유주의를 주창하는 사람들은 전혀 자유주의자가 아니라고 보았다. "진정한 자유주의"는 제약과 간섭으로부터의 자유 이외의 다른 의미가 될 수 없었다. 과거에는 자유주의가 무제한적인 군주의 권력에 맞섰다면 이제는 자유주의가 무제한적인 의회의 권력에 맞서야 했다.[9]

스펜서의 미국 제자 중 가장 영향력 있었던 윌리엄 그레이엄 섬너William Graham Sumner는 독일 사상이 "사회적 돌팔이 수법"에 불과하다고 비난했다. 섬너는 예일 대학에서 사회과학을 가르쳤고 스승 스펜서처럼 엄격한 자유방임 정책을 믿었다. 그는 "사회적 문제"라는 것은 존재하지 않는다고 주장했다. 노동자에게 필요한 것은 그들을 그대로 두는 것이었다.[10] 하버드 대학에 재직 중이던 J. 로런스 로플린J. Laurence Laughlin도 비슷한 개념을 옹호했다. 1884년에 로플린은 미국 학교에서 사용할 수 있도록 존 스튜어트 밀의 『정치경제학 원리』 축약본을 펴냈는데, 국가 개입의 이득을 논한 부분은 삭제했다.[11] 영국에서 「사회주의에 대한 단원들」을 펴낸 지 5년 뒤 미국에서 졸지에 밀은 제한 없는 자유 시장을 옹호하는 사람이 되어버렸다.

하지만 섬너도 로플린도 조류를 막을 수는 없었다. 1903년에 시카고 대학 정치학과 교수 찰스 메리엄Charles Merriam은 독일 사상의 승리를 선언했다. 그는 건국 이후 미국의 정치사상이 어떻게 달라졌는지를 다룬 저서 『미국 정치사상사A History of American Political Theories』에서 국가의 목적에 대한 사상이 근래에 급진적인 변화를 겪었다고 언급했다. 이제 미국의 정치학자들은 국가가 더 광범위한 권한을 가진다고 볼 준비가 되어 있었다. 미국 정치학자들은 더 이상 정부가 소극적인 역할만으로 제약된다고 생각하지 않았고 정부가 대중의 일반적인 복지를 촉진하는 역할을 해야 한다고 생각했다. 메리엄도 독일 유학파였다.

영국 자유주의자들이 진정한 자유주의의 본질이 무엇인지를 두고 논쟁을 벌이던 내내 글래드스턴은 여기에 주도적인 영향을 미치지 못했다. 그는 아일랜드 자치법Home Rule for Ireland이 모든 자유주의자들이 결집해야 할 사안이라고 주장했지만 자유당은 이 사안에서 둘로 갈렸고 당내 분열과 혼란이 정점에 달한 1885년에 정권을 잃었다. 이후 자유당은 1892~1895년의 짧은 기간을 제외하면 20년간 정권을 잡지 못한다. 『데일리 크로니클The Daily Chronicle』은 자유당이 위기에 처했다고 진단했다. 자유당은 "일관성 없고 밋밋하고 조직화되어 있지 않고 무기력"했다.[12] 자유당원들은 자신의 정당이 무엇을 지지하거나 주장하는지 알지 못했다.

한편, 이제 영국의 많은 신문이 국가가 사회적·경제적 문제에 더 많은 관심을 기울여야 한다고 촉구하고 있었다. 사안의 긴급함에 대한 인식이 높아지면서 언론은 자유주의자들이 '옛 자유주의'를 버리고 새로운 자유주의에 길을 내주어야 한다고 주장했다. 1906년에 당대의 가장 독창적인 정치사상가 중 한 명인 존 A. 홉슨John A. Hobson은 "옛 자유방임 자유주의는 죽었다"고 선언했다. 그는 빈곤 및 빈곤에 수반되는 질병을 없애기 위해 더 진보적인 조치가 도입되어야 하고 그래야만 진정한 "경제적·지적 기회의 평등"이 올 수 있을 것이라고 주장했다.[13]

자유주의적 사회주의

새로운 자유주의를 지지한 많은 이들이 자신이 사회주의를 주장하는 것으로 보일 수 있다는 점을 인정했고 그에 개의치 않았다. 1893년에 한 영향력 있는 영국의 자유주의 주간지는 "일하는 사람들의 운명에 공감하고 너그러운 마음을 갖는 것을 사회주의라고 부른다면 … 그 면에서 우리는 모두 사회주의자"라고 말했다.[14] 몇 년 뒤 장래의 총리 윈스턴 처칠Winston Churchill은 연설에서 자유주의자들이 사회주의자라는 꼬리표가 붙는 것을 두려워하지 말아야 한다고 촉구했다. 그는 "자유당의 대의는 뒤로 밀려나버린 수백만 명을 위한 대의"라며, 자유주의자들은 그들을 돕기 위한 국가의 개입을 지지해야 한다고 주장했다. 그는 새롭고 사회주의적인 형태의 자유주의를 통해서만 사회가 "더 평등한 토대를 갖는" 방향으로 진화할 수 있으리라고 보았다.[15]

물론 여기에서 사회주의에 대해 열린 태도를 갖고 있느냐 아니냐는 사회주의를 어떻게 정의하느냐에 달려 있었다는 점을 짚어둘 필요가 있다. 이와 관련해서도 사람마다 의견이 분분했고 사회주의라는 단어도 사람마다 다른 의미로 사용되었다. 처칠에게는 사회주의적이 된다는 것이 혁명을 주장하거나 산업을 국유화하는 것처럼 급진적인 의미가 아니었다. 처칠은 점진적이고 비폭력적인 개혁을 지지했다. 미국 경제학자 프랜시스 아마사 워커Francis Amasa Walker는 사회주의라는 단어가 공공선을 위해 "대중의 압력하에서 정부의 기능을 확장하려는 모든 노력"을 지칭하는 말로 사용될 수 있다고 보았다.[16] 블룬칠리의 『정치 백과사전』은 사회주의가 사람마다 다른 것을 의미하지만 본인에게는 점진적인 사회 개혁을 일컫기에 적절한 말로 보인다고 언급했다.[17]

프랑스에서는 자유주의와 사회주의의 중간 정도가 종종 '연대주의solidarisme'라는 말로 표현되었다. 연대주의의 주요 주창자로는 1895년에 총리가 된 레옹 부르주아Léon Bourgeois를 꼽을 수 있다. 총리가 된 이듬해에 『연대Solidarité』라는 책을 출간했다. 연대주의를 자유주의적 사회주의라고 부르는 사람도 있었다.[18] 레옹 부르주아도 스스로를 자유주의적 사회주의자라고 즐겨 불렀다.[19] 그에 따르면, 공화정 국가로서 프랑스는 시민들 사이에 연대를 촉진할 책임이 있었다. 이것은 공립 학교에서 애국심을 가르치는 것만으로는 안 되고 시민을 분열시키는 불평등을 줄여야만 가능했다. 이를 반박하면서 레옹 세 등은 정부가 계속해서 **진정한** 자유주의의 원칙에 충실해야 한다고 주장했는데, 여기에서 진정한 자유주의는 자유방임을 의미했다.

연대주의는 의회에서 급진 공화주의 정당과 사회주의자들 사이의 협력을 정당화하는 근거를 제공했다. 그들은 힘을 합쳐 노동 시간 제한, 연금 제공, 누진적 소득세를 통한 공공 보조 등 여러 개혁 프로그램들을 밀어붙였다. 레옹 부르주아는 사회적 연대를 위한 의무를 다하려면 국가가 이러한 개입을 해야 한다며 공화정으로서의 정치체는 하나의 정치 제도로만 그쳐서는 안 되고 도덕적·사회적 진보의 도구가 되어야 한다고 주장했다. 레옹 세와 같은 부류의 자유주의적 정치경제학자들은 이러한 주장에 대해 격노했다.

자유주의자들이 점점 사회주의와 가까워진 것은 사회주의자들이 점점 자유주의와 가까워진 것과도 관련이 있었다. 19세기 말의 사회주의자들은 꼭 혁명을 지지하거나 자본주의 철폐를 주장하지는 않았다. 1879년에 창당한 프랑스의 첫 사회주의 정당인 사회주의노동자연맹Fédération des travailleurs socialistes은 의회를 통한 점진적인 개혁을 지지했다. 독일에서도 사회민주당원들이 선거에서 승리하는 경우가 많아지면서 제도 내에서의 입법과 개혁을 통해 사회주의가 평화적으로 달성될 수 있다는 생각이 높아졌다. 이러한 분위기에서 자유주의자들은 사회주의자들과 협력해서 진보적인 법안들을 통과시킬 수 있으리라고 기대하게 되었다. 1901년에 자유주의 성향 지도자인 프리드리히 나우만Friedrich Naumann은 '바서만Ernst

Bassermann부터 베벨August Bebel까지,' 즉 우파인 국가자유당부터 좌파인 사회민주당까지 모두를 아우르는 거대한 선거 연합을 구성하자고 제안했다.

독일 정치 이론가이자 사회민주당원이었던 에두아르트 베른슈타인Eduard Bernstein은 사회주의 입장에서 수정주의 이론을 주창한 대표적 인물이다. 『새로운 시대Die Neue Zeit』에 게재한 일련의 글에서 베른슈타인은 자유주의가 옳은 방향으로 진화하고 있으니만큼 사회주의자들이 자유주의에 반대하는 어조를 낮추어야 한다고 주장했다. 베른슈타인은 사회주의란 자유주의가 달성된 형태이고 자유주의의 후손이라고 보았다. 그리고 민주주의 덕분에 점진적인 수단을 통해 평화적으로 사회주의를 실현하는 것이 가능해졌으므로 혁명은 필요하지 않다고 주장했다.

사회주의 진영의 이러한 태도 변화는 영국의 저명한 출판업자이자 새로운 자유주의자인 레너드 홉하우스Leonard Hobhouse가 "진정한 사회주의는 자유주의적 이상들을 파괴하는 것이 아니라 완성하는 데 기여한다"고 말한 이유를 설명해준다.[20] 그의 친구인 존 홉슨은 이것을 "현실적인 사회주의"라고 불렀다.[21] 하지만 옛 자유주의자들은 사회주의자와의 어떤 연합도 계속해서 거부했다(놀랄 만한 일은 아니다). 프랑스에서 자칭 "질서의 인간"이자 "신실한 보수주의자"라 자처하는 사람들은 자유공화연합Union libérale républicaine을 결성하고 **"진정한** 자유주의"를 위해 싸우겠다고 천명했다.[22] ALP도 그랬듯이 이들도 자유주의적이라 함은 보수주의적이라는 것을 의미해야 마땅하다고 보았다.

도덕적인 삶의 방식

자유주의라는 말이 처음 나왔을 때 자유주의자들은 그들의 대의가 도덕적인 대의라고 생각했다. 즉 자신의 권리를 위해서만이 아니라 도덕적인 의무를 더 잘 이행하는 데 필요한 수단을 위해서도 싸우는 것이라고 생각했다. 새로운 자유주의자들도 이러한 화법으로 이야기했다. 이들은 공공선을 증진하는 방식으로서 개인의 권리보다는 도덕성의 계발을 더 강조했다. 좋은 사례로 T. H. 그린T. H. Green이 1880년에 한 연설 「자유주의적 입법과 계약의 자유Liberal Legislation and Freedom of Contract」를 들 수 있다. 이 연설은 이후에 출판되어 널리 유통되었다. 그린은 독일에서 철학과 신학을 공부하고 옥스퍼드의 도덕철학 교수가 되었으며, 그의 연구는 당대에도 매우 영향력 있었고 지금까지도 새로운 자유주의 사상을 다룬 영국 저술 중 정전으로 여겨진다.

그린은 모든 인간에게는 최선을 다해 자신의 역량을 사용할 도덕적 의무가 있다고 보았다. 최선을 다해 역량을 사용한다는 말은 동료 시민들을 위해 제반 의무들을 수행한다는 것을 의미했다. 부유한 사람만이 아니라 모든 사람에게 이러한 의무가 있었다. 그런데 가난하고 병들어 비참한 처지에 놓였다면 어떻게 사회에 대한 의무를 이행할 수 있겠는가? 가난한 사람들 다수는 그들이 통제할 수 있는 범위를 벗어난 환경적 요인 때문에 도덕적 의무를 수행할 길이 가로막혀 있었다. 따라서 그린은 위생법, 공장 감독, 공교육 등을 포함한 다양한 정부 개입 조치를 지지했다. 또 다른 자유주의자들은 여기에 다른 조치들을 덧붙이기도 했다.

새로운 자유주의는 윤리에 매우 높은 우선순위를 두었다는 점을 빼놓고는 생각할 수 없다. 새로운 자유주의 옹호자들을 추동하는 동력은 인류를 향상시키고자 하는 열망이었다. 이들은 개개인이 자신의 '더 높은 역량'을 계발해야 한다는 이야기를 자주 강조했다. 일리에 따르면 타인을 위해 자신을 계발하는 것이야말로 사회 윤리의 목적이었다. 그린은 베일리얼 칼리지에서 열린 평신도 설교에서 더 나은 자아를 만들기 위해 분투하라고 촉구하면서 그러려면 자기희생의 정신을 육성해야 한다고 주장했다. 또 어느 독일 자유주의자에 따르면 자유주의의 가장 중요한 임무는 노동자들이 도덕적인 삶을 살아갈 수 있게 돕는 것이었다. 어떤 이들은 이것을 '인간적인 삶' 또는 '가장 좋은 삶'이라고 불렀다.

정부가 사람들에게 도덕적인 삶을 살아갈 기회를 줄 수 있는 한 가지 방법은 공교육이었다. 자유주의자들이 여기에 얼마나 많은 에너지를 쏟았는지는 앞에서 이미 살펴보았다. [연대주의를 주창한] 프랑스 사회주의자 레옹 부르주아에 따르면 "사람들을 사회적 의무라는 개념으로 고양시킬 수 있는지"는 공교육에 달려 있었다.[23] 학생들이 좋은 시민이 되도록 연마하는 것, 즉 연대를 가르치는 것이 프랑스의 새 학교들이 가진 사명이었다. 홉슨도 더 나은 공교육이 "사람들의 정신에 … 꼭 필요한 '혁명'을 촉진할 수 있다"고 언급했다.[24]

늘 그랬듯이 교육적·도덕적 개혁은 종교와 밀접한 관련이 있었다. 새로운 자유주의 옹호자 상당수가 개신교이거나 개신교적 배경을 가지고 있었고 대부분은 앞에서 보았던 자유주의적 유형의 개신교에 우호적이었다. T. H. 그린은 복음주의 목사의 아들이고 튀빙겐에서 리버럴 신학을 공부했다.[25] 또한 미국경제학회의 창립 멤버 중 23명이 성직자였고 많은 수가 독일에서 공부한 적이 있었다. 자유주의적 개신교도와 프리메이슨 일원들은 프랑스의 연대주의 운동에서도 압도적으로 중요한 역할을 했다. 또한 홉슨과 홉하우스는 자신의 저술에서 밝힌 도덕적 견해를 영국의 여러 윤리 학회들에도 전파했다.

'리버럴 그리스도교' 지지자들은 이러한 그리스도교가 이타심과 선한 행동으로 자신의 역할을 이미 입증했다고 생각했다. 19세기 말 무렵 영국에서는 이러한 그리스도교가 '일반 그리스도교' 혹은 '보편 그리스도교'라고 불렸다. 자유주의 성향의 총리이자 회중교회 목사인 에드워드 미올Edward Miall은 영국 학생들이 "더 폭넓고 더 자유주의적이고, 몇몇 측면에서는 더 **무종파적인** 교리"를 배우게 되기를 원한다고 밝혔다.[26]

널리 읽힌 유니테리언 지침서 『신학에서의 우리의 자유주의 운동Our Liberal Movement in Theology』은 무엇보다 "일반 그리스도교"가 삶에서 실질적인 효과를 내는 도덕 체계를 전파하는 것이어야 한다고 설명했다.[27] 종교가 실용적이어야 한다는 개념이 자주 강조되었다. 프리드리히 나우만은 그것을 "실용적인 그리스도교"라고 불렀고[28] 리처드 일리는 "실용적이지 않은 그리스도교는 그리스도교가 아니다"라고 말했다.[29] 이들 자유주의적 개신교도들은 그리스도교가 각자의 영혼을 구하는 데만 집중하는 협소하고 소극적이며 과도하게 개인주의적인 태도를 버리고 모든 사람의 삶을 더 낫게 만드는 데 헌신하는 종교가 되어야 한다고 주장했다.

자유주의적 우생학

인간이란 완벽을 추구해나갈 수 있는 존재라는 개념과 인류의 향상을 이야기하는 고상한 단어들을 들으면 경악스러운 사실 하나에 마음의 준비를 하기가 어려울 것이다. 가난한 사람들을 돕기 위해 정부 역할이 확대되어야 한다고 주장한 바로 그 사람들이 '인종과학'과 우생학의 열렬한 지지자이기도 했다는 사실 말이다. 오늘날 우리가 보기에는 충격적인 사실일 것이다. 하지만 당대의 많은 자유주의자들은 인종과학과 우생학이 공공선의 증진이라는 사명과 완벽하게 부합한다고 보았다.

'우생학'이라는 말은 1881년 영국 자연학자이자 수학자이며 찰스 다윈Charles Darwin의 사촌인 프랜시스 골턴Francis Galton이 만들었다. 저명한 미국 우생학자 찰스 B. 대븐포트Charles B. Davenport는 이것을 "더 나은 생식을 통해 인류를 향상시키는 과학"이라고 표현했다. '촉진형' 우생학은 적합한 특성을 가진 사람들이 출산을 많이 하도록 독려하는 것이고, 대개 건강한 엄마와 아이를 위한 법안들을 의미했다. '제거형' 우생학은 '적합하지 않은' 사람들이 출산을 덜 하거나 더 좋게는 아예 안 하게 하는 것을 의미했다.

어느 쪽이든 대부분의 우생학자들은 인종 개량 프로그램이 자발적으로 이뤄지기를 기대했고, 교육, 도덕적 의무, 피임을 강조했다.

하지만 어떤 이들은 부적합자에게는 강제로 불임 시술을 받게 하거나 결혼을 금지해야 한다고 보았다. 이들이 말하는 부적합자에는 정신 장애, 정신 박약, 발작 질환자 등이 포함되었다. 또한 낮은 지능이 비도덕적인 행위 및 범죄와 관련 있다고 여겼으므로 범죄자는 범죄자를 낳고 가난한 사람은 가난한 사람을 낳는다고 생각했고, 따라서 우생학 지지자 중에는 가난한 사람과 범죄자도 결혼을 허락하지 말아야 한다고 주장하는 사람도 있었다.

자유주의자들만 우생학을 열렬히 지지한 것은 아니었다. 이 책에서 살펴본 모든 국가에서 우생학과 '인종과학'에 대한 믿음은 정치 스펙트럼 전체에 걸쳐 널리 퍼져 있었고 산업화되고 있는 국가들에서 벌어진 인구의 퇴락에 대한 우려로 더욱 영향력이 커지고 있었다. 프랑스-프로이센 전쟁에서 패배한 프랑스만이 아니라 미국, 영국, 독일도 마찬가지였다. 프랑스에서는 '인류'의 퇴락에 대한 우려 때문에 1896년에 인류갱생연맹Ligue de la régénération humaine이 결성되었다. 몇 해 뒤 레옹 브르주아는 새로 설립된 프랑스 우생학회의 회장이 되었다. 역사학자들에 따르면 프랑스에서는 촉진형 방식이 제거형 방식보다 선호되었다.

1903년에 영국 의회는 인구 퇴락 문제를 다룰 위원회를 꾸렸다. 도덕성, 지능, 세계 경쟁력 등에서 인구 집단의 '직조'가 퇴락하고 있다는 우려에서였다. 이 문제를 막으려면 사회적·정치적 개혁만으로는 부족하다고 여겨졌다.

당대에 가장 존경받던 자유주의 이론가 중 한 명인 홉슨은 "반사회적인 사람들의 생식"을 금지할 것을 주장했다. 그에 따르면 "적

자선택, 아니면 적어도 부적[합]자의 배제"는 모든 진보에 필수적이었고, "자손의 생산을 포기하는 것을 전적으로 민간의 결정에 맡긴다면 정부가 자신의 역할을 가장 위험하게 저버리는 격"이었다.[30]

미국에서도 리처드 일리나 허버트 크롤리Herbert Croly, 우드로 윌슨 같은 진보주의자들이 우생학을 열렬히 옹호했다. 일리는 "포악한 자손"이 태어나는 것을 막기 위해 인위적인 선택이 필요하다며 특정 인구에 대해 결혼할 권리를 박탈하는 정책을 지지했다. 그는 "절대적으로 부적합하기 때문에 자신과 같은 후손을 생산하는 것을 막아야 하는 사람들"이 있다고 말했다. 또한 일리는 고용에 부적합한 사람들을 노동 유형지에 격리해야 하고 그것으로도 충분하지 않으면 더 가혹한 조치가 필요하다고 보았다. 그는 "도덕적으로 고칠 수 없는 사람"이나 "일하지 않으려 하고 복종하지 않으려 하는 사람"은 "자손을 낳는 것이 허용되어서는 안 된다"고 언급했다.[31] 1911년에 뉴저지 주지사이던 윌슨은 "희망이 없을 정도로 결함이 있고 범죄적인 계층의 사람들"을 대상으로 하는 주 차원의 강제 불임법에 서명했다.[32]

대부분의 혹은 적어도 많은 수의 우생학자가 공공연히 인종주의자였다. 일리는 흑인이 "대체로 말해서 커다란 아이이며 그렇게 취급되어야 한다"고 말했다. 그의 제자인 윌슨의 인종주의는 잘 알려져 있다. 윌슨은 교수였을 때 『애틀랜틱 먼슬리Atlantic Monthly』에 기고한 글에서 해방 노예와 그들의 후손은 "무지하고 공격적이며 일을 싫어하고 쾌락에 잘 빠진다"고 언급한 바 있다.[33] 이러한 생각은 이들의 독특한 생각이 아니라 당대에 일반적이던 개념이었다. 이를테면 흑인들은 스스로를 규율할 능력이 없으므로 투표를 하도록 허용해서는 안 된다는 생각이 흔한 통념이었다.

19세기 말의 페미니즘과 자유주의

우생학은 여성에 대한 자유주의자들의 태도에도 영향을 미쳤다. 생물학적으로 더 약한 성별인 여성은 가정 밖 노동 시장의 엄혹함으로부터 특별히 보호를 받아야 한다고 여겨졌다. 자유주의적 입법가들이 노동 시간의 단축이나 여성의 야간 노동 금지 등을 추진한 것이 주로 이러한 취지에서였다. 여성은 인류의 존속을 위해 특별히 중요한 역할을 하므로 과다한 노동이나 피로로 인해 인류의 건강에 위험을 드리울 일을 하도록 허용되어서는 안 된다는 것이었다. 일리는 "여성의 신체 기관에 해를 끼치는" 유형의 모든 고용은 여성에게 금지되어야 한다고 언급했다.[34]

이러한 개념은 프랑스 자유주의자들 사이에서도 일반적이었고 특히 프랑스-프로이센 전쟁 이후 인구의 퇴락과 감소에 대한 공포가 높아지면서 더욱 그랬다. 『여성 노동자 L'ouvrière』에서 쥘 시몽은 집 밖에서 일하는 여성들이 약하고 기형인 아기를 낳게 될 것이고 모유도 오염될 것이라고 주장했다. 이러한 우려가 여성을 염두에 둔 자유주의 복지 개혁의 배경이었다. 새로운 법들은 여성들이 건강하게 아이를 낳을 수 있게 하는 것과 관련이 있었다.[35]

여성에게까지 투표권을 확대할 것인가에 대해서는 대부분의 자

유주의자들이 계속 반대했다. 흑인처럼 여성도 투표에 필요한 역량
이 부족하다고 여겨졌다. 신체적으로도 약하지만 본성상 남성보다
즉각적인 인상에 더 쉽게 흔들리고 덜 합리적이어서 건전한 판단을
하기 어려우며 상식도 결여하고 있다는 것이었다. 물론 이러한 개
념은 여성의 합당한 역할이 가정이라는 개념과 여성은 가정에서 남
편의 감독하에 있어야 하고 건강한 아이를 생산하도록 독려되어야
한다는 개념을 강화했다.

프랑스에서는 여성에게 투표권을 주면 가톨릭 후보들이 유리해
질지 모른다는 두려움도 있었다. 여성은 본성적으로 미신에 잘 빠
지므로 사제들의 여론 조작에 취약하리라는 것이었다. 알프레드 푸
이예가 다른 면에서는 진보적이고 개혁적인 자유주의를 지지했으
면서도 여성 참정권에는 반대한 주된 이유가 이것이었다. 여성 참
정권이 고려라도 될 수 있으려면 일단 여성은 교육부터 더 받아야
했다. 그때까지는, 건강한 자손을 생산하고 행복한 가정을 유지하
는 것이 여성이 사회에 기여하는 길이었다.

자유주의자들은 여성의 투표권을 인정하지 말아야 할 또 다른
이유들도 제시했다. 어떤 이들은 여성들은 너무 감정적이고 비이성
적이므로 여성에게 투표권을 주면 과도한 입법이 이뤄질지 모른다
고 우려했다. 자유당 의원인 허버트 새뮤얼Herbert Samuel은 그렇게 되
면 정부가 "더 인간적"일 수 있을지는 모르지만 효율성, 원칙, "제
대로 된 국정 운영" 등이 희생되는 비용이 따를 것이라고 지적했다.
여성이 참정권을 갖게 되면 정부가 "비현실적인 이상주의"로 가득
차서 정부에 마땅히 스며들어야 할 효율성의 원칙 대신 비현실적인

이상주의가 "제국의 위대함을 갉아먹게" 되리라는 것이다. 새뮤얼은 "그 선을 넘어가면 안전하지 않은 정치적 역량의 한계선"이 성별에 따라 [생물학적으로] "다르게 정해져 있다"고 언급했다.[36]

여성 참정권 운동이 성장하고 있었지만 윌리엄 글래드스턴은 여성에게 투표권을 주는 것에 일관되고 단호하게 반대했다. 영국여성자유연맹British Women's Liberal Federation도 그랬다. 이 연맹은 글래드스턴의 아내가 회장을 맡아 1886년에 설립되었는데, 자유당의 이해관계를 촉진하기 위한 목적, 혹은 글래드스턴 부인의 말을 빌리면 "남편들을 돕기 위한 목적"을 가지고 있었다.[37] 이들은 일부 자유주의자들이 주장하는 대로 여성에게 동등한 권리를 줄 경우, 남성의 도덕을 함양하고 시민으로서 남성이 잘 준비되도록 하는 데 가장 중요한 제도인 결혼과 가정을 향상시키는 게 아니라 위협하리라고 보았다.[38] 독일 국가자유당의 1879년 정책 개론서는 "가장이 남성이어야만 … 가정의 삶이 건강하게 발달할 수 있다"고 주장했는데, 이는 당시 자유주의자들 사이에서 일반적인 견해였다.[39] 또 새뮤얼의 주장과 비슷하게 여성이 공직에 진출해 정치를 하도록 허용하면 국가가 여성화될 우려가 있다는 언급도 있었다.[40]

몇몇 주장들은 명백히 상충하기도 했다. 가령 여성에게 투표권을 부여하는 것이 인간적이고 이상주의적인 대의들 때문에 '과도한 입법'으로 이어질 가능성이 있다고 우려하는 동시에 남편이 아내를 위해 투표를 할 것이니만큼 여성의 투표권은 단지 투표 숫자만 두 배로 만들 뿐이어서 불필요하다고도 주장했다. 또 다른 한편으로 부부 사이에 정치적인 견해가 불일치한다면 가정에 불화를 야기하게 될 것이라는 주장도 있었다. 하지만 여기에 더해 새뮤얼은 이혼, 상속, 그리고 "기타 등등" 여성들이 제기하는 다양한 문제들은 어쨌거나 "심각하지 않고" 충분히 다뤄지고 있다며, 그 밖에 남아 있는 여성의 문제들은 남편들이 해결할 수 있을 것이라고 언급했다.[41]

어떤 자유주의자들은 **결국에 언젠가는** 여성들이 투표권을 얻게 될 것이라고 생각했다. 새뮤얼은 시간이 가면서 여성이 정치를 하는 데 필요한 적합성을 얻을 수 있을 것이므로 "잠시만 기다리자"고 제안했다.[42] 사실 많은 자유주의자들은 여성들에게 투표권을 주기에는 시간이 무르익지 않았다고 생각했다. 여성들은 그들의 '역량'을 먼저 획득하고 입증해야 했다. 독일 페미니스트들이 프리드리히 나우만에게 지지를 요청하자 그는 투표권을 요구하기 전에 여성들이 "공적인 사안에서 이룬 성취를 먼저 입증하는 것이 더 좋을 것"이라 대답했다. 그에게 독일에서 개혁의 우선순위는 남성에게 투표권을 주는 것이었다. 그는 남성들이 "완전한 정치적 남성다움"을 얻도록 여성들이 도와야 하며, 그러고 나면 "여성 투표권 문제는 저절로 해결될 것"이라고 주장했다.[43]

하지만 점점 더 많은 자유주의자들이 이러한 주장이 자유주의의 원칙에 모순된다며 이에 동의하지 않게 되었다. 독일 페미니스트들은 최근에 등장해 많은 찬사를 얻은 '새로운 자유주의'가 여성에게는 거의 혹은 전혀 아무것도 주지 않았다고 주장했다. 알리스 살로몬Alice Salomon은 자유주의자들에게 페미니즘이 자유주의와 "동일한 땅에서 싹튼 것"이며 비슷한 세계관을 가지고 있다고 말했다.[44] 여성들이 요구하는 것은 단지 "자유주의를 더 확장해" 여성도 여기에

포함되도록 해달라는 것일 뿐이라고 말이다.[45]

많은 페미니스트들이 '진정한 자유주의자'는 여성의 투표권을 지지해야 마땅하다고 주장하기 시작했다. '청년자유주의제국연맹 Jungliberaler Reichsverband' 등 새로운 세대의 남성들 사이에서도 여기에 동의하는 목소리가 늘고 있었다. 프로테스탄트 신학자 루돌프 빌란트Rodolf Wielandt도 그중 한 명이었다. 그는 "가장 고귀하고 세련된 동기에서 벌어지는 여성들의 운동은 자유주의의 자매"라고 선언했다. 그는 여성들이 자신의 "특별한 본성을 공공선을 위해 활용할 권리를 원하는 것"일 뿐이라며 여성들이 그렇게 하도록 독려해야 한다고 주장했다.[46]

영국여성자유연맹도 "남편들을 돕는" 협소한 역할에 불만을 갖게 되었고 여성의 투표권을 요구하기 시작했다. 1911년에 『맨체스터 가디언Manchester Guardian』은 여성을 배제하는 것은 "분노할 일"이며 "이렇게 자유주의 원칙을 저버리고도 스스로를 자유주의적이라고 일컫는 정부는 깊고 영속적인 불신, 그리고 궁극적으로 재앙을 일으키게 될 것"이라고 경고했다.[47]

어떤 여성들은 여성 특유의 '본성'이야말로 여성들이 정치적으로 국정에 온전하게 참여하는 것이 매우 중요한 이유라고 주장했다. 그중 한 명이 독일 페미니스트 게르트루트 보이머Gertrud Bäumer다. 그는 1910년 독일 진보주의자들이 모인 한 컨퍼런스에서 「여성과 자유주의의 미래Frauen und die Zukunft des Liberalismus」라는 기조 연설을 하면서 여성 특유의 속성 때문에 여성이 투표를 하는 것이 꼭 필요하다고 주장했다. 그래야 "여성적인 역량과 에너지"가 사회에 영향을 미칠 수 있다는 것이다.

하지만 보이머의 반대자들이 우려하는 것도 바로 그 점이었다. 국가가 여성화되는 것 말이다. 1908년 국가자유당의 공식 입장은 보이머의 주장을 거부하면서 100년 넘게 되풀이된 주장을 또 되풀이했다. 여성에게 투표권을 주는 것은 "자연이 의도한 성별의 차이"를 부인하는 것이라고 말이다.[48]

19세기의 여권 옹호자들 사이에서 권리에 기반을 둔 주장은 아직 드물었다. 미국의 여성 투표권 운동가 수전 B. 앤서니Susan B. Anthony와 엘리자베스 케이디 스탠턴은 이런 면에서 진정한 개척자이자 예외적인 인물이었다. 여성은 투표가 금지되어 있었지만 1872년 11월 5일에 앤서니와 15명의 여성은 뉴욕주 로체스터에서 대통령 선거에 투표했고 2주 뒤에 체포되었다. 재판에서 앤서니는 불법 투표로 유죄가 선고되었다. 결혼, 가정, 교회, 헌법에 위협이 되는 행위였다는 것이다. 이에 대해 앤서니는 당국자들이 "우리 정부의 중요한 원칙을 모두 짓밟고 있다"며 "나의 자연권, 시민권, 정치적 권리, 법적인 권리가 모두 무시되고 있어서" "시민의 근본적인 특권을 박탈당한 채 시민의 지위에서 신민의 지위로 떨어졌다"고 주장했다. 그는 "나 개인만이 아니라 내가 속한 성별 모두가 판사의 선고에 의해 소위 이러한 형태의 정부 아래서 정치적으로 종속적인 위치에 처할 운명이 되었다"고 지적했다.

여성이 개인으로서 갖는 권리에 기반한 이와 같은 주장은 당시에 다른 곳에서는 매우 드물었다. 새뮤얼은 그가 작성한 자유당 정책 개론서에서 투표와 관련해 "자연권"을 운운하는 것은 무의미하다며 그런 권리는 존재하지 않는다고 말했다. 투표권을 얻을 수 있는 조건은 적합성을 입증하는 데 달려 있어야 했다. 그리고 영국 여성은 영국의 아이들이나 인도의 남성들처럼 "적합성"의 요건을 결여하고 있었으므로 여성이 투표권을 가져야 한다고 말하는 것은 불합리한 주장이었다. 마찬가지로 『국가자유주의자 뉴스*National Liberal News*』도 독일 여성들이 미국화되지 않도록 조심해야 한다고 언급했다. 훌륭한 독일 여성은 "투표권 운운하는 어리석은 소리"를 거부해야 마땅했다.[49]

여성의 투표권을 주장하기 위해 개인의 권리보다 더 자주 제시된 논거는 여전히 아내, 어머니, 시민으로서 의무를 더 잘 수행하고 아이들을 더 건강하게 낳을 수 있으려면 법적 개혁이 필요하다는 논리였다. 대부분의 페미니스트들은 여성 특유의 본성이라는 개념을 부인하지 않았고 여성이 가정의 일에 더 적합하다는 개념도 부인하지 않았다. 그들은 본성과 의무의 면에서 남성과 여성이 다르지만 **상보적**이라고 보았다. 남녀는 함께, 그리고 공공선에 기여하는 방식으로 가정을 꾸려야 했다. 어떤 이들은 심지어 우생학적인 주장을 통해 여성 참정권 운동을 진전시키고자 했다. 악명 높던 미국의 자유연애주의자이자 여권 운동가 빅토리아 우드헐*Victoria Woodhull*은 1870년에 대통령 선거에 나섰는데, 더 자유주의적인 이혼법이 인류를 갱생시킬 것이라고 주장했다. 자유연애주의자들은 더 쉬운 이혼과 더 많은 사랑에 기반한 결혼과 여성에게 더 많은 쾌락을 주는 성관계가 더 나은 어머니, 더 좋은 가정, 더 건강한 아기의 출산을 가져다줄 것이라고 종종 이야기했다.

*****

19세기 말에는 정부의 역할과 관련해 두 개의 자유주의가 존재했다. 새로운 자유주의와 옛 자유주의, 혹은 개입주의와 자유방임주의였다. 그리고 **둘 다** 자신이 **진정한** 자유주의라고 주장했다.

점차로 새로운 자유주의자들은 '새로운'이라는 말을 떼고 스스로를 자유주의자라고 불렀다. 그린 등 많은 이들이 어쨌거나 자신들의 자유주의에는 새로운 것이 거의 없다고 생각했다. 그린은 자유주의자들이 50년 동안 동일한 것, 즉 사회적 선을 위해 싸워왔다고 말했다. 홉슨도 자유주의자들이 협소한 자유방임이나 소극적인 방식으로만 규정된 개념의 자유주의를 주장한 적이 **결코 없었다**고 주장했다. 독일의 윤리적 경제학자들의 사상을 받아들이는 것은 자유주의 원칙에 전적으로 부합하는 것이었다. 자유주의 원칙은 계속해서 당대의 문제들을 다루기 위해 조정되고 있었기 때문이다.

새로운 자유주의와 옛 자유주의 사이의 전투는 자유주의 창시자들의 저술을 어떻게 읽을 것이냐와도 관련이 있었다. 새로운 자유주의자들은 자유방임론자들이 애덤 스미스와 같은 경제학자들의 글을 오독했으며 자신들이야말로 애덤 스미스가 시작한 일을 이어가고 있다고 주장했다.[50] 『브리태니커 백과사전』은 스미스가 역사적 환경이라는 요소를 중요하게 다루었고『국부론』제5권에서 정부 개입의 필요성을 인정했다고 언급했다. 마찬가지로 알프레드 푸이예는 스미스가 자유방임 경제학의 시조라는 개념을 부인하면서 스미스는 그런 유의 경제학을 말한 게 전혀 아니었다고 주장했다.[51]

페이비언 사회주의자인 비어트리스 웨브Beatrice Webb는 이 모든 아이러니를 다음과 같이 표현했다. "애덤 스미스의 정치경제학은 18세기에 소수가 다수를 억압하는 계급 압제에 맞서기 위한 싸움의 열정적인 표현이었다. 그런데 조용한 혁명을 통해, 스스로도 인식하지 못한 채로 벌어진 사상의 전환에 의해, 19세기가 되자 스미스의 이론은 '고용주들의 복음'으로 변모하고 말았다."[52]

8장

자유주의,
미국의 신조가 되다

현시점의 미국에서 자유주의는 지배적인 지적 전통일 뿐 아니라
유일한 지적 전통이다.

—라이어널 트릴링Lionel Trilling(1950)

어떻게 해서 자유주의는 미국의 정치 어휘에서 이렇게 핵심적이
고 도처에서 쓰이는 말이 되었을까? 『아메리카나 백과사전』에는
1831년까지만 해도 '자유주의' 항목이 없었고 '리버럴' 항목에는 이
단어의 정치적인 의미가 프랑스에서 유래했다고 설명되어 있었다.
반세기 뒤에도, 자유주의 항목이 미국의 정치학 백과사전에 등장하
긴 하지만 그 내용은 자유주의가 '1789년 프랑스 대혁명의 원칙들'
을 의미한다는 내용의 프랑스 글 하나를 번역한 것이었다. 19세기
말에도 자유주의는 미국의 정치 언어에서 여전히 드문 단어였고 **프
랑스** 또는 유럽에서 유래한 사상을 이야기하는 맥락에서 쓰이는 경
우가 많았다.

　그런데 어떻게 해서 자유주의가 오늘날처럼 미국화될 수 있었을
까? 저명한 학자이자 정치 논평가 월터 리프먼Walter Lippman에 따르
면 이 단어는 먼저 1912년에 진보당으로 분당한 공화당 정치인들

이, 그다음에는 1916년에 윌슨의 민주당 개혁가들이 쓰면서 널리 알려지기 시작했다.[1] 우드로 윌슨이 1916년에는 스스로를 진보주의자라고 부르고 1917년에는 자유주의자라고 불렀다는 사실에 주목할 필요가 있다.[2] 하지만 그가 이 단어로 의도한 바는 정확히 무엇이었을까? 윌슨에게 자유주의적이 된다는 것은 무엇을 의미했을까?

1917년이면 이 용어의 의미는 프랑스 대혁명기에 쓰이던 원래의 의미와도, 그 후 한 세기 동안 프랑스에서 벌어진 정치적 사건들과 관련된 의미와도 달라져 있었다. 19세기 말로 가면서 프랑스의 영향력은 수그러들었고 독일 사상의 영향력이 점점 더 커지고 있었다.

영국에서는 이것이 '새로운 자유주의' 개념으로 이어졌다. 대체로 영국 자유당, 자유주의 신문, 그리고 레너드 홉하우스와 같은 자유주의 사상가들을 통해 새로운 자유주의가 널리 퍼졌고, 1910년대에는 새로운 자유주의를 지지하는 사람들이 '새로운'을 떼고 스스로를 자유주의자라고 불러도 무방하다고 생각하게 되었다. 나중에 수상이 되는 H. H. 애스퀴스^{H. H. Asquith}의 「서문」이 실린 허버트 새뮤얼의 1902년 자유주의 정책 개론서가 『자유주의: 영국에서 현재의 자유주의가 제안하는 바와 원칙들*Liberalism: An Attempt to State the Principles and Proposals of Contemporary Liberalism in England*』이었다. 또 다른 자유당 정치인인 라이언 블리즈^{Lyon Blease}는 1913년에 『영국 자유주의의 짧은 역사*A Short History of English Liberalism*』를 썼는데, 바로 이 버전의 자유주의가 1914~1917년에 진보당으로 분당한 공화당원들과 윌슨 계열의 민주당원에 의해 미국으로 들어온 자유주의다.

진보 진영에서 가장 저명한 대중 지식인 중 한 명이자 1914년에 창간된 진보 잡지『뉴 리퍼블릭』의 창간 멤버인 허버트 크롤리는 미국에서 자유주의라는 용어를 퍼뜨리는 데 크게 기여한 사람 중 하나다. 매우 영향력 있었던 1909년 저서『미국적 삶의 약속*The Promise of American Life*』에서 크롤리는 자유방임 경제학을 맹렬히 비판하고 정부 개입을 강하게 주장했다. 크롤리는 자유주의라는 단어를 영국의 자유당 정부와 자유주의 사상가들에 대한 연대의 표시로서 받아들였을 것이다. 그는 영국의 자유주의 사상가들에게 깊이 공감했다. 1914년에 크롤리는 그가 생각하는 이상을 자유주의라고 부르고 있었고 1916년 중반이면 이 단어는『뉴 리퍼블릭』에서 진보적 입법을 의미하는 말로 널리 쓰이게 되었다. 우드로 윌슨이 1908년에『미국의 입헌 정부*Constitutional Government in the United States*』에서 언급했듯이, 어쨌거나 미국인은 "정치 언어 전체를 영국에서 빌려오지" 않았는가.[3]

자유주의적 제국

아마 윌슨 대통령은 '자유주의적'이라는 단어를 외교 의제에서 사용한 최초의 인물이기도 할 것이다. 1917년 1월에 유명한「승리 없는 평화*Peace without Victory*」연설에서 윌슨은 "자유주의자들과 인류의 친구들에게" 전하는 말이라고 밝혔다. 파리 평화회담에 14개조를 설파하러 하는 길에서도 "자유주의는 혼란에서 문명을 구할 수 있는 유일한 것"이라고 언급했다.

물론 전에도 자유주의는 언제나 국내 정치에만 그치지는 않았다. 자유주의가 프랑스에서 퍼져나가는 방대한 운동이라고 말한 라파예트부터 멀리는 인도에까지 반향을 일으킨 '보편 자유주의'를 두려워한 사람들까지, 자유주의가 국제적으로 퍼져나간다는 개념에는 유구한 역사가 있었고, 윌슨도 어느 정도는 알고 있었을 것이다. 그는 파리로 가는 길에 제네바에 들러서 마치니의 묘소에 참배했는데, 자신이 마치니의 저술을 면밀히 공부했고 그로부터 지침을 얻기 위해 노력했다며 이제 1차 대전이 끝났으므로 "마치니가 삶과 사상을 바쳐 노력했던 이상들을 실현하는 데" 자신이 기여할 수 있기를 바란다고 말했다.[4]

윌슨은 자유주의가 제국이라는 개념과 밀접한 용어라는 것 또한 알고 있었을 것이다. 미국의 진보주의자들이 공감했던 많은 영국 자유주의자들이 제국을 일컬어 세계에 자유주의적 가치를 전파하는 방법이라고 말했다. 실제로 이들 중 많은 수가 제국을 옹호하는 동시에 "자유주의의 근본 원칙은 자치 정부 수립의 이상과 강하게 관련되어 있다"고 말하는 것이 전혀 모순이라고 생각하지 않았다.[5] 제국은 "진정으로 자유주의적인 대외 정책"이고 문명과 "통치의 기술"을 전 세계에 전파하는 수단이 될 터였다.[6]

우리에게는 '제국'에 대해서는 이와 같이 말하면서 '제국주의'는 비난했다는 사실이 신기해 보일 수 있다. 매우 찬사를 받은 제국주의 관련 저서에서 존 홉슨은 제국주의를 일컬어 가난한 이들을 희생시키면서 경제적 기생충을 퍼트리는 질병이라고 불렀다. 자유주의 성향 정치인인 로버트 로우Robert Lowe도 제국주의가 "폭력이 영예화된 것 … 강한 자가 약한 자를 억압하고 힘이 정의를 누르고 승리하는 것을 영예화한 것에 불과하다"고 말했다.[7]

영국에서는 1870년대 초 토리당의 벤저민 디즈레일리가 자유당의 윌리엄 글래드스턴에 맞서 선거전을 벌이는 동안 제국이라는 주제가 매우 첨예한 정치 사안이 되었다. 자유주의자들은 계속해서 디즈레일리를 제국주의자라고 비난했는데, 이는 그의 명예를 실추시키려는 조직적 노력의 일환이었다. 이에 맞서 디즈레일리는 영국 대중이 제국을 좋아한다는 사실을 자유주의자들을 비난하는 데 활용했다. 그는 자유주의자들이 약해빠지고 비애국적이며 영국의 식민지를 잘 지키리라고 신뢰하기 어렵다며, 그들이 제국을 망치고 있다고 비난했다. 유명한 1872년 6월 24일의 수정궁Crystal Palace 연설에서 총리 디즈레일리는 영국 역사 전체에서 "자유주의가 제국을 해체하기 위해 시도한 것보다 더 많은 기량과 역량을 동원한 시도도 없었으며, 그보다 더 지속적이고 더 섬세하고 더 맹렬하게 이뤄진 시도도 없었다"고 말했다.

디즈레일리의 화법은 확실히 이기는 전술이었다. 디즈레일리는 1874년에 총리가 되었다. 총리로 재직한 동안 그는 수에즈 운하의 지분을 구매했고 이집트 국내 사안에 개입했으며 오스만 제국이 러시아에 맞서도록 부추겼고 남아프리카와 아프가니스탄 모두에서 군사적 공격을 지지했다. 1876년에는 빅토리아 여왕에게 인도 여제 칭호를 추가적으로 부여했다. 자유주의자들은 디즈레일리의 이러한 제국주의를 맹렬히 공격하면서 위선적이고 비도덕적이며 영국의 가치에 배치된다고 주장했다.

자유주의자들의 제국주의 비판은 여기에서 단어 게임이 어떻게 작동하고 있는지를 파악하지 못하면 오해하기 쉽다. 오늘날에는 신기해 보이지만, 영국 자유주의자들에게는 제국주의를 비난하는 동시에 '진정한 식민주의'를 옹호하는 것이 완벽하게 가능했다. 이 둘은 서로 다른 의미를 지닌 단어였다.

무슨 무슨 '-주의ism'가 붙은 단어들이 많이들 그렇듯이 '제국주의imperialism'라는 단어는 정치 담론에 경멸의 어휘로서 들어왔다. 이 단어는 나폴레옹 3세나 비스마르크 같은 독재자를 악마화하기 위해 도입되었고 비슷한 시기에 만들어진 '카이사르주의'라는 용어와도 비슷한 면이 있었다. 예를 들어 1878년에 『격주간 리뷰』에 「제국주의는 무엇을 의미하는가What Does Imperialism Mean」라는 글이 실렸는데, 제국주의란 다른 이들에게 무력을 행사하는 것을 의미하며 도덕적 의무의 완전한 방기와 이기주의에 토대를 두고 있다고 설명했다.

나폴레옹이나 비스마르크 같은 제국주의자들은 가난한 대중의 관심을 국내에서 필요한 여러 가지 개혁으로부터 다른 곳으로 돌리기 위해 제국의 확장이라는 비전으로 사람들을 현혹했다는 비판을 흔히 받았다. 그렇게 함으로써 권력을 증대시키고 소수가 대중의 희생 위에 막대한 부를 쌓을 수 있게 했다는 것이다. 즉 제국주의는 독재자와 귀족이 사회를 약탈하는 것이고 무지한 군중의 지지를 얻어내려는 술수이며 자유주의적인 개혁을 멈추거나 되돌리려는 시도였다. 따라서 영국 자유주의자들은 디즈레일리를 제국주의자라고 비난함으로써 그가 영국 대중을 의도적으로 오도하여 자신의 이익을 추구하고 있다는 인상을 사람들에게 각인시키고 있었다고 볼 수 있다. 이들에 따르면, 디즈레일리는 자신의 목적을 이루기 위해 대중의 가장 저열한 충동에 호소하기까지 했다. 그의 제국주의는 비영국적이고 카이사르주의와 같은 형태의 사악한 제국주의였다.

하지만 이러한 비판을 했다고 해서 영국 자유주의자들이 영국이 건설한 제국을 해체하고 싶어 했다는 말은 아니다. 한 종류의 제국을 승인하지 않는다고 해서 다른 종류의 제국도 승인하지 않는다는 뜻은 아니었다. 글래드스턴은 자치를 허용하는 종류의 제국, 디즈레일리류가 지지하는 이기적인 형태의 제국주의와 반대되는 제국을 지지했다. 따라서 **제국주의**를 반대하는 동시에 **식민지** 건설을 옹호할 수 있었다.

글래드스턴은 영국의 권력과 영향력이 해외로 뻗치는 것에 반대하지 않았다. 단지 거기에 너무나 자주 따라붙는 폭력의 사용만 반대했다. (그의 총리 재직 시절 행적을 보면, 1880년대에는 그도 이러한 취지에 부합하지 못했음을 알 수 있다. 단적인 예로, 글래드스턴은 1882년에 이집트에 군사 개입을 했다.) 그는 영국이 자신의 문명을 세계에 널리 퍼뜨려야 할 의무가 있으며 그렇게 할 권리도 있다고 주장했다. 글래드스턴에 따르면 영국의 인도 통치는 "그들과 그들의 이해관계를 우리 자신의 이해관계보다 더 많이 보호하는" 정책이었다.[8] 이것은 당대 영국의 많은 자유주의자들이 가진 생각이기도 했다. 『맨체스터 가디언』은 "언제나처럼 자유주의는 인도주의적 원칙을 위한 것"이라고 언급했다. 우리의 통치하에 있는 인도와 아프리카의 더 후진적인 사람들에게 정의를 가져다주고, 해외 민족들을 약하든 강하든 간에 공정하게 대우하며, 영국인은 오래전에 스스로 자유를 획득했지만 아

직 그러지 못해 고전하는 사람들을 돕기 위한 원칙이라는 것이다.⁹

글래드스턴을 존경하는 미국인들도 미국 같은 [선진적인] 나라들이 [그렇지 못한 나라들에 대한] 식민화의 사명을 가지고 있다는 데 동의했다. 하지만 "야만의 방식"으로 식민화에 나서서는 안 되었다. 1890년대에 『북미 리뷰』 편집자 찰스 노턴은 제국주의는 오만함, 군사주의, 이기심을 근간으로 한다고 비난하면서, 이와 달리 글래드스턴은 진정으로 "자유주의적인 외교 정책"을 펼치려 한다며 존경했다. 『네이션』이나 『하퍼스』 등 미국의 다른 매체들도 비슷한 견해를 보였다. 이들이 보기에 디즈레일리는 국가의 영예에 대한 왜곡된 개념으로 지지자들을 현혹하면서 영국 국민의 관심을 절박한 국내 문제에서 다른 곳으로 돌리려 하고 있었다. 디즈레일리 비판자들이 보기에 그의 제국주의는 부풀려진 해외 활동을 통해 사람들의 관심을 국내 문제에서 돌리는 것이 주목적인 게 분명했다.¹⁰

홉슨이나 홉하우스 등 주요 자유주의 사상가들도 좋은 형태의 제국과 나쁜 형태의 제국, "진정한 식민주의"와 비열한 "제국주의"를 구별했다. 제국주의는 소수의 "경제적 기생자"들에게만 이득이 될 뿐 낮은 계급 사람들에게 장기적인 이득을 제공하지는 못하며, 낮은 계급 사람들의 관심을 국내 개혁의 필요성에서 돌려놓으려는 시도였다.

홉슨과 홉하우스 모두 "세계의 문명화"를 더 진전시키는 더 좋은 형태의 제국이 있다고 주장했다.¹¹ 이러한 제국은 자신이 통제하는 사람들을 향상시키고 고양시킴으로써 세계의 문명화를 이룰 것이었다. 다른 많은 자유주의자들처럼 이들도 비강압적이고 자발적이고 호혜적인 계약으로 이뤄진다고 보아서 '정착 식민지'를 옹호했다. 홉슨은 이것의 목적이 "인류의 고양"이라고 언급했다. 식민주의는 "문명의 경계를 확장하고 세계의 물질적·도덕적 수준을 높일 수 있다면" 선하고 진정한 것이 될 수 있었다.[12] 자유주의 성향의 판사이자 학자이며 인도 식민의회 의원이었던 제임스 피츠제임스 스티븐James Fitzjames Stephen은 인도에서 여러 법적 개혁을 구상하고 통과시키는 데 일조했는데, 자유주의가 공정하게 통치할 의무와 유럽 문명을 피통치자에게 전파할 의무를 수행하는 것이라고 주장했다. 인도에 평화와 질서, 법을 가져다주는 것을 의미했다. 조지프 체임벌린Joseph Chamberlain도 영국 제국이 식민지인들을 행복하게 하고 그들의 미래 전망을 향상하는 한에서만 정당화될 수 있다고 언급했다.

영국, 프랑스, 독일 등 유럽의 제국 옹호자들 거의 모두가 그들의 제국이 문명을 퍼뜨릴 것이고 유럽인에게는 그렇게 해야 할 의무와 권리가 있다고 생각했다. 프랑스에서는 '문명화의 사명mission civilisatrice'이, 독일에서는 '문화Kultur'의 전파라고 표현되었다. 미국에서는 '백인의 의무White Man's Burden'라는 표현이 사용되었다. 또 한 가지 중요한 것으로, 자유주의자들은 진정한 식민주의가 수준이 낮은 인종들에게 "통치의 기술"을 가르쳐줄 것이라고 주장했다. 홉하우스는 자유주의의 핵심 원칙은 자치라며[13] 진정한 식민주의는 이 원칙을 세계에 전파해야 한다고 말했다. 자유주의자들은 영국이 식민지 토착민들에게 독립성을 가르쳐서 "시간이 무르익으면 그들이 자신의 깃발 아래서 더 나은 자유를 새로이 누릴 수 있게 해줄 것"이라고 보았다.[14] 이것은 문명을 전파한다는 것과 같은 말이었다.

다소 역설적이게도 유럽인들은 제국의 획득이 본국 국민들을 문명화하고 도덕화하는 효과도 내리라고 보았다. 실업자와 퇴락한 도시 노동자 들을 생산적인 농민으로 변화시켜 더 건강하고 남자답고 애국적인 사람이 되게 할 수 있다는 것이다. 허버트 새뮤얼은 제국이 [영국] "인종의 고귀함"을 촉진할 것이라고 주장했고,[15] 프랑스에서는 식민지 경영이 대가족을 꾸리도록 독려할 것이므로 프랑스의 낮아진 출생률에 치료제가 될 것이라는 주장이 나왔다. 프랑스-프로이센 전쟁 이후, 낮은 출생률은 프랑스에 절박한 문제였다. 또한 식민지를 건설해 제국이 되면 국가의 명예를 회복하는 길도 될 터였다.[16]

하지만 이러한 고고한 어휘가 자유주의자들이 끔찍한 폭력을 세탁하곤 했다는 사실을 없애주지는 않는다. 정착 식민지에서조차 식민주의자들은 종종 재산 강탈과 잔혹한 행동에 가담했다. 많은 자유주의자들이 어떠한 악행들이 저질러졌는지 잘 알고 있었지만[17] 제국의 확장을 멈추려 하기보다는 모르는 척 무시하고 넘어가기로 한 것 같았다. 새뮤얼은 "때때로 권력의 남용이 있지만" 대체로 제국은 선한 세력이라고 주장했다.[18] 따라서 과도한 비판을 해서는 안 되었다. 프랑스의 정치경제학자 샤를 지드는 유럽 식민주의자들이 과거의 죄악을 고백하고 미래에는 더 나아지기 위해 노력해야 한다며, 프랑스 같은 위대한 국가의 국민이 식민지 경영에 나서는 것은 마땅한 의무이지만 이것은 따뜻하고 평화로운 방식으로 이뤄져야 한다고 주장했다.

앵글로-색슨 신화, 인종주의화되다

식민지를 옹호하는 자유주의 담론은 과도하게 인종주의적인 언어를 사용하는 경향이 있었다. '낮은 인종들,' '미천한 인종들,' '야만 인종들' 같은 표현이 널리 쓰였다. 소위 진정한 식민주의의 목적이 낮은 인종들의 자치를 촉진하는 것이라고 했지만 얼마나 시간이 지나야 그들이 자치를 해도 되는지는 종종 모호했다. 그것은 그들의 사회적 발달 여부와 그들이 얼마나 많이 '문명화'되느냐에 달려 있을 것이었다. 따라서 "문명을 교육받는 대가로 자치의 권리를 포기한다면 야만 인종들은 꽤 한동안, **어쩌면 상당히 오랫동안** 오히려 더 번성할 수 있을" 것이었다. 새뮤얼은 자치는 "시간이 무르익으면 달성될 것"이라고 언급했다."[19]

처음부터도 자유주의자들은 투표권 부여를 '역량'을 갖고 있는지와 연결시켰다. 여성은 생물학적으로 이성을 발휘하는 역량이 결여되어 있다고 여겨졌지만 남성은 적어도 이론상으로는 그 역량을 배워서 획득할 수 있다고 여겨졌다. 따라서 충분한 돈이 있어서 교육을 받을 수 있고 여유 시간이 있다면 투표권을 얻을 수 있었다.

그런데 19세기 말에 이 화법이 달라졌다. 정치적 역량은 점점 더 인종과 결부된 문제로, 물려받아 타고나는 것으로 이야기되었다. 이 무렵이면 영향력 있었던 자유주의자들 상당수가 투표를 할 수 있는 역량은 전적으로 '앵글로-색슨 인종'('튜턴 인종'이라고도 불렸다)에게만 해당하는 것이라고 여기고 있었다.

물론 앵글로-색슨 신화는 수 세기 전부터 있었다. 이 전설에 따르면 영국은 자유와 자치에 대한 개념을 중세 초기에 독일의 숲에서 건너온 부족에게서 이어받았다. 19세기에 이 이야기가 널리 퍼져서 마담 드 스탈도 『독일에 관하여』에서 그렇게 말했고 『정치 백과사전』 편찬자들도 그렇게 말했다. 사실 많은 자유주의자들이 영국에 독립적 정신과 자치에 대한 지식을 가지고 온 것이 '색슨족'이라고 계속 믿었다. 그들에 따르면 마그나 카르타Magna Carta와 권리장전은 독일 부족이 잉글랜드에 가져온 "자유의 씨앗"이 자란 것이었다.

하지만 원래 이러한 화법에서 '앵글로-색슨'이 주로 뜻한 것은 문화적 유산이었다. 즉 독일 부족이 가지고 온 것은 그들의 **사상, 가치관**, 혹은 특정한 **정신**이었다. 그런데 19세기가 저무는 시점에 이 단어의 의미가 바뀌기 시작한다. '인종과학'의 영향을 받아서 앵글로-색슨이라는 말이 점점 더 생물학적인 특질을 의미하게 된 것이다. 『계간 정치학』의 창립자이자 당대의 가장 저명한 정치학자 중 한 명이었던 존 버지스John Burgess는 미국, 영국, 독일, 즉 "위대한 세 튜턴족 강대국"은 윤리적·정치적 유대만이 아니라 인종적 유대도 공유한다고 언급했다. 그는 "영국이 우리의 모국이라면 독일은 우리의 모국의 모국"이라고 설명했다.[20]

물론 과도한 단순화나 일반화는 경계해야 한다. '인종'이라는 말의 의미는 모호했다. 때로는 단순히 '영어를 사용하는 사람'과 동의어로 쓰여서, 적어도 이론상으로는 일단 식민지의 인종들이 영어를 배우고 문명화가 되면 더 이상 열등한 인종이 아니게 되리라고 암시하기도 했다. 하지만 또 다른 문헌들을 보면 백인이 거주하는 지역이 다른 곳보다 더 쉽게 문명화된다는 의미를 내포하기도 했다. 비백인 인종들이 사는 지역들은 어쩌면 **결코** 자치에 필요한 수준의 문명화를 이루지 못할지도 모른다고 종종 이야기되었다.

반면 앵글로-색슨족은 민주주의 사회를 특히 잘 일굴 수 있는 소질을 갖고 있다고 여겨졌다. 앵글로-색슨 사람들은 더 우월한 정치적 역량을 가지고 있어서 전 세계 사람들에게 좋은 통치란 무엇인지를 가르치는 데 더 적합하고, 따라서 그들은 "비정치적이고 야만적인 인종들"이 살고 있는 지역을 통치할 권리를 갖는다는 것이다. 즉 세계를 통치하는 것은 앵글로-색슨족의 사명이고 운명이었다. 또한 세계 지배는 "앵글로-색슨 인종의 타고난 권리"였다.[21]

정치 역량의 사다리에서 앵글로-색슨 인종이 꼭대기에 있다면, 바닥에는 흑인 또는 "야만적 인종"들이 있었다. 버지스에 따르면 검은 피부는 "결코 열정을 이성에 스스로 복종시킬 수 없었고 따라서 어떤 종류의 문명도 만들 수 없었던" 인종이라는 뜻이었다.[22] 더 놀랍게도, 진보적 역사학자 찰스 메리엄은 저서 『미국 정치사상사』에서 "야만적 인종들은 **쓸어버려도 괜찮을 것**"이라며 "모든 곳에 정치적·법적 질서를 세워야 할 초월적인 권리와 의무에 비해 볼 때 그러한 행위로 사소하고 하찮지 않은 어떤 권리도 침해되지 않는다"고 언급했다.[23]

앵글로-색슨 자유주의 제국에서 앵글로-아메리칸 자유주의 제국으로

앵글로-색슨 인종들은 우월한 정치 역량을 가졌으므로 그들의 문명과 문화를 세계의 다른 곳들에서도 누릴 수 있게 하는 일에 서로 협력해야 한다는 주장이 나오기 시작했다. 이와 관련해 1차 대전 직전까지 영국과 미국 사이에 유대가 깊어졌다. 글래드스턴이 1878년에 『북미 리뷰』에 쓴 「바다 건너의 친척Kin beyond the Sea」이라는 글에 많은 미국인들이 감명을 받았다. 이 글에서 영국 총리 글래드스턴은 세계 평화와 번영, 그리고 "자치"를 위해 영국과 미국 사이의 관계 회복을 제안했다. 글래드스턴은 미국의 헌법이 "인간이 추구하는 목적과 인간이 가진 지성의 현 상태에서 나온 모든 것 중 가장 놀랍고 대단한 작품"이라며 미국이 "국민에게 책임지는 정부라는 일반적인 대의에 전 세계적으로 뛰어나게 기여하고 있다"고 찬사를 보냈다. 또한 미국이 곧 부와 권력 면에서 다른 모든 나라를 능가하게 될 것이라고 내다봤다.

글래드스턴은 영국과 미국 정부 형태의 유사성을 강조하고 양국이 공유하는 자치의 원칙에 대한 헌신을 언급하면서 곧 영국과 미국이 세계에서 가장 강력한 두 나라가 될 것이라고 언급했다. 글래드스턴은 영국과 미국이 가진 힘을 함께 사용해 "최고의 목적들"을 달성하는 데 나서야 한다고 촉구했다. 영국과 미국은 "명령을 하기 위해 태어난 인종의 가장 큰 두 개의 가지"였다. 그에 따르면, 영국과 미국은 함께 협력해서 야만과 비인간성에 맞서 싸우고 세상에 평화와 진보와 번영을 불러와야 했다. 위대한 권력을 획득했으니만

큼 이제는 문명화의 대의가 진전되도록 일조할 위대한 책임도 가져야 한다는 것이었다.[24]

양국이 협력만이 아니라 아예 **합병**을 해서 "동일한 언어를 사용하고 우월한 지적 역량과 에너지를 가진 인종이 통치하는 … 하나의 연맹"을 형성해야 한다고 주장하는 사람들도 있었다.[25] 『북미 리뷰』에 실린 글에서 앤드루 카네기Andrew Carnegie는 도덕적 우월성으로 세계를 지배할 "인종 연맹"을 언급하면서 "재결합국Re-United States"이라는 표현을 사용했다.[26] 또 다른 사람은 역시 『북미 리뷰』에 실린 글에서 영국이 "새로운 세계 합중국new United States of the World"을 건설해야 한다고 주장했다.[27]

영국과 미국이 아닌 나라 사람들도 제국적 통치에 적합한 앵글로-색슨의 우월성이라는 개념을 인정했는데, 물론 여기에는 상당한 두려움이 수반되었다. 프랑스 교육학자 에드몽 드몰랭Edmond Demolins의 『앵글로-색슨의 우월성은 어디에서 오는가?À quoi tient la supériorité des Anglo-Saxons?』(1897)는 프랑스에서 열띤 논쟁, 아니 패닉을 촉발했다. 드몰랭은 프랑스가 앵글로-색슨 계열처럼 개혁하지 않으면 미국, 캐나다, 남아프리카 공화국, 호주, 영국이 전 세계 시장을 모두 뒤덮게 되리라고 시사하는 통계들을 제시했다. 이에 대해 저명한 저자들이 그에 못지않게 논쟁적인 글을 내놓았다.[28] 프랑스에서 앵글로-색슨족의 도덕적 우월성을 믿는 사람은 늘 소수였지만 프랑스 정치사상에 상당한 영향을 미쳤고, 이는 촉진형 우생학이 필요하다는 인식을 강화했다.

정국이 1차 대전을 향해 가면서 미국과 영국의 자유주의자들은 자신을 독일의 정치 전통과 구별해야 할 필요성을 느끼게 되었다. 1915년에 『뉴 리퍼블릭』에 실린 일련의 글에서 철학자이자 에세이스트 조지 산타야나George Santayana는 영국과 독일의 자유 개념이 서로 다르다고 주장했다. 그에 따르면 영국은 의회 정부였지만 독일은 관료적·권위주의적 정부였다. 독일에서는 정부가 개개인이 서로에게 하는 행위에 대해 일련의 규칙을 만들고 그것을 지키도록 강요했지만, 영국에서는 개인들이 스스로 자유롭게 결정하도록 허용되었다. 산타야나는 독일식 자유와 영국식 자유 중 무엇이 승리하느냐에 미래가 달려 있다고 주장했다.[29]

1차 대전의 먹구름이 드리우고 권위주의의 해악이 더 두드러지면서 이러한 경향은 증폭되었다. 전쟁 중에는 독일에 대한 적대감이 높아졌다. 캘리포니아 교육위원회가 독일어 교육을 공립 학교에서 금지하면서 밝혔듯이 독일 문화는 "독재, 야만, 증오의 이상"을 퍼뜨리는 경향이 있다고 여겨졌다. 전쟁 시기 프로파간다는 적을 "프로이센의 개"라든가 "독일 야수"와 같은 식으로 묘사했다.[30] [독일계인 '색슨'족이 들어간] '앵글로-색슨' 대신 '앵글로-아메리칸'이라든가 '영어를 사용하는' 같은 표현이 더 많이 사용되었다.

1차 대전이 끝났을 무렵에는 독일과 미국 사이에 인종적 유대가 있을지도 모른다는 개념이 매우 당황스러운 개념이 되어 있었다. 미국의 정치사상이 독일에서 중요하게 영향을 받았다는 개념도 마찬가지였다. 어빙 피셔Irving Fisher는 1918년 12월 미국경제학회장 취임 연설에서 미국의 사상 전통과 독일의 사상 전통 사이에 거리를 두려고 노력했다. 이 연설은 이후에 『미국 경제학 리뷰American

Economic Review』에 게재되었다. 이미 살펴보았듯이 미국경제학회는 원래 독일 유학파들이 가난한 사람을 돕기 위해 국가가 개입해야 한다는 개념을 가지고 돌아와 세운 학회였다. 학회장 취임 연설에서 피셔도 학회 설립에 독일 정치경제학이 영향을 미쳤음을 인정했다. 하지만 이제는 독일 경제학이 "범죄적인" 국가에 복무했다는 사실을 인식해야 하며 미국은 더 자유롭고 더 민주적이고 세계 질서를 위해 더 건전한 영국 경제학을 들여오는 게 더 좋을 것이라고 촉구했다.[31]

이렇게 해서, 1차 대전은 앵글로-아메리칸 연합에 대한 감수성을 강화했고 자유주의의 역사에서 독일이 기여한 바는 점차 탈각되었다. 얼마 후에는 자유주의의 역사에 프랑스가 기여한 바도 최소한으로 축소된다. 그와 동시에 자유주의, 민주주의, 서구 문명은 사실상 동의어로 쓰였고 떠오르는 강대국 미국이 그것을 수호하는 국가의 역할을 맡게 될 것이라고 이야기되었다.

자유주의를 미국과 등치시키는 것은 전쟁 이후에 미국의 여러 대학에서 생겨난 서구 문명 강의들을 통해 더 강화되고 확산되었다. 이러한 과목의 목적은 미국이 1차 대전에서 무엇을 위해 싸웠는지, 또 미국이 표방하는 가치가 무엇인지를 가르치는 것이었다.

1920년대와 1930년대에 유럽의 파시스트, 나치, 그리고 그들의 지지자들도 자유주의를 서구 문명, 민주주의, 미국과 연관 지었다. 하지만 바로 그런 이유로 자유주의에 **반대했다**. 오스발트 슈펭글러 Oswald Spengler, 프리드리히 융거Friedrich Junger, 카를 슈미트Carl Schmitt, 아르투어 묄러 판 덴 브루크Arthur Moeller van den Bruck 등 저명한 독일 지식인들은 자유주의가 외래 철학이고 독일 문화와는 매우 대척적이라며 맹렬히 비난했다. 그들은 자유주의가 독일의 궁극의 적이라고 보았고, 민족사회주의(나치즘)의 수호 성인 격이던 묄러 판 덴 부르크는 유쾌하게, 그리고 물론 부정확하게, "오늘날 독일에는 자유주의자가 없다"고까지 선언했다.[32] 이탈리아 독재자 베니토 무솔리니Benito Mussolini가 파시즘의 기치를 들면서 파시즘이란 "자유주의를 무력화하는 것"이라고 설명한 것도 같은 맥락에서였다.[33] 아돌프 히틀러Adolf Hitler도 나치즘의 주된 목적은 "개인에 대한 자유주의적 개념을 철폐하는 것"이라고 주장했다.[34]

물론 이 책에서 내내 보았듯이 자유주의가 독일적이지 않다는 주장은 완전히 잘못된 주장이다. 이러한 주장은 반파시스트 이탈리아 저술가 귀도 데 루지에로Guido de Ruggiero가 『유럽 자유주의의 역사Storia del liberalismo europeo』에서 1925년에 이미 강력하게 반박한 바 있다. 루지에로는 자유주의의 위기(그 책 「에필로그」의 제목이기도 하다)를 유럽에 자유주의적인 전통이 없다는 의미로 해석하면 안 된다고 주장했고 이탈리아, 독일, 프랑스의 자유주의에 각각 한 챕터씩 할애해 이 점을 설명했다. 다만, 앵글로-색슨 버전의 자유주의가 더 강력하다고는 인정했다.

흥미롭게도, 자유주의가 정치철학으로서 미국의 교재에 등장하는 것은 1930년대 말이 되어서였다. 1930년대에 출판된 조지 서빈George Sabine의 『정치사상사A History of Political Theory』는 자유주의를 본격적으로 논한 미국의 첫 번째 주요 교재로, 당시 대부분의 미국 대학에서 학부와 대학원 교육에 사용되었다. 여기에서 그는 자유주의를 영국의 19세기 전통이라고 규정했고 이 자유주의가 위축되고 있다고 우려했다.

2차 대전은 미국이 자유주의, 민주주의, 서구 문명의 주요 대표자이며 수호자라는 견해를 한층 더 퍼뜨리고 강화했다. 이제는 대부분의 사람이 이 세 단어를 유의어로 여겼다. 1941년 2월 17일에 『라이프Life』에 실린 헨리 루스Henry Luce의 유명한 사설 「미국의 세기 The American Century」는 "가장 강력하고 활기 있는 나라"가 세계를 지도하는 위치에 있어야 한다고 주장했다. 그리고 "우리[미국]는 서구 문명의 모든 위대한 원칙들을 상속받았다"며 "우리가 세계의 최강국이 될 시기가 왔다"고 선언했다.

정부 개입 논쟁

자유주의가 미국과 점점 더 강하게 연관 지어졌다고 해서 이 단어의 의미에 대해 합의가 있었다는 말은 아니다. 가령 자유주의가 민주주의와 어떻게 다른지, 경제에서 정부가 수행해야 할 역할에 대해 자유주의적 입장은 무엇이어야 하는지 등의 사안에서 의견은 매우 다양했다. 『뉴 리퍼블릭』을 중심으로 한 진보 인사들도 스스로를 자유주의자라고 불렀고 허버트 후버Herbert Hoover도 스스로 자유주의자라고 불렀지만 그들이 의미한 바는 서로 달랐다. 1929년에서 1933년까지 미국 대통령을 지낸 후버는 허버트 스펜서를 연상시키면서, 자유주의의 주 관심사는 개인의 자유를 보호하는 것이라고 주장했다. 따라서 자유주의적인 정부는 경제에 되도록 최소한으로만 관여해야 했다. 대통령으로서 후버는 1929년의 주식 시장 붕괴와 뒤이은 대공황의 초기 국면을 다루어야 했는데, 이러한 경제적 재앙이 닥친 상황에서도 1940년대에 들어서까지 자유방임 유형의 자유주의를 지지했다.

유럽 대륙에서도 자유주의가 자유방임을 의미한다는 개념이 여전히 강력하게 유통되었다. 이와 다른 의미로 자유주의를 말하는 사람들은 앞에 '진보적' 혹은 '건설적'이라는 수식어를 붙이거나 '자유주의적 사회주의'라는 표현을 사용했다. 1927년에 저명한 오스트리아 경제학자 루트비히 폰 미제스Ludwig von Mises는 저서 『자유주의Liberalismus』에서 자유주의라는 단어의 의미를 두고 벌어지는 논쟁에 대해 한탄했다. 그는 진정한 자유주의는 그것이 얼마나 고귀한 목적이든 간에 인도주의적인 목적과 관련이 없다고 주장했다. 그는 자유주의가 사람들의 물질적인 후생을 증대시키는 것 외에 다른 것은 염두에 두지 않아야 한다고 보았다. 자유주의의 핵심 개념은 사유재산, 개인의 자유, 평화였고 이것 이상의 것을 추구하면 사회주의였다. 그리고 미제스는 사회주의를 경멸했다. 미제스는 만약에 어떤 자유주의자가 인본주의와 너그러움을 이야기한다면 그는 "유사 자유주의자"라고 언급했다.[35]

하지만 곧 미국 철학자 존 듀이가 이 싸움에 등장해 자유주의에 진보적인 의미를 확고히 결부하는 데 막대한 노력을 쏟았다. 듀이는 1884년에 존스홉킨스에서 박사학위를 받았는데, 리처드 일리가 지도교수였다. 그리고 1914년에 『뉴 리퍼블릭』 정기 기고자가 되었다. 긴 경력 내내 듀이는 주로 시카고 대학과 컬럼비아 대학에 재직했고 40권 이상의 책과 수백 편의 논문을 썼다.

1930년대에 듀이는 「자유주의의 의미The Meaning of Liberalism」, 「자유주의: 용어 설명The Meaning of the Term: Liberalism」, 「자유주의를 위해 자유주의자가 말하다A Liberal Speaks out for Liberalism」, 「자유주의와 시민적 자유Liberalism and Civil Liberties」와 같은 논문을 다수 내놓았고 1935년에는 『자유주의와 사회적 행동Liberalism and Social Action』이라는 책도 펴냈다.

듀이에 따르면 자유주의에는 "두 개의 조류"가 있었다. 하나는 인도주의적 조류로, 정부 개입과 사회적 입법에 열려 있는 자유주의였고, 다른 하나는 자유방임을 주창하는 조류로, 거대 산업, 은행, 상업에 영향을 받은 자유주의였다. 그는 미국의 자유주의는 과거에도 지금도 자유방임과는 전혀 다르다고 언급했다.[36] 또한 미국의 자유주의는 "개인주의의 복음"을 설파하는 것과도 관련이 없었다. 미국의 자유주의는 "자유와 너그러움, 특히 정신과 성품에 관련된 개념"이었다.[37] 미국의 자유주의는 더 높은 평등을 촉진하고 정부의 힘을 빌려 금권 정치에 저항하는 것을 목표로 하는 자유주의였다.

미국에서 이러한 개념의 자유주의를 정식화하는 데 가장 크게 기여한 인물이라면 1933년부터 1945년까지 대통령을 지낸 프랭클린 델러노 루스벨트Franklin Delano Roosevelt를 꼽을 수 있을 것이다. 이전의 많은 자유주의자들도 그랬듯이 루스벨트는 자유주의가 높은 도덕적 토대에 기초한다고 주장했다. 그에 따르면 자유주의자들은 너그러움과 사회적 지향을 가진 정신을 믿는 사람들이었다. 그들은 공공선을 위해 기꺼이 희생하고자 하는 사람들이었다. 대통령으로 재직한 기간 내내 루스벨트는 사람들 사이의 협력이 중요하다는 점을 자주 언급했다. 자유주의를 믿는다는 것은 서로를 돕는 데서 나오는 사회적 효과를 믿는 것이었다.

루스벨트는 자유주의가 민주당을 연상하게 하는 데도 기여했다. 그는 "자유주의 정당"인 민주당은 정부 개입에 우호적이라며 그렇지 않은 "보수주의 정당"과 구별했다. 그에 따르면 자유주의 정당은 "개인으로는 다루기 어려운 새로운 상황과 문제가 생겨나고 있으니만큼 정부가 새로운 해법을 찾아낼 의무를 갖게 되었다"고 믿었다. 이와 달리 "보수주의 정당은 정부가 개입할 필요가 없다고" 믿었다.[38] 따라서 민주당은 자유주의 정당이고 공화당은 보수주의 정당이었다.[39]

이 점을 강조하기 위해 1944년에 루스벨트를 민주당 대선 후보로 지명하는 연설에서 헨리 애거드 월리스Henry Agard Wallace(1941년부터 1945년까지 부통령, 1945년부터 1946년까지 상무장관, 1946년부터 1947년까지 『뉴 리퍼블릭』 편집자를 지냈다)는 "자유주의"라는 단어를 열다섯 번이나 사용했다. 그중 한 번은 루스벨트를 "미국 역사에서 가장 위대한 자유주의자"라고 불렀다.[40]

루스벨트가 자유주의라는 단어를 사용한 방식은 영국의 경제학자이자 사회 개혁가이며 자유당원인 윌리엄 베버리지William Beveridge와도 일맥상통했다. 베버리지는 1942년에 전후 영국 복지국가의 기틀이 되는 이른바 『베버리지 보고서Beveridge Report』를 작성했다. 1945년에는 『나는 왜 자유주의자인가Why I Am a Liberal』라는 소책자에서 "자유주의는 정부 권력의 임의적인 행사로부터 자유로운 것만을 의미하는 것이 아니라" "결핍, 불결, 기타 사회적 악들에 의한 경제적 예속으로부터의 자유도 의미한다"고 천명했다. 자유주의는 "어떤 형태로든 임의적인 권력으로부터의 자유를 의미"했고 "굶주리는 사람은 자유롭다고 할 수 없"었다.[41]

하지만 자유주의의 의미를 둘러싼 전투는 아직 끝나지 않았고 유럽에서는 더욱 그랬다. 오스트리아 출신 경제학자로 미제스의 제자인 프리드리히 하이에크Friedrich Hayek는 베버리지와 루스벨트가 자유주의라는 단어를 사용하는 방식에 맹렬히 반대했다. 1931년에 런던 정경대학에 부임한 하이에크는 루스벨트 방식의 자유주의와 뉴딜New Deal을 강하게 비판했다. 유럽에서 정치가 펼쳐지는 양상에 경악한 하이에크는 만약 어느 나라가 "집합적 실험"을 시작하면 그 나라는 곧 파시즘으로 미끄러지게 된다고 경고했다. 따라서 "옛 자유주의"로 돌아가는 것이 중요했다.[42] 그가 말하는 옛 자유주의란 정부 불개입을 의미했는데, 점차로 그는 이 관점을 더 강하고 근본주의적인 형태로 주장하게 된다.

1944년에 하이에크는 베스트셀러 『예속의 길The Road to Serfdom』을 펴냈다. 열정적인 「서문」에서 그는 "독일의 운명을 우리도 되풀이할 위험이 있을지 모른다는 삼키기 어려운 진실을 말해야 한다"고 언급했다. 그에게 자유주의적 사회주의란 형용 모순이었다. 친절하거나 너그러운 것은 정부의 역할이 아니고, 개인의 자유를 보호하는 것이 정부의 역할이었다. 서구 문명은 "개인주의적인 문명"이고 진정한 자유주의의 원칙은 영국의 개인주의 사상에서 도출되는 것이었다. 반면 자유주의적 사회주의는 독일에서 온 수입품이며 비스마르크의 조언자였던 사람들의 사상에서 나왔고 서구 문명에 위험을 일으키는 것이었다. 그에 따르면, 그러한 사상은 불가피하게 사회를 "예속"과 "전체주의"로 끌고 가게 되어 있었다("전체주의"는 당대에 아직 새로운 용어였다).

이러한 노력에도 불구하고 겨우 2년 뒤에 후버는 패배를 인정했다. 명백히 고통스러운 어조로, 그는 이렇게 물러섰다. "우리는 '리버럴'이라는 단어를 사용하지 않을 것이다. 이 단어는 오염되었고 모든 진정한 의미를 강탈당했다. … 자유주의는 인간에게 더 많은 자유를 주기 위한 것이었지 더 적은 자유를 주기 위한 것이 아니었다."[43]

이와 비슷하게 1948년에 「자유주의자란 무엇인가?What Is a Liberal?」라는 연설에서 공화당 상원의원 로버트 태프트Robert Taft는 이 단어가 "전에는 명백한 의미를 가진 건전한 앵글로-색슨 단어처럼 들렸는데 이제는 중요성을 모두 잃었다"고 한탄했다. 그가 보기에, 현 행정부가 사용하는 것과 달리 '리버럴'이라는 말이 정치적인 의미로 사용될 때는 '너그러움'을 의미하지 않는다고 주장했다. 그는 이 단어의 기본적인 의미는 여전히 단순하고 명백하다며 그것은 "자유를 지지하는 사람"이라고 말했다.[44]

하이에크도 점차 자유주의라는 단어를 포기하게 된 것으로 보인다. 1950년에 그는 시카고 대학으로 옮겨 사회사상위원회의 교수직을 수락했다. 시카고에서 그는 경제학자 밀턴 프리드먼Milton Friedman을 포함해 여러 사람에게 깊은 인상을 주었고 오늘날 "자유 지상주의자"라고 불리는 사람들이 가장 좋아하는 학자가 되었다.[45] 하이에

크를 따르는 많은 사람들은 오늘날까지도 자신들이 진정한, 즉 "정통" 혹은 "고전" 자유주의자라고 주장한다.[46] 한편 하이에크는 꽤 여러 시점에 자신을 "일관된 자유주의자," "신자유주의자," "급진주의자"라고 불렀는데, 자유주의가 더 이상 전에 의미하던 것을 의미하지 않게 되었음을 드러내기 위해서였다.[47]

놀라운 사실은, '리버럴'이라는 단어의 의미를 둘러싼 논쟁은 격렬했지만 자유주의의 기원이 무엇인지에 대해서는 이들 사이에 논쟁이 없었다는 점이다. 자유주의의 두 조류 모두 자유주의가 **영국 역사**에서 기원했다고 보았다. 하이에크에게는 자유주의의 기원이 영국의 개인주의였고 듀이에게는 영국의 인도주의였다. 어느 쪽도 프랑스나 독일을 자유주의의 기원으로 언급하지 않았다.

이것은 프랑스와 독일을 자유주의의 역사에서 밀어내는 추세의 시작일 뿐이었다. 점차로 프랑스가 기여한 바는 배경으로 밀려났고 독일은 오히려 **비자유주의**의 원천으로 치부되었다. 1947년이면 하이에크 버전과 듀이 버전 모두에서 자유주의는 좋게든 나쁘게든 "미국의 신조"가 되었다.[48] 라이어널 트릴링이 1950년에 언급했듯이, 자유주의는 미국의 **지배적인** 지적 전통일 뿐 아니라 미국의 **유일한** 지적 전통으로 자리매김되었다.

에필로그

종종 콩스탕의 글은 히틀러의 독일에 대해
이야기하는[경고하는] 것처럼 느껴진다.
—존 플라메나츠John Plamenatz(1963)

자유주의에 대한 논쟁은 오늘날에도 계속되고 있다. 모욕의 의미를
담아 쓰기 시작한 이 단어는 우파의 자유주의 비판자들 사이에서
여전히 그렇게 쓰인다. 이 단어가 가진 논쟁적인 힘에 대해 감을 잡
으려면 로널드 레이건Ronald Reagan이 "L로 시작하는 그 무시무시한
단어"라고 말했던 것을 떠올려보면 될 것이다. 그래서 미국 민주당
사람들은 스스로를 묘사할 때 이 단어를 피하려 한다. 이 단어를 썼
다가는 당선되지 못할지도 모른다고 생각해서다. 우파 쪽 논평가들
은 자유주의가 질병이자 독이며 도덕적 가치를 위협하는 커다란 위
험이라고 말한다.

이러한 주장을 우리는 전에도 들은 적이 있다. 처음부터도 자유
주의는 이런 유의 공격을 받았다. 자유주의자들 사이에서도 입장
이 꼭 일치하지는 않는다는 것 역시 새로운 일이 아니다. 자유주의

는 고정되거나 통합된 신조였던 적이 없다. 처음부터 자유주의는 생생한 논쟁을 담고 있는 용어였다. 오늘날의 새로운 점은, 자유주의자들이 스스로를 어떻게 묘사하며 어떤 가치를 지지한다고 말하는지와 관련이 있다. 오늘날의 자유주의자들은 개인의 권리와 선택을 압도적으로 많이 강조하는 반면 의무, 애국심, 자기희생, 타인에 대한 너그러움 등은 이야기하지 않는다. 후자의 용어들이 오늘날의 자유주의 어휘 사전에서 눈에 띄지 않는다는 점이 눈에 띈다. 자유주의자들은 이와 관련한 강점을 적들에게 넘겨주었다.

학계는 자유주의자들의 이러한 자기 규정을 확증하고 강화했다. 수많은 저술이 자유주의의 핵심 원칙이 개인, 개인의 권리, 개인의 이익, 개인의 선택을 보호하는 데 있다는 동일한 메시지를 되풀이했다. 학술 논의이든 정치 담론이든, 자유주의를 지지하든 비난하든, 모든 기사와 문건과 서적이 정부는 개인의 권리와 이익과 선택을 보호하기 위해 존재하는 것이라고 간주한다. 한 저명한 자유주의 학자는 자유주의가 인간의 "동물적 욕구"에 토대를 두고 있다고까지 말했다.[1] 또한 자유주의를 비판하는 한 학자의 말을 빌리면, 자유주의자들이 그러한 자기 묘사로부터 "공공선에 대한 모든 개념을 명시적으로 거부하는 데로 가기까지는 그리 먼 거리가 아니었다. 그들은 인간 삶의 구성 요소에 대한 논의를 (아예 없애려 하지는 않았다 해도) 사적인 차원으로 환원하고 축소하고자 했다."[2]

여러 사안을 두고 의견이 갈리고 논쟁이 벌어지긴 했지만 이 책에서 살펴본 자유주의자 대다수는 동물적 욕구를 옹호하지 않았고 공공선을 거부하지도 않았다. 그들의 적이 그들을 비난할 때 그렇게 묘사하기는 했어도 자유주의자들 스스로가 자유주의자를 그렇게 묘사하지는 않았다. 거의 2000년 동안 자유주의자들은 일관되게 그들의 가치가 애국, 자기희생, 공공선의 촉진이라고 말했다. 자유주의자들이 개인의 권리를 위해 싸웠을 때도 그것이 의무를 더 잘 이행하는 데 도움이 된다고 보았기 때문이었다. 자유주의자들은 계속해서 시민적 가치들을 촉진할 방법을 찾고자 노력했다. 도덕은 자유주의자들의 목적에서 핵심이었다.

또 우리가 이 책에서 살펴본 자유주의자들은 정부의 목적이 공공선에 복무하는 것이라고 생각했다. 초창기에는 이것이 부, 권력, 기회를 물려받은 소수가 그것을 유지하기 위해 두었던 귀족적 제약을 해체하는 것을 의미했고, 나중에는 금권 정치 및 여기에 수반되는 착취와 싸우기 위해 개입하는 것을 의미했다. 언제나 그들이 상정한 기저의 목적은 모든 이의 물질적·도덕적 후생을 증진시키는 것이었다.

자기희생 정신의 함양에 대해 깊이 관심을 가졌던 뱅자맹 콩스탕부터 이기심을 우려한 알렉시 드 토크빌까지, 또 금권 정치를 통렬하게 비판한 레너드 홉하우스와 허버트 크롤리까지, 자유주의자들은 거의 집착적이라 할 정도로 도덕과 성품의 향상에 관심을 기울였다. 초창기 자유주의자들은 '개인주의'라는 용어를 부정적인 뉘앙스 때문에 피하려고까지 했다. 콩스탕과 그 이후의 많은 사람들도 개인주의individualism 대신 '개인성individuality'이라는 말을 썼고, '인격personhood'이라는 말을 쓰는 사람도 있었다. '인격,' '성품'과 같은 말은 개인이 마땅히 도덕적·지적 잠재력을 계발하고 다른 이들과의 상호 연관성을 깨달으며 자신의 시민적인 의무를 알아야 하고, 또한 그럴 능력이 있음을 시사하는 표현이었다.

물론 자유주의자들이 완벽하지는 않았다. 스스로를 개인적 이해관계에 휘둘리지 않는 개혁가라고 생각했지만, 바라는 바였을 뿐이었다. 때로 그런 주장은 현실의 문제를 온전히 바라보지 않는 데서 생겨났다. 자유주의자들은 자신의 자유주의 비전에서 여성, 흑인, 식민지인, 소위 '부적합자' 등 특정 집단을 통째로 배제했다. 하지만 그때마다 또 다른 자유주의자들이 자유주의 원칙을 배신하고 있다고 그들을 비판하면서 자유주의적이 된다는 것의 핵심 의미에 충실하라고 촉구했다. 그 핵심 의미는 자유를 사랑하고 시민적 정신을 갖는 것만이 아니라 너그러운 마음을 갖고 타인에게 공감할 줄 아는 것도 포함되었다. 또한 자유주의적이라는 것은 계속해서 추구해 나가야 하는 이상과 관련이 있었다. 즉 그에 부응하여 살고자 지속적으로 노력을 기울여야 하는 무언가를 의미했다.

이러한 역사는 어쩌다 잊히고 말았는가? 개인의 권리와 이익에만 초점을 두는 관점은 어디에서 왔는가? 왜 그리고 어떻게 해서 의무, 자기희생, 공공선은 자유주의의 역사에서 평가 절하되거나 심지어는 사라져버렸는가?

「에필로그」에서 나는 이 질문에 답을 찾아보고자 한다. '앵글로-아메리칸 자유주의 전통'은 지나치게 개인의 권리 개념에만 기반하고 있으며 이러한 의미의 자유주의는 20세기 중반에야 만들어진 개념이라는 것이 나의 결론이다. 많은 학자들이 수행한 연구들을 토대로, 나는 '권리 기반으로의 전환'이 양차 대전과 냉전의 결과로 발생했다고 본다. 이 과정에는 상호 연관된 두 개의 흐름이 있었다. 하나는 앞에서 보았듯이 자유주의가 미국화된 것이고, 다른 하나는 자유주의가 개인의 권리를 우선시하는 원칙으로 재구성된 것이다. 미국 역사학자 앨런 브링클리Alan Brinkley가 설명했듯이, 자유주의자들은 눈을 낮추고 목표를 재조정했다.[3]

자유주의는 전체주의로 귀결되는가

1944년에 출간된 프리드리히 하이에크의 『예속의 길』은 전체주의에 대해 점점 높아지는 대중의 공포에서 이득을 얻는 동시에 그 공포를 증폭했다. 자유주의를 강한 국가 및 정부 개입과 연관 짓는 것은 이제 부담으로 여겨지기 시작했다. 하이에크는 예상 외로 놀라운 성공을 거둔 베스트셀러 『예속의 길』에서 "우리가 독일의 운명을 되풀이할 위험이 있을지 모른다"는 점을 직시해야 한다고 주장했다.[4] 영국과 미국이 가고 있는 '사회적 자유주의'는 불가피하게 '전체주의'로 귀결되리라는 것이었다.

미국에서는 뉴딜 자유주의를 지지하는 사람들이 사회주의자, 심지어는 공산주의자라고 불렸고 이 단어들은 점점 더 불길한 의미를 띠어가고 있었다. 오하이오주 출신 공화당 상원의원 로버트 태프트는 1948년에 뉴딜 자유주의가 "러시아적 기조를 가지고 있다"고 비난했다. 그가 보기에 존 듀이나 프랭클린 루스벨트의 자유주의 개념을 받아들이는 자유주의자는 자유주의자가 아니라 "전체주의자"였다.

이렇게 우려가 높아지고 비관적이던 분위기에서 사람들은 자유주의 자체가 서구 사회가 빠진 윤리적 위기의 원인이라고 주장하는 몇몇 종교 사상가들의 입장을 더 잘 받아들이게 되었다. 이러한 주장은 가톨릭과 개신교 모두에서 나왔다. 가톨릭 이론가 중 대표적인 사람으로는 러시아 출신 독일계 미국인 정치학자 발데마르 구리안Waldemar Gurian, 프랑스 철학자 자크 마리탱Jacques Maritain 등을 꼽을 수 있고, 개신교 이론가로는 라인홀트 니부어Reinhold Niebuhr 등을 꼽을 수 있다. 구리안, 마리탱, 니부어 모두 자유주의적인 사회가 그 자체로 비자유주의적이 될 경향성을 담고 있다고 주장했다. 구리안은 "반자유주의"는 "자유주의의 완성형"에 불과하다고 보았다. "전체주의 국가"는 자유주의의 부정이 아니라 "자유주의가 도달하게 될 최종의 그리고 가장 급진적인 결과"였다.[5]

가톨릭과 개신교의 주장은 중요한 접점이 있었다. 세상에서 신을 없애면 도덕의 모든 토대가 훼손된다고 본 것이다. 신에 대한 믿음을 상실하면 도덕적 상대주의로 가게 되고 그러면 독재자나 선동가에게 취약해질 터였다. 이러한 이론가들이 가장 먼저 분석한 대상 중 하나가 전체주의였는데, 이들에 따르면 전체주의는 자유주의가 세상을 탈주술화한 데 따른 귀결이었다.

당대 미국 지식인 중 가장 영향력 있었던 사람 중 한 명인 니부어는 「자유주의의 파토스The Pathos of Liberalism」, 「자유주의의 맹점The Blindness of Liberalism」 같은 글에서 자유주의에는 내재적으로 위험이 스며들기 쉽다는 주장을 한층 더 강화했다. 전체주의는 인간의 오만함이 이르는 당연한 귀결이고 원죄라는 현실과 그리스도교의 원칙이 부인되면 모든 곳에서 나타나기 마련인 위험이었다.[6] 니부어의 경고에 따르면, 미국인들의 자유주의적인 문화는 그들이 "역사에서 신의 역할을 하려 할 때" 빠져들지 모르는 악의 깊이를 이해하지 못한다. 그는 독일에서 벌어진 일을 보건대 미국 자유주의자들이 사회 개혁에 대한 계획을 더 온건하게 조정하고 사회 문제에 제시되는 모든 "집합적인 해법"을 두려운 마음으로 보아야 한다고 언급했다. 그에 따르면 사회공학 실험은 거의 모두가 "경제적·정치적 권력을 해결 불가능하도록 복잡하게 만들어버리는 위험을 내포하고 있었다." 따라서 그는 "현명한 공동체라면 조심스럽게 발걸음을 떼면서, 새로운 모험을 하기 전에 하나하나 미리 효과를 점검해보아야" 한다고 촉구했다.[7]

알고 그랬든 모르고 그랬든 간에, 이들 가톨릭 이론가들은 유구한 역사를 가진 비난을 되풀이했다. 자유주의의 탈종교화가 문제라고 말이다. 이들에 따르면 자유주의자들은 종교를 공격함으로써 재앙을 불러왔다. 우리는 앞에서 이러한 주장을 계속 접한 바 있다. 또 역사 내내 자유주의적 그리스도교도들이 이러한 주장에 반대했다는 사실도 알고 있다. 이들은 자유주의가 신을 거부하거나 종교를 공격하는 것과는 아무 관계가 없다고 보았다. 이들에게 자유주의적 그리스도교는 인류의 죄악보다 도덕에 더 초점을 두는 종교였고, 이러한 종교가 세상을 향상시키는 데 도움을 줄 것이므로 이것이야말로 신께서 의도하신 바일 터였다.

니부어는 자유주의적 그리스도교에 매우 비판적이었다. 그는 그러한 그리스도교가 인간의 선함과 교육을 통한 인간의 변화 가능성에 대해 위험할 정도로 순진하고 유토피아적인 그림을 그린다고 보았다. 「자유주의적인 교회가 스스로를 바보로 만드는 것을 멈추게 하자!Let the Liberal Churches Stop Fooling Themselves!」라는 글에서 그는 그러한 낙관주의와 이상주의를 맹비난했다. 니부어에 따르면 이러한 관점은 유럽의 위기를 불러오는 데 일조했을 뿐이었다.[8] 인간은 내재적으로 선하지 않으며 오히려 악하고 불합리하고 폭력적이고 이기적이었다. 이 사실을 인정하지 않는다면 도덕적인 사회를 건설하는 것은 불가능했다.

1945년 무렵 교황 비오 12세는 이 문제에 대해 더없이 분명한 입장을 가지고 있었다. 그해 크리스마스 메시지에서 비오 12세는 이미 오래전에 형성된 가톨릭교회의 전형적인 자유주의 비판을 다소 현대에 맞게 보완한 형태로 반복했다. 간단히 말해서, 자유주의자들이 이 세상에서 신을 거부했고 이로 인해 전체주의를 불러왔다는 것이었다. 그는 자유주의의 파괴적인 힘이 잔혹함과 야만과 폐허만 가져왔을 뿐이라고 주장했다.

가톨릭의 프로파간다 담당자들은 이 메시지를 널리 퍼트렸다. 조너선 할로웰Jonathan Hallowell의 1946년 저서 『자유주의의 몰락The Decline of Liberalism』은 전체주의를 낳는 정신의 위기는 독일만이 아니라 모든 서구 문명에서 생길 수 있는 일이라고 지적했다. 이는 자유주의가 초월적 진리를 거부하기 때문에 생긴 결과였다. 토머스 닐Thomas Neill도 1953년 저서 『자유주의의 흥망The Rise and Decline of Liberalism』에서 이 점을 강조했다. 그에 따르면 자유주의가 모든 영적 가치를 파괴하기 때문에 "자유주의의 논리"는 곧바로 전체주의로 이어지게 되어 있었다.[9] 몇 년 뒤인 1964년에 또 다른 반공주의 가톨릭 이론가 제임스 버넘James Burnham은 자유주의가 공산주의에 전염되었기 때문에 "서구를 자살로 이끄는 이데올로기"라고 언급했다.[10]

나치 독일에서 미국으로 망명한 영향력 있는 학자들도 자유주의에 대한 비판적인 평가에 동참했다. 독일계 유대인 정치철학자이자 구리안의 지인이며 나중에 유명한 『전체주의의 기원The Origins of Totalitarianism』(1951)을 쓴 한나 아렌트Hannah Arendt는 [구리안에게 쓴 서신에서] 자유주의가 나치즘을 낳은 "지옥의 알"이라고 언급했다.[11] 독일 출신 가톨릭 망명자인 에릭 푀겔린Eric Voegelin도 공산주의가 자유주의의 급진적인 표현형이라고 보았다. 그에 따르면 자유주의는 "영혼의 진실"을 없애고 단어를 탈주술화함으로써 서구 정치의 자기 파괴에 상당 부분 일조했다.[12] 독일계 유대인 망명자인 레오 슈트라우스Leo Strauss도 자유주의적인 상대주의가 허무주의와 전체주의로 가는 문을 열었다고 주장했다. 그는 자유주의와 전체주의가 공통점이 매우 많다고 보았다.

개인의 권리 개념에 기반한 신조로의 전환

자유주의가 이렇게 강하게 공격받던 냉전 시기의 분위기 속에서 미국의 자유주의자들은 스스로를 방어해야 할 필요성을 느끼게 되었다. 즉 자신의 자유주의가 전체주의가 아니라는 점을 분명히 강조해야 했다. 이를 위해 그들은 사회 재건 계획의 어조를 낮추고 개인의 권리를 지키는 데 헌신한다는 점을 강조했다. 자유주의는 전체주의(좌파 전체주의와 우파 전체주의 모두)의 이데올로기적 '타자'로 재정의되었고 그 과정에서 도덕적 핵심과 2000년간 이어져온 공공선에 대한 헌신을 상당히 상실했다. 자유주의자들이 눈을 낮추고 목표를 온건하게 수정하면서 공공선의 자리에는 개인주의가 들어섰다. 자유주의는 다시 한번 조정되었고 그 과정에서 자유주의의 목적도 한 차원 낮아졌다.

미국의 역사학자이자 대중 지식인인 아서 슐레진저Arthur Schlesinger는 이러한 변화의 핵심 인물이다. 널리 찬사 받은 저서 『필수적 중심The Vital Center』(1949)은 당시 담론의 장에서 벌어지던 분위기 변화와 자유주의 개념의 변화를 잘 포착하고 있다. 니부어에게 깊이 영향을 받은 슐레진저는 너무 많은 자유주의자들이 전체주의의 위험과 전체주의가 개인에게 제기하는 위협을 늦게까지 인식하지 못했다고 지적했다. 자유주의자들은 자신들이 근본적으로 개인의 권리를 보호하는 데 헌신한다는 점을 확실히 해둘 긴급한 필요가 있었다. 그에 따르면, 자유주의는 전체주의와의 타협을 감당할 수 없을 것이었다.

냉전 시기 자유주의의 의미 전환에 영향을 미친 또 다른 핵심 인물로는 러시아계 영국인이고 유대인인 사회철학자이자 정치철학자 아이제이아 벌린Isaiah Berlin이 있다. 「자유의 두 가지 개념Two Concepts of Liberty」이라는 독창적인 논문(원래는 1958년 옥스퍼드 대학에서 한 연설이다)에서 벌린은 세계를 지배하는 이데올로기들 사이의 충돌에 대해 언급했다. 그는 이것이 두 종류의 자유 개념 사이의 충돌이라고 보았는데, 하나는 전체주의적인 자유, 다른 하나는 자유주의적인 자유였다. 그에 따르면, 자유주의적인 자유는 본질적으로 소극적인 자유로, 개인의 자유를 지키는 것과 정부의 강압으로부터 개인을 보호하는 것이 핵심이었다. 반면 전체주의적인 자유는 "집합적인 주체"가 "스스로 방향을 설정"하고 "자기실현"을 달성할 수 있다고 약속하는 유토피아적 프로젝트와 관련이 있었다.[13]

이제 미국의 자칭 자유주의자들은 한 명씩 한 명씩 자신이 개인의 권리를 옹호한다는 점을 강조함으로써 전체주의에 반대한다는 것을 드러내려 했다. 위대한 사상가들의 정전을 바탕으로 계보학이 만들어지고 연보가 출간되었다. 자유주의의 창시자들이 발견되었고 우리가 이 책에서 살펴본 많은 자유주의 이론가, 정치가, 저술가들이 여기에서 제외되거나 가치 절하되었다.

'위대한 사상가들'의 저서는 개인의 권리 쪽으로 방향을 튼 자유주의를 뒷받침하는 방식으로 재해석되었고, 그러한 해석과 맞아떨어지지 않는 부분은 최소화되었다. 존 로크는 자유주의의 창시자로 여겨지는 과정에서 그의 저술 중 사유재산권의 옹호 부분이 특히 강조되었다. 간혹 앵글로-색슨 사상가가 아닌 사람도 이 새로운 정전에 포함되어 재해석되었다. 존 플라메나츠의 『자유주의 저술가들의 저술: 영국과 프랑스*Readings from Liberal Writers, English and French*』(1965)에는 뱅자맹 콩스탕의 글이 발췌, 수록되어 있는데, 플라메나츠는 "종종 콩스탕의 글은 히틀러의 독일에 대해 이야기하는[경고하는] 것처럼 느껴진다"고 긍정적으로 언급했다.[14] 이러한 저술은 콩스탕이 개인의 권리를 옹호한 점을 그의 다른 관심사보다 강조했다. 국가 건설을 위한 콩스탕의 노력이나 그가 지속적으로 관심을 가졌던 도덕, 종교, 인간을 더 '완벽하게 할 수 있는 가능성' 등에 대한 논의는 가치 절하되거나 완전히 간과되었다.

자유주의를 가장 강하게 옹호하는 사람들은 자유주의가 기본적으로 개인의 권리와 이기심에 대한 사상이라는 개념을 중심으로 모이게 되었고, 이 책에서 이야기한 자유주의의 역사는 잊혀갔다. 어느 면에서 20세기 자유주의자들은 이전에 자유주의자들을 비난하는 데 동원된 개념, 즉 자유주의가 핵심적으로는 개인주의적 (혹은 이기적) 철학에 토대를 둔다는 개념을 중심으로 뭉친 셈이었다.

1971년에 존 롤스John Rawls가 『정의론A Theory of Justice』을 펴냈다. 자유주의에 대한 현대적 논의를 재점화하고 풍성하게 했다는 높은 평가를 받은 이 책은 개인주의와 이기심에 토대를 둔 자유주의가 논리적으로 복지국가 개념를 내포함을 보여주었다. 이러한 주장을 개진하기 위해 롤스는 합리적인 개인들이 불확실성의 상황에서 자신의 이득을 극대화하려 한다고 가정할 때, 이들이 이기심으로 추동되긴 하지만 자유방임 사회가 아니라 복지국가를 선택하리라는 점을 논리적으로 입증했다. 개인의 권리에 기반한 개인주의적인 해석을 가져다가 바로 그것을 공격하는 데 사용한 셈이다. 하지만 그렇게 하는 과정에서 자유주의적인 사회가 잘 돌아가게 하는 데 공공선에 대한 숙고는 필요없다고 암시하는 듯하다. 인간의 이기적 충동을 극복하는 방법에 대해서는 걱정할 필요가 없다고, 즉 이기적이어도 된다고 말이다.

오늘날 공동체주의에 기반해 자유주의를 비판하는 많은 사람들은 자유주의가 너무 개인주의적이고 사적인 권리에만 치중해서 공공선을 희생시킨다고 말한다. 이들에 따르면, 자유주의는 개인이 사회적으로 구성되며 공동체적인 유대가 중요하다는 점을 간과하는 방식으로 인간의 속성을 잘못 개념화하고 있다. 이들은 이러한 자유주의가 시민과 공동체 개념을 약화하여 미국의 도덕적 퇴락에 일조했다고 비판한다. 하지만 자유주의자들이 사실 2000년 넘게 공동체와 도덕을 옹호해왔다는 점은 이 비판에서 간과되었다.

많은 자유주의자들 본인도 자유주의가 개인의 권리에 지나치게 강조점을 둔다고 한탄하면서, 그렇게 혼나서 쪼그라든 자유주의 혹은 "두려움의 자유주의"가 자유주의 사상을 너무 빈약하게 만들어서 단순히 피해 수습책으로서의 사상 같아 보이게 되었다고 애석해했다.[15] 하지만 이들도 자유주의가 개인의 권리에 대한 사상이라는 전제는 대체로 받아들였다.

자유주의가 개인의 권리에 관심을 두는 사상으로 여겨졌으므로, 페미니스트들은 이것이 여성에게 어떤 함의를 지니는지에 대해 관심을 가졌다. 이들은 자유주의가 너무나 개인주의적인 사상이 되면서 여성이 여성으로서 갖는 욕구를 무시하게 되었다고 보았다. 이들에 따르면 그러한 자유주의는 모든 인간이 도덕적인 "인격"이라는 핵심을 가진다는 사실을 경시했다. 하지만 여기에서도 자유주의에 대한 논의는 역사적 관점을 결여하고 있다.[16] 앞에서 보았듯이 자유주의자들은 집착적이라 할 정도로 '여성으로서의' 여성에 대해 관심을 가졌으며 여성이 개인으로서 갖는 '권리'는 거의 이야기하지 않았다.

자유주의자들이 개인의 권리 쪽으로 방향을 틀면서, 미국 건국에 토대가 되었던 가치들이 자유주의적인지 공화주의적인지에 대한 오랜 논쟁도 재점화되었다. 마치 이 둘이 상충하기라도 한다는 듯이 말이다. 이 질문은 미국이 개인의 권리를 보호하기 위해 구성되었는가('자유주의'), 미덕을 육성하기 위해 구성되었는가('공화주의')를 묻는다. 자유주의와 공화주의 사이에 차이가 있다고 보고 그 차이에 관심을 가진 학자들은 자유주의를 "이기적이고 경쟁적이고 개인주의적인 현대 이데올로기이며 사적인 권리를 강조하는 사상"이라고 묘사했다.[17]

프랑스와 독일의 자유주의 사상, '비자유주의적'이라는 딱지가 붙다

개인주의적이고 개인의 권리 개념을 기반으로 한 앵글로-아메리칸 자유주의를 잣대로 삼는 화법에서 프랑스와 독일의 자유주의를 결함 있는 자유주의로 보거나 심지어는 프랑스와 독일에는 자유주의가 존재하지 않았다고 보는 해석이 주류로 대두되었다. 실제로는 프랑스와 독일이 자유주의의 역사에 무수히 많은 방식으로 기여했지만, 이 이야기는 배경으로 밀려나거나 아예 사라졌다.

나치즘은 독일 역사에 긴 그림자를 드리웠고 역사학자들의 관심을 독일 자유주의의 '실패'에만 집중시켰다. 1953년에 독일 역사학자 프리드리히 젤Friedrich Sell은 『독일 자유주의의 비극Die Tragödie des deutschen Liberalismus』이라는 책을 내놓으면서 향후의 학계 연구에 경로를 설정했다. 그는 독일 자유주의가 독일이 앵글로-색슨 전통을 잘 받아들일 수 있는 여건이 아니었다는 점에서 문제가 있었다고 보았다. 그에 따르면, 독일 자유주의는 정부의 역할이 개인의 권리를 보호하는 데 있다는 사실을 적절하게 이해하지 못했기 때문에 결함 있는 자유주의였다.[18]

젤의 저서에 이어 아주 많은 저술이 독일 자유주의의 취약함, 결함, 실패를 이야기했다.[19] 독일에 자유주의 전통이라는 것이 **있기는 했는지** 질문하는 사람들도 있었다.[20] 컬럼비아 대학 교수 프리츠 스턴 Fritz Stern의 영향력 있었던 주장에 따르면, 독일은 "자유주의적이라기보다는 **비자유주의적인**, 즉 권위주의적인 전통"을 가지고 있었다.[21]

독일에 자유주의 전통이 있었다고 본 사람들은 그것이 '국가자유주의'였기 때문에 결함이 있었다고 주장했다. "국가를 자유주의 프로그램 실현의 본질적인 도구라고 여긴" 자유주의라는 점이 오류였다는 것이다. 독일에서는 시장 모델이 주변적으로만 존재했고 자유주의가 국가 지향적 경향을 가졌다는 점이 "초기 독일 자유주의의 가장 큰 취약점"이었다고 이야기되었다.[22]

독일 자유주의의 오류로 일컬어진 문제들은 독일이 왜 영국이 아니었는가의 논의로도 이어졌다. 어떤 이들은 독일이 잘못된 자유 개념을 가지고 있었기 때문이라고 했고 어떤 이들은 독일에 부르주아 계층이 없었기 때문이라고 했다. 독일 자유주의가 언제, 어디에서 "정규적인" 발달 경로를 "이탈"했는지가 많은 학자들의 관심사가 되었다.[23] 이들이 보기에, 독일 자유주의자들은 정치적 포부가 부족했다.

프랑스에서도 비슷한 일이 벌어졌다. 시기적으로는 조금 더 나중인 1970년대 이후에 '반전체주의적 전환'이라고 불리는 현상이 일어났다. 2차 대전 직후에 많은 프랑스 지식인들이 공산주의로 기울었던 것의 반작용으로, 학자들은 이 당혹스러운 진실의 원인을 찾는 일에 나서기 시작했다. 매우 영향력 있었던 개척자 프랑수아 퓌레François Furet는 프랑스에 건전한 자유주의 전통이 없었다는 "사실"을 들어 이를 설명하고자 했다.

프랑스 자유주의는 개인의 권리를 강조하지 않았으므로 진정한 자유주의가 아니라고 이야기되었다. 이들에 따르면, "진정한" 자유주의는 근본적으로 외래 사상이어서 프랑스에 제대로 뿌리를 내리지 못했다.[24] 독일과 마찬가지로 프랑스 자유주의도 국가주의적 지향이 있었다는 점이 오류라고 이야기되었다. 이와 더불어, 다소 모순적으로 프랑스 자유주의가 "정치적인 것을 거부"하는 경향이 있었다는 해석도 나왔다. 자유 시장에 대해 신뢰를 말했기 때문이다.[25] 그러니, 역사학자들이 매우 혼란스러워하는 것은 이상한 일이 아니다.[26] "프랑스 자유주의자들이 자신의 사상이 갖는 핵심 요소를 파악할 역량이 없었다"거나 "자유주의를 고찰하는 데 필요한 철학적 원천이 없었다"는 이야기도 나왔다. 가령 그들에게는 로크가 없었다고 말이다.[27]

하지만 프랑스에는 뱅자맹 콩스탕이 있었다. 오늘날에는 개인주의적이고 앵글로-아메리칸적이라는 의미에서 프랑스 자유주의자로서는 드물게도 '진정한' 자유주의 사상을 가지고 있었다고 재해석되었지만 말이다. 그리고 제대로 기능하는 국가를 어떻게 건설

할 것인가에 대해 그가 개진했던 사상과 개인주의와 **맞서 싸웠던** 그의 노력은 잊혔다. 또 그가 평생 동안 가진 종교와 자기희생에 대한 관심도 제거되었다. 대신 많은 저명한 학자들이 콩스탕의 "주요 개념"은 "개인의 독립성"이라며[28] 콩스탕이 "급진적인 개인주의"를 주창한 사상가라고 이야기했다.[29] 어떤 이들은 프랑스에도 이기심, 최소 정부, 규제 없는 시장이라는 자유주의의 가치를 이해한 정치 경제학자가 꽤 있었다고 언급하기도 했다.

미국에서처럼 프랑스에서도 이른바 진정한 자유주의, 즉 개인주의적인 자유주의에 대해 비판도 있었다. 시민 정신과 미덕에 강조점을 두는 공화주의에 비해 프랑스의 자유주의는 너무 쾌락주의적이라는 것이었다.[30] 가톨릭 철학자 피에르 마낭Pierre Manent은 자유주의의 창시자들이 공공선이라는 개념을 거부했다고 비난했는데, 여기에서 자유주의의 창시자는 (실로 마낭의 이 주장과 부합하게도) 마키아벨리와 홉스였다. 이 비판은 가톨릭이 유구한 역사 동안 되풀이해온(이 책에서 내내 보았던) 자유주의 비판과 비슷하게 들린다. 마낭은 자유주의가 그리스도교에 대한 공격에서 기원했다고 주장했다. 마낭에 따르면 바로 이것이 자유주의가 자기 파괴적인 경향을 갖게 되고 불가피하게 전체주의에 도달한 원인이었다.[31] 마낭의 견해는 200년이나 된 가톨릭의 자유주의 비판이 재포장된 것이다.

오늘날 자유주의는 서구의 지배적인 정치 사조로 널리 여겨지지만, 승리주의와 함께 염세주의가 공존한다. 우리는 자유주의가 확신의 위기를 겪고 있다는 이야기를 듣는다. 이 위기는 최근 전 세계에 "비자유주의적인 민주주의"가 부상해 더 심각해졌다고 한다.[32]

이 문제는 자유주의자들이 자신이 어떠한 가치를 대변하는지에 대해 합의하고 확신 속에서 용기를 가져야만 해결될 수 있을 것이라고 한다. 어떤 이들은 자유주의가 선함의 개념을 발달시키고 미덕을 논하는 이론이 되기 위해 필요한 지적 원천들을 그 안에 가지고 있다고 한다.[33] 자유주의자들은 자유주의의 핵심 가치들을 회복하고 이해하고 받아들이기 위해 자유주의 전통의 지적 원천들과 다시 연결되어야 한다. 이 책은 그 과정에 재시동을 걸고자 했다. 이 책이 자유주의 역사에 대한 논의를 재설정하고 촉진할 수 있다면 목적을 수행했다고 기쁘게 자임할 수 있을 것 같다.

서문

별도의 표시가 없으면 영어가 아닌 문헌의 영어 번역은 내가 한 것이다.

1 '기본적인 개념들'의 의미와 빠르게 성장하고 있는 개념사 분야의 연구 방법에 대해서는 이 책 참고문헌의 방법론 절을 참고하라.

2 최근 사례는 다음을 참고하라. Larry Siedentop, *Inventing the Individual: The Origins of Western Liberalism* (Cambridge, MA: Harvard University Press, 2014).

3 Pierre Manent, *An Intellectual History of Liberalism*, trans. Rebecca Balinski (Princeton: Princeton University Press, 1996).

4 Duncan Bell, "What Is Liberalism?," *Political Theory* 42, no. 6 (2014): 682-715.

5 예를 들어 요른 레온하르트의 혁신적인 연구를 참고하라. Jörn Leonhard, *Liberalismus. Zur historischen Semantik eines europäischen Deutungsmusters* (München: R. Oldernbourg Verlag, 2001).

1장 '리버럴한' 사람이 된다는 것의 의미: 키케로부터 라파예트까지

1 Cicero, *On Duties*, bk. 1.

2 *Plutarch's Lives, Translated from the Original Greek: With Notes, Critical and*

Historical by John Langhorne and William Langhorne, 6 vols. (London, 1770), 2:156–57.

3   물론 상당한 왜곡이 없지는 않았다. 다음을 참고하라. Hans Baron, "Cicero and the Roman Civic Spirit in the Middle Ages and Early Renaissance," *Journal of the John Rylands Library* 22 (1938): 73–97.

4   다음을 참고하라. St. Ambrose, *On the Duties of the Clergy*, chap. 28, para. 130. 리버럴리티에 대한 몇몇 절이 포함되어 있다.

5   중세에 아리스토텔레스(기원전 384~322)가 재발견된 것도 고대의 리버럴리티 개념이 퍼지는 데 일조했다.

6   다음에 인용됨. Guido Guerzoni, "Liberalitas, Magnificentia, Splendor: The Classic Origins of Italian Renaissance Lifestyles," *History of Political Economy* 31, suppl. (1999): 332–78.

7   다음에 인용됨. Kenneth Bartlett, ed., *The Civilization of the Italian Renaissance: A Sourcebook*, 2nd ed. (Toronto: University of Toronto Press, 2011), 184.

8   Juan Luis Vives, *The Education of a Christian Woman* (1524), bk. 1, para. 29.

9   그러한 여성들에 대한 인상적인 목록을 다음에서 볼 수 있다. J. K. Sowards, "Erasmus and the Education of Women," *Sixteenth Century Journal* 13, no. 4 (1982): 77–89.

10 옥스퍼드 영어 사전Oxford English Dictionary(온라인)의 "Liberal" 항목. 3a.

11 *Christiani matrimonii institution*. 다음에 인용됨. Sowards, "Erasmus," 87.

12 원서 *De pueris statim ac liberaliter instituendis*(1529)에는 '아동을 리버럴하게 교육하는 법'이라는 내용이 포함되어 있다.

13 Erasmus, *The Education of a Christian Prince*, ed. Lisa Jardine (Cambridge: Cambridge University Press, 2016), 77. 여아의 교육에 대한 설명은 순결을 지켜야 할 필요성에 초점을 두고 있다. (Sowards, "Erasmus").

14 Leon Battista Alberti, "On Painting and on Sculpture." 다음에 수록됨. Kenneth Bartlett, ed., *The Civilization of the Italian Renaissance: A Sourcebook*, 171.

15 Edgar Wind, *Pagan Mysteries in the Renaissance* (New York: Norton, 1968).

16 Antoniano ([1584] 1821), 2:39–40. 다음에 수록됨. Guerzoni, "Liberalitas."

17 Piccolomini (1552). 다음에 인용됨. Guerzoni, "Liberalitas."

18 Fabrini (1547). 다음에 인용됨. Guerzoni, "Liberalitas."

19 ECCO에서 찾을 수 있는 16세기 번역은 "후한freeharted 군주"라고 표현하고 있으며 이탈리아어와 프랑스어 번역본에는 'libérale'과 'liberal'이 사용되었다. 1724년 영어 번역본에는 "리버럴한 군주"라는 표현이 쓰였다.

20 Erasmus, *Education*, 78.

21 이에 대한 키케로와 마키아벨리의 차이는 다음을 참고하라. Marcia L. Colish, "Cicero's *De Officiis* and Machiavelli's *Prince*," *Sixteenth Century Journal* 9, no. 4 (1978): 80–93.

22 *The Essays of Michael Seigneur de Montaigne Translated into English* (London, 1759), 3:153.

23 Nicolas Faret, *L'Honeste-homme, ou l'art de plaire à la cour* (Paris: Du Bray, 1630).

24 「이사야서」 32:5–8; 「잠언」 11:25; 「고린도후서」 9:13.

25 1628년 4월 15일 화이트홀에서 국왕 참석하에 이뤄진 연설 75(Sermon 75).

26 Richard Allestree, *The Gentleman's Calling* (London, 1705), 58, 86.

27 윈스럽의 이 유명한 설교는 많은 자료에서 찾아볼 수 있다.

28 Roger L'Estrange, *Seneca's Morals by Way of Abstract* (Cork, 1797).

29 Thomas Hobbes, *Leviathan* (Cambridge: Cambridge University Press, 1996), 89; *On the Citizen* (Cambridge: Cambridge University Press, 1998), 21, 22, 25; *Leviathan*, "Of the Natural Condition of Mankind"; *Leviathan*, 102; *On the Citizen*, 149.

30 얀선주의는 원죄, 인간의 타락, [영혼의 구제와 관련해] 은총의 절대적인 필요성과 '예정' 등을 강조한 17세기 가톨릭 내부의 한 신학 운동 분파다.

31 Blaise Pascal, *Pensées* (Paris, 1670), 89.

32 Pierre Nicole, "Of Charity and Self-Love." 다음에 재수록됨. Bernard Mandeville, *The Fable of the Bees and Other Writings*, ed. Mark Hulliung (Indianapolis: Hackett, 1997), 1.

33 Jacques Esprit, *La Fausseté des vertus humaines* (Paris, 1678), 487. 강조 표시는 내가 추가한 것이다.

34 *Discourses: Translated from Nicole's Essays by John Locke with Important Variations from the Original French* (London, 1828), 172.

35 John Locke, *The Reasonableness of Christianity*. 다음에 수록됨. *The Works*, vol. 6 (Liberty Fund Online Library of Liberty), 116. http://oll.libertyfund.org/titles/

locke-the-works-vol-6-the-reasonableness-of-christianity.

36 John Locke, *Some Thoughts Concerning Education.* 다음에 수록됨. *The Educational Writings of John Locke*, ed. James L. Axtell (Cambridge: Cambridge University Press, 1968).

37 Anthony Ashley Cooper Shaftesbury, *An Inquiry Concerning Virtue* (London, 1732), 293.

38 George Turnbull, *Observations on Liberal Education in All Its Branches* (London, 1742), 142, 136, 197, 141, 180, 321, 87.

39 *Dr. Johnson's Dictionary of the English Language* (London, 1755).

40 John Marshall, *John Locke: Resistance, Religion and Responsibility* (Cambridge: Cambridge University Press, 1996), 111.

41 Anthony Ashley Cooper Shaftesbury, *A Letter Concerning Enthusiasm.* 다음에 수록됨. *Characteristicks*, vol. 1 (London, 1732), 333.

42 George Turnbull, *Observations upon Liberal Education in All Its Branches*, ed. Terrence O. Moore Jr. (Indianapolis: Liberty Fund, 2003), chap. 4. 다음도 참고하라. Bruce Kimball, *Orators and Philosophers: A History of the Idea of Liberal Education* (New York: Teachers College Press, 1986), 14.

43 François de Salignac de La Mothe-Fénelon, *On the Education of Girls*, trans. Kate Lupton (Boston, 1891), 96, 65, 96, 13, 12.

44 Adam Smith, *An Inquiry into the Nature and Causes of the Wealth of Nations* (London, 1776), bk. 5, chap. 1, 302.

45 예를 들어 다음을 참고하라. Lieselotte Steinbrügge, *The Moral Sex: Woman's Nature in the French Enlightenment* (Oxford: Oxford University Press, 1995); Ludmilla Jordanova, "Sex and Gender." 다음에 수록됨. *Inventing Human Science: Eighteenth-Century Domains*, ed. Christopher Fox, Roy Porter, and Robert Wokler (Berkeley: University of California Press, 1995), 152–83; Anne Vila, "'Ambiguous Beings': Marginality, Melancholy, and the Femme Savante." 다음에 수록됨. *Women, Gender and Enlightenment*, ed. Sarah Knott and Barbara Taylor (New York: Palgrave Macmillan, 2005), 53–69.

46 Francis Hutcheson, *A Short Introduction to Moral Philosophy* (Glasgow, 1747), 94.

47 Ibid., 87.

주

48 Jean-Baptiste Massillon, *Œuvres de Massillon* (Paris, 1803), 1:304.

49 John Locke, *Essay Concerning Understanding*, bk. 4, chap. 20.

50 David Armitage, "John Locke, Carolina, and the 'Two Treatises of Government,'" *Political Theory* 32, no. 5 (2004): 602-27.

51 Nathan Bailey, *An Universal Etymological English Dictionary*, 7th ed. (London, 1735).

52 다음에 인용됨. Gordon Wood, *The Radicalism of the American Revolution* (New York: Vintage, 1993), 27.

53 Peter Clark, *British Clubs and Societies 1580-1800* (Oxford: Clarendon, 2000); Davis McElroy, *Scotland's Age of Improvement: A Survey of Eighteenth-Century Literary Clubs and Societies* (Pullman: Washington State University Press, 1969).

54 Nicholas Phillipson, *Adam Smith: An Enlightened Life* (New Haven, CT: Yale University Press, 2010).

55 *The Works of William Robertson: History of the Reign of the Emperor Charles V*, 12 vols. (London, 1812), 4:82, 178, 78.

56 F. A. Brockhaus, *Allgemeine deutsche Real-Encyclopädie für die gebildeten Stände. Conversations-Lexicon*, vol. 5, 4th ed. (Leipzig, 1817), 674-75.

57 George Washington, "Circular to the States" (September 2, 1783). 다음에 인용됨. *The Encyclopedia of Libertarianism*, ed. Ronald Hamowy (Thousand Oaks, CA: Sage, 2008), 536.

58 Benigne de Bossuet, *Œuvres*, 23:625. 다음에 인용됨. Henrietta Louisa Farrer Lear, *Bossuet and His Contemporaries* (London: Rivingtons, 1874), 178.

59 John Locke, *A Letter Concerning Toleration and Other Writings*, ed. Mark Goldie (Indianapolis: Liberty Fund, 2010). 강조 표시는 내가 추가한 것이다.

60 로크의 사상이 기존에 해석되었던 것만큼 반反가톨릭적이지는 않다는 주장에 대해서는 다음을 참고하라. Emile Perreau-Saussine, "French Catholic Political Thought from the Deconfessionalisation of the State to the Recognition of Religious Freedom." 다음에 수록됨. *Religion and the Political Imagination*, ed. Ira Katznelson and Gareth Stedman Jones (Cambridge: Cambridge University Press, 2010), 150-70.

61 Samuel Wright. 다음에 인용됨. Jörn Leonhard, *Liberalismus. Zur historischen*

Semantik eines europäischen Deutungsmusters, 118.

62   Richard Price, "Sermons on the Christian Doctrine." 다음에 수록됨. *Sermons on the Security and Happiness of a Virtuous Course, on the Goodness of God, and the Resurrection of Lazarus, to Which Are Added, Sermons on the Christian Doctrine* (Boston: E. W. Weld and W. Greenough, 1794), 175.

63   William Paley, *Principles of Moral and Political Philosophy* (1785).

64   "From George Washington to Roman Catholics in America, c.15 March 1790," *Founders Online*, https://founders.archives.gov/documents/Washington /05-05-02-0193.

65   "From George Washington to the Hebrew Congregation in Newport, Rhode Island, 18 August 1790," *Founders Online*, https://founders.archives.gov/documents/Washington/05-06-02-0135.

66   Eric Carlsson. 나와의 개인적인 교신. 2015년.

67   그렇더라도 그는 계속해서 은둔주의hermeticism를 고수했다. 이에 대해서는 다음을 참고하라. Peter Reill, "Between Theosophy and Orthodox Christianity: Johann Salomo Semler's Hermetic Religion." 다음에 수록됨. *Polemical Encounters: Esoteric Discourse and Its Others*, ed. Olav Hammer and Kocku von Stuckrad (Leiden: Brill, 2007), 157-80.

68   *General Repository and Review* (1812).

69   John A. Buehrens, *Universalists and Unitarians in America: A People's History* (Boston: Skinner House, 2011).

70   Mr. Pratt, *Liberal Opinions; or, The History of Benignus*, vol. 1 (London, 1783), 2.

71   Alan Heimert, *Religion and the American Mind* (Cambridge, MA: Harvard University Press, 1968), 50, 169, 211.

72   Charles Chauncy, *Enthusiasm Described and Caution'd Against* (Boston, 1742).

73   Benjamin Whichcote, *The Works of the Learned Benjamin Whichcote*, vol. 2 (Aberdeen, 1751), 128.

74   Jean-Jacques Rousseau, *First and Second Discourses*. 인용 부분은 『제2논고*The Second Discourse*』에 나온다.

75   Adam Ferguson, *An Essay on the History of Civil Society*, ed. Duncan Forbes (Edinburgh: Edinburgh University Press, 1966), 217-20.

76 Ibid., 217-20.

77 예를 들어 다음을 참고하라. Karl Koppman, ed., *Die Recesse und andere Akten der Hansetage*, 8 vols. (Leipzig, 1870-97). 여기에서 영국 국왕은 "후하게 베풀고 하사한다"고 묘사되어 있다.

78 예를 들어 다음을 참고하라. Joseph Lathrop, "A Sermon on a Day Appointed for Publick Thanksgiving." 다음에 수록됨. *Political Sermons of the American Founding Era, 1730-1805*, ed. Ellis Sandoz (Indianapolis: Liberty Fund, 1998), 870: "아메리카 식민지에 처음 부여된 왕실의 특허장, 특히 뉴잉글랜드에 부여된 특허장들은 매우 리버럴한 종류의 특허장이었으며 그들의 견해와 소망에 완전히 부합하는 것이었다."

79 편집자에게 보낸 서신. 다음에 인용됨. Dennis Carl Rasmussen, *The Problems and Promise of Commercial Society: Adam Smith's Response to Rousseau* (University Park: Pennsylvania State University Press, 2008), 99.

80 Adam Smith, *An Inquiry into the Nature and Causes of the Wealth of Nations*, vol. 1 (1776; Chicago: University of Chicago Press, 1977), iv, v, 47, 388, 75, 76, 77, 208, 250. 강조 표시는 내가 추가한 것이다.

81 Adam Smith, *The Theory of Moral Sentiments* (1759), vi, ii. 3.3.

82 Ibid. (2016년 판), 288.

83 Smith, *Wealth of Nations*, 519.

84 Ibid., 161. 다음을 참고하라. Dennis C. Rasmussen, "Adam Smith on What Is Wrong with Economic Inequality," *American Political Science Review* 110, no. 2 (2016): 342-52.

85 Samuel Cooper, "A Sermon on the Day of the Commencement of the Constitution" (1780). 다음에 수록됨. Sandoz, *Political Sermons of the American Founding Era*, 1:644, 655.

86 Ezra Stiles, "The United States Elevated to Glory and Honor," https://digital-commons.unl.edu/etas/41/.

87 Joseph Lathrop, "Sermon on a Day Appointed for Public Thanksgiving." 다음에 수록됨. *Political Sermons of the Founding Era*, vol. 1, ed. Ellis Sandoz (Indianapolis: Liberty Fund, 1998), 871.

88 David Ramsay, *The History of the American Revolution*, vol. 1 (1789), 357.

89   David Armitage, *Age of Revolutions in Global Context, c. 1760–1840* (New York: Palgrave Macmillan, 2010), 5n15.

90   독일에서는 헌법과 정부 형태에 대한 논쟁이 다른 곳에서보다 다소 늦게 벌어졌다. 다음도 참고하라. Joyce Appleby, "America as a Model for the Radical French Reformers of 1789," *William and Mary Quarterly* 28, no. 2 (1971): 267–86.

91   Levi Hart of Preston, Connecticut. 다음에 인용됨. Jonathan Sassi, *A Republic of Righteousness: The Public Christianity of the Post-revolutionary New England Clergy* (New York: Oxford University Press, 2001), 58.

92   John Millar, *The Origin of the Distinction of Ranks* (Aalen: Scientia, 1986), 294. 다음에 인용됨. Domenico Losurdo, *Liberalism: A Counter-history* (New York: Verso, 2011), 11.

93   Christopher L. Brown, *Moral Capital: Foundations of British Abolitionism* (Chapel Hill: University of North Carolina Press, 2012).

94   Arthur Zilversmit, *First Emancipation: The Abolition of Slavery in the North* (Chicago: University of Chicago Press, 1967), 132; Robin Blackburn, *The Overthrow of Colonial Slavery: 1776–1848* (New York: Verso, 2011), 118; Losurdo, *Liberalism*, 59.

95   *Pennsylvania Journal*, April 4, 1781.

96   Edmund Burke, *The Works: A New Edition*, 16 vols. (London: Rivington, 1826), 3:54. 다음에 인용됨. Losurdo, *Liberalism*, 37.

97   애비게일 애덤스Abigail Adams가 존 애덤스John Adams에게 보낸 서신. 1776년 3월 31일. *Founders Online*, https://founders.archives.gov/documents/Adams/04-01-02-0241.

98   애비게일 애덤스가 머시 오티스 워런Mercy Otis Warren에게 보낸 서신. 1776년 4월 27일. *Founders Online*, https://founders.archives.gov/documents/Adams/04-01-02-0257.

99   Noah Webster, *On the Education of Youth in America*. 다음에 인용됨. *Readings in American Educational Thought: From Puritanism to Progressivism*, ed. Andrew Milson, Chara Bohan, Perry Glanzer, and J. Wesley Null (Charlotte: Information Age, 2004), 106.

2장 프랑스 대혁명과 자유주의의 기원: 1789~1830년

1   Marquis de Lafayette, *Memoirs, Correspondence and Manuscripts of General Lafayette Published by His Family* (London, 1837), 2:192.

2   *Dictionnaire universel françois et latin, vulgairement appelé Dictionnaire de Trévoux...*, nouvelle ed. (Paris, 1771), 508.

3   예를 들어 위에 인용한 서신과 "대륙회의 의장" 앞으로 보낸 서신을 참고하라. Marquis de Lafayette, *Memoirs*, 1:286.

4   Germaine de Staël, *On Germany* (1810).

5   Richard Price, "A Discourse on the Love of Our Country" (London, 1790), 20.

6   *The Correspondence of the Revolution Society in London, with the National Assembly* (London, 1792), 157.

7   Edmund Burke, *Reflections on the Revolution in France*, ed. J.G.A. Pocock (Indianapolis: Hackett, 1987), 70, 163, 70, 69. 강조 표시는 내가 추가한 것이다.

8   Ibid., 70, 33, 34, 66, 70.

9   예를 들어 다음을 참고하라. *A New Catechism for the Use of the Swinish Multitude* (1792).

10 Catherine Macaulay, *Observations on the Reflections of the Right Hon Edmund Burke on the Revolution in France* (London, 1791), 38-39.

11 Mary Wollstonecraft, *A Vindication of the Rights of Men*, ed. Sylvana Tomaselli (1790; Cambridge: Cambridge University Press, 2003), 16.

12 Thomas Paine, *Rights of Man, Being an Answer to Mr. Burke's Attack* (1791).

13 Germaine de Staël, *Considerations on the Principal Events of the French Revolution*, ed. Aurelian Crăiuţu (Indianapolis: Liberty Fund, 2008), 493, 190.

14 Joseph de Maistre, *Considerations on France*, ed. Richard Lebrun (Cambridge: Cambridge University Press, 2003), 41.

15 *Des réactions politiques.* 다음에 수록됨. *De la force du gouvernement actuel de la France et de la nécessité de s'y rallier*, ed. Philippe Raynaud (Paris: Flammarion, 1988), 111, 115, 118. 다음을 참고하라. K. Stephen Vincent, *Benjamin Constant and the Birth of French Liberalism* (New York: Palgrave Macmillan, 2011), 76-77; "Benjamin Constant, the French Revolution, and the Origins of French Romantic

Liberalism," *French Historical Studies* 23, no. 4 (2000): 607-37.

16 다음에 인용됨. Aurelian Crăiuțu, *A Virtue for Courageous Minds: Moderation in French Political Thought, 1748-1830* (Princeton: Princeton University Press, 2012), 178.

17 Mona Ozouf, "La Révolution française et la formation de l'homme nouveau." 다음에 수록됨. *L'homme régénéré. Essais sur la Révolution française*, ed. Mona Ozouf (Paris: Gallimard, 1989), 116-45.

18 Madame de Staël, *Des Circonstances actuelles qui peuvent terminer la révolution et des principes qui doivent fondre la république en France* (Paris: Libraire Fischbacher, 1906), 10, 146, 279.

19 다음에 인용됨. John C. Isbell, *The Birth of European Romanticism: Truth and Propaganda in Staël's* De l'Allemagne, *1810-1813* (Cambridge: Cambridge University Press, 1994), 131.

20 Benjamin Constant, *De Madame de Staël et de ses ouvrages*. 다음에 수록됨. *Portraits, mémoires, souvenirs* (Paris, 1992), 222.

21 Kurt Klooke, *Benjamin Constant: une biographie intellectuelle* (Geneva: Droz, 1984); J. Lee, "The Moralization of Modern Liberty" (위스콘신 대학 매디슨 캠퍼스 박사학위 논문, 2003); Helena Rosenblatt, *Liberal Values: Benjamin Constant and the Politics of Religion* (Cambridge: Cambridge University Press, 2008).

22 Benjamin Constant, "De la force du gouvernement actuel de la France et de la nécessité de s'y rallier." 다음에 수록됨. *Œuvres complètes de Benjamin Constant*, vol. 1 (Tübingen: Max Niemeyer Verlag, 1998), 380.

23 다음에 인용된 것을 따왔다. Rosenblatt, *Liberal Values*, 72.

24 Howard Brown, "From Organic Society to Security State: The War on Brigandage in France, 1797-1802," *Journal of Modern History* 69, no. 4 (1997): 661-65.

25 또 다른 사람으로는 아드리앵 라무레트Adrien Lamourette를 들 수 있다. 다음을 참고하라. David Sorkin, *The Religious Enlightenment* (Princeton: Princeton University Press, 2011). 스페인, 스페인령 아메리카, 이탈리아, 그 밖의 여러 나라에도 이렇게 주장하는 가톨릭 신자들이 상당수 있었다. 앙리 그레구아르Henri Grégoire에 대해서는 다음을 참고하라. Alyssa Goldstein Sepinwall,

The Abbé Grégoire and the French Revolution: The Making of Modern Universalism (Berkeley: University of California Press, 2005).

26 Annales de la religion, vol. 1 (1795), 15; vol. 15 (1802), 359.

27 Napoléon Bonaparte, Correspondances de Napoléon 1er, vol. 6 (Paris: Plon, 1862), 5-6.

28 다음에 인용됨. Guillaume de Bertier de Sauvigny, "Liberalism, Nationalism, Socialism: The Birth of Three Words," Review of Politics 32 (1970): 151-52.

29 1797년 7월 24일자 서신. 다음에 인용됨. Julia von Leyden Blennerhassett, Madame de Staël, Her Friends, and Her Influence in Politics and Literature, vol. 3, trans. Jane Eliza Gordon Cumming (1889; Cambridge: Cambridge University Press, 2013), 429.

30 라파예트가 토머스 제퍼슨Thomas Jefferson에게 보낸 서신. 1801년 6월 21일. Founders Online, http://founders.archives.gov/documents/Jefferson/01-34-02-0318.

31 Madame de Staël, Considerations, 422.

32 밀라노의 사제들에게 한 연설. 1800년 6월 5일. 다음에 수록됨. In the Words of Napoleon, ed. R. M. Johnston (Barnsley: Frontline Books, 2015).

33 인용 부분은 다음에서 가져온 것이다. Jörn Leonhard, Liberalismus. Zur historischen Semantik eines europäischen Deutungsmusters, 208-24.

34 다음에 인용됨. H. C. Barnard, Education and the French Revolution (Cambridge: Cambridge University Press, 2009), 218.

35 콩스탕이 1814년에 쓴 반反나폴레옹 선언문 제목이 "정복과 찬탈의 정신 De l'esprit de conquête et de l'usurpation"이었다.

36 다음에 따르면 보나파르트주의라는 표현은 1816년에 처음 쓰였다. Berke Vardar, Structure fondamentale du vocabulaire social et politique en France de 1815 à 1830 (Istanbul, 1973).

37 Melvin Richter, "Tocqueville and the French Nineteenth Century Conceptualizations of the Two Bonapartes and Their Empires." 다음에 수록됨. Dictatorship in History and Theory: Bonapartism, Caesarism and Totalitarianism, ed. P. R. Baehr and Melvin Richter (Cambridge: Cambridge University Press, 2004), 83-102, 84. 더 자세한 내용은 5장을 참고하라.

38   Jean-Baptiste Say, *Traité d'économie politique*, 4th ed., vol. 1 (Paris, 1819), 197.

39   Ibid., 298. 다음을 참고하라. Philippe Steiner, "Jean-Baptiste Say et les colonies ou comment se débarrasser d'un héritage intempestif," *Cahiers d'économie politique* 27-28 (1996): 153-73; Jennifer Sessions, *By Sword and Plow: France and the Conquest of Algeria* (Ithaca, NY: Cornell University Press, 2015).

40   François-Louis-Auguste Ferrier, *Du Gouvernement considéré dans ses rapports avec le commerce* (Paris: Perlet, 1805), 14-15, 37.

41   Ibid., 26.

42   조제프 피에베Joseph Fiévée와 프랑수아 페리에François Ferrier의 서신. 1816년 6월 5일과 20일. 다음에 수록됨. *Correspondance de Joseph Fiévée et de François Ferrier (1803-1837)*, ed. Etienne Hofmann (Bern: Peter Lang, 1994), 138, 142.

43   Benjamin Constant, "The Spirit of Conquest and Usurpation." 다음에 수록됨. *Political Writings*, ed. Biancamaria Fontana (Cambridge: Cambridge University Press, 1993), 118, 126, 122, 121.

44   다음에 인용됨. E.E.Y. Hales, *Napoleon and the Pope* (London, 1962), 89-90.

45   Charles de Villers, *Essai sur l'esprit et l'influence de la Réformation de Luther. Ouvrage qui . . .* (Paris, 1804). 다음에 인용됨. Rosenblatt, *Liberal Values*, 102-4.

46   스웨덴에 대해서는 아서 톰슨Arthur Thomson의 개척적인 연구를 참고하라. Arthur Thomson, "'Liberal': Några anteckningar till ordets historia." 다음에 수록됨 *Festskrift tillägnad Theodor Hjelmqvist på sextiårsdagen den 11 april 1926* (Lund: Carl Bloms Boktryckeri, 1926), 147-91. 스페인에 대해서는 하비에르 페르난데스 세바스티안Javier Fernández Sebastián의 여러 저술을 참고하라.

47   Madame de Staël, *De l'Allemagne*, vol. 1, ed. Simone Balayé (Paris: Garner-Flammarion, 1968), 73.

48   Jaime Rodriguez, *The Independence of Spanish America* (Cambridge: Cambridge University Press, 1998).

49   Ignacio Fernández Sarasola, "La proyección europea e iberoamericana de la Constitución de 1812." 다음에 수록됨. *La Constitución de Cádiz. Origen, contenido y proyección internacional* (Madrid: Centro de Estudios Politicos y Constitucionales, 2011), 271-336.

50   Jaime E. Rodríguez O., "Introducción," *Revolución, independencia y las nuevas*

naciones de América, ed. Jaime E. Rodríguez O. (Madrid: Fundación Mapfre Tavera, 2005), 16.

51 Rodriguez, *Independence,* 105.

52 Harro M. Höpfl, "Isms," *British Journal of Political Science* 13, no. 1 (1983): 1-17.

53 다음에 인용됨. Javier Fernández Sebastián, "'Friends of Freedom': First Liberalisms in the Iberian Atlantic." 다음에 수록됨. *In Search of European Liberalisms,* ed. Javier Fernández Sebastián, Jörn Leonhard, and Michael Freeden (New York: Berghahn Books, 2018).

54 "Déclaration de Saint-Ouen." 다음에 재수록됨. *La monarchie impossible: Les Chartes de 1814 et de 1830* (Paris: Gallimard, 1994), 90.

55 콘스탕이 라파예트에게 보낸 서신. 1815년 5월 1일. 다음에 수록됨. Lafayette, *Memoirs,* 5:423.

56 Benjamin Constant, *Principles of Politics Applicable to All Governments.* 다음에 수록됨. Fontana, *Political Writings,* 175, 179.

57 L'abbé Rauzan, "Toute constitution est un régicide" (April 1814). 다음에 수록됨. René Rémond, *La Droite en France de 1815 à nos jours: Continuité et diversité d'une tradition politique* (Paris: Aubier Editions Montaigne, 1954), 36.

58 "Des élections, du ministère, de l'esprit public et du parti libéral en France," *La Minerve* 4, no. 1 (December 1818): 379-84.

59 *La Minerve française* 14, no. 1 (November 4-5, 1818): 14-22. 이 글은 1819년 에 다음에 재수록되었다. *Cours de politique constitutionelle,* 3:53-58.

60 다음에 인용됨. Maria Luisa Sànchez-Mejìa, "La Inquisición contra el liberalismo. El Expediente de Calificación de los Principes de Politique de Benjamin Constant," *Cuadernos dieciochistas* 14 (2013): 283-303, 286.

61 Louis de Bonald, "Sur les langues." 다음에 수록됨. *Œuvres de M. de Bonald* (Brussels: La Société nationale, 1845), 7:455.

62 *La Quotidienne,* August 23, 1814, 3.

63 *Les Idées liberals.* 다음에 수록됨. *Le Nouvelliste français ou Recueil Choisi de Mémoires, no.* 12 (Pesth, 1815), 277.

64 이 개혁은 다음에 잘 서술되어 있다. Brendan Simms, *The Struggle for Mastery in Germany, 1779-1850* (Basingstoke: Palgrave Macmillan, 1988).

65 1814년에 도입된 한 제후국의 헌법이 다음에 인용되어 있다. Rudolf Vierhaus, "Liberalismus." 다음에 수록됨. *Geschichtliche Grundbegriffe. Historisches Lexikon zur politisch-sozialen Sprache in Deutschland*, vol. 3, ed. Reinhart Koselleck, Otto Bruner, and Werner Conze (Stuttgart, 1972–93).

66 "What does liberal mean?" *Neue Alemannia*, 1816년 제1호.

67 『혁명 연감*Revolutions-Almanach*』은 새로운 개혁들이 도입되면서 그러한 개혁이 "성스럽게" 보이도록 "마법 같은 의미"를 부여하는 새로운 단어들 또한 도입되어 널리 퍼지게 되었다고 언급했다. Vierhaus, "Liberalismus," 741.

68 로버트 스튜어트Robert Stewart의 연설. 1816년 2월 15일. 다음에 수록됨. *Hansard First Series: 1803-1820*, vol. 37, 602. 다음에 인용됨. Leonhard, *Liberalismus*, 236.

69 Andrew Robertson, *The Language of Democracy: Political Rhetoric in the United States and Britain, 1790-1900* (Charlottesville: University of Virginia Press, 2005), 62.

70 *Edinburgh Review* 24, no. 48 (November 1814–February 1815): 529.

71 Ibid. 이후의 기사들도 프랑스의 정치 상황을 묘사할 때 계속해서 "리버럴"이라는 표현을 사용했으며, 때로는 [외래 사상임을 드러내기 위해] 이탤릭으로 표시하기도 했다.

72 「과거 미국 신문America's Historical Newspapers」 데이터베이스를 검색해 보면 프랑스의 정치인들이나 "리버럴/자유주의 정당들"이 언급된 기사를 많이 찾아볼 수 있다. 예를 들어 다음과 같은 검색 결과를 볼 수 있다. *Columbian Centinel*, November 1, 1817, 2; *Centinel of Freedom*, May 26, 1818, 2; *Weekly Aurora*, September 14, 1818, 240; *Columbian Centinel*, December 26, 1818, 2; *National Gazette*, April 29, 1820, 2; *Baltimore Patriot*, October 10, 1822, 2; *Daily National Intelligencer*, October 12, 1822, 2; *National Gazette*, November 25, 1824, 1.

73 메테르니히Klemens von Metternich가 겐츠Friedrich von Gentz에게 보낸 서신. 1819년 4월 23일. 다음에 인용됨. Vierhaus, "Liberalismus."

74 다음에 인용됨. Guillaume de Bertier de Sauvigny, *La Restauration* (Paris: Hachette, 1997), 168.

75 André Vissieux, *Essay on Liberalism; Being an Examination of the Nature and*

Tendency of the Liberal Opinions; with a View of the State of Parties on the Continent of Europe (London: Pewtress, Low, and Pewtress, 1823), 103.

76 Christopher Bayly, "Rammohan Roy and the Advent of Constitutional Liberalism in India, 1800-1830," *Modern Intellectual History* 4 (2007): 25-41; *Recovering Liberties: Indian Thought in the Age of Liberalism and Empire* (Cambridge: Cambridge University Press, 2011), 50-60.

77 Ignacio Fernandez Sarasola, "European Impression of the Spanish Constitution of Cadiz," *Forum historiae iuris*, http://fhi.rg.mpg.de/es/2016-09-sarasola/(현재 링크 유실됨).

78 초판은 다음의 제목으로 출간되었다. *Collection complète des ouvrages publiés sur le Gouvernement représentatif et la Constitution actuelle de la France formant une espèce de Cours de Politique constitutionnelle, par M. Benjamin de Constant.*

79 Maurizio Isabella, *Risorgimento in Exile: Italian Emigres and the Liberal International in the Post-Napoleonic Era* (Oxford: Oxford University Press 2009).

80 Rodriguez, *Independence*, 193.

81 C. J. Gilliard, *Réflexions sur les sociétés secrètes et les usurpations. Première partie: Ecueils et dangers des sociétés secretes*, tome 2 (Arbois, 1823), 444-45.

82 라파예트가 제퍼슨에게 보낸 서신. 1820년 7월 20일. 다음에 수록됨. Gilbert Chinard, ed., *The Letters of Lafayette and Jefferson* (Baltimore, 1929), 398-99.

83 Achille de Vaulabelle, *Histoire des Deux Restorations*, 10 vols. (Paris, 1952), 6:283-324; 다음도 참고하라. Lafayette, *Memoirs*, 6:153.

84 *Morning Chronicle,* November 7, 1822.

85 Vissieux, *Essay on Liberalism*, viii, 6, 5.

86 *Monthly Censor* 2 (1823): 487. 다음을 참고하라. Guillaume de Bertier de Sauvigny, "Libéralisme. Aux origines d'un mot," *Commentaire*, no. 7 (1979): 420-24; D. M. Craig, "The Origins of 'Liberalism' in Britain: The Case of The Liberal," *Historical Research* 85, no. 229 (2012): 469-87; Daisy Hay, "Liberals, Liberales and the Liberal," *European Romantic Review* 19 (2008): 307-20.

87 *Blackwood's Magazine* 13 (1823): 110.

88 다음을 참고하라. G.I.T. Machin, "Resistance to Repeal of the Test and Corporation Acts, 1828," *Historical Journal* 22, no. 1 (1979): 115-39; 다음도 참고하

라. Craig, "Origins of 'Liberalism.'"

89　*La Macédoine libérale* (Paris, 1819).

90　밀의 언급은 그가 쓴 다음 저술을 참고하라. *Essays on French History and Historians*. 다음에 수록됨. *The Collected Works of John Stuart Mill*, vol. 20, ed. John M. Robson (Toronto: University of Toronto Press, 1985), 109, http://oll. libertyfund.org/titles/235.

91　Charles Hale, *Mexican Liberalism in the Age of Mora, 1821–1853* (New Haven, CT: Yale University Press, 1968).

92　Robert Alexander, *Re-writing the French Revolutionary Tradition* (Cambridge: Cambridge University Press, 2003).

93　Louis de Bonald, "De l'Esprit de corps et de l'esprit de parti." 다음에 수록됨. *Œuvres de M. de Bonald*, 8:309.

94　Auguste Levasseur, *Lafayette en Amérique en 1824 et 1825 ou Journal d'un voyage aux Etats-Unis* (Paris, 1829), 1:440.

95　다음에 인용됨. Robert Bigler, *The Politics of German Protestantism: The Rise of the Protestant Church Elite in Prussia, 1815–1848* (Berkeley: University of California Press, 1972), 96, 101.

96　Wilhelm Traugott Krug, *Geschichtliche Darstellung des Liberalismus alter und neuer Zeit* (Leipzig, 1823), 65, 103, ix, 83, vii, 148.

97　Yun Kyoung Kwon, "When Parisian Liberals Spoke for Haiti: French Anti-slavery Discourses on Haiti under the Restoration, 1814–30," *Atlantic Studies: Global Currents* 8, no. 3 (2011): 317–41.

98　"De M. Dunoyer et de quelques-uns de ses ouvrages." 다음에 수록됨. Benjamin Constant, *Mélanges de littérature et de politique* (Paris, 1829), 128–62.

99　다음에 인용됨. Kwon, "When Parisian Liberals Spoke," 326.

100　Adam Smith, *An Inquiry into the Nature and Causes of the Wealth of Nations* (1776; Chicago: University of Chicago Press, 1977), bk. 1, chap. 11, 278.

101　David Todd, *L'Identité économique de la France. Libre-échange et protectionnisme, 1814–1851* (Paris: Grasset, 2008), 75.

102　다음에 인용됨. Philippe Steiner, "Jean-Baptiste Say, la société industrielle et le libéralisme." 다음에 수록됨. *La Pensée libérale. Histoire et controverses*, ed. Gilles

Kévorkian (Paris: Ellipses, 2010), 105-32.

103   *Monthly Magazine* 6 (July 1796): 469-70.

104   Mary Wollstonecraft, *A Vindication of the Rights of Woman* (1792; Oxford: Oxford University Press, 2009), 134.

105   Madame de Staël, *De la littérature*, ed. Gérard Gengembre and Jean Goldzink (Paris: Flammarion, 1991), 336.

106   Louis de Bonald, *Du Divorce considéré au XIXe siècle relativement à l'état public de la société* (Paris: Le Clere, 1801), 5, 193. 다음에 인용됨. Joan De Joan, *Tender Geographies: Women and the Origins of the Novel in France* (New York: Columbia University Press, 1991), 262.

107   Claire Goldberg Moses, *French Feminism in the 19th Century* (Albany: State University of New York Press, 1985), 6.

108   *Preuves frappantes de l'imminence d'une seconde revolution* (Paris, 1827).

109   *Avis à tous les bons français. Catéchisme antilibéral. Projets impies, immoraux et anarchiques du libéralisme* (Marseilles: M. Olive, n.d.), iij.

3장 자유주의, 민주주의, 그리고 '사회적 문제'의 등장: 1830~1848년

1   C. A. Bayly, "Liberalism at Large: Mazzini and Nineteenth-Century Indian Thought." 다음에 수록됨. *Giuseppe Mazzini and the Globalisation of Democratic Nationalism, 1830-1920*, ed. C. A. Bayly and Eugenio F. Biagini (Oxford: Oxford University Press, 2008), 355-74.

2   다음에 인용됨. F. B. Smith, "Great Britain and the Revolutions of 1848," *Labour History*, no. 33 (November 1977): 846.

3   A. Thiers, *La Monarchie de 1830* (Berlin, 1832), 150, 118.

4   François Guizot, *Histoire parlementaire de France, Recueil complet de discours prononcés dans les chambres de 1819 à 1848*, vol. 4 (Paris, 1863), 381.

5   1834년 3월 13일의 연설. 다음에 인용됨. Pierre Rosanvallon, *La Démocratie inachevée* (Paris: Gallimard, 2000), 115.

6   Etienne Cabet, *Révolution de 1830, et situation présente* (Paris: Gallica, 1833).

7 John Stuart Mill, *Autobiography*. 다음에 수록됨. *The Collected Works of John Stuart Mill, vol. 1: Autobiography and Literary Essays*, ed. John M. Robson and Jack Stillinger (Toronto: University of Toronto Press, 1981), http://oll.libertyfund.org/titles/242.

8 "Prospects of France, I," *Examiner*, September 19, 1830, 594-95. 다음에 수록됨. *The Collected Works of John Stuart Mill*, vol. 22, ed. Ann P. Robson and John M. Robson (Toronto: University of Toronto Press, 1986), http://oll.libertyfund.org/titles/256.

9 #85, "French News," *Examiner*, February 13, 1831, 106; "The Prospects of France," *Examiner*, April 10, 1831, 225-26. 다음에 수록됨. *The Collected Works of John Stuart Mill*, vol. 22. 강조 표시는 내가 추가한 것이다.

10 *Easton Gazette*, March 3, 1832, 3; *Charleston Courier*, April 14, 1831, 2; *Daily Picayune*, April 13, 1839, 2.

11 "Liberal, Liberalismus." 다음에 수록됨. *Staats-Lexikon oder Encyclopädie der Staatswissenschaften*, vol. 9 (Altona: Verlag von Johann Friedrich Hammerich, 1840), 713-30.

12 다음에 인용됨. Dieter Langewiesche, *Liberalism in Germany*, trans. Christiane Bannerji (Princeton: Princeton University Press, 2000), 12.

13 다음에 인용됨. Rosanvallon, *La Démocratie inachevée*, 123n1.

14 토머스 제퍼슨이 윌리엄 쇼트William Short에게 보낸 서신. 1825년 1월 8일. *Founders Online*, https://founders.archives.gov/documents/Jefferson/98-01-02-4848.

15 *Encyclopedia Americana. A Popular Dictionary of Arts, Sciences, Literature*, vol. 7 (Philadelphia, 1831), 533.

16 Alexis de Tocqueville, *Democracy in America*, vol. 2, bk. 2. 2장과 서문.

17 Aurelian Crăiuțu and Jeremy Jennings, "The Third 'Democracy': Tocqueville's Views of America after 1840," *American Political Science Review* 98, no. 3 (2004): 391-404.

18 Nadia Urbinati, "Giuseppe Mazzini's International Political Thought." 다음 책의 「서문」. *A Cosmopolitanism of Nations: Giuseppe Mazzini's Writings on Democracy, Nation Building, and International Relations*, ed. Stefano Recchia and Nadia Urbinati, trans. Stefano Recchia (Princeton: Princeton University Press, 2009), 3.

19 다음에 인용됨. Denis Mack Smith, *Mazzini* (New Haven, CT: Yale University Press, 1994), 24.

20 John Morley, *The Life of William Ewart Gladstone* (London, 1903), bk. 10, 478; Morley, *The Works of John Morley*, vol. 1 (London, 1921), 223.

21 존 스튜어트 밀이 피터 앨프리드 테일러Peter Alfred Taylor에게 보낸 서신. 1870년 8월 22일. 다음에 수록됨. *The Collected Works of John Stuart Mill*, vol. 17, ed. Francis E. Mineka and Dwight N. Lindley (Toronto: University of Toronto Press, 1972), 1759, http://oll.libertyfund.org/titles/254.

22 *Staats-Lexikon* (1834): 1:xxi.

23 다음에 인용됨. F. Gunther Eyck, "English and French Influence on German Liberalism before 1848," *Journal of the History of Ideas* 18, no. 3 (1957): 314.

24 다음에 인용됨. Thomas P. Neill, *The Rise and Decline of Liberalism* (Milwaukee: Bruce, 1953), 151.

25 Robert Owen, *Millennial Gazette*, no. 11 (1857): 58.

26 *New Moral World; or, Gazette of the Universal Community Society of Rational Religionists*, vol. 6 (Leeds, 1839), 673.

27 Cabet, *Révolution de 1830*, 362, 547.

28 "De la philosophie et du christianisme" (1832); "La Carrosse de M. Aguado" (1847).

29 Victor Considérant, *Principes du socialisme suivie du procès de la démocratie pacifique* (Paris, 1847), 16.

30 Friedrich Engels, "Outlines of a Critique of Political Economy." 다음에 수록됨. *The Young Hegelians*, ed. L. T. Stepelevich (New York: Cambridge University Press, 1983), 278-84.

31 Arthur Bestor, "The Evolution of the Socialist Vocabulary," *Journal of the History of Ideas* 9, 3 (1948): 259-302; Gregory Claeys, "'Individualism,' 'Socialism' and 'Social Science': Further Notes on a Conceptual Formation 1800-1850," *Journal of the History of Ideas* 47, no. 1 (1986): 81-93.

32 예를 들어 다음을 참고하라. Frédéric Bastiat, *Sophismes économiques* (Paris: Guillaumin, 1846), 139. 강조 표시는 내가 추가한 것이다.

33 *Journal des économistes* 8 (April-July 1844): 60; 4 (December 1842-March 1843):

260.

34   Cobden. 다음에 인용된 것을 따름. Anthony Howe, *Free Trade and Liberal England, 1846–1946* (Oxford: Clarendon, 1997), 119.

35   *Discours parlementaires de M. Thiers*, 16 vols., ed. M. Calmon (Paris, 1879–89), 9:139–43. 강조 표시는 내가 추가한 것이다.

36   다음에 인용됨. Dennis Sherman, "The Meaning of Economic Liberalism in Mid-Nineteenth Century France," *History of Political Economy* 6, no. 2 (1974): 185.

37   Frédéric Bastiat, "À Messieurs les électeurs de l'arrondissement de Saint-Séver." 다음에 수록됨. *Œuvres complètes de Frédéric Bastiat* (Paris: Guillaumin et Cie, 1855), 1:464.

38   Louis Blanc, *Louis Blanc on the Working Classes: With Corrected Notes, and a Refutation of His Destructive Plan*, trans. James Ward (London, 1848), 223.

39   예를 들어 다음을 참고하라. Louis Blanc, *The History of Ten Years; or, France under Louis Philippe*, trans. Walter Kelly (Philadelphia: Lea & Blanchard, 1848), 83, 19.

40   Tocqueville, *Democracy in America*, vol. 2, bk. 3, chap. 7; bk. 4, chap. 7; *Memoir on Pauperism*, ed. and trans. Seymour Drescher (London: IEA, 1917), 36, 16.

41   Jonathan Riley. 다음 책의 「서문」. John Stuart Mill, *Principles of Political Economy and Chapters on Socialism*, ed. Jonathan Riley (Oxford: Oxford University Press, 2008).

42   Mill, *Principles of Political Economy*, bk. 5, chap. 11, 335; chap. 1, 161, 162, 165.

43   Mark Donoghue, "The Early Economic Writings of William Thomas Thornton," *History of Political Economy* 39, no. 2 (2007): 209–52.

44   J. R. McCulloch, *Principles of Political Economy*, 5th ed. (Edinburgh: Charles Black, 1864), 187–88.

45   David Roberts, *The Victorian Origins of the British Welfare State* (New Haven, CT: Yale University Press, 1960), 81.

46   William Leggett, "The Natural System," 179; "The Legislation of Congress," 20. 둘 다 다음에 수록됨. *Democratick Editorials: Essays in Jacksonian Political Economy* (1834), http://oll.libertyfund.org/titles/leggett-democratick-editorials-essays-in-jacksonian-political-economy.

47 Francis Lieber. 다음에 인용됨. *The Progressive Evolution in Politics and Political Science: Transforming the American Regime*, ed. John Marini and Ken Masugi (Lanham, MD: Rowman & Littlefield, 2005), 227–28.

48 Francis Lieber, *Manual of Political Ethics: Designed Chiefly for the Use of Colleges*, 2nd ed. (Boston, 1847), 347.

49 Rudolf Walther, "Economic Liberalism," trans. Keith Tribe, *Economy and Society* 13, no. 2 (1984): 178–207.

50 Steven Lukes, "The Meanings of 'Individualism,'" *Journal of the History of Ideas* 32, no. 1 (1971): 54.

51 다음에 인용됨. Donald Rohr, *The Origins of Social Liberalism in Germany* (Chicago: University of Chicago Press, 1963), 130.

52 필요하다고 여긴 정부 개입의 목록 하나를 다음에서 볼 수 있다. Rohr, *Origins*, 127.

53 "Eigenthum," *Das Staatslexikon*, 2nd ed., ed. Karl von Rotteck and Karl Welcker (1846), 4:211–17. 로테크가 지지한 그 밖의 개입주의적 정책에 대해서는 다음을 참고하라. Rohr, *Origins*, 110–11.

54 Marwan Buheiry, "Anti-colonial Sentiment in France during the July Monarchy: The Algerian Case" (프린스턴 대학 박사학위 논문, 1973), 230.

55 T. P. Thompson, "East India Trade," *Westminster Review* 14 (January 1831): 101; 다음도 참고하라. "The British in India," *Westminster Review* 4 (October 1825): 265–66.

56 Bernard Semmel, *The Rise of Free Trade Imperialism: Classical Political Economy, the Empire of Free Trade and Imperialism 1750–1850* (Cambridge: Cambridge University Press, 1970), 154.

57 Anna Gambles, *Protection and Politics in Conservative Economic Discourse, 1815–1852* (Suffolk: Boydell Press, 1999), 241.

58 Tocqueville. 다음에 인용됨. Melvin Richter, "Tocqueville on Algeria," *Review of Politics* 25, no. 3 (1963): 379.

59 J.-J. O. Pellion, "Alger-Algérie." 다음에 수록됨. *Dictionnaire politique; Encyclopédie du langage et de la science politiques* (Paris: Pagnerre, 1842), 48.

60 다음에 인용된 것을 따름. Semmel, *Rise*, 148.

61 John Stuart Mill, *Principles of Politics*, ed. Jonathan Riley (Oxford: Oxford University Press, 2008), 119.

62 Jean-Baptiste Say, *De l'Angleterre et les Anglais* (Paris, 1815), 55.

63 Jennifer Sessions, *By Sword and Plow: France and the Conquest of Algeria* (Ithaca, NY: Cornell University Press, 2015), 179.

64 John Stuart Mill, *On Liberty* (1859), chap. 1.

65 다음에 인용됨. Helena Rosenblatt, *Liberal Values*, 203.

66 *L'Avenir*, January 3, 1831.

67 J.-C.-L. Simonde de Sismondi, *Epistolario*, vol. 3, ed. Carlo Pelligrini (Florence: La nuova Italia, 1933-75), #437, 123.

68 "Kirschenverfassung, katholische," *Staats-Lexikon* (1840): 9:310-27; Friedrich Kolb, "Klöster," *Staats-Lexikon* (1840): 9:416-51; S. Jordan, "Jesuiten," *Staats-Lexikon* (1839): 8:437-538, 538; 다음에 인용됨. Bigler, *Politics of German Protestantism*, 194; Andreas Buchner, "Religion," *Staats-Lexikon* (1848): 11:475.

69 "Heilige Schriften des neuen Testaments," *Staats-Lexikon* (1847): 6:668; Gotllieb Christian Abt, "Atheismus," *Staats-Lexikon* (1845): 1:755, 752, 754.

70 Andrew Gould, *Origins of Liberal Dominance: State, Church and Party in Nineteenth-Century Europe* (Ann Arbor: University of Michigan Press, 1999), 75.

71 그들이 스스로를 '자유주의적인 유대인'이라고 불렀는지는 분명하지 않다. 내가 찾을 수 있는 자료 중 이 용어가 가장 이르게 사용된 사례는 모제스 헤스Moses Hess가 1862년에 쓴 『로마와 예루살렘Rom und Jerusalem』의 「여 덟 번째 편지」다. 여기에서 그는 "독일 유대인 중 자유주의 진영"이라든가 "자유주의적 유대인," "자유주의적 그리스도교"라는 표현을 사용하고 있 다. 다음을 참고하라. http://www.zionism-israel.com/zionism_documents.htm.

72 Dagmar Herzog, https://www.ohio.edu/chastain/rz/strg.htm, *Intimacy and Exclusion: Religious Politics in Baden 1803-1849* (Princeton: Princeton University Press, 1996), 117.

73 독일 자유주의자 중 반유대주의 입장을 가졌던 사람들에 대해서는 다음 을 참고하라. Marcel Stoeltzer, *The State, the Nation and the Jews: Liberalism and the Anti-Semitism in Bismarck's Germany* (Lincoln: University of Nebraska Press, 2008).

74 Malcolm Chase, *Chartism: A New History* (Manchester: Manchester University Press, 2007).

75 Etienne Cabet, *Le vrai Christianisme suivant Jésus Christ* (Paris, 1846); Edward Berenson, *Populist Religion and Left-Wing Politics in France* (Princeton: Princeton University Press, 1984).

76 Giuseppe Mazzini, "On the Duties of Man" (London, 1862).

4장 성품의 문제

1 William Fortescue, "Morality and Monarchy: Corruption and the Fall of the Regime of Louis-Philippe in 1848," *French History* 16, no. 1 (2002): 83–100.

2 Mill. 다음에 인용됨. Georgios Varouxakis, "French Radicalism through the Eyes of John Stuart Mill," *History of European Ideas* 30 (2004): 450.

3 John Stuart Mill, "Vindication of the French Revolution of February 1848." 다음에 수록됨. *The Collected Works of John Stuart Mill*, vol. 20, 325, http://oll.libertyfund.org/titles/235.

4 다음에 인용됨. Eugene Curtis, *The French Assembly of 1848 and American Constitutional Doctrine* (New York: Columbia University, 1918), 83.

5 다음에 인용됨. David Barclay, *Frederick William IV and the Prussian Monarchy 1840–1862* (Oxford: Oxford University Press, 1995), 134.

6 다음에 인용됨. Tim Chapman, *The Risorgimento: Italy, 1815–1871* (Humanities e-books, 2010), 42.

7 *Journal des Débats.* 다음에 인용됨. John Merriman, *The Agony of the Left: Repression of the Left in Revolutionary France* (New Haven, CT: Yale University Press, 1978), 24.

8 Adolphe Thiers, *De la propriété* (Paris: Paulin, 1848), 179.

9 다음에 인용됨. Michael Burleigh, *Earthly Powers: The Clash of Religion and Politics in Europe from the French Revolution to the Great War* (New York: HarperCollins, 2005), 208.

10 Adolphe Thiers, *De la propriété*, 383.

11 다음에 인용됨. Pamela Pilbeam, *French Socialists before Marx: Workers, Women and the Social Question in France* (Montreal: McGill-Queen's University Press, 2000), 69.

12 다음에 인용됨. Roger D. Price, *Napoleon III and the Second Empire* (London: Routledge, 1997), 254.

13 Allan Mitchell, *The Divided Path: The German Influence on Social Reform in France after 1870* (Chapel Hill: University of North Carolina Press, 2010), 10.

14 Mill, "Vindication of the French Revolution," 354.

15 다음을 참고하라. Alexandre Laya, *France et Amérique ou des institutions républicaines* (1850); Auguste Romieu, *L'ère des Césars* (1850). 이 책은 이듬해에 독일어로 번역되었다.

16 *Histoire de Jules César*, t. 1, 280. 다음에 인용됨. Pierre Rosanvallon, *La Démocratie inachevée* (Paris: Gallimard, 2000), 194.

17 Melvin Richter, "Tocqueville, Napoleon and Bonapartism." 다음에 수록됨. *Reconsidering Tocqueville's Democracy in America*, ed. S. E. Eisenstadt (New Brunswick, NJ: Rutgers University Press, 1988), 110–45.

18 Varouxakis, "French Radicalism."

19 다음에 인용됨. David Barclay, "Prussian Conservatives and the Problem of Bonapartism." 다음에 인용됨. *Dictatorship in History and Theory: Bonapartism, Caesarism and Totalitarianism*, ed. P. R. Baehr and Melvin Richter (Cambridge: Cambridge University Press, 2004), 67.

20 Burleigh, *Earthly Powers*, 210.

21 Joseph Gaume, *Le ver rongeur des sociétés modernes ou le paganisme dans l'éducation* (Paris, 1851), 1–2.

22 Juan Donoso Cortés. 다음에 인용됨. Thomas Neill, "Juan Donos Cortés: History and 'Prophesy,'" *Catholic History Review* 40 (January 1955): 403.

23 Ibid., 401.

24 다음에 인용됨. Michael Gross, *The War against Catholicism: Liberalism and the Anti-Catholic Imagination in Nineteenth-Century Germany* (Ann Arbor: University of Michigan Press, 2004), 48, 93.

25 Vierhaus, "Liberalismus," 77.

26 다음에 인용됨. James Sheehan, "The German States and the European Revolution."
    다음에 수록됨. *Revolution and the Meanings of Freedom in the Nineteenth Century*,
    ed. Isser Woloch (Stanford: Stanford University Press, 1996), 275.

27 Alexis de Tocqueville, *Recollections: The French Revolution of 1848*, ed. J. P. Mayer
    and A. P. Kerr, trans. George Lawrence (New Brunswick, NJ: Transaction, 2003),
    35, 74.

28 Richard Rohrs, "American Critics of the French Revolution of 1848," *Journal of the
    Early Republic* 14, no. 3 (Autumn 1994): 376.

29 W. R. Greg, "Difficulties of Republican France," *Edinburgh Review* 92 (1850):
    523-24.

30 *Aberdeen Journal*, March 29, 1848.

31 *Bristol Gazette*, July 8, 1852. 다음에 인용된 것을 따름. Andrew Robertson, *The
    Language of Democracy: Political Rhetoric in the United States and Britain, 1790-
    1900* (Charlottesville: University of Virginia Press, 2005), 112.

32 Frédéric Bastiat, *The Law*. 다음에 수록됨. *Œuvres completes*, 1:97.

33 "Economie politique." 다음에 수록됨. *Dictionnaire de l'économie politique*, vol. 1,
    ed. Ch. Coquelin and Guillaumin (Paris, 1873), 666.

34 Frédéric Bastiat, *Harmonies of Political Economy* (London, 1860).

35 John Stuart Mill, *Autobiography*.

36 John Stuart Mill. 다음 책(3판)의 「서문」. *Principles of Political Economy*. 다음
    에 포함됨. *The Collected Works of John Stuart Mill*, vol. 2, ed. John M. Robson
    (Toronto: University of Toronto Press, 1965), http://oll.libertyfund.org/titles/102.

37 사회주의에 대한 밀의 견해를 설득력 있게 설명한 저술로는 다음을 참
    고하라. Alan Kahan, *Aristocratic Liberalism: The Social and Political Thought of
    Jacob Burckhardt, John Stuart Mill and Alexis de Tocqueville* (New Brunswick, NJ:
    Transaction, 2001).

38 François Huet, *La Science de l'Esprit* (Paris, 1864), 306.

39 François Huet, *Le Règne social du christianisme* (Paris, 1853).

40 Charles Dupont-White, *L'Individu et l'état* (Paris: Guillaumin, 1856, 1865), 5.

41 Charles Dupont-White, *Essai sur les relations du travail* (Paris: Guillaumin, 1846),
    358, 369, 346.

42 Tocqueville, *Democracy in America*, bk. 3, chap. 9.

43 다음에 인용된 것을 따름. Timothy M. Roberts, *Distant Revolutions: 1848 and the Challenge to American Exceptionalism* (Charlottesville: University of Virginia Press, 2009), 91.

44 Giuseppe Mazzini, *An Essay on the Duties of Man Addressed to Working Men* (New York, 1892), 64-69. 초판은 1860년에 이탈리아어로 출간됨.

45 John Stuart Mill, "On the Subjection of Women." 다음에 수록됨. *On Liberty and Other Writings*, ed. Stefan Collini (Cambridge: Cambridge University Press, 1989).

46 Sarah Grimké, *Letters on the Equality of the Sexes and the Condition of Women* (Boston, 1838), 11.

47 Mill, "On the Subjection of Women," 138.

48 다음에 인용된 것을 따름. Gross, *War against Catholicism*, 201.

49 John Stuart Mill, "Inaugural Address Delivered to the University of St. Andrews." 다음에 수록됨. *The Collected Works of John Stuart Mill*, vol. 21, ed. John M. Robson. 스테판 콜리니Stefan Collini의 「서문」 (Toronto: University of Toronto Press, 1984), 244, http://oll.libertyfund.org/titles/255.

50 John Stuart Mill, "Utility of Religion." 다음에 수록됨. *The Collected Works of John Stuart Mill*, vol. 10, ed. John M. Robson (London: Routledge and Kegan Paul, 1985), 422, http://oll.libertyfund.org/titles/241.

51 다음에 인용됨. Gregory Claeys, "Mazzini, Kossuth and British Radicalism, 1848-1854," *Journal of British Studies* 28, no. 3 (1989): 237.

52 Johann Bluntschli, *Staatswörterbuch in drei Bänden*, ed. Edgar Löning (Zürich, 1871-72), 2:479.

53 Jules Simon, *La religion naturelle* (Paris, 1857).

54 J. J. Clamageran, *De l'état actuel du protestantisme en France* (Paris, 1857).

55 다음에 인용된 것을 따름. Gross, *War against Catholicism*, 93.

56 다음에 인용됨. Stefan-Ludwig Hoffmann, "Brothers and Strangers? Jews and Freemasons in Nineteenth Century Germany," *German History* 18, no. 2 (2000): 157.

57 다음에 인용됨. Robin Healy, *The Jesuit Specter in Imperial Germany* (Leiden: Brill, 2003), 48. 강조 표시는 내가 추가한 것이다.

58   "Jews." 다음에 수록됨. Bluntschli, *Staatswörterbuch*, 2:306-11.

59   "Freemasonry." 다음에 수록됨. Bluntschli, *Staatswörterbuch*, 1:684-86.

60   Stefan-Ludwig Hoffmann, "Civility, Male Friendship and Masonic Sociability in Nineteenth-Century Germany," *Gender and History* 13, no. 2 (2001): 231.

61   *Essays on Church and State*, ed. Douglas Woodruff (London, 1834), 82, 42, 37, 71.

5장 카이사르주의와 자유주의적 민주주의: 나폴레옹 3세, 링컨, 글래드스턴, 비스마르크

1   Karl Marx, *The Eighteenth Brumaire of Louis Bonaparte*. 다음에 인용됨. David Baguley, *Napoleon III and His Regime: An Extravaganza* (Baton Rouge: Louisiana State University Press, 2000), 277; Richard Price, *Napoleon III and the Second Empire* (London: Routledge, 1997), 3.

2   다음에 인용됨. Timothy M. Roberts, *Distant Revolutions: 1848 and the Challenge to American Exceptionalism* (Charlottesville: University of Virginia Press, 2009), 140.

3   Ibid., 143.

4   Aurelian Crăiuțu and Jeremy Jennings, "The Third 'Democracy': Tocqueville's Views of America after 1840," *American Political Science Review* 98, no. 3 (2004): 391-404.

5   Tocqueville, *Democracy in America*, bk. 4, chap. 6.

6   Napoleon III, *History of Julius Caesar* (New York, 1865), 1:xi-xiv.

7   예를 들어 다음을 참고하라. V. Vidal, *L'opposition libérale en 1863* (Paris, 1863); *La Coalition libérale*, par. Ernest Duvergier de Hauranne (Paris, 1869); *L'Union libérale et les partis*, par. E. Wiart (Paris, 1870); *Programme liberal par Louis de Lavalette* (Paris, 1869); C. de Senneval, *Napoléon III et la France libérale* (Paris, 1861); Henri Galos, *Le Gouvernement libéral en France, Extrait de la Revue des deux mondes*, September 1, 1869.

8   Jules Simon, *La politique radicale* (Paris, 1868). 다음에 인용됨. Françoise

Melonio, "Les libéraux français et leur histoire." 다음에 수록됨. *Les libéralismes, la théorie politique et l'histoire*, ed. Siep Stuurman (Amsterdam: Amsterdam University Press, 1994), 36.

9   Edouard de Laboulaye, *Le parti libéral, son programme, son avenir*, 5th ed. (Paris, 1864), v.

10   Galos, *Le Gouvernement libéral en France*, 10.

11   이 기사의 영어 번역본은 다음에 실렸다. *Cyclopaedia of Political Science, Political Economy, and of the Political History of the United States: By the Best American and European Writers*, vol. 2, ed. John J. Lalor (1881; New York: Merrill, 1889).

12   Montalembert, *L'Eglise libre dans l'Etat libre. Extrait du Journal de Bruxelles des 25 et 26 août 1863* (Brussels, 1863), 19, 132.

13   *L'Eglise Libre dans l'Etat Libre. Discours prononcés au congrès catholique de Malines par Le Comte de Montalembert* (Paris: Douniol, 1863), 17.

14   Walter Bagehot, "Caesarianism as It Now Exists." 다음에 수록됨. *The Collected Works of Walter Bagehot*, vol. 4, ed. St. Johns-Stevas (London, 1868), 111-16.

15   다음에 인용된 것을 따름. Peter Baehr, *Caesarism, Charisma and Fate: Historical Sources and Modern Resonances in the Work of Max Weber* (New Brunswick, NJ: Transaction, 2009), 40.

16   "Libéralisme." 다음 책의 「부록」으로 출간됨. Lucien Jaume, *L'individu effacé ou le paradoxe du libéralisme français* (Paris: Fayard, 1997), 557-67.

17   Louis Veuillot, *L'Illusion libérale*, 5th ed. (Paris, 1866), 99.

18   Albert Réville, *Théodore Parker. Sa vie et ses œuvres. Un chapitre de l'histoire de l'abolition de l'esclavage aux Etats-Unis* (Paris, 1865), 237.

19   1854년 10월 16일 일리노이주 피오리아에서 한 연설. 다음에 수록됨. *Collected Works of Abraham Lincoln*, vol. 2 (Ann Arbor: University of Michigan Digital Library Production Services, 2001), 276.

20   Agénor de Gasparin, *Les Etats-Unis en 1861: Un grand peuple qui se relève* (Paris, 1861); *L'Amérique devant l'Europe, principes et interêts* (Paris, 1862), 483.

21   *Collected Works of Abraham Lincoln*, vol. 5, ed. Roy P. Basler (New Brunswick, NJ: Rutgers University Press, 1953), 355-56. 다음에 인용된 것을 따름. Timothy Verhoeven, *Transatlantic Anti-Catholicism: France and the United States in the*

Nineteenth Century (New York: Palgrave Macmillan, 2010), 39.

22 다음에 인용됨. Leslie Butler, "The Mugwump Dilemma. Democracy and Cultural Authority in Victorian America" (예일 대학 박사학위 논문, 1997), 165; Leslie Butler, *Critical Americans: Victorian Intellectuals and Transatlantic Liberal Reform* (Chapel Hill: University of North Carolina Press, 2007), 69, 83; "England and America," *Atlantic Monthly* 14, no. 86 (December 1864): 756; Butler, *Critical Americans*, 86; Adam I. P. Smith, "'The Stuff Our Dreams Are Made of': Lincoln in the English Imagination." 다음에 수록됨. *The Global Lincoln*, ed. Richard Carwardine and Jay Sexton (Oxford: Oxford University Press, 2011), 125; Butler, *Critical Americans*, 89.

23 Luca Codignola, "The Civil War: The View from Italy," *Reviews in American History* 3, no. 4 (1975): 457-61.

24 제퍼슨 데이비스Jefferson Davis에게 비오 9세Pius IX가 보낸 서신. 다음에 수록됨. Varina Davis, *Jefferson Davis: Ex-president of the Confederate States of America: A Memoir by His Wife Varina Davis* (Baltimore: Nautical and Aviation Publishing Company, 1990), 2:448.

25 다음에 인용됨. John McGreevy, *Catholicism and American Freedom: A History* (New York: Norton, 2003), 85.

26 Charles de Montalembert, "La Victoire du Nord aux Etats-Unis." 다음에 수록됨. *Œuvres polémiques et diverses de M. le comte de Montalembert t. 3* (Paris: Lecoffre Fils et Cie, Successeurs, 1868), 345.

27 Giuseppe Mazzini, "To Our Friends in the United States." 다음에 수록됨. *A Cosmopolitanism of Nations: Giuseppe Mazzini's Writings on Democracy, Nation Building, and International Relations*.

28 Charles Norton, "American Political Ideas," *North American Review* 101, no. 209 (1865): 550-66.

29 Stephen Sawyer, "An American Model for French Liberalism: The State of Exception in Edouard Laboulaye's Constitutional Thought," *Journal of Modern History* 85, no. 4 (2013): 739-71.

30 *Speeches, Correspondence and Political Papers of Carl Schurz*, vol. 2, ed. Frederic Bancroft (New York: Putnam, 1913), 356.

31 *Liberator*, March 11, 1864.

32 다음에 인용됨. Cedric Collyer, "Gladstone and the American Civil War." 다음에 수록됨. *Proceedings of the Leeds Philosophical and Literary Society* (Leeds: Leeds Philosophical and Literary Society, 1944-52).

33 Stephen Peterson, "Gladstone, Religion, Politics and America: Perceptions in the Press" (스털링 대학 박사학위 논문, 2013).

34 Max Weber, *Politics as a Vocation*. 다음에 수록됨. *Max Weber's Complete Writings on Academic and Political Vocations*, ed. John Dreijmans, trans. Gordon Wells (New York: Algora, 2008), 183.

35 *Speeches of the Right Honourable William Ewart Gladstone, M.A., in South-West Lancashire, October, 1868* (Liverpool, n.d.), 27.

36 다음에 인용됨. David W. Bebbington, *The Mind of Gladstone: Religion, Mind and Politics* (Oxford: Oxford University Press, 2004), 282.

37 Alan Kahan, *Liberalism in Nineteenth-Century Europe: The Political Culture of Limited Suffrage* (New York: Palgrave Macmillan, 2003), 135.

38 다음에 인용됨. Stefan Collini, *Public Moralists: Political Thought and Intellectual Life in Britain* (Oxford: Oxford University Press, 1991), 65.

39 Bebbington, *Mind of Gladstone*, 257.

40 다음에 인용됨. John Vincent, *The Foundations of the Liberal Party* (London: Constable, 1966), 160.

41 Baehr, *Caesarism, Charisma and Fate*. 다음도 참고하라. Peter Baehr, "Max Weber as a Critic of Bismarck," *European Journal of Sociology* 29, no. 1 (1988): 149-64.

42 다음에 인용됨. Jonathan Steinberg, *Bismarck: A Life* (Oxford: Oxford University Press, 2013), 247, 244.

43 Hermann Beck, *The Origins of the Authoritarian Welfare State in Prussia: Conservatives, Bureaucracy and the Social Question, 1815-70* (Ann Arbor: University of Michigan Press, 1997).

44 "Liberalismus." 다음에 수록됨. Hermann Wagener, *Staatslexikon*, vol. 12 (Berlin, 1863), 279-80.

45 다음에 인용됨. James J. Sheehan, *German Liberalism in the Nineteenth Century* (New York: Humanity Books, 1995), 117.

46 다음에 인용됨. Peter Baehr, ed., *Caesarism, Charisma and Fate: Historical Sources and Modern Resonances in the Work of Max Weber* (New York: Transaction, 2008), 36, https://www.researchgate.net/publication/265729593_Caesarism_Charisma_and_Fate/overview.

47 다음에 인용됨. Verhoeven, *Transatlantic Anti-Catholicism*, 173.

48 다음에 인용됨. Michael Gross, *The War against Catholicism: Liberalism and the Anti-Catholic Imagination in Nineteenth-Century Germany* (Ann Arbor: University of Michigan Press, 2004), 207, 258.

49 다음에 인용됨. Francis Arlinghaus, "British Public Opinion and the Kulturkampf, 1871-1875," *Catholic Historical Review* 34, no. 4 (January 1949): 389.

50 *Fraser's Magazine* (1873). 다음에 인용됨. Arlinghaus, "British Public Opinion," 392.

51 다음에 인용됨. McGreevy, *Catholicism and American Freedom*, 100; Peterson, "Gladstone, Religion, Politics and America," 111; McGreevy, *Catholicism and American Freedom*, 99.

52 다음에 인용됨. McGreevy, *Catholicism and American Freedom*, 107.

53 다음에 인용됨. Richard Shannon, *Gladstone: God and Politics* (New York: Continuum, 2007), 263.

54 다음에 인용됨. Arlinghaus, "British Public Opinion," 395.

55 Oskar Klein-Hattingen, *Geschichte des Deutschen Liberalismus*, vol. 2 (Berlin, 1912), 649.

56 다음에 인용됨. Steinberg, *Bismarck*, 108. 강조 표시는 내가 추가한 것이다.

6장 교육의 탈종교화를 위한 전투

1 *Beneficia Dei*, June 4, 1871

2 *New York Times*, April 17, 1871.

3 다음에 인용됨. Nancy Cohen, *The Reconstruction of American Liberalism, 1865-1914* (Chapel Hill: University of North Carolina Press, 2002).

4 Alfred Fouillée, *La Réforme intellectuelle et morale* (Paris, 1871).

5　　Georgios Varouxakis, "French Radicalism through the Eyes of John Stuart Mill," *History of European Ideas* 30 (2004): 457.

6　　다음에 인용됨. McGreevy, *Catholicism and American Freedom*, 114.

7　　다음에 인용됨. *Dictionnaire de pédagogie et d'instruction primaire*, partie 1, tome 1, ed. Ferdinand Buisson (Paris: Hachette, 1887), 1090.

8　　Eugène Spuller, "La République et l'enseignement" (1884). 다음에 수록됨. *Education de la démocratie troisième série de conférences populaires* (Paris, 1892), 30-31.

9　　다음에 인용됨. Patrick Cabanel, "Catholicisme, protestantisme et laïcité: réflexion sur la trace religieuse dans l'histoire contemporaine de la France," *Modern & Contemporary France* 10, no. 1 (2002): 92.

10　　George Chase, "Ferdinand Buisson and Salvation by National Education." 다음에 수록됨. *L'offre d'école: éléments pour une étude comparée des politiques éducatives au XIXe siècle: actes du troisième colloque international, Sèvres, 27-30 septembre 1981* (Paris: Publications de la Sorbonne, 1983), 263-75.

11　　다음에 인용됨. Patrick Cabanel, *Le Dieu de la République. Aux sources protestantes de la laïcité (1860-1900)* (Rennes: Presses Universitaires de Rennes, 2003), 63.

12　　Ferdinand Buisson, *L'Ecole et la nation en France. Extrait de l'Année Pédagogique* (1913), 15.

13　　Pierre Ognier, *Une école sans Dieu? 1880-1895. L'invention d'une moral laïque sous la IIIème république* (Toulouse: Presses universitaires du Mirail, 2008), 33.

14　　만Horace Mann의 개념은 라블레에 의해 프랑스에 처음 알려졌다. 만의 저술 발췌본은 다음의 제목으로 출간되었다. *The Revue pédagogique*. 1888년에는 다음 책이 출간되었다. Horace Mann, *Son œuvre et ses écrits*. 이 책은 1897년에 2판이 나왔다.

15　　Ognier, *Une école sans Dieu?*, 34.

16　　다음을 참고하라. Paul Bert, *L'instruction civique à l'école: notions fondamentales* (Paris, 1882).

17　　Judith Surkis, *Sexing the Citizen: Morality and Masculinity in France, 1870-1920* (Ithaca, NY: Cornell University Press, 2011), 48.

18　　이 내용은 다음을 크게 참고했다. Sanford Elwitt, *The Making of the Third Republic: Class and Politics in France, 1868-1884* (Baton Rouge: Louisiana State

University Press, 1975).

19   Jules Simon. 다음에 인용됨. Sandra A. Horvath, "Victor Duruy and the Controversy over Secondary Education for Girls," *French Historical Studies* 9, no. 1 (1975): 83-104.

20   Ferdinand Buisson, "Filles," 다음에 수록됨. *Dictionnaire de pédagogie et d'instruction primaire*, partie 1, tome 1 (Paris, 1887), 1011-25.

21   Henri Marion, *L'éducation des jeunes filles* (Paris, 1902).

22   예를 들어 다음을 참고하라. *L'homme, la famille et la société considérés dans leurs rapports avec le progrès moral de l'humanité*, vol. 2, *La famille* (Paris, 1857), 15-16.

23   Bishop McQuaid and Francis E. Abbot, *The Public School Question, as Understood by a Catholic American Citizen, and by a Liberal American Citizen. Two Lectures, before the Free Religious Association, in Horticultural Hall, Boston* (Boston: Free Religious Association, 1876).

24   Amy Hackett, "The Politics of Feminism in Wilhelmine Germany, 1890-1918" (컬럼비아 대학 박사학위 논문, 1976), 15.

25   Elizabeth Cady Stanton, Susan B. Anthony, and Matilda Joslyn Gage, eds., *History of Woman Suffrage*, 3 vols. (London, 1887).

26   *New York Daily Tribune*, March 18, 1895, 101.

27   Patrick Carey, *Catholics in America: A History* (Westport, CT: Praeger, 2004).

28   다음에 인용됨. Roderick Bradford, *D. M. Bennett: The Truth Seeker* (Amherst, NY: Prometheus Books, 2006), 356.

29   Linda Gordon, "Voluntary Motherhood: The Beginnings of Feminist Birth Control in the United States," *Feminist Studies* 1, nos. 3-4 (1973): 11.

30   Ibid., 11.

31   E. Lynn Lynton, "The Revolt against Matrimony," *Forum* 19 (January 1891): 585, 593.

32   Timothy Verhoeven, *Transatlantic Anti-Catholicism: France and the United States in the Nineteenth Century* (New York: Palgrave Macmillan, 2010).

33   다음에 인용됨. Sandra Horvath, "Victor Duruy and the Controversy over Secondary Education for Girls," *French Historical Studies* 9, no. 1 (1975): 94.

34   Ibid., 88.

35   미국에서는 1939년에 전미가톨릭복지컨퍼런스National Catholic Welfare Conference가 번역했다. 영어 번역본의 제목은 원제보다 덜 호전적인 "자유주의란 무엇인가?What Is Liberalism?"다.

36   Robert Cross, *The Emergence of Liberal Catholicism in America* (Chicago: Quadrangle, 1968), 201-2.

37   Ibid., 201-2.

38   다음에 인용됨. Jay Dolan, *The American Catholic Experience: A History from Colonial Times to the Present* (Garden City, NY: Doubleday, 1987), 312.

39   *Histoire critique du catholicisme libéral jusqu'au pontificat de Léon XIII* (Saint-Dizier, 1897).

40   Pope Leo XIII, *Testem Benevolentiae Nostrae: Concerning New Opinions, Virtue, Nature and Grace, with Regard to Americanism* (1899), http://www.papalencyclicals.net/leo13/l13teste.htm.

41   Benjamin Martin Jr., "The Creation of the Action Libérale Populaire: An Example of Party Formation in Third Republic France," *French Historical Studies* 9, no. 4 (1976): 660-89.

7장 두 개의 자유주의: 옛 자유주의와 새로운 자유주의

1   *Jahrbücher für Nationalökonomie und Statistik* 21 (1873): 122.

2   다음에 인용됨. Robert Adcock, *Liberalism and the Emergence of American Political Science: A Transatlantic Tale* (Oxford: Oxford University Press, 2014), 83.

3   Paul Leroy-Beaulieu, *L'Etat Moderne et ses fonctions*, troisième ed., revue et augmenté (1889; Paris: Guillaumin, 1900).

4   Paul Cère, *Les populations dangereuses et les misères sociales* (Paris, 1872), 116, 306. 다음에 인용됨. John Weiss, "Origins of the French Welfare State: Poor Relief in the Third Republic, 1871-1914," *French Historical Studies* 13, no. 1 (1983): 47-78.

5   Charles Gide, "The Economic Schools and the Teaching of Political Economy in France," *Political Science Quarterly* 5, no. 4 (1890): 603-35.

6   Richard White, *The Republic for Which It Stands: The United States during Recon-struction and the Gilded Age, 1865–1896* (Oxford: Oxford University Press, 2017).

7   다음에 인용됨. Adcock, *Liberalism and the Emergence of American Political Science*, 47.

8   E. L. James, "History of Political Economy." 다음에 수록됨. *Cyclopaedia of Political Science, Political Economy, and of the Political History of the United States: By the Best American and European Writers*, vol. 2, ed. John J. Lalor (1881; New York: Merrill, 1889).

9   Herbert Spencer, *The Man versus the State*. 다음에 수록됨. *Political Writings*, ed. John Offer (Cambridge: Cambridge University Press, 1993), 77–78.

10   William Graham Sumner, *What Social Classes Owe Each Other* (New York, 1883).

11   Sidney Fine, *Laissez Faire and the General-Welfare State* (Ann Arbor: University of Michigan Press, 1969), 56.

12   *Daily Chronicle*, January 30, 1896, 4. 다음에 인용됨. Peter Weiler, *The New Liberalism: Liberal Social Theory in Great Britain, 1889–1914* (London: Routledge, 1982), 66.

13   John A. Hobson, *The Crisis of Liberalism: New Issues of Democracy* (London: P.S. King & Son, 1909), 3, xiii.

14   "Are We all Socialists Now?," *Speaker*, May 13, 1893. 다음에 인용됨. Michael Freeden, *The New Liberalism* (Oxford: Clarendon, 1978), 26.

15   Winston Spencer Churchill, *Liberalism and the Social Problem: A Collection of Early Speeches as a Member of Parliament* (London: Hodder & Stoughton, 1909), 43.

16   Francis A. Walker, "Socialism." 다음에 수록됨. *Discussions in Economics and Statistics* (1887; New York, 1899), 2:250.

17   "Socialism and Communism." 다음에 수록됨. Johann Bluntschli, *Staats-wörterbuch*, 3:476–97.

18   Serge Audier, *Le Socialisme liberal* (Paris: La Découverte, 2006).

19   Léon Bourgeois, *Essai d'une philosophie de la Solidarité* (Paris, 1907), 34.

20   Leonard T. Hobhouse, *Democracy and Reaction* (London: T. Fisher Unwin, 1904), 229.

21   Hobson, *Crisis of Liberalism*, 3, 92, 138.

22 *Journal des débats*, March 16, 1889, 1.

23 다음에 인용됨. Judith Surkis, *Sexing the Citizen: Morality and Masculinity in France, 1870-1920*, 130.

24 Hobson, *Crisis of Liberalism*, 132.

25 험프리 워드 부인Mrs. Humphry Ward이 쓴, 매우 인기 있었지만 논쟁적이기도 했던 책『로버트 엘스미어*Robert Elsemere*』(1888)의 인물 중 한 명이 그를 모델로 삼았다.

26 다음에 인용됨. G.F.A. Best, "The Religious Difficulties of National Education in England, 1800-70," *Cambridge Historical Journal* 12, no. 2 (1956): 171. 강조 표시는 내가 추가한 것이다.

27 Joseph Henry Allen, *Our Liberal Movement in Theology* (Boston: Roberts Brothers, 1892).

28 다음에 인용됨. William Shanahan, "Friedrich Naumann: A Mirror of Wilhelmian Germany," *Review of Politics* 13, no. 3 (1951): 272.

29 Richard Ely, "The Next Thing in Social Reform," *Methodist Magazine* 36 (December 1892): 151.

30 John A. Hobson, *The Social Problem: Life and Work* (London: James Nisbet, 1902), 214.

31 다음에 인용됨. Thomas Leonard, *Illiberal Reformers: Race, Eugenics and American Economics in the Progressive Era* (Princeton: Princeton University Press, 2016), 74.

32 Ibid., 110.

33 Ibid., 50.

34 Ibid., 170.

35 Karen Offen, "Depopulation, Nationalism, and Feminism in Fin-de-Siècle France," *American Historical Review* 89, no. 3 (1984): 648-76; Philip Nord, "The Welfare State in France 1870-1914," *French Historical Studies* 18, no. 3 (1994): 821-38.

36 Herbert Samuel, *Contemporary Liberalism in England* (London, 1902), 246, 249, 250.

37 다음에 인용됨. Millicent Fawcett, *Women's Suffrage: A Short History of a Great Movement* (CreateSpace, 2016).

38 David Morgan, *Suffragists and Liberals: The Politics of Woman Suffrage in England*

(Lanham, MD: Rowman & Littlefield, 1975); Constance Rover, *Women's Suffrage and Party Politics in Britain 1866-1914* (London: Routledge, 1967). 다음도 참고하라. Brian H. Harrison, *Separate Spheres: The Opposition to Women's Suffrage in Britain* (London: Croom Helm, 1978); Allison L. Sneider, *Suffragists in an Imperial Age: U.S. Expansion and the Woman Question, 1870-1929* (Oxford: Oxford University Press, 2008).

39   다음에 인용됨. Amy Hackett, "The Politics of Feminism in Wilhelmine Germany, 1890-1918" (컬럼비아 대학 박사학위 논문, 1976), 397.

40   Ibid., 688.

41   Samuel, *Contemporary Liberalism*, 251.

42   Ibid., 251.

43   다음에 인용됨. Hackett, "Politics of Feminism," 715, 721, 718, 799.

44   Ibid., 324.

45   Ibid., 618, 621.

46   Ibid., 716-20.

47   다음에 인용됨. Fawcett, *Women's Suffrage*, 95.

48   다음에 인용됨. Hackett, "Politics of Feminism," 173, 715.

49   Ibid., 721.

50   Walker, "The Present Standing of Political Economy" (1879). 다음으로 재출간됨. Walker, *Discussions in Economics and Statistics*, 1:318.

51   Alfred Fouillée, *La propriété sociale et la démocratie* (Paris: Hachette, 1884).

52   Beatrice Webb, July 30, 1886. 다음에 인용됨. Emma Rothschild, *Economic Sentiments: Adam Smith, Condorcet and the Enlightenment* (Cambridge, MA: Harvard University Press, 2001), 65.

8장 자유주의, 미국의 신조가 되다

1   "Liberalism in America," *New Republic* 21 (December 31, 1919).

2   David Green, *Shaping Political Consciousness: The Language of Politics in America from McKinley to Ronald Reagan* (Ithaca, NY: Cornell University Press, 1987), 76.

3   다음에 인용됨. Ronald J. Pestritto, *Woodrow Wilson and the Roots of Modern Liberalism* (Lanham, MD: Rowman & Littlefield, 2005), 57-58.

4   다음에 인용됨. *A Cosmopolitanism of Nations: Giuseppe Mazzini's Writings on Democracy, Nation Building, and International Relations*, 3.

5   J. L. Hammond., 다음에 인용됨. Peter Weiler, *The New Liberalism: Liberal Social Theory in Great Britain, 1889-1914*, 85.

6   Leonard T. Hobhouse, *Democracy and Reaction*, 47.

7   Robert Lowe, "Imperialism," *Fortnightly Review* 24 (1878). 다음으로 재수록됨. Peter Cain, ed., *Empire and Imperialism: The Debate of the 1870s* (South Bend, IN: Saint Augustine's Press, 1999), 268.

8   Gladstone, "England's Mission." 다음에 인용됨. Peter Cain, "Radicals, Glad-stone, and the Liberal Critique of Disraelian 'Imperialism.'" 다음에 수록됨. *Victorian Visions of Global Order*, ed. Duncan Bell (Cambridge: Cambridge University Press, 2007), 229.

9   다음에 인용됨. Peter Weiler, *The New Liberalism: Liberal Social Theory in Great Britain, 1889-1914*, 98.

10 Leslie Butler, *Critical Americans: Victorian Intellectuals and Transatlantic Liberal Reform*, 255, 46, 231.

11 John Hobson, *Imperialism: A Study* (London: George Allen & Unwin, 1902). 이 표현은 상당히 자주 쓰였다.

12 다음에 인용됨. Gregory Claeys, *Imperial Sceptics: British Critics of Empire, 1850-1920* (Cambridge: Cambridge University Press, 2010), 238.

13 Leonard T. Hobhouse, *Democracy and Reaction*, 47.

14 Herbert Samuel, *Contemporary Liberalism in England* (London, 1902), 332.

15 Ibid., 324.

16 Lucien Prévost-Paradol, *La France nouvelle* (Paris: Michel Levy Frères, 1868).

17 예를 들어 다음에 나오는 "식민지colonies"를 참고하라. *Nouveau dictionnaire d'économie politique* (Paris: Guillaumin, 1900), 1:432-48.

18 Samuel, *Contemporary Liberalism*, 325.

19 Ibid., 330. 강조 표시는 내가 추가한 것이다.

20 John Burgess, "Germany, Great Britain and the US," *Political Science Quarterly* 19

(1904): 904.

21 Edward Dicey, "The New American Imperialism," *Nineteenth Century: A Monthly Review*, September 1898, 487-501, 489, 501.

22 John W. Burgess, *Reconstruction and the Constitution, 1866-1876* (New York: Charles Scribner's Sons, 1903), 133.

23 Charles Merriam, *A History of American Political Theories* (New York: Macmillan, 1920), 314. 강조 표시는 내가 추가한 것이다.

24 William Gladstone, "Kin beyond the Sea," *North American Review* 264 (September-October 1878): 185, 212, 181, 182.

25 다음에 인용됨. Reginald Horsman, *Race and Manifest Destiny* (Cambridge, MA: Harvard University Press, 2009), 293.

26 Andrew Carnegie, "A Look Ahead," *North American Review* 156, no. 439 (June 1893).

27 Lymon Abbott, "The Basis for an Anglo-American Understanding," *North American Review* 166, no. 498 (1898): 521.

28 예를 들어 다음을 참고하라. G. Valbert, "La supériorité des Anglo-Saxons et le livre de M. Demolins," *Revue des deux Mondes* 67 (1897): 697-708; Gabriel Tarde, *Sur la prétendue décadence des peuples latins* (Bordeaux, 1901).

29 다음도 참고하라. George Santayana, "Classic Liberty," *New Republic* 4 (August 21, 1915): 65-66; "German Freedom," *New Republic* 4 (August 28, 1915): 94-95; "Liberalism and Culture," *New Republic* 4 (September 4, 1915): 123-25.

30 Alan Brinkley, *Liberalism and Its Discontents* (Cambridge, MA: Harvard University Press, 1998), 85.

31 Irving Fisher, "Economists in Public Service: Annual Address of the President," *American Economic Review* 9, no. 1, suppl. (1991): 7.

32 Arthur Moeller van den Bruck, *Sozialismus und Aussenpolitik* (Breslau: W.G. Korn, 1933), 100.

33 Benito Mussolini, *The Political and Social Doctrine of Fascism*, trans. Jane Soames (London: Hogarth, 1934), 17-19.

34 다음에 인용됨. John Weiss, *The Fascist Tradition* (New York: Harper & Row, 1967), 9.

35 Ludwig von Mises, *Liberalism in the Classical Tradition*, trans. Ralph Raico (New York: Foundation for Economic Education, 1985), 199.

36 John Dewey, "Toward a New Individualism." 다음에 수록됨. *The Later Works of John Dewey, 1925-1953, vol. 5: 1929-1930. Essays: The Sources of a Science of Education, Individualism, Old and New, and Construction and Criticism*, ed. Jo Ann Boydston (Carbondale: Southern Illinois University Press, 1984), 85.

37 John Dewey, "The Meaning of the Term 'Liberalism.'" 다음에 수록됨. *The Later Works of John Dewey, 1925-1953*, vol. 14: *1939-1941. Essays, Reviews and Miscellany, ed. Jo Ann Boydston* (Carbondale: Southern Illinois University Press, 2008), 253.

38 다음에 인용됨. Green, *Shaping Political Consciousness*, 119.

39 Franklin Delano Roosevelt, "Introduction to Franklin Delano Roosevelt's Public Papers and Addresses." 다음에 인용됨. Samuel Eliot Morison, *Freedom in Contemporary Society* (Boston: Little, Brown, 1956), 69. 1943년에 여전히 존재하던 뉴욕주 자유당이 루스벨트의 당선을 도왔다.

40 Henry Agard Wallace, *American Dreamer: A Life of Henry Wallace* (New York: Norton, 2000).

41 William Beveridge, *Why I Am a Liberal* (London: Jenkins, 1945), 64.

42 다음에 인용된 것을 가져옴. Alan Brinkley, *The End of Reform: New Deal Liberalism in Recession and War* (New York: Vintage, 2011), 158; Theodore Rosenof, "Freedom, Planning, and Totalitarianism: The Reception of F. A. Hayek's Road to Serfdom," *Canadian Review of American Studies* 5 (1974): 150-60.

43 Green, *Shaping Political Consciousness*, chaps. 4-5; Ronald Rotunda, *The Politics of Language: Liberalism as Word and Symbol* (Iowa City: University of Iowa Press, 1986), chap. 4.

44 "Taft, in Defining Liberalism, Warns of a Gradual Loss of Privileges," *Omaha Evening World-Herald*, February 14, 1948, 5.

45 다음에서 관련된 장을 참고하라. Angus Burgin, *The Great Persuasion: Reinven-ting Free Markets since the Depression* (Cambridge, MA: Harvard University Press, 2015).

46 다음을 참고하라. Mario Rizzo, "Libertarianism and Classical Liberalism: Is There a Difference?," *ThinkMarkets*, February 5, 2014, https://thinkmarkets.wordpress.

com/2014/02/05/libertarianism-and-classical-liberalism-is-there-a-difference.

47 Burgin, *Great Persuasion*, chap. 5.

48 Arthur Murphy, "Ideals and Ideologies, 1917–1947," *Philosophical Review* 56 (1947): 386.

에필로그

1 *Les Libéraux*, ed. Pierre Manent (Paris: Gallimard, 2001), 13.

2 Daniel J. Mahoney. 다음 책의 「서문」. Pierre Manent, *Modern Liberty and Its Discontents: Pierre Manent*, ed. and trans. Daniel J. Mahoney and Paul Senton (Lanham, MD: Rowman & Littlefield, 1998), 8.

3 Alan Brinkley, *The End of Reform: New Deal Liberalism in Recession and War*.

4 Friedrich A. Hayek, *The Road to Serfdom* (Chicago: University of Chicago Press, 2007), 58.

5 다음에 인용됨. James Chappel, "The Catholic Origins of Totalitarianism Theory in Interwar Europe," *Modern Intellectual History* 8, no. 3 (2011): 579.

6 "The Pathos of Liberalism," *Nation*, September 11, 1935; 다음도 참고하라. "The Blindness of Liberalism," *Radical Religion* (Autumn 1936).

7 다음에 인용됨. Alan Brinkley, *Liberalism and Its Discontents* (Cambridge, MA: Harvard University Press, 2000), 106, 86.

8 Reinhold Niebuhr, "Let the Liberal Churches Stop Fooling Themselves!," *Christian Century* 48 (March 25, 1931).

9 Thomas P. Neill, *The Rise and Decline of Liberalism* (Milwaukee: Bruce, 1953). 닐의 자기 묘사를 참고하라. http://www.catholicauthors.com/neill.html.

10 James Burnham, *Suicide of the West: An Essay on the Meaning and Destiny of Liberalism* (New York: Encounter, 1964).

11 다음에 인용된 것을 따름. Chappel, "Catholic Origins of Totalitarianism Theory," 590.

12 Eric Voegelin, *The New Science of Politics: An Introduction* (Chicago: University of Chicago Press, 1987), 178.

13 벌린Isaiah Berlin의 이 연설은 온라인에서 많이 찾아볼 수 있다.

14 John Plamenatz, ed., *Readings from Liberal Writers, English and French* (New York: Barnes & Noble, 1965).

15 Judith Shklar, "The Liberalism of Fear." 다음에 수록됨. *Liberalism and the Moral Life*, ed. Nancy Rosenblum (Cambridge, MA: Harvard University Press, 1989), 21-38.

16 중요한 예외로는 다음을 참고하라. Karen Offen, "Defining Feminism: A Comparative Historical Approach," *Signs* 14, no. 1 (1988): 119-57; Amy Hackett, "The Politics of Feminism in Wilhelmine Germany, 1890-1918" (컬럼비아 대학 박사학위 논문, 1976). 이 논문은 페미니즘 학계의 "미국적 편향"에 반대하는데, 여기에서 미국적 편향은 페미니즘의 목적으로 권리를 과도하게 강조하는 것을 뜻한다.

17 Isaac Kramnick, *Republicanism and Bourgeois Radicalism: Political Ideology in Late Eighteenth Century England and America* (Ithaca, NY: Cornell University Press, 1990), 35.

18 Friedrich Sell, *Die Tragödie des deutschen Liberalismus* (Stuttgart: DVA, 1953).

19 예를 들어 다음 저자들의 연구를 참고하라. Ralf Dahrendorf, Hajo Holborn, Leonard Krieger, James Sheehan, Theodore Hamerow.

20 Hans Vorländer, "Is There a Liberal Tradition in Germany?" 다음에 수록됨. *The Liberal Political Tradition: Contemporary Reappraisals*, ed. James Meadowcroft (Cheltenham: Edward Elgar, 1996).

21 독일의 '비자유주의'에 대한 문헌을 조사하고 비판한 훌륭한 연구로는 다음을 참고하라. Konrad Jarausch, "Illiberalism and Beyond: German History in Search of a Paradigm," *Journal of Modern History* 55, no. 2 (1983): 268-84.

22 Geoff Eley, "James Sheehan and the German Liberals: A Critical Appreciation," *Central European History* 14, no. 3 (1981): 273-88.

23 David Blackbourn and Richard J. Evans, eds., *The German Bourgeoisie: Essays on the Social History of the German Middle Class from the Late Eighteenth to the Early Twentieth Century* (London: Routledge, 1991).

24 Jack Hayward. 다음에 대한 서평. *L'individu effacé, History of European Ideas* 24, no. 3 (1998): 239-42.

25 Pierre Rosanvallon, *Le capitalisme utopique. Critique de l'idéologie économique* (Paris: Seuil, 1979).

26 Sudhir Hazareesingh, *From Subject to Citizen: The Second Empire and the Emergence of Modern French Democracy* (Princeton: Princeton University Press, 1998), 166, 163.

27 Lucien Jaume, *L'individu effacé ou le paradoxe du libéralisme français* (Paris: Fayard, 1997), 14.

28 Raymond Polin, *Le libéralisme, oui* (Paris: Editions de La Table Ronde, 1984), 186.

29 Philippe Raynaud, "Constant." 다음에 수록됨. *New French Thought*, ed. Mark Lilla (Princeton: Princeton University Press, 2014), 85.

30 François Furet and Mona Ozouf, *Le siècle de l'avènement republican* (Paris: Gallimard, 1993), 20-21.

31 Manent, *Modern Liberty and Its Discontents*.

32 「비자유주의적 민주주의의 부상The Rise of Illiberal Democrary」은 파리드 자카리아Fareed Zakaria가 다음에 게재한 매우 영향력 있는 글이다. *Foreign Affairs* 76, no. 6 (November-December 1997): 22-43. 다음도 참고하라. William Galston, "The Growing Threat of Illiberal Democracy," *Wall Street Journal*, January 3, 2017.

33 예를 들어 다음을 참고하라. Peter Berkowitz, *Virtue and the Making of Modern Liberalism* (Princeton: Princeton University Press, 1999); William Galston, *Liberal Purposes* (New York: Cambridge University Press, 1991); Rosenblum, *Liberalism and the Moral Life*.

방법론

Ball, Terence, James Farr, and Russell L. Hanson. "Editors' Introduction." 다음에 수록됨.
Ball, Farr, and Hanson, *Political Innovation and Conceptual Change*, 1-5.

————, eds. *Political Innovation and Conceptual Change*. Cambridge: Cambridge
University Press, 1989.

Ball, Terence. *Transforming Political Discourse: Political Theory and Conceptual History*.
Oxford: Blackwell, 1988.

Burke, Martin, and Melvin Richter, eds. *Why Concepts Matter: Translating Social and
Political Thought*. Leiden: Brill, 2012.

Farr, James. "Understanding Conceptual Change Politically." 다음에 수록됨. Ball, Farr,
and Hanson, *Political Innovation and Conceptual Change*, 24-49.

Freeden, Michael. *Ideologies and Political Theory: A Conceptual Approach*. Oxford:
Clarendon, 1996.

Hampshire-Monk, Iain, Karin Tilmans, and Frank van Vree, eds. *History of Concepts:
Comparative Perspectives*. Amsterdam: Amsterdam University Press, 1998.

Koselleck, Reinhart. *The Practice of Conceptual History: Timing History, Spacing Concepts*.
trans. T. S. Presener et al. Stanford: Stanford University Press, 2002.

Pocock, J.G.A. "Verbalizing a Political Act: Towards a Politics of Speech." 다음에 수록됨.

Language and Politics. ed. Michael Shapiro, 25-43. Oxford: Wiley Blackwell, 1984.

Richter, Melvin. "Begriffsgeschichte and the History of Ideas." *Journal of the History of Ideas* 48, no. 2 (1987): 247-63.

──────. *The History of Political and Social Concepts: A Critical Introduction*. New York: Oxford University Press, 1995.

──────. "Reconstructing the History of Political Languages: Pocock, Skinner and the Geschichtliche Grundbegriffe." *History and Theory* 29, no. 1 (1990): 38-70.

Sebastian, Javier Fernandez, ed. *Political Concepts and Time: New Approaches to Conceptual History*. Santander: Cantabria University Press, 2011.

Skinner, Quentin. "Meaning and Understanding in the History of Ideas." *History and Theory* 8 (1969): 3-53. 다음으로 재출간됨. *Meaning and Context: Quentin Skinner and His Critics*. ed. James Tully. Princeton: Princeton University Press, 1988.

──────. "Language and Social Change." 다음에 수록됨. *The State of the Language*. eds. Christopher Ricks and Leonard Michaels, 562-78. Berkeley: University of California Press, 1980.

Steinmetz, Willibald, Michael Freeden, and Javier Fernandez Sebastian, eds. *Conceptual History in the European Space*. New York: Berghahn, 2017.

자유주의, 리버럴리티 개념에 대한 연구

Bell, Duncan. "What Is Liberalism?" *Political Theory* 42, no. 6 (2014): 682-715.

Bertier de Sauvigny, Guillaume de. "Liberalisme. Aux origins d'un mot." *Commentaire*, no. 7 (1979): 420-24.

──────. "Liberalism, Nationalism, Socialism: The Birth of Three Words." *Review of Politics* 32 (1970): 151-52.

Claeys, Gregory. "'Individualism,' 'Socialism' and 'Social Science': Further Notes on a Conceptual Formation 1800-1850." *Journal of the History of Ideas* 47, no. 1 (1986): 81-93.

Cox, Richard. "Aristotle and Machiavelli on Liberality." 다음에 수록됨. *The Crisis of*

Liberal Democracy. eds. Kenneth L. Deutsch and Walter Soffer, 125-47. Albany: State University of New York Press, 1987.

Guerzoni, Guido. "Liberalitas, Magnifientia, Splendor: The Classic Origins of Italian Renaissance Lifestyles." *History of Political Economy* 31, suppl. (1999): 332-78.

Gunnell, John G. "The Archeology of American Liberalism." *Journal of Political Ideologies* 6, no. 2 (2001): 125-45.

Hamburger, Philip. "Liberality." *Texas Law Review* 78, no. 6 (2000): 1215-85.

Leonhard, Jörn. "From European Liberalism to the Languages of Liberalisms: The Semantics of Liberalism in European Comparison." *Redescriptions* 8 (2004): 17-51.

―――. *Liberalismus. Zur historischen Semantik eines europäischen Deutungsmusters*. München: R. Oldernbourg Verlag, 2001.

Manning, C. E. "'Liberalitas' – The Decline and Rehabilitation of a Virtue." *Greece & Rome* 32, no 1 (April 1985): 73-83.

Opal, Jason M. "The Labors of Liberality: Christian Benevolence and National Prejudice in the American Founding." *Journal of American History* 94 (2008): 1082-1107.

Rotunda, Ronald. *The Politics of Language: Liberalism as Word and Symbol*. Iowa City: University of Iowa Press, 1986.

Sahagun, Alberto. "The Birth of Liberalism: The Making of Liberal Political Thought in Spain, France and England 1808-1823." 워싱턴 대학(세인트루이스) 박사학위 논문, 2009년.

Sebastián, Javier Fernándes. "Liberales y LIberalismo en Espana, 1810-1850. La Forja de un Concepto y la Creacion de una Identidad Politica." 다음에 수록됨. *La aurora de la Libertad. Los primeros liberalism en el mundo iberomaricano*. ed. Javier Fernández Sebastián. 265-306. Madrid: Marcial Pons Historia, 2012.

―――. "Liberalismos nacientes en el Atlantico iberoamericano. 'Liberal' como concepto y como identitad politica, 1750-1850." 다음에 수록됨. *Iberconceptos*, ed. Javier Fernández Sebastián. Vol. 1, *Diccionario politico y social del mundo iberoamericano: La era de las revoluciones, 1750-1850*, eds. C. Aljovin de Losada et al. Madrid: Fundación Carolina-SECC-CEPC, 2009.

―――. "The Rise of the Concept of 'Liberalism': A Challenge to the Centre/ Periphery

Model?" 다음에 수록됨. *Transnational Concepts, Transfers and the Challenge of the Peripheries*. ed. Gurean Kocan, 182-200. Istanbul: Istanbul Technical University Press, 2008.

Thomson, Arthur. "'Liberal': Nagra anteckningar till ordets historia." 다음에 수록됨. *Festskrift tillagnad Theodor Hjelmqvist på sextiårsdagen den 11 april 1926*, 147-91. Lund: Carl Bloms Boktryckeri, 1926.

Vierhaus, Rudolf. "Liberalismus." 다음에 수록됨. *Geschichtliche Grundbegriffe. Historisches Lexikon zur politisisch-sozialen Sprache in Deutschland*, vol. 3. eds. Reinhart Koselleck, Otto Bruner, and Werner Conze, 744-85. Stuttgart: e. Klett, 1972-93.

Walther, Rudolf. "Economic Liberalism." trans. Keith Tribe. *Economy and Society* 13, no. 2 (1984): 178-207.

자유주의적 종교와 그에 대한 비판들

Aner, Karl. *Die Theologie der Lessingzeit*. Halle: Niemeyer, 1929.

Arlinghaus, Francis A. "British Public Opinion and the Kulturkampf in Germany, 1871-75." *Catholic historical Review* 34, no. 4 (1949): 385-413.

Best, G.F.A. "The Religious Difficulties of National Education in England, 1800-70." *Cambridge Historical Journal* 12, no. 2 (1956): 155-73.

Biagini, Eugenio F. "Mazzini and Anticlericalism: The English Exile." 다음에 수록됨. *Giuseppe Mazzini and the Globalisation of Democratic Nationalism, 1830-1920*. eds. C.A. Bayly and Eugenio F. Biagini, 145-66. Oxford: Oxford University Press, 2008.

Bigler, Robert. *The Politics of German Protestantism: The Rise of the Protestant Church Elite in Prussia, 1815-1848*. Berkeley: University of California Press, 1972.

Blackbourn, David. "Progress and Piety: Liberalism, Catholicism and the State in Imperial Germany." *History Workshop Journal* 26 (1988): 57-78.

Bokenkotter, Thomas. *Church and Revolution: Catholics and the Struggle for Democracy and Social Justice*. New York: Random House, 2011.

Beuhrens, John. *Universalists and Unitarianism in America: A People's History*. Boston:

Skinner House Books, 2011.

Burleigh, Michael. *Earthly Powers: The Clash of Religion and Politics in Europe from the French Revolution to the Great War*. New York: HarperCollins, 2005.

Cabanel, Patrick. *Le Dieu de la République. Aux sources protestantes de la laïcité (1860-1900)*. Rennes: Presses universitaires de Rennes, 2003.

————. *Les Protestants et al Republique*. Paris: Editions Complexe, 2000.

Carey, Patrick. *Catholics in America: A History*. Westport, CT: Praeger, 2004.

Carlsson, Eric. "Johann Salomo Semler, the German Enlightenment and Protestant Theology's Historical Turn." 위스콘신 주립대 매디슨 캠퍼스 박사학위 논문, 2006년.

Clark, Christopher, and Wolfram Kaiser, eds. *Culture Wars: Secular-Catholic Conflict in Nineteenth-Century Europe*. Cambridge: Cambridge University Press, 2003.

Cross, Robert. *The Emergence of Liberal Catholicism in America*. Chicago: Quadrangle, 1968.

Dolan, Jay. *The American Catholic Experience: A History from Colonial Times to the Present*. Garden City, NY: Doubleday, 1987.

Dorrien, Gary. *The Making of American Liberal Theology: Imagining Progressive Religion, 1805-1900*. Louisville: Westminster John Knox, 2001.

Douglass, R. Bruce, and David Hollenbach, eds. *Catholicism and Liberalism*. Cambridge: Cambridge University Press, 1994.

Grodzins, Dean. *American Heretic: Theodore Parker and Transcendentalism*. Chapel Hill: University of North Carolina Press, 2002.

Gross, Michael. "The Catholics' Missionary Crusade and the Protestant Revival in Nineteenth-Century Germany." 다음에 수록됨. *Protestants, Catholics and Jews in Germany, 1800-1914*. ed. H. Walser Smith. 245-66. New York: Berg.

————. *The War against Catholicism: Liberalism and the Anti-Catholic Imagination in Nineteenth-Century Germany*. Ann Arbor: University of Michigan Press, 2005.

Hamburger, Philip. *Separation of Church and State*. Cambridge, MA: Harvard University Press, 2002.

Heimert, Alan. *Religion and the American Mind*. Cambridge, MA: Harvard University Press, 1968.

Herzog, Dagmar. "Anti-Judaism in Intra-Christian Conflicts: Catholics and Liberals in Baden in the 1840s." *Central European History* 27 (1994): 267-81.

――――. *Intimacy and Exclusion: Religious Politics in Pre-revolutionary Baden.* Princeton: Princeton University Press, 1996.

Hill, Ronald. *Lord Acton.* New Haven, CT: Yale University Press, 2000.

Hollinger, David. *After Cloven Tongues of Fire: Protestant Liberalism in Modern American History.* Princeton: Princeton University Press, 2013.

Hopkins, Charles Howard. *The Rise of the Social Gospel in American Protestantism, 1865-1915.* New Haven, CT: Yale University Press, 1940.

Hurth, Elisabeth. "Sowing the Seeds of 'Subversion': Harvard's Early Gottingen Students." 다음에 수록됨. *Studies in the American Renaissance,* ed. Joel Myerson. 91-106. Charlottesville: University of Virginia Press, 1992.

Isabella, Maurizio. "Citizens or Faithful? Religion and the Liberal Revolutions of the 1820s in Southern Europe." *Modern Intellectual History* 12, no. 3 (2015): 555-78.

Jacoby, Susan. *Freethinkers: A History of American Secularism.* New York: Metropolitan Books, 2005.

Joskowicz, Ari. *The Modernity of Others: Jewish Anti-Catholicism in Germany and France.* Stanford: Stanford University Press, 2014.

Kittelstrom, Amy. *The Religion of Democracy: Seven Liberals and the American Moral Tradition.* New York: Penguin, 2015.

Kroen, Sheryl. *Politics and Theater: The Crisis of Legitimacy in Restoration France.* Berkeley: University of California Press, 2000.

――――. "Revolutionizing Religious Politics during the Restoration." *Historical Studies* 6 21, no. 1 (1998): 27-53.

Kuklick, Bruce. *Churchmen and Philosophers: From Jonathan Edwards to John Dewey.* New Haven, CT: Yale University Press, 1985.

Lee, James Mitchell. "Charles Villers and German Thought in France, 1797-1804." *Proceedings of the Annual Meeting of the Western Society for French History* 25 (1998): 55-66.

Lyons, Martyn. "Fires of Expiation: Book-Burnings and Catholic Missions in Restoration France." *French History* 10, no. 2 (1996): 240-66.

MacKillop, I. D. *The British Ethical Societies*. Cambridge: Cambridge University Press.

Martin, Benjamin, Jr. "The Creation of the Action Liberale Populaire: An Example of Party Formation in Third Republic France." *French Historical Studies* 9, no. 4 (1976): 660-89.

McGreevy, John. *Catholicism and American Freedom. A History*. New York: Norton, 2003.

Meyer, Michael. *Response to Modernity: A History of the Reform Movement in Judaism*. Detroit: Wayne State University Press, 1995.

Moyn, Samuel. "Did Christianity Create Liberalism?" *Boston Review* 40, no. 1 (2015): 50-55.

Murphy, Howard R. "The Ethical Revolt against Christian Orthodoxy in Early Victorian England." *American Historical Review* 60 (1955): 800-817.

Nord, Philip. "Liberal Protestants." 다음에 수록됨. *The Republican Moment: Struggles for Democracy in Nineteenth-Century France*. ed. Philip Nord, 90-114. Cambridge, MA: Harvard University Press, 1998.

Perreau-Saussine, Emile. *Catholicism and Democracy: An Essay in the History of Political Thought*. trans. Richard Rex. Princeton: Princeton University Press, 2012.

Phayer, J. Michael. "Politics and Popular Religion: The Cult of the Cross in France, 1815-1840." *Journal of Social history* 2, no. 3 (1978): 346-65.

Printy, Michael. "Protestantism and Progress in the Year XII: Charles Villers' Essay on Spirit and Influence of Luther's Reformation (1804)." *Modern Intellectual History* 9, no. 2 (2012): 303-29.

Rader, Benjamin. "Richard T. Ely: Lay Spokesman for the Social Gospel." *Journal of American History* 53, no. 1 (1966): 61-74.

Riasanovsky, Maria. "Trumpets of Jericho: Domestic Missions and Religious Revival in France." 프린스턴 대학 박사학위 논문, 2001년.

Richter, Melvin. *The Politics of Conscience: T.H. Green and His Age*. Cambridge, MA: Harvard University Press, 1974.

―――. "T.H. Green and His Audience: Liberalism as a Surrogate Faith." *Review of Politics* 18, no. 4 (1956): 444-72.

Rosenblatt, Helena. *Liberal Values: Benjamin Constant and the Politics of Religion*. Cambridge: Cambridge University Press, 2008.

──────. "Sismondi, from Republicanism to Liberal Protestantism." 다음에 수록됨. *Sismondi: Republicanisme moderne et liberalism critique/ Modern Republicanism and Critical Liberalism*. eds. Bela Kapossy and Pascal Bridel, 123–43. Geneva: Slatkine, 2013.

Ross, Ronald J. *The Failure of Bismarck's Kulturkampf: Catholicism and State Power in Imperial Germany, 1871–1887*. Washington, DC: Catholic University of America Press, 1998.

Rurup, Reinhard. "German Liberalism and the Emancipation of the Jews." *Leo Baeck Institute Yearbook* 20 (1975): 59–68.

Sevrin, Ernst. *Les missions religieuses en France sous la Restauration, 1815–1830*. Saint-Mandé: Procure des prêtres de la Miséricorde, 1948.

Sperber, Jonathan. "Competing Counterrevolutions: The Prussian State and the Catholic Church." *Central European History* 19 (1986): 45–62.

Stoetzler, Marcel. *The State, the Nation, and the Jews: Liberalism and the Antisemitism Dispute in Bismarck's Germany*. Lincoln: University of Nebraska Press: 2008.

Vance, Norman. *The Sinews of the Spirit: The Ideal of Christian Manliness in Victorian Literature and Religious Thought*. Cambridge: Cambridge University Press, 1985.

Verhoeven, Timothy. *Transatlantic Anti-Catholicism: France and the United States in the Nineteenth Century*. New York: Palgrave Macmillan, 2010.

Weill, Georges. *Histoire de Catholicisme liberal en France 1828–1908*. Paris: F. Alcan, 1909.

Wright, Conrad. *The Beginnings of Unitarianism in America*. Boston: Beacon, 1960.

──────. *The Liberal Christians*. Boston: Beacon, 1970.

경제적 자유주의, 사회주의, 그리고 복지국가의 기원

Adcock, Robert. *Liberalism and the Emergence of American Political Science: A Transatlantic Tale*. Oxford: Oxford University Press, 2014.

Audier, Serge. *Le Socialisme liberal*. Paris: La Decouverte, 2006.

Beck, Hermann. *The Origins of the Authoritarian Welfare State in Prussia: Conservatives, Bureaucracy and the Social Question, 1815–70*. Ann Arbor: University of Michigan

Press, 1997.

Chase, Malcom. *Chartism: A New History*. Manchester: Manchester University Press, 2007.

Claeys, Gregory. *Citizens and Saints: Politics and Anti-politics in Early British Socialists*. Cambridge: Cambridge University Press, 1989.

————. "'Individualism,' 'Socialism' and 'Social Science': Further Notes on a Conceptual Formation 1800-1850." *Journal of the History of Ideas* 47, no. 1 (1986): 81-93.

————. *Machinery, Money and the Millennium: From Moral Economy to Socialism 1815-1860*. Princeton: Princeton University Press, 1987.

Cohen, Nancy. *The Reconstruction of American Liberalism, 1865-1914*. Chapel Hill: University of North Carolina Press, 2002.

Collini, Stefan. *Liberalism and Sociology: L.T. Hobhouse and Political Argument in England, 1880-1914*. Cambridge: Cambridge University Press, 1983.

Digeon, Claude. *La Crise Allemande de la pensée française (1870-1914)*. Paris: PUF, 1959.

Dorfman, Joseph. "Role of the German Historical School in American Economic Thought." *American Economic Review* 45, no. 2 (1955): 17-28.

Fine, Sidney. *Laissez Faire and the General-Welfare State*. Ann Arbor: University of Michigan Press, 1969.

————. "Richard T. Ely, Forerunner of Progressivism, 1880-1901." *Mississippi Valley Historical Review* 37 (1951): 599-624.

Forcey, Charles. *The Crossroads of Liberalism. Croly, Weyl, Lippmann and the Progressive Era 1900-1925*. Oxford: Oxford University Press, 1961.

Forget, Evelyn. "Jean-Baptiste Say and Spontaneous Order." *History of Political Economy* 33, no. 2 (2001): 193-218.

Freeden, Michael. *Liberal Languages: Ideological Imaginations and Twentieth-Century Progressive Thought*. Princeton: Princeton University Press, 2005.

————. *Liberalism Divided: A Study in British Political Thought, 1914-1939*. Oxford: Oxford University Press, 1986.

————. *The New Liberalism*. Oxford: Clarendon, 1978.

Fried, Barbara. *The Progressive Assault on Laissez Faire: Robert Hale and the First Law and Economics Movement*. Cambridge, MA: Harvard University Press, 1998.

Fries, Sylvia. "Staatstheorie and the New American Science of Politics." *Journal of the History of Ideas* 34, no. 3 (1973): 391–404.

Gambles, Anna. *Protection and Politics in Conservative Economic Discourse, 1815–1852*. Suffolk: Boydell Press, 1999.

Goldman, Eric. *Rendezvous with Destiny: A History of Modern American Reform*. New York: Ivan R. Dee, 2001.

Green, David. *Shaping Political Consciousness: The Language of Politics from McKinley to Reagan*. Ithaca, NY: Cornell University Press, 1987.

Hart, David M. "Class Analysis, Slavery and the Industrialist Theory of History in French Liberal Thought, 1814–1830: The Radical Liberalism of Charles Comte and Charles Dunoyer." http://davidmhart.com/liberty/Papers/ComteDunoyer/CCCD-PhD/CCCD-longthesis1990.pdf.

Hayward, J.E.S. "The Official Social Philosophy of the French Third Rep: Léon Bourgeois and Solidarism." *International Review of Social History* 6 (1961): 19–48.

————. "Solidarity: The Social History of an Idea in Nineteenth-Century France." *International Review of Social History* 4 (1959): 261–84.

Herbst, Jurgen. *The German Historical School in American Scholarship: A Study in the Transfer of Culture*. Ithaca, NY: Cornell University Press, 1965.

Hirsch, Jean-Pierre. "Revolutionary France, Cradle of Free Enterprise." *American Historical Review* 94 (1989): 1281–89.

Hirsch, Jean-Pierre, and Philippe Minard. "'Libérez-nous, Sire, protégez-nous beaucoup': Pour une histoire des pratiques institutionnelles dans l'industrie française, XVIIIème-XIXème siècles." 다음에 수록됨. *La France n'est-elle pas douée pour l'industrie?*, eds. Louis Bergeron and Patrice Bourdelais, 135–58. Paris: Belin, 1998.

Horn, Jeff. *The Path Not Taken: French Industrialization in the Age of Revolution, 1750–1830*. Cambridge, MA: MIT Press, 2006.

Horne, Janet. *A Social Laboratory for Modern France: The Musée Social and the Rise of the Welfare State*. Durham, NC: Duke University Press, 2002.

Kloppenberg, James. *Uncertain Victory: Social Democracy and Progressivism in European and American Thought, 1870–1920*. New York: Oxford University Pres, 1986.

Koven, Seth, and Sonya Michel, eds. *Mothers of a New World: Maternalist Politics and the*

Origins of Welfare States. New York: Routledge, 1993.

Leroux, Robert. *Political Economy and Liberalism in France: The Contributions of Frédéric Bastiat*. New York: Routledge, 2011.

Levy, David. *Herbert Croly of the New Republic: The Life and Thought of an American Progressive*. Princeton: Princeton University Press, 1985.

Lutfalla, Michel. "Aux Origines du libéralisme économique en France: Le Journal des Economistes. Analyse du contenu de la première série 1841–1853." *Revue d'histoire économique et sociale* 50 (1972): 495–516.

Mandler, Peter. *Liberty and Authority in Victorian Britain*. Oxford: Oxford University Press, 2006.

Minart, Gérard. *Frédéric Bastiat (1801–1850): La croisé du libre-échange*. Paris: Editions Harmattan, 2004.

Mitchell, Allan. *The Divided Path: The German Influence on Social Reform in France after 1870*. Chapel Hill: University of North Carolina Press, 2010.

Moon, Parker Thomas. *The Labor Problem and the Social Catholic Movement in France: A Study in the History of Social Politics*. New York: Macmillan, 1921.

Myles, Jack. "German Historicism and American Economics: A Study of the Influence of the German Historical School on American Economic Thought." 프린스턴 대학 박사학위 논문, 1956년.

Nord, Philip. "Republicanism and Utopian Vision: French Freemasonry in the 1860s and 1870s." *Journal of Modern History* 63, no. 2 (1991): 213–29.

———. "The Welfare State in France 1870–1914." *French Historical Studies* 18, no. 3 (1994): 821–38.

Palen, Marc-William. *The 'Conspiracy' of Free Trade. The Anglo-American Struggle over Empire and Economic Globalisation, 1846–1896*. Cambridge: Cambridge University Press, 2016.

Pilbeam, Pamela. *French Socialists before Marx: Workers, Women and the Social Question in France*. Montreal: McGill-Queen's University Press, 2000.

Roberts, David. *The Victorian Origins of the British Welfare State*. New Haven, CT: Yale University Press, 1960.

Rodgers, Daniel. *Atlantic Crossings: Social Politics in a Progressive Age*. Cambridge, MA:

Harvard University Press, 2000.

Rohr, Donald. *The Origins of Social Liberalism in Germany*. Chicago: University of Chicago Press, 1963.

Ross, Dorothy. *The Origins of American Social Science*. Cambridge: Cambridge University Press, 1992.

Russell, Dean. "Frederic Bastiat and the Free Trade Movement in France and England, 1840-1850." 제네바 대학 박사학위 논문. 1959년.

Ryan, Alan. *John Dewey and the High Tie of American Liberalism*. New York: Norton, 1997.

Schäfer, Axel R. *American Progressives and German Social Reform, 1875-1920: Social Ethics, Moral Control and the Regulatory State in a Transatlantic Context*. Stuttgart: Franz Steiner Verlag, 2000.

Seidman, Steven. *Liberalism and the Origins of European Social Theory*. Berkeley: University of California Press, 1984.

Sherman, Dennis. "The Meaning of Economic Liberalism in Mid-Nineteenth Century France." *History of Political Economy* 6, no. 2 (1974): 171-99.

Sorenson, Lloyd R. "Some Classical Economists, Laissez Faire, and the Factory Acts." *Journal of Economic History* 12, no. 3 (1952): 247-62.

Steiner, Philippe. "Competition and Knowledge: French Political Economy as a Science of Government." 다음에 수록됨. *French Liberalism from Montesquieu to the Present Day*, eds. Raf Geenens and Helena Rosenblatt, 192-207. Cambridge: Cambridge University Press, 2012.

————. "Jean-Baptiste Say, la société industrielle et le libéralisme." 다음에 수록됨. *La Pensée libérale. Histoire et controverses*, ed. Gilles Kévorkian, 105-32. Paris: Ellipses, 2010.

Stettner, Edward. *Shaping Modern Liberalism: Herbert Croly and Progressive Thought*. Lawrence: University Press of Kansas, 1993.

Stone, Judith. *The Search for Social Peace: Reform Legislation in France, 1890-1914*. Albany: State University of New York Press, 1985.

Todd, David. *L'Identité économique de la France. Libre-échange et protectionnisme, 1814-1851*. Paris: Grasset, 2008.

Tyrell, Ian. *Reforming the World: The Creation of America's Moral Empire*. Princeton:

Princeton University Press, 2010.

Walker, Kenneth O. "The Classical Economists and the Factory Acts." *Journal of Economic History* 1, no. 2 (1941): 168-77.

Walther, Rudolf. "Economic Liberalism." trans. Keith Tribe. *Economy and Society* 13, no. 2 (1984): 178-207.

Warshaw, Dan. *Paul Leroy-Beaulieu and Established Liberalism in France*. DeKalb: Northern Illinois University Press, 1991.

Weiler, Peter. *The New Liberalism: Liberal Social Theory in Great Britain, 1889-1914*. London: Routledge, 1982.

Weiss, John. "Origins of the French Welfare State: Poor Relief in the Third Republic, 1871-1914." *French Historical Studies* 13, no. 1 (1983): 47-78.

White, Lawrence H. "William Leggett: Jacksonian Editorialist as Classical Liberal Political Economist." *History of Political Economy* 18, no. 2 (1986): 307-24.

식민지, 앵글로-색슨주의, 인종

Anderson, Stuart. *Race and Rapprochement: Anglo-Saxonism and Anglo-American Relations, 1895-1904*. Madison, NJ: Fairleigh Dickinson University Press, 1981.

Ballantyne, Tony. "The Theory and Practice of Empire-Building. Edward Gibbon Wakefield and 'Systematic Colonisation.'" 다음에 수록됨. *The Routledge History of Western Empires*, eds. Robert Aldrich and Kirsten McKenzie, 89-101. London: Routledge, 2014.

Belich, James. *Replenishing the Earth: The Settler Revolution and the Rise of the Anglo-World, 1783-1939*. Oxford: Oxford University Press, 2009.

Bell, Duncan. *The Idea of Greater Britain: Empire and the Future of World Order 1860-1900*. Princeton: Princeton University Press, 2007.

————. *Reordering the World: Essays on Liberalism and Empire*. Princeton: Princeton University Press, 2016.

Buheiry, Marwan. "Anti-colonial Sentiment in France during the July Monarchy: The Algerian Case." 프린스턴 대학 박사학위 논문, 1973년.

Burrows, Mathew. "'Mission Civilisatrice': French Cultural Policy in the Middle East, 1860-1914." *Historical Journal* 29, no. 1 (1986): 109-35.

Cain, Peter. "Character, 'Ordered Liberty' and the Mission to Civilize: British Moral Justification of Empire, 1870-1914." *Journal of Imperial and Commonwealth History* 40, no. 4 (2012): 557-78.

———, ed. *Empire and Imperialism: The Debate of the 1870s.* South Bend, IN: Saint Augustine's Press, 1999.

———. *Hobson and Imperialism.* Oxford: Oxford University Press, 2002.

———. "Radicals, Gladstone, and the Liberal Critique of Disraelian 'Imperialism.'" 다음에 수록됨. *Victorian Visions of Global Order*, ed. Duncan Bell, 215-39. Cambridge: Cambridge University Press, 2007.

Claeys, Gregory. *Imperial Sceptics: British Critics of Empire, 1850-1920.* Cambridge: Cambridge University Press, 2010.

Conklin, Alice. *A Mission to Civilize: The Republican Idea of Empire in France and West Africa, 1895-1930.* Stanford: Stanford University Press, 1997.

Conrad, Sebastian. *German Colonialism: A Short History.* Cambridge: Cambridge University Press, 2012.

Cullinane, Michael Patrick. *Liberty and American Anti-Imperialism, 1898-1909.* New York: Palgrave Macmillan, 2012.

Davis, David Brion. *The Problem of Slavery in the Age of Revolution 1770-1823.* New York: Vintage, 2014.

Démier, Francis. "Adam Smith et la reconstruction de l'empire français au lendemain de l'episode révolutionnaire." *Cahiers d'économie politique* 27, no. 1 (1996): 241-76.

Freeden, Michael. "Eugenics and Progressive Thought: A Study in Ideological Affinity." *Historical Journal* 22, no. 3 (1979): 645-71.

———. "Eugenics and Progressive Thought: A Study in Ideological Affinity." 다음에 수록됨. *Liberal Languages, Ideological Imaginations and Twentieth-Century Progressive Thought*, 144-72. Princeton: Princeton University Press, 2005.

Gallagher, John, and Ronald Robinson. "The Imperialism of Free Trade." *Economic History Review*, 2nd ser., 6 (1953): 1-15.

Gavronsky, Serge. "Slavery and the French Liberals an Interpretation of the Role of Slavery in French Politics during the Second Empire." *Journal of Negro History* 51, no. 1 (1966): 36-52.

Gerstle, Gary. *American Crucible: Race and Nation in the Twentieth Century*. Princeton: Princeton University Press, 2017.

Hall, Ian, ed. *British International Thinkers from Hobbes to Namier*. New York: Palgrave Macmillan, 2009.

Haller, Mark H. *Eugenics: Hereditarian Attitudes in American Thought*. New Brunswick, NJ: Rutgers University Press.

Hart, David M. "Class Analysis, Slavery and the Industrialist Theory of History in French Liberal Thought, 1814-1830: The Radical Liberalism of Charles Comte and Charles Dunoyer." http://davidmhart.com/liberty/Papers/ComteDunoyer/CCCD-PhD/CCCD-longthesis1990.pdf.

Hofstadter, Richard. *Social Darwinism in American Thought*. Boston: Beacon, 1944.

Horsman, Reginald. "The Origins of Racial Anglo-Saxonism in Great Britain before 1850." *Journal of the History of Ideas* 37, no. 3 (1976): 387-410.

―――. *Race and Manifest Destiny*. Cambridge, MA: Harvard University Press, 2009.

Kahan, Alan. "Tocqueville: Liberalism and Imperialism." 다음에 수록됨. *French Liberalism from Montesquieu to the Present Day*, eds. Raf Geenens and Helena Rosenblatt, 152-68. Cambridge: Cambridge University Press, 2012.

Kevles, Daniel J. *In the Name of Eugenics: Genetics and the Uses of Human Heredity*. Cambridge, MA: Harvard University Press, 1998.

Klaus, Alisa. "Depopulation and Race Suicide: Maternalism and Pronatalist Ideologies in France and the United States." 다음에 수록됨. *Mothers of a New World: Maternalist Politics and the Origins of Welfare States*, eds. Seth Koven and Sonya Michel, 188-212. New York: Routledge, 1993.

Koebner, Richard, and Helmut Dan Schmidt. *Imperialism: The Story and Significance of a Political Word*. Cambridge: Cambridge University Press, 1964.

Kramer, Paul. "Empires, Exceptions, and Anglo-Saxons: Race and Rule between the British and United States Empire, 1880-1910." *Journal of American History* 88, no. 4 (2002): 1315-53.

Kwon, Yun Kyoung. "When Parisian Liberals Spoke for Haiti: French Anti-slavery

Discourses on Haiti under the Restoration, 1814-30." *Atlantic Studies: Global Currents* 8, no. 3 (2011): 317-41.

Leonard, Thomas. *Illiberal Reformers: Race, Eugenics and American Economics in the Progressive Era*. Princeton: Princeton University Press, 2016.

Losurdo, Domenico. *Liberalism: A Counter-History*. trans. Gregory Elliott. London: Verso, 2011.

Matthew, H.C.G. *The Liberal Imperialists: The Ideas and Politics of a Post-Gladstonian Élite*. Oxford: Oxford University Press, 1973.

Mehta, Uday. *Liberalism and Empire: A Study in Nineteenth-Century British Social Thought*. Chicago: University of Chicago Press, 1999.

Moses, Dirk, ed. *Genocide and Settler Society*. Oxford: Oxford University Press, 2004.

Pitt, Alan. "A Changing Anglo-Saxon Myth: Its Development and Function in French Political Thought, 1860-1914." *French History* 14, no. 2 (2000): 150-73.

Pitts, Jennifer. "Political Theory of Empire and Imperialism." *Annual Review of Political Science* 13 (2010): 211-35.

──────. "Republicanism, Liberalism and Empire in Post-revolutionary France." 다음에 수록됨. *Empire and Modern Political Thought*, ed. Sankar Muthu, 261-91. Cambridge: Cambridge University Press, 2012.

──────. *A Turn to Empire: The Rise of Imperial Liberalism in Britain and France*. Princeton: Princeton University Press, 2009.

Plassart, Anna. "'Un impérialiste libéral?' Jean-Baptiste Say on Colonies and the Extra-European World." *French Historical Studies* 32, no. 2 (2009): 223-50.

Richter, Melvin. "Tocqueville on Algeria." *Review of Politics* 25, no. 3 (1963): 362-98.

Ryan, A. "Introduction." 다음에 수록됨. *J. S. Mill's Encounter with India*, eds. Martin I. Moir, Douglas M. Peers, and Lynn Zastoupil, 3-17. Toronto: University of Toronto Press, 1999.

Schneider, William. "Toward the Improvement of the Human Race: The History of Eugenics in France." *Journal of Modern History* 54, no. 2 (1982): 268-91.

Searle, G. R. *The Quest for National Efficiency. A Study in British Politics and Political Thought, 1899-1914*. Berkeley: University of California Press, 1971.

Semmel, Bernard. *The Liberal Ideal and the Demons of Empire: Theories of Imperialism from*

Adam Smith to Lenin. Baltimore: Johns Hopkins University Press, 1993.

——— . *The Rise of Free Trade Imperialism: Classical Political Economy, the Empire of Free Trade and Imperialism 1750-1850.* Cambridge: Cambridge University Press, 1970.

Sessions, Jennifer. *By Sword and Plow: France and the Conquest of Algeria.* Ithaca, NY: Cornell University Press, 2015.

Steiner, Philippe. "Jean-Baptiste Say et les colonies ou comment se débarrasser d'un héritage intempestif." *Cahiers d'économie politique* 27-28 (1996): 153-73.

Sullivan, E. P. "Liberalism and Imperialism: J. S. Mill's Defense of the British Empire." *Journal of the History of Ideas* 44, no. 4 (1983): 599-617

Taylor, Miles. "Imperium et Libertas?" *Journal of Imperial and Commonwealth History* 19, no. 1 (1991): 1-23.

Todd, David. "Transnational Projects of Empire in France, c.1815-c. 1870." *Modern Intellectual History* 12, no. 2 (2015): 265-93.

Welch, Cheryl. "Colonial Violence and the Rhetoric of Evasion: Tocqueville on Algeria." *Political Theory* 31, no. 2 (2003): 235-64.

Winks, Robin. "Imperialism." 다음에 수록됨. *The Comparative Approach to American History*, ed. C. Vann Woodward, 253-70. Oxford: Oxford University Press, 1998.

Wolfe, Patrick. "Settler Colonialism and the Elimination of the Native." *Journal of Genocide Research* 8, no. 4 (2006): 387-409.

자유주의적 국제주의

Adams, Iestyn. *Brothers across the Ocean: British Foreign Policy and the Origins of the Anglo-American Special Relationship 1900-1905.* London: I.B. Tauris, 2005.

Bayly, C. A. "Rammohan Roy and the Advent of Constitutional Liberalism in India, 1800-1830." *Modern Intellectual History* 4 (2007): 25-41.

——— . *Recovering Liberties: Indian Thought in the Age of Liberalism and Empire.* Cambridge: Cambridge University Press, 2011.

Bell, Duncan. "Beyond the Sovereign State: Isopolitan Citizenship, Race and Anglo-American Union." *Political Studies* 62, no. 2 (2014): 418-34.

Hall, Ian, ed. *British International Thinkers from Hobbes to Namier*. New York: Palgrave Macmillan, 2009.

Isabella, Maurizio. *Risorgimento in Exile: Italian Emigres and the Liberal International in the Post-Napoleonic Era*. Oxford: Oxford University Press 2009.

Neely, Sylvia. "The Politics of Liberty in the Old World and the New: Lafayette's Return to America." *Journal of the Early Republic* 6 (1986): 151-71.

Recchia, Stefano, and Nadia Urbinati, eds. *A Cosmopolitanism of Nations: Giuseppe Mazzini's Writings on Democracy, Nation Building, and International Relations*. trans. Stefano Recchia. Princeton: Princeton University Press, 2009.

Rodriguez, Jaime, ed. *The Divine Charter: Constitutionalism and Liberalism in Nineteenth-Century Mexico*. Lanham, MD: Rowman & Littlefield, 2007.

Smith, Denis Mack. *Mazzini*. New Haven, CT: Yale University Press, 1994.

자유주의적 교육

Acomb, Evelyn. *The French Laic Laws (1879-1889): The First Anti-clerical Campaign of the Third French Republic*. New York: Columbia University Press, 1941.

Beisel, Neisel. *Imperiled Innocents: Anthony Comstock and Family Reproduction in Victorian America*. Princeton: Princeton University Press, 1997.

Bradford, Roderick. *D.M. Bennett: The Truth Seeker*. Amherst, NY: Prometheus Books, 2006.

Burnham, John C. "The Progressive Era Revolution in American Attitudes toward Sex." *Journal of American History* 59, no. 4 (1973): 885-908.

Cabanel, Patrick. *Le Dieu de la République. Aux sources protestantes de la laïcité (1860-1900)*. Rennes: Presses Universitaires de Rennes, 2003.

Chase, George. "Ferdinand Buisson and Salvation by National Education." 다음에 수록됨. *L'offre d'école: éléments pour une étude comparée des politiques éducatives au XIXe siècle: actes du troisième colloque international, Sèvres, 27-30 septembre 1981*, 263-75. Paris: Publications de la Sorbonne, 1983.

Clark, Linda L. *Schooling the Daughters of Marianne*. Albany: State University of New York

Press, 1984.

Frisken, Amanda. "Obscenity, Free Speech, and 'Sporting News' in 1870s America." *Journal of American Studies* 42, no. 3 (2008): 537-77.

Gordon, Linda. "Voluntary Motherhood: The Beginnings of Feminist Birth Control in the United States." *Feminist Studies* 1, nos. 3-4 (1973): 5-22.

Harrigan, Patrick J. "Church, State, and Education in France from the Falloux to the Ferry Laws: A Reassessment." *Canadian Journal of History* 36, no. 1 (2001): 51-83.

Horvath, Sandra A. "Victor Duruy and the Controversy over Secondary Education for Girls." *French Historical Studies* 9, no. 1 (1975): 83-104.

Katznelson, Ira, and Margaret Weir. *Schooling for All: Class, Race, and the Decline of the Democratic Ideal.* New York: Basic Books, 1985.

Kimball, Bruce. *Orators and Philosophers: A History of the Idea of Liberal Education.* New York: Teachers College Press, 1986.

Lefkowitz Horowitz, Helen. *Rereading Sex: Battles over Sexual Knowledge and Suppression in Nineteenth-Century America.* New York: Knopf, 2002.

Ligou, Daniel. *Frédéric Desmons et la franc-maçonnerie sous la 3e république.* Paris: Gedlage, 1966.

Loeffel, Laurence. *La Morale à l'école selon Ferdinand Buisson.* Paris: Tallandier, 2013.

Margadant, Jo Burr. *Madame le Professeur: Women Educators in the Third Republic.* Princeton: Princeton University Press, 1990.

Nash, Margaret. *Women's Education in the United States, 1780-1840.* New York: Palgrave Macmillan, 2005.

Ognier, Pierre. *Une école sans Dieu? 1880-1895. L'invention d'une moral laïque sous la IIIème république.* Toulouse: Presses universitaires du Mirail, 2008.

Ozouf, Mona. *L'Ecole, l'Eglise et la République.* Paris: PTS, 2007.

Ponteil, Felix. *Histoire de l'enseignement, 1789-1965.* Paris: Sirey, 1966.

Prost, Antoine, *L'enseignement en France, 1800-1967.* Paris: Armand Colin, 1968.

Rabban, David. *Free Speech in the Forgotten Years, 1870-1920.* Cambridge: Cambridge University Press, 1999.

Sears, Hal D. *The Sex Radicals: Free Love in High Victorian America.* Lawrence: University Press of Kansas, 1977.

참고문헌

Stock-Morton, Phyllis. *Moral Education for a Secular Society: The Development of Morale Laïque in Nineteenth-Century France*. Albany: State University of New York Press, 1988.

Warren, Sidney. *American Freethought, 1860-1914*. New York: Columbia University Press, 1943.

페미니즘

Allen, Ann Taylor. "Spiritual Motherhood: German Feminists and the Kindergarten Movement, 1848-1911." *History of Education Quarterly* 22, no. 3 (1982): 319-39.

Barry, David. *Women and Political Insurgency: France in the Mid-Nineteenth Century*. Basingstoke: Macmillan, 1996.

Clawson, Ann. *Constructing Brotherhood: Class, Gender, and Fraternalism*. Princeton: Princeton University Press, 1989.

Falchi, Federica. "Democracy and the Rights of Women in the Thinking of Giuseppe Mazzini." *Modern Italy* 17 (2012): 15-30.

Frazer, Elizabeth. "Feminism and Liberalism." 다음에 수록됨. *The Liberal Political Tradition: Contemporary Reappraisals*, ed. James Meadowcroft, 115-37. Cheltenham: Edward Elgar, 1996.

Gleadle, Kathryn. *The Early Feminists: Radical Unitarians and the Emergence of the Women's Rights Movement, 1831-51*. New York: Palgrave Macmillan, 1995.

Hackett, Amy. "The Politics of Feminism in Wilhelmine Germany, 1890-1918." 컬럼비아 대학 박사학위 논문, 1976년.

Hartley, Christie, and Lori Watson. "Is a Feminist Political Liberalism Possible?" *Journal of Ethics and Social Philosophy* 5, no. 1 (2010): 1-21.

Hause, Steven. *Women's Suffrage and Social Politics in the French Third Republic*. Princeton: Princeton University Press, 1984.

Hirsch, Pamela. "Mary Wollstonecraft: A Problematic Legacy." 다음에 수록됨. *Wollstonecraft's Daughters: Womanhood in England and France, 1780-1920*. ed.

Clarissa Campbell-Orr, 43-60. Manchester: Manchester University Press, 1996.

MacKinnon, Catherine. *Toward a Feminist Theory of the State*. Cambridge, MA: Harvard University Press, 1989.

Morgan, David. *Suffragists and Liberals: The Politics of Woman Suffrage in England*. Lanham, MD: Rowman & Littlefield, 1975.

Moses, Claire Goldberg. *French Feminism in the 19th Century*. Albany: State University of New York Press, 1985.

Nussbaum, Martha C. "The Feminist Critique of Liberalism." *Lindley Lecture*, University of Kansas, 1997.

Offen, Karen. "Defining Feminism: A Comparative Historical Approach." *Signs* 14, no. 1 (1988): 119-57.

──────. "Depopulation, Nationalism, and Feminism in Fin-de-Siècle France." *American Historical Review* 89, no. 3 (1984): 648-76.

Ozouf, Mona. *Les mots des femmes: essai sur la singularité francaise*. Paris: Fayard, 1995.

Pugh, Martin. "Liberals and Women's Suffrage, 1867-1914." 다음에 수록됨. *Citizenship and Community: Liberals, Radicals and Collective Identities in the British Isles, 1865-1931*, ed. Eugenio F. Biagini, 45-65. Cambridge: Cambridge University Press, 1996.

Riot-Sarcey, Michèle. *La démocratie à l'épreuve des femmes: trois figures critiques du pouvoir, 1830-1848*. Paris: A. Michel, 1994.

Schaeffer, Denise. "Feminism and Liberalism Reconsidered: The Case of Catharine MacKinnon." *American Political Science Review* 95, no. 3 (2001): 699-708.

Scott, Joan. *Only Paradoxes to Offer: French Feminists and the Rights of Man*. Cambridge, MA: Harvard University Press, 1997.

Zirelli, Linda. "Feminist Critiques of Liberalism." 다음에 수록됨. *Cambridge Companion to Liberalism*, ed. Steven Wall, 355-80. Cambridge: Cambridge University Press, 2015.

자유주의적 리더십, 성품, 카이사르주의

Baehr, Peter. *Caesarism, Charisma and Fate: Historical Sources and Modern Resonances in the Work of Max Weber*. New Brunswick, NJ: Transaction, 2009.

──────. "Max Weber as a Critic of Bismarck." *European Journal of Sociology* 29, no. 1 (1988): 149–64.

Beaven, Brad, and John Griffiths. "Creating the Exemplary Citizen: The Changing Notion of Citizenship in Britain 1870–1939." *Contemporary British History* 22, no. 2 (2008): 203–25.

Bebbington, David W. *The Mind of Gladstone: Religion, Mind and Politics*. Oxford: Oxford University Press, 2004.

Biagini, Eugenio. *Liberty, Retrenchment and Reform: Popular Liberalism in the Age of Gladstone, 1860–1880*. Cambridge: Cambridge University Press, 2004.

Carrington, Tyler. "Instilling the 'Manly' Faith: Protestant Masculinity and the German Jünglingsvereine at the fin de siècle." *Journal of Men, Masculinities and Spirituality* 3, no. 2 (2009): 142–54.

Carwardine, Richard, and Jay Sexton, eds. *The Global Lincoln*. Oxford: Oxford University Press, 2011.

Chevallier, Pierre. *Histoire de la franc-maçonnerie française 1725–1945*. Paris: Fayard, 1974.

──────. *La Séparation de l'église et l'école. Jules Ferry et Léon XIII*. Paris: Fayard, 1981.

Collini, Stefan. "The Idea of 'Character' in Victorian Political Thought." *Transactions of the Royal Historical Society* 35 (1985): 29–50.

──────. *Public Moralists: Political Thought and Intellectual Life in Britain*. Oxford: Oxford University Press, 1991.

Davis, Michael. *The Image of Lincoln in the South*. Knoxville: University of Tennessee Press, 1971.

Gollwitzer, Heinz. "The Caesarism of Napoleon III as Seen by Public Opinion in Germany." *Economy and Society* 16 (1987): 357–404.

Gray, Walter D. *Interpreting American Democracy in France: The Career of Edouard Laboulaye, 1811–1883*. Newark: University of Delaware Press, 1994.

Hamer, D. A. "Gladstone: The Making of a Political Myth." *Victorian Studies* 22 (1978):

29-50.

─────. *Liberal Politics in the Age of Gladstone and Rosebery*. Oxford: Oxford University Press, 1972.

Hoffmann, Stefan-Ludwig. "Civility, Male Friendship and Masonic Sociability in Nineteenth-Century Germany." *Gender and History* 13, no. 2 (2001): 224-48.

─────. *The Politics of Sociability: Freemasonry and German Civil Society, 1840-1918*. trans. Tom Lampert. Ann Arbor: University of Michigan Press, 2007.

Kahan, Alan. "The Victory of German Liberalism? Rudolf Haym, Liberalism, and Bismarck." *Central European History* 22, no. 1 (1989): 57-88.

Mandler, Peter. *The English National Character: The History of an Idea from Edmund Burke to Tony Blair*. New Haven, CT: Yale University Press, 2006.

Mork, Gordon R. "Bismarck and the 'Capitulation' of German Liberalism." *Journal of Modern History* 43, no. 1 (1971): 59-75.

Mosse, George L. "Caesarism, Circuses, and Monuments." *Journal of Contemporary History* 6, no. 2 (1971): 167-82.

Nord, Philip. "Republicanism and Utopian Vision: French Freemasonry in the 1860s and 1870s." *Journal of Modern History* 63 (1991): 213-29.

Parry, Jonathan P. *Democracy and Religion: Gladstone and the Liberal Party 1867-1875*. Cambridge: Cambridge University Press, 1989.

─────. "The Impact of Napoleon III on British Politics, 1851-1880." *Transactions of the Royal Historical Society* 11 (2001): 147-75.

Peterson, Merril D. *Lincoln in American Memory*. New York: Oxford University Press, 1995.

Peterson, Stephen. "Gladstone, Religion, Politics and America: Perceptions in the Press." 스털링 대학 박사학위 논문, 2013년.

Richter, Melvin, "Tocqueville and the French Nineteenth Century Conceptualizations of the Two Bonapartes and Their Empires." 다음에 수록됨. *Dictatorship in History and Theory: Bonapartism, Caesarism and Totalitarianism*, eds. P. R. Baehr and Melvin Richter, 83-102. Cambridge: Cambridge University Press, 2004.

Scott, John. *Republican Ideas and the Liberal Tradition in France*. New York: Columbia University Press, 1951.

Shannon, Richard. *Gladstone: God and Politics*. New York: Continuum, 2007.

Sproat, John G. *"The Best Men": Liberal Reformers in the Gilded Age*. Oxford: Oxford University Press, 1968.

Steinberg, Jonathan. *Bismarck: A Life*. Oxford: Oxford University Press, 2013.

Testritto, Ronald J. *Woodrow Wilson and the Roots of Modern Liberalism*. Lanham, MD: Rowman & Littlefield, 2005.

Thomas, Daniel H. "The Reaction of the Great Powers to Louis Napoleon's Rise to Power in 1851." *Historical Journal* 13, no. 2 (1970): 237-50.

Tudesq, André-Jean. "La légende napoléonienne en France en 1848." *Revue historique* 218 (1957): 64-85.

Wyke, Maria. *Caesar in the USA*. Berkeley: University of California Press, 2012.

초창기 프랑스 자유주의자

Alexander, Robert. *Re-writing the French Revolutionary Tradition*. Cambridge: Cambridge University Press, 2003.

Berlin, Isaiah. "Two Concepts of Liberty." 다음에 수록됨. *Four Essays on Liberty*, 118-72. Oxford: Oxford University Press, 1969.

Crăiuţu, Aurelian. "Faces of Moderation: Mme de Staël's Politics during the Directory." *Jus Politicum*, no. 6 (2008). http://juspoliticum.com/article/Faces-of-Moderation-Mme-de-Stael-s-Politics-during-the-Directory-380.html.

————. *Liberalism under Siege: The Political Thought of the French Doctrinaires*. Lanham, MD: Lexington Books, 2003.

————. *A Virtue for Courageous Minds: Moderation in French Political Thought, 1748-1830*. Princeton: Princeton University Press, 2012.

Fontana, Bianca-Maria. *Benjamin Constant and the Post-revolutionary Mind*. New Haven, CT: Yale University Press, 1991.

————. *Germaine de Staël: A Political Portrait*. Princeton: Princeton University Press, 2016.

————. *The Invention of the Modern Republic*. Cambridge: Cambridge University Press,

1994.

Girard, Louis. *Les libéraux français: 1814-1875*. Paris: Aubier, 1985.

Gunn, J.A.W. *When the French Tried to Be British: Party, Opposition, and the Quest for Civil Disagreement, 1814-1848*. Montreal: McGill-Queen's University Press, 2009.

Hazareesingh, Sudhir. *From Subject to Citizen: The Second Empire and the Emergence of Modern French Democracy*. Princeton: Princeton University Press, 1998.

Holmes, Stephen. *Benjamin Constant and the Making of Modern Liberalism*. New Haven, CT: Yale University Press, 1984.

Jainchill, Andrew. *Reimagining Politics after the Terror: The Republican Origins of French Liberalism*. Ithaca, NY: Cornell University Press, 2008.

Jardin, André. *Histoire du libéralisme politique: de la crise de l'absolutisme à la Constitution de 1875*. Paris: Hachette Littérature, 1985.

Jaume, Lucien. *L'individu effacé ou le paradoxe du libéralisme français*. Paris: Fayard, 1997.

Jennings, Jeremy. *Revolution and the Republic: A History of Political Thought in France since the Eighteenth Century*. Oxford: Oxford University Press, 2011.

Kalyvas, Andreas, and Ira Katznelson. *Liberal Beginnings: Making a Republic for the Moderns*. Cambridge: Cambridge University Press, 2008.

Kelly, George. *The Humane Comedy: Constant, Tocqueville and French Liberalism*. Cambridge: Cambridge University Press, 1992.

―――. "Liberalism and Aristocracy in the French Restoration." *Journal of the History of Ideas* 26, no. 4 (1965): 509-30.

Manent, Pierre. *An Intellectual History of Liberalism. trans. Rebecca Balinski*. Princeton: Princeton University Press, 1995.

Paulet-Grandguillot, Emmanuelle. *Libéralisme et démocratie: De Sismondi à Constant, à partir du Contrat social (1801-1806)*. Geneva: Slatkine, 2010.

Rosanvallon, Pierre. *Le moment Guizot*. Paris: Galimard, 1985.

Rosenblatt, Helena. *Liberal Values: Benjamin Constant and the Politics of Religion*. Cambridge: Cambridge University Press, 2008.

Rosenblatt, Helena, ed. *Cambridge Companion to Constant*. Cambridge: Cambridge University Press, 2009.

Spitz, Jean-Fabien. *Le Moment républicain en France*. Paris: Gallimard, 2005.

Spitzer, Alan B. *Old Hatreds and Young Hopes: The French Carbonari against the Bourbon Restoration*. Cambridge, MA: Harvard University Press, 1971.

Tenenbaum, Susan. "Staël: Liberal Political Thinker." 다음에 수록됨. *Germaine de Staël: Crossing the Borders*, eds. Madelyn Gutwirth, Avriel Goldberger, and Karyna Szmurlo, 159–63. New Brunswick, NJ: Rutgers University Press, 1991.

Vincent, Steven K. *Benjamin Constant and the Birth of French Liberalism*. New York: Palgrave Macmillan, 2011.

Whatmore, Richard. *Republicanism and the French Revolution: An Intellectual History of Jean-Baptiste Say's Political Economy*. Oxford: Oxford University Press, 2000.

에필로그

Bellamy, Richard. *Liberalism and Modern Society: An Historical Argument*. University Park: Pennsylvania State University Press, 1992.

Berkowitz, Peter. *Virtue and the Making of Modern Liberalism*. Princeton: Princeton University Press, 1999.

Brinkley, Alan. *The End to Reform: New Deal Liberalism in Recession and War*. New York: Vintage, 1995.

——. *Liberalism and Its Discontents*. Cambridge, MA: Harvard University Press, 2000.

Burgin, Angus. *The Great Persuasion: Reinventing Free Markets since the Depression*. Cambridge, MA: Harvard University Press, 2015.

Canto-Sperber, Monique. *Le libéralisme et la gauche*. Paris: Pluriel, 2008.

——. "Pourquoi les démocrates ne veulent-ils pas être libéraux?" *Le Débat* 131 (2004): 109–26.

Chappel, James. "The Catholic Origins of Totalitarianism Theory in Interwar Europe." *Modern Intellectual History* 8, no. 3 (2011): 561–90.

Christofferson, Michael Scott. "An Antitotalitarian History of the French Revolution: François Furet's Penser la Révolution française in the Intellectual Politics of the Late 1970s." *French Historical Studies* 22, no. 4 (1999): 557–611.

——. "François Furet between History and Journalism, 1958–1965." *French History*

15, no. 4 (2001): 421–47.

Diggins, John Patrick. *The Lost Soul of American Politics: Virtue, Self-Interest, and the Foundations of Liberalism*. Chicago: University of Chicago Press, 1984.

Eley, Geoff. "James Sheehan and the German Liberals: A Critical Appreciation." *Central European History* 14, no. 3 (1981): 273–88.

Galston, William. "The Growing Threat of Illiberal Democracy." *Wall Street Journal*, January 3, 2017.

―――. *Liberal Purposes*. New York: Cambridge University Press, 1991.

Gauchet, Marchel. *L'Avènement de la démocratie II: La crise du libéralisme*. Paris: Gallimard, 2007.

Gerstle, Gary. "The Protean Character of American Liberalism." *American Historical Review* 99, no. 4 (1994): 1043–73.

Glendon, Mary Ann. *Rights Talk: The Impoverishment of Political Discourse*. New York: Free Press, 1993.

Hartz, Louis. *The Liberal Tradition in America: An Interpretation of American Political Thought since the Revolution*. New York: Harcourt Brace, 1955.

Hulliung, Mark, ed. *The American Liberal Tradition Reconsidered: The Contested Legacy of Louis Hartz*. Lawrence: University Press of Kansas, 2010.

Jarausch, Konrad. "Illiberalism and Beyond: German History in Search of a Paradigm." *Journal of Modern History* 55, no. 2 (1983): 268–84.

Jarausch, Konrad, and Larry Eugene Jones, eds. *In Search of a Liberal Germany: Studies in the History of German Liberalism from 1789 to the Present*. Oxford: Berg, 1990.

Jaume, Lucien. *L'individu effacé ou le paradoxe du libéralisme français*. Paris: Fayard, 1997.

Jones, Gareth Stedman. *Masters of the Universe: Hayek, Friedman, and the Birth of Neoliberal Politics*. Princeton: Princeton University Press, 2012.

Jones, Larry Eugene. *German Liberalism and the Dissolution of the Weimar Party System, 1918–1933*. Chapel Hill: University of North Carolina Press, 1988.

Krieger, Leonard. *The German Idea of Freedom: History of a Political Tradition*. Chicago: University of Chicago Press, 1957.

Langewiesche, Dieter. *Liberalism in Germany*. trans. Christiane Bannerji. Princeton: Princeton University Press, 2000.

Laski, Harold. *The Rise of European Liberalism*. London: Unwin Books, 1962.

Macpherson, C. B. *The Political Theory of Possessive Individualism: From Hobbes to Locke*. Oxford: Oxford University Press, 1962.

Mosse, George L. *The Crisis of German Ideology: Intellectual Origins of the Third Reich*. New York: Schocken, 1981.

Moyn, Samuel. "The Politics of Individual Rights: Marcel Gauchet and Claude Lefort." *French Liberalism from Montesquieu to the Present Day*. eds. Raf Geenens and Helena Rosenblatt, 291–310. Cambridge: Cambridge University Press, 2012.

Neill, Thomas P. *The Rise and Decline of Liberalism*. Milwaukee: Bruce, 1953.

Nemo, Philippe, and Jean Petitot, eds. *Histoire du libéralisme en Europe*. Paris: PUF, 2006.

Rosanvallon, Pierre. "Fondement et problèmes de l'illibéralisme français." 다음에 수록됨. *La France du nouveau siècle*, ed. Thierry de Montbrial, 85–95. Paris: PUF, 2000.

Rosenblum, Nancy L. *Another Liberalism: Romanticism and the Reconstruction of Liberal Thought*. Cambridge, MA: Harvard University Press, 1987.

─────, ed. *Liberalism and the Moral Life*. Cambridge: Harvard University Press, 1987.

Ruggiero, Guido de. *The History of European Liberalism*. trans. G. Collingwood. Boston: Beacon, 1927.

Sawyer, Stephen, and Iain Stewart, eds. *In Search of the Liberal Moment: Democracy, Anti-totalitarianism, and Intellectual Politics in France since 1950*. New York: Palgrave Macmillan, 2016.

Sell, Friedrich C. *Die Tragödie des deutschen Liberalismus*. Stuttgart: Deustche Verlags-Anstalt, 1953.

Sheehan, James J. *German Liberalism in the Nineteenth Century*. New York: Humanity Books, 1995.

Shklar, Judith. "The Liberalism of Fear." 다음에 수록됨. *Political Thought and Political Thinkers*, 3–20. Chicago: University of Chicago Press, 1998.

Siedentop, Larry. *Inventing the Individual: The Origins of Western Liberalism*. Cambridge, MA: Harvard University Press, 2014.

Stern, Fritz. *The Politics of Cultural Despair: A Study in the Rise of Germanic Ideology*. Berkeley: University of California Press, 1961.

Strauss, Leo. *Liberalism: Ancient and Modern*. Chicago: University of Chicago Press, 1968.

Zakaria, Fareed. *The Future of Freedom: Illiberal Democracy at Home and Abroad*. New York: Norton, 2007.

———. "The Rise of Illiberal Democracy." *Foreign Affairs* (November-December 1997): 22–43.

찾아보기

자유주의의 잃어버린 역사

공동체의 도덕, 개인의 윤리가 되다

초판 1쇄 발행 2023년 4월 20일

지은이 헬레나 로젠블랫
옮긴이 김승진

펴낸이 이혜경
펴낸곳 니케북스
출판등록 2014년 4월 7일 제300-2014-102호
주소 서울시 종로구 새문안로 92 광화문 오피시아 1717호
전화 (02) 735-9515~6
팩스 (02) 6499-9518
전자우편 nikebooks@naver.com
블로그 nikebooks.co.kr
페이스북 www.facebook.com/nikebooks
인스타그램 www.instagram.com/nike_books

한국어판출판권 ⓒ 니케북스, 2023

ISBN 979-11-89722-69-2 (03100)